中华文化国际传播

宇明

（第二辑）

孙宜学 主编

上海三联书店

发 刊 词

孙宜学

习近平总书记强调,"讲好中国故事,传播好中国声音,展示真实、立体、全面的中国,是加强我国国际传播能力建设的重要任务。"2022年9月13日,国务院学位委员会、教育部印发《研究生教育学科专业目录(2022年)》,国际中文教育获得专业学位类别博士授权资格,这都表明,国际传播能力提升和人才培养已成为国家的重要战略,责任重大,使命光荣。

在中华民族伟大复兴战略全局和世界百年未有之大变局深刻交织的历史交汇期,地缘政治愈加复杂多变,国际舆论和科技、文化竞争日趋激烈,中华文化国际传播面临着巨大的挑战,文化传播风险逐渐从规模化、集团化转向具体化、散点化、日常化,这使得中华文化走出去面对的风险更具随机性、不可预测性,并且对我们的传播意识、传播能力与技巧、化解风险的方法与走出去的思路与路径设计,都提出了更具时代性的挑战和要求。

面对中华文化国际传播的美好愿景与不确定性,国际中文教育学科应以中国共产党第二十次全国代表大会胜利召开为新起点,聚焦关键问题、核心问题,培养未来能适应中华文化国际传播新形态、新业态和新需求的传播人才,用中国实践升华中国理论,打造融通中外的新概念、新范畴、新表述,全面提升全民国际传播意识和传播能力,加强国际传播顶层设计,全方位建构立体式、复合型、动态化的国际传播体系,打造多元途径交叉融合的中华文化国际传播矩阵,使新时代中华文化国际传播在实践中形成具有典型中国特色、世界影响的哲学社会科学理论体系,推动新时代中华文化国际传播的健康发展,推动国际中文教育人才培养体制的改革与创新,不但全面培养懂传播、会传播、能传播的专业人才,更要"从娃娃抓起",使得越来越多的中国人都自觉或不自觉地从价值观念、现代语境到国际表达等方面成为中国文化的代言人和传播者,中国形象的发言人。

目录 | Contents

全球传播中的中国形象与媒介空间

国际中文教育话语体系研究

国际中文教学研究

中外人文交流研究

国际中文教育研究生论坛

国际中文教育学科研究

主持人语

孙宜学

    2022 年 9 月 13 日,国务院学位委员会、教育部印发《研究生教育学科专业目录(2022 年)》,"汉语国际教育"硕士和博士专业名称正式变更为"国际中文教育"。本科是否更名,尚未看到官方通知。

    从"对外汉语"(本科)到"汉语国际教育"(本科)再到"国际中文教育"(硕、博),体现了我们对中文世界化的不同阶段的思考,也是不同历史时期世界对中文的阶段性需要在留学生教育方面的反映。

    专业更名,内在的逻辑是越来越明确这一专业设置的目的,即推动中文的国际化,从"对外汉语"方向性明确、主观能动性彰显,强调汉语学习是为了"对外",即培养的是能从事留学生汉语教学的专业人才,但又鉴于该专业的现实局限性,所以人才培养目标是服务于国内外的汉语教学等等,体现出内在的不平衡、概念模糊、目标摇摆;"汉语国际教育"强调专业学习的目的是从事国际性的汉语教育,淡化了国内国外的界限,强化了汉语自身的国际性;"国际中文教育"与之前两个名称的最大区别在"中文",更符合国内外中华民族语言教育的实际情况,具有明确的中华民族共同体意识和华夏一家亲的情感意识,也体现了未来中文世界化的实施路径多元化,这是在对世界中文教育现状的客观真实把握基础上的科学定义,更能体现中国推动中文世界化的平常心和真诚态度。

    目前,世界范围内的中文教育发展不均衡,有的起步早,但后劲不足;有的起步晚,后劲足,但均衡性不足;有的一直稳步发展,但创新性不足;有的国家从政策层面明确支持中文教育;有的国家明确从政策层面反对中文教育;有的国家从政策层面限制中文教育;有的国家官方不明确表态,中文和其他外语一起竞争发展……随着中文教育世界化步伐的加快,世界各国的中文教育政策也在不断调整、变化,总体呈优化趋势,但局部矛盾和争议仍客观存在,有时还很激烈。国际中文教育作为学科名称统一发布实施，实际上客观消除了各种围绕海外中文教育的名称之争，使世界范围内的中文教育具有了共同的内涵、外延，发展路径与目标，也使各国有关中文教育的政策制定和实施更明确对象，更便于国内其他语言与中文和谐发展。

国际中文教育既是一个学科名称，也是一个岗位名称。作为一个学科，国际中文教育必须立足国内，着眼国外，培养既具有坚定的政治立场、深厚的知识素养、务实的跨文化交流能力，又具有宽广的国际视野、熟练的教学能力和踏实的工作作风的专业人才；而作为一个工作，则无论之前什么专业学科出身，以前从事什么工作，现在都必须以中文为媒介，在区域不同但责任和目标相同的岗位上，严格按照国际中文教育的整体要求和具体岗位需求，完成教学任务，担当文化传播使命，像一粒种子一样适应不同的文化土壤，然后繁衍生息，成园成林。

国际中文教育学科设立是世界中文教育的一个划时代的里程碑，从此以后，这项事业有了自己的番号，也必将形成自己的队伍，从而保证这一跨时代、跨国别的事业融入世界语言文化交流的洪流，冲积形成一个个新的中文沃土。

本辑收录的四篇文章，从中华语言文明的世界性价值，国际中文教育学科研究的重要领域，国际中文教育专业学位人才全球胜任力培养的举措，国际中文教育发展的现状、问题与对策四个方面，研究了国际中文教育建设的背景、价值以及亟需解决的现实问题，思考超前，建议中肯实用，为国际中文教育学科研究，提供了新起点和新思路。

弘扬中华语言文明

李宇明

语言文明

"文明"是个多义词,在人类发展史领域是指人类所创造的物质财富和精神财富的总和。"语言文明"是指储存在语言文字中的人类文明,主要包括三个部分:

第一,各种语言单位、语言结构及文字构造中蕴含的人类文明,最为典型的是词汇所包含的内容、语法所蕴含的思维逻辑、文字符号的构成理据等;第二,语用习惯中的文化规约,如根据亲疏、尊卑关系而形成的称谓习惯,问路、借物、规劝、道歉等语言行为所遵循的"心理图式"等;第三,口语和书面语记录的各种文化内容。换个方式说,语言文明也可理解为人类利用语言文字所创造的文明。

人类文明建立在语言文明的基础之上。人类在语言文明中进步,并在进步中不断丰富着语言文明。人类文明集中表现为各种知识活动,人类的知识活动是由知识的创造、记录、贮存、整理、传播等环节构成的"知识链"。由于语言是人类最重要的交际工具和思维工具,故而在人类"知识链"的每个环节中都发挥着至关重要的作用。

首先,语言参与知识的创造,并在这一过程中把知识记录下来、贮存起来,知识成为语言自身的构成要素,或成为语言产品。有人说,语言的边界就是人类知识的基本边界。如果语言边界之外还有知识的话,这些知识也需要经过语言的阐释之后,才能纳入人类知识体系。

其次,语言参与知识的整理。人类的语言使用与规范,对语言产品的加工整理,包括图书编目、辞书编纂、学术史梳理等,都是知识整理工作。

最后，知识的价值在于传播共享，传播共享知识主要靠语言及语言产品。知识传播可分为跨代际的纵向传承和跨群体的横向传播。儿童生下来就是通过语言实现社会化的，继之通过书面语成为现代社会人。翻译是跨群体的知识传播，以实现不同知识库（个体或群体）之间的共享互鉴。人类群体及个体，都是在语言文明的滋润下成长起来的，有什么样的语言文明，就哺育出什么样的人、什么样的文化。

当然，语言文明中的"语言"应作广义理解。在全媒体的"超语"时代，传递信息不仅用语言文字，也用其他符号手段，它不仅包括语言也包括文字，还包括人类使用的其他符号，如伴随说话的体态语，听障人使用的手语，视障人使用的盲文，科学符号、公式、图表、编码，特殊场景使用的灯语、旗语、暗号，以及现在网络上流行的表情包等等。

过去谈文明，常常关注的是文字，认为有了文字人类才进入文明时期。文字文明的确是语言文明的一个高峰，但仔细考究，文字文明并不是语言文明的全部。这是因为：

第一，人类在没有文字的时期，已经建立了重要的口语文明。多学科的研究表明，人类出现于距今两三百万年前，大约在距今 7 万年前的旧时器时代晚期才获得语言。有了语言，人类的认知能力发生了革命性变化，发明出船、油灯、弓箭等，创造出《荷马史诗》《吉尔伽美什》《罗摩衍那》这样的史诗。近些年在浙江发现的义乌桥头遗址，出土了大量制作精美、器形丰富的陶器，规整的建筑遗迹，甚至还有由六杠"白条纹"组成的八卦图形，再现了距今 9000 年前后的中华文明。

第二，没有文字的民族或部族，也有语言文明。现在世界上几千种语言中，有文字的只占不到一半，多数民族或部族没有文字，或是近来设计了文字但没有发挥多大作用。这些民族或部族也有自己的文明，比如，我国鄂伦春人关于山林和驯鹿的知识，就令世人惊叹。

第三，不识字的文盲，使用手语的听觉障碍人群，也有自己的"语言文明"。

第四，在现代科技、现代传媒时代，文字之外的符号也得到一定程度的应用，也在发展"语言文明"。特别是以大语言模型为代表的语言智能的发展，标志着人类进入了"人机互动"的语言新时代，符号、图表甚至是交际场景等都具有重要的信息传递功能。从发展的眼光看，人类的交际工具和思维工具将有巨大拓展，人类创造文明、传承文明不仅仅是通过文字。中国有不曾中断的汉字文明，有"敬惜字纸"的悠久传统，不过，就人类群体的发展史看，重视文字但不能"神化文字",更不能只见文字不见语言。

语言文明也不等于"文明语言"。文明语言是我国 1981 年开展"五讲四美三热爱"活动时所提倡的,"四美"包括"心灵美、语言美、行为美、环境美"。其中的"语言美"就是后来所说的"文明语言",主要指礼貌语言、礼貌语言行为等。文明语言是语言文明的一种外部表现,语言文明的内涵、外延,要比文明语言丰富得多。此外,也常见"语言文化"的表述,语言文明与之概念相近,很多时候可以通用。但两者的不同是"文明"与"文化"两个概念的差异,文明更有历史的悠久感和社会意识的深邃感。

中华语言文明

中华语言文明,语言学者郭熙曾称之为"华语文明",是中华诸语言、诸文字承载的文明,是中华民族运用中华诸语言、诸文字所创造的文明,是中华民族的文化基因和精神家园。在五千年乃至近万年的历史进程中,在独具特色的中华文明的形成发展中,各相关部族和民族的语言文字都发挥了作用。此处要特别强调的是,夏商以来,汉语在中华民族历史上一直发挥着特殊作用。

汉字虽然有 3500 年的明确存在,但其源头可追溯到商代甚至更早。汉字记录了浩如烟海的文献,这些文献是中华民族的共同财富,其中经典的思想为多民族所共享。一些民族还仿照汉字设计自己的民族文字,如契丹大小字、西夏文、老壮文、老水文等,形成了颇具特色的汉字系文字。

汉语也不仅仅是汉民族的,在中华民族长期共处的历史发展中,汉语吸收了许多少数民族语言的成分,且在一定区域乃至全国范围内担当着通用语的职责。历史上,西安洛阳一带的语言被视为"天下正音",曾被赋予雅言、通语、官话的地位,是中华文脉之所载,且深深影响南北汉语的发展。

北方汉语是指流布在长城内外的汉语,是汉语在与北方阿尔泰语系诸语言的长期接触中统合形成的。这一接触在周秦两汉甚至更早的时期就已经开始,"五胡十六国"、北朝及辽金元时期发展迅速,在北方形成了多民族共同使用的"汉儿言语"以及后来的大都话。

南方汉语是指流布在长江两岸及中国南部的汉语,是汉语在与南方少数民族语言接触中逐渐形成的。周初太王长子太伯(泰伯)、次子仲雍"断发文身",奔吴地创吴国,汉语便进入东南地区。秦代发兵 50 万,凿通灵渠,统一岭南,汉语进入百越地区。东晋、南朝、南宋,建都江南,把中原汉语又带到江南,推进中原汉语与南方汉语方言和少数民族语言的融合,提升了南方汉语的地位。

明代建都南京,不久迁都北京,南京官话北上,南北汉语合流。清代提升了北京官话的地位。清末、民国的语言统一运动,确立了汉民族共同语,并定其为国语。中华人民共和国大力推广普通话和简化字,并根据历史惯例和当今国情赋予汉民族共同语以国家通用语言的地位。

汉语汉字在中华民族历史上一直发挥着重要作用,使其成为中华民族团结凝聚的纽带,成为共同发展的文明基础。中华语言文明,对周边国家也曾发挥过甚至今天仍在发挥着重要作用;也被数代华人带至东南亚乃至全世界,成为走出祖国的千万华人的文明血脉。

创造新时代的语言文明

弘扬中华文明的基础任务是弘扬其基础,即弘扬中华语言文明。近些年来,国家有关部门持续开展中华经典"诵写讲"活动,利用电视媒体举办"中国汉字听写大会""中国诗词大会""中国成语大会""中国地名大会"等节目,启动"古文字与中华文明传承发展工程"等,这是对传统语言文明的弘扬。教育部和国家语委2008年开展的"中国语言资源有声数据库建设"、2015年启动的"中国语言资源保护工程",这是对中华口语文明的发掘、保护和继承。2014年启动的"中华思想文化术语传播工程",2017年甲骨文成功申报"世界记忆名录",这是中华语言文明走向国际社会的实证。

在回视、体味中华语言文明的历程中,在弘扬中华语言文明的实践中,在与其他语言文明交流互鉴中,会发现中华语言文明的一些独特的智慧、气度和神韵,例如:

第一,包容性。中华语言文明具有巨大的包容性,可将中华各民族语言文化融合起来,可将域外的语言文化吸收进来,可将古代的语言文化传承下来,美美与共,和谐共生。

第二,对称性。中华语言文明讲究对称,音韵中的平仄,诗歌中的对仗,审美中的对称和谐,处事中的平衡中庸,礼仪中的尊卑上下、内外亲疏等,都是对称性的体现。

第三,实用性。中华语言文明崇尚实用,语法没有过多的形态变化,多用流水句表情达意,学术上重实用、重实例而不奢谈理论,处事中重实效、讲情谊、守承诺。

在阐释、弘扬中华语言文明的过程中对其重新审视及所获启示,也都具有创造新语言文明的意义。当然,弘扬中华语言文明不仅要发掘、传承古汉语、古文字、古代典籍中的语言文明,也要发掘、传承汉民族共同语的语言文明,还要发掘、传承汉语方言和民族语言中的语言文明,同时要借鉴人类其他语言文明,从而创造中华民族现代语言文明。

就语言学来说,语言研究的任务之一就是要揭示语言文明,保存和推进语言文明。从学术理念上看,语言不仅是符号系统、交际工具,还可以看作人类的知识库,看作人类生活生产的凭借,看作人类文明的基础。这种理念可称之为"语言文明观"。

总之,以国家通用语言为代表的中华语言、以汉字为代表的中国文字,以此为基础形成的语言文明,是中华文明形成发展的基础,代表着中华民族独特的精神标识,是中华民族生生不息、发展壮大的丰厚沃土,滋养了独特丰富的文学艺术、科学技术、人文学术。在以中国式现代化全面推进中华民族伟大复兴中,在为解决人类面临的共同问题提供更多更好的中国智慧、中国方案、中国力量时,中华语言文字及中华语言文明具有基础性的作用。

作者简介:李宇明,北京语言大学教授。

国际中文教育的十二个重点研究领域

崔希亮

摘　要:国际中文教育处于转折期,在变与不变之间产生张力。在这种情况下,我们应该做好国际中文教育的基本建设和基础研究,主要包括十二个研究领域:面向国际中文教育的语言本体研究、语言学习与语言教学的理论和方法研究、互动语言学与中文教学研究、国际中文教育人才培养体系研究、国际中文教育发展与评价研究、国际中文教育资源平台研究、国际中文教育技术应用研究、国际中文教育标准与等级大纲研究、国际中文教育基础资源集成与服务研究、中文国际传播的区域与国别研究、标准化考试和分技能测试研究、中文教材和外向型词典研究。

关键词:国际中文教育;重点研究领域

国际中文教育作为一项事业和一个新兴学科,从对外汉语教学时期到汉语国际教育时期,再到国际中文教育时期经历了几十年的发展历程,现在进入了一个重大的历史转折点,到了对事业的发展和学科的发展进行反思和总结的时候了。新时代我们遇到很多新的挑战、新的问题,也面临新的机遇,一些学者开始思考如何应对挑战、抓住机遇,寻找我们事业发展的增长点和推动力。崔永华(2020)提出了后疫情时代我们应该研究的新课题。[①]"穷则变,变则通,通则久",赵杨(2021b)认为 2019 年国际中文教育大会是这个转折的标志,但是他也指出国际中文教育的学科目标并没有变,变化只是在工具层面上,这种"变"与"不变"之间形成了一种张力。[②]李泉(2020)建议把 2020 年当作国际中文教育转

---

①　崔永华:《试说汉语国际教育的新局面、新课题》,《国际汉语教学研究》,2020 年第 4 期,第 3—8 页。

②　赵杨:《汉语国际教育的"变"与"不变"》,《天津师范大学学报》(社会科学版),2021 年第 1 期,第 7—14 页。

型的元年。①李宝贵和刘家宁（2021）认为"国际中文教育正处在转型升级、动能转换的关键时期"，应该防范风险，推动本土化、特色化和智慧化发展。②郭晶和吴应辉（2021）认为"国际政治风险是语言国际传播中的最大风险，但国际政治也能给语言传播带来重大机遇"。③弥漫全球的疫情给我们的生活带来了很大的影响，也给国际中文教育带来了很大变化。在这种形势下，如何顺利开展国际中文教育并保证这一事业可持续发展，很多学者都提出了自己的观点（崔希亮，2020；陆俭明等，2020）。④面对如此纷繁复杂的国际形势，无论从事业的角度还是从学科的角度来看，国际中文教育都需要有自己的定力。任凭世界风云变幻，我们的一些基本建设和基础研究是不会变的。本文提出十二个重点研究领域，这不代表其他的研究就不重要，只是从优先级上来考虑，这十二个领域是当前国际中文教育需要继续加强和不断完善的地方。

一、 面向国际中文教育的语言本体研究

国际中文教育是一个新兴学科，也是一个交叉学科。围绕这个学科的定位、内涵、知识体系、课程设置、人才培养体系等问题，学界有过不少讨论，迄今为止并没有完全形成共识（陆俭明，2014；崔希亮，2015，2019；吴应辉、梁宇，2020），⑤因此，国际中文教育应该主要研究什么问题就成了一个问题。我们认为无论其他要素怎么变，面向国际中文教育的语言本体研究是不会变的。我们清楚地知道国际中文教学属于语言学中的第二语言教学，而第二语言教学每天在课堂上碰到的最主要的问题就是语言本身的问题。汉语作为第二语言教学的历史并不

---

① 李泉：《2020：国际中文教育转型之元年》，《海外华文教育》，2020 年第 3 期，第 3—10 页。
② 李宝贵、刘家宁：《新时代国际中文教育的转型向度、现实挑战及因应对策》，《世界汉语教学》，2021 年第 1 期，第 3—13 页。
③ 郭晶、吴应辉：《大变局下汉语国际传播的国际政治风险、机遇与战略调整》，《云南师范大学学报》（哲学社会科学版），2021 年第 1 期，第 46—53 页。
④ 崔希亮：《全球突发公共卫生事件背景下的汉语教学》，《世界汉语教学》，2020 年第 3 期，第 291—299 页。陆俭明等：《"新冠疫情对国际中文教育影响形势研判会"观点汇辑》，《世界汉语教学》，2020 年第 3 期，第 43—450 页。
⑤ 陆俭明：《汉语国际教育专业的定位问题》，《语言教学与研究》，2014 年第 2 期，第 11—16 页。崔希亮：《关于国际中文教育的学科定位问题》，《世界汉语教学》，2015 年第 3 期，第 405—411 页。崔希亮：《略论国际中文教育学科的知识体系》，《世界汉语教学》，2019 年第 2 期，第 156—157 页。吴应辉、梁宇：《交叉学科视域下国际中文教育学科理论体系与知识体系构建》，《教育研究》，2020 年第 12 期，第 121—128 页。

长,汉语的语音、语法、语义、语用、篇章研究还很不充分,因此一线教师在碰到一些具体的语言问题时会有无力感。例如"这件事情不要问我,我又不是专家",这里边的虚词"又"应该怎么解释?"这个傻小子,穿皮鞋送快件,也不怕累",这里边的虚词"也"又该怎么解释? 还有一些特殊的句式,比如"他在家里活活不干,孩子孩子不管""你看你哈,话话说不清,字字写不好",应该怎么给学习者讲清楚这个结构?"还不是老样子!"与"还是老样子!"意思一样吗? 如果一样,为什么否定形式和肯定形式可以表达同样的意思? 另外我们还有一个特殊的要素,那就是汉字和汉字教学的问题,这对那些习惯了拼音文字的学习者来说是过不去的"火焰山"。如何更有效率地进行汉字教学,是国际中文教育领域很多教师都在思考的问题。语言本身的问题有很多说不清楚的地方,主要原因是我们研究得还不够深,不够透。比方说量词使用的问题,同样是时间词,为什么可以说"一年"却不可以说"一个年";可以说"一个月",又不可以说"一月";可以说"一个星期""一个小时",也可以说"一星期""一小时";可以说"一天""一分钟",却不可以说"一个天""一个分钟",为什么? 量词的使用有什么规律?"一张纸""一张桌子""一张脸""一张饼""一张照片"我们都用"张",使用同一个量词的名词,有哪些共同的物性结构(qualia structure)? 为什么"一张嘴"也用"张"? 能否从认知上给一个解释? 所以语言本体的问题是国际中文教育事业和学科发展中的一个永恒的主题。语言本体的问题不解决,对中文教师来说就是要做无米之炊。我们都知道汉语语法在很多个范畴里没有形式标记,因此虚词和语序就特别重要。而汉语的虚词和语序问题,到现在还有很多说不清楚的地方,包括权威词典里的解释也不尽完美。尽管语言本体方面的研究已经做了很多,但这是一个聚沙成塔、集腋成裘的过程。我们认为这是一个不证自明的常识问题,为什么要把它提出来? 因为在学界的确有人不重视语言本体的问题。语言本体的问题搞不清楚,语言教学就会变成无源之水。我们必须把教学内容研究透彻,这样才不至于"以其昏昏,使人昭昭"。

二、 语言学习与语言教学的理论与方法研究

国际中文教育作为一项事业,涉及宏观政策和发展战略的问题。而国际中文教育作为一个学科,我们所关心的问题就不太一样。学科问题是个科学问题。语言学习是一个过程,在这个过程中学习者会遇到哪些困难? 哪些学习策略会

帮助学习者提高学习效率? 不同母语背景的学习者和不同性格特点的学习者,在学习中遇到的困难是否相同? 不同的学习环境(比如线上和线下的环境)对学习者学习成绩的影响是什么? 不同的教学理论和教学方法对学生的影响是什么? 语言学习的成绩和语言能力存在正相关关系吗? 语言测试如何影响语言学习的进程和学习者的学习动力? 这些问题都没有现成的答案。要想知道答案,必须做实证研究。我们都知道语言学习是一个认知的过程,而对于学习者在学习语言的过程当中到底经历了哪些认知阶段,认知过程究竟是什么,影响其认知进程的因素有哪些等等,我们并不完全知道。以前我们更多地关注教学理论和教学法,而对学习者学习过程的关注是很不够的。目前国际上第二语言习得的研究如火如荼,但是汉语第二语言习得的研究起步时间并不长。在第二语言教学领域关于语言学习和教学法、教学理论的研究吸引了语言学、教育学和心理学界的许多学者,而国际中文教育领域各方面的合作研究才刚刚开始,探索空间广阔,发展潜力巨大。施春宏等(2017)对汉语构式第二语言习得的研究,[①]冯胜利和施春宏(2011,2015)及施春宏等(2021)对“三一语法”和汉语第二语言教学理论的探索都是非常好的尝试。[②]赵杨(2018)对汉语第二语言习得研究 40 年的历程做了总结和回顾,特别强调了汉语作为第二语言的习得研究对学科发展的贡献,提出了应该将汉语作为第二语言的习得研究纳入二语习得的学科框架,增强理论意识,挖掘汉语作为第二语言习得的规律和特点,[③]这一点我们非常认同。因此以学习者为中心的研究,应该作为国际中文教育的一个重点研究领域。

三、 互动语言学与中文教学研究

互动语言学是近年来刚刚兴起的一种研究视角。从本质上说,语言交际是一种互动行为,因此互动语言学是在话语分析(Discourse Analysis,DA)和会话分析(Conversational Analysis,CA)的基础上发展起来的一种研究范式,它特别重视自然语言中的口语,甚至认为口语语法与书面语语法是两套不同的语法体

---

① 施春宏等:《汉语构式的二语习得研究》,北京:商务印书馆,2017。
② 冯胜利、施春宏:《论汉语教学中的“三一语法”》,《语言科学》,2011 年第 5 期,第 464—472 页。冯胜利、施春宏:《三一语法:结构·功能·语境:初中级汉语语法点教学指南》,北京:北京大学出版社,2015。施春宏等:《汉语教学理论探索》,北京:商务印书馆,2021。
③ 赵杨:《汉语作为第二语言的习得研究四十年》,《国际汉语教育》(中英文),2018 年第 4 期,第 92—101 页。

系。方梅等(2018)从句法选择、形式验证、会话序列、韵律和多模态研究等方面介绍了互动语言学研究的相关课题及其进展。①互动语言学的研究范式和研究成果能不能拿来为语言教学服务？互动语言学的理论和方法是基于用法的研究,而汉语第二语言教学的语言研究也是基于用法的研究,因此互动语言学与汉语教学有交叉点。我们期待互动语言学基于用法的研究能够从本质上揭示汉语语法的规律。互动语言学不光研究"说了什么",还要研究是"怎么说的"。这一点与语用学中的言语行为理论不谋而合,但是互动语言学走得更远。当然言语行为理论除了研究说了什么之外,即"言有所谓",还要研究说话人的用意,即"言有所为"。语言学家要研究言语行为中的语力(force),研究言语行为中的言内之力和言外之力,研究间接言语行为所呈现出来的语力,研究言者的交际意图,研究言语行为中的具体表现形式,比方说请求和警告、感谢和道歉、承诺和声明、质疑和许可等。这里也会涉及语用学中的礼貌原则和合作原则,涉及语用意义中的蕴含、预设、推断和话语的会话含义。这种纯理论的研究对语言学习和语言教学是有启发的。国际中文教育中的话题设置和情境设置,离不开言语行为中的这些具体的言语行为。国际中文教育应该关注语言学理论的发展,并用语言学理论来解决实际问题。

四、 国际中文教育人才培养体系研究

陆俭明和马真(2016)对汉语教师应该具备的知识结构、能力结构和文化修养进行了具体阐述。②陆俭明(2017)认为:"三教"问题中最核心的是要建设一支高素质的教师队伍并对汉语教师所应具备的知识结构(特别是汉语言文字学方面的基本功)、能力结构和思想心理素质提出了具体的要求。陆俭明(2017)指出目前所培养的汉语教师的质量令人担忧,原因是培养的路子走偏了,培养模式有了问题。③那么目前国际中文教育人才培养的模式是否有问题呢？问题究竟在哪里？如何解决这些问题？这需要有扎扎实实的调查研究。目前全国国际中文教育专业的本科在校生有6万多人,各校的课程体系和培养目标不尽相同,因此学生培养的规格也不一样。有的学校重视学生的外语水平,有的学校重视学生

---

① 方梅:《互动语言学与互动视角的汉语研究》,《语言教学与研究》,2018年第3期,第1—16页。

② 陆俭明、马真:《汉语教师应有的素质与基本功》,北京:外语教学与研究出版社,2016。

③ 陆俭明:《汉语教师培养之我见》,《国际汉语教育》(中英文),2017年第3期,第29—35页。

的汉语水平,有的学校重视学生的跨文化交际能力,不一而足。这只是问题的一个方面,更严重的问题是这些学生毕业之后出路何在? 有一部分人会继续攻读国际中文教育的专业硕士,甚至读到博士。但是现在国际中文教育领域的就业前景并不理想,我们应该认真研究对策,打通学生就业的渠道。施家炜(2016)就国际中文教育专业人才培养的现状、存在的问题进行了调查研究,并指出了国际中文教育专业的发展方向,我们特别需要这样的研究。①国际环境的变化、国际中文教育的转型、现代教育技术的发展、国际中文教育本土化理念的变化、国际中文教育社会需求的变化都会给国际中文教育人才培养体系带来影响。我们应该对这些影响进行科学的评估,从而能更好地完善国际中文教育的人才培养体系。

五、 国际中文教育发展与评价研究

"他山之石,可以攻玉。"卢德平(2018)从语言之外的因素出发对中文的国际传播进行评价。②文秋芳(2019)借鉴英语国际教育的经验,对国际中文教育提了三点建议。第一,我国国际中文教育需逐步取消本科专业,控制扩大硕士点,增加博士点,提升硕、博士点的质量;招生对象从以中国学生为主转为以外国留学生为主。第二,国别化教材应主要由当地学者负责编写,我国学者或出版社不应越俎代庖。第三,根据语言与文化之间可分度的强弱,语言文化教学采用不同策略。③国际中文教育作为一项事业,有自己的发展目标。我们应该对这项事业的发展进行实时评估,总结经验,发现问题。例如祁伟(2020)对国际中文教育的发展进行了评价研究,并提出了建议;④詹春燕和李曼娜(2014)对孔子学院可持续发展的指标、模式和展望进行了研究;⑤吴应辉等(2021)对全球中文教学资源的

---

① 施家炜:《汉语国际教育专业人才培养的现状、问题和发展方向》,《国际汉语教育》(中英文),2016年第1期,第13—17页。
② 卢德平:《语言之外的汉语传播》,《云南师范大学学报》(对外汉语教学与研究版),2018年第4期,第61—67页。
③ 文秋芳:《从英语国际教育到汉语国际教育:反思与建议》,《世界汉语教学》,2019年第3期,第291—299页。
④ 祁伟:《国际中文教育发展与评价研究》,《湖北开放职业学院学报》,2020年第22期,第93—94、101页。
⑤ 詹春燕、李曼娜:《孔子学院的可持续性发展:指标、模式与展望》,《华南师范大学学报》(社会科学版),2014年第5期,第78—82、163页。

现状进行了研究和展望；①马箭飞等（2021）对国际中文教育70年的发展进行了回顾与展望；②刘晶晶和吴应辉（2020）对孔子学院与英国文化协会、法语联盟、歌德学院等主要语言传播机构进行了比较研究，并对孔子学院的发展提出了建设性意见。③这些研究对我们把握国际中文教育事业发展的方向是非常有帮助的。他人的成功经验我们可以借鉴，他人的失败教训我们可以吸取，避免在发展的过程中头脑发热或者畏葸不前。

六、 国际中文教育资源平台研究

无论是课堂教学还是教材编写、工具书编写和学术研究，都需要教育资源的支撑。教师在备课的时候发现一些语言问题到哪里去找答案？学生在预习和自学的时候发现一些语言问题到哪里去找答案？对于教师和学生来说，他们都非常信任教材和词典。然而我们的教材和词典并不总是很可靠的，检索起来也有很多不便。比如在解释"牢固"这个词的时候，用的是"结实；坚固"；在解释"结实"的时候用的是"坚固；牢固"；而在解释"坚固"的时候用的是"结合紧密，不容易破坏；牢固；结实"［详见《现代汉语词典》（第6版）］。学习者在想要了解这三个词的区别的时候一定会不知所措，不得要领。因为这部词典不是外向型学习词典。那么目前已经出版的50多部外向型学习词典情况如何呢？也很难避免循环注释的问题，因为目前的词典释义和示例元语言（meta-language）的意识还不够，元语言的提取也存在技术上的困难。以前我们的汉语研究大部分并非针对第二语言教学中出现的问题而做的，因此在国际中文教育的课堂实践中师生们发现的很多问题是得不到理想解答的。因此需要学界同仁同心合力建设一个国际中文教育的资源平台，在这个资源平台上可以分享我们教学中遇到的各种语言问题，包括词的释义、用法、示例、同义词辨析、近义词辨析、常用的语法格式、容易出错的语言问题、出现频率比较高的偏误现象、教材中出现的语言点和文化场景、特殊用途和特殊行业的语言问题、教学评估和教师发展阶段研究、各

① 吴应辉等：《全球中文教学资源现状与展望》，《云南师范大学学报》（对外汉语教学与研究版），2021年第5期，第1—6页。
② 马箭飞等：《国际中文教育教学资源建设70年：成就与展望》，《天津师范大学学报》（社会科学版），2021年第6期，第15—22页。
③ 刘晶晶、吴应辉：《孔子学院与其他国际语言传播机构办学状况比较研究（2015—2017年）》，《民族教育研究》，2020年第6期，第126—134页。

类中文课程的信息资源(例如 IB 课程、AP 课程等)、现有研究成果的教学转化等,也可以包括各种视频资源、慕课资源、经典教案资源以及利用虚拟现实技术制作的微课程资源等。当然这个资源平台一定是需要共建共享的。

七、 国际中文教育技术应用研究

国际中文教育资源平台的建设,除了一线教师的参与之外还需要一些技术的支持。我们的资源平台要在网络环境中运行必须有好的算法,资源平台的长期维护、用户服务和安全管理也需要网络信息科学家的参与。实际上在国际中文教育领域,技术的进步和应用已经为教学注入了新鲜的动力和活力。我们利用这些技术打造智慧教室、建设智慧教学支撑平台、从网络空间抓取并集成各类有用的教学资源,技术是关键,掌握技术的人更是关键。从某种意义上来说技术改变了传统的语言教学模式。在国际中文教育中技术应用的突出表现是以互联网技术为基础的云计算、大数据和物联网技术(郑艳群,2015)。[1]在目前的背景下教学目标、课程设计、教学流程、学生对教学的期待和参与以及教学评估等环节都发生了重大变化。我们应该研究如何让现代教育技术和信息技术为国际中文教育赋能。例如短视频平台(如快手、抖音)上的部分内容可以作为辅助的学习材料,进行听力理解训练,社交平台可以作为师生互动的第二课堂或者学友之间互相讨论切磋的虚拟场所。现代教育技术可以帮助我们实现多元化教学的目标。但是我们应该认真研究和评估各种技术手段对教学效果的实际影响。疫情时代的网络教学给我们提出了很多新的研究课题(崔永华,2020),[2]现代教育技术的发展为我们国际中文教育提供了很多可资利用的技术手段。

八、 国际中文教育标准与等级大纲研究

国际中文教育的标准和等级大纲最早是为汉语水平考试服务的,后来这些标准和等级大纲也拿来为教材编写和学术研究服务。自 20 世纪 80 年代我们就开始研究汉语水平等级大纲。1988 年中国对外汉语教学学会发布了全球第一

---

[1] 郑艳群:《新时期信息技术背景下汉语国际教育新思路》,《国际汉语教学研究》,2015 年第 2 期,第 26—33 页。

[2] 崔永华:《试说汉语国际教育的新局面、新课题》,《国际汉语教学研究》,2020 年第 4 期,第 3—8 页。

部《汉语水平等级标准和等级大纲（试行）》；1992年，中国国家对外汉语教学领导小组办公室推出了《汉语水平词汇与汉字等级大纲》；1996年，国家汉办（现中外语言交流合作中心）又发布了《汉语水平等级标准与语法等级大纲》；2021年，《国际中文教育中文水平等级标准》（GF0025-2021）正式发布。国际中文教育标准和水平等级标准的研制为国际中文教育标准化、规范化打下了基础，对国际中文教育的课程设置、学习模式、教材编写和语言水平测试都会起到指导性作用，这是向标准化建设迈出的一步（赵杨，2021a），①建立一套科学、完整的汉语水平等级标准是我国作为母语国推动国际汉语教育发展应有的担当和贡献（吴勇毅，2021）。②这些水平等级标准和等级大纲的制定，在国际中文教育标准化的路上具有里程碑的意义。这些标准和等级大纲的研制并非一劳永逸的，需要在实践中不断地改善和升级。

九、 国际中文教育基础资源集成与服务研究

我们上面已经说过，国际中文教育资源平台的建设是一个重点研究领域，而在国际中文教育资源平台建设的过程中，需要大量的基础资源的集成。作为一项事业，国际中文教育已经积累了大量的教育资源。我们认为国际中文教育特别需要一些大型的数据库、语料库和真正能够进行智慧操作的教学平台。这些都是国际中文教育的基础资源，需要进行整合和集成。这些基础教育资源也是开发国际中文教育各种产品的物质基础和宝贵资源。例如语言测试（language testing）是一种产业，而语言测试产品的研制和开发利用离不开大型数据库的支撑。比方说 HSK 作文自动评分系统，除了技术上的支持之外，还需要数据库的支持。这几年语料库语言学的发展促进了中介语语料库以及汉语语料库的发展，这些语料库就是我们的基础资源，很多研究可以利用这些语料库进行。目前大家使用比较多的语料库，有国家语委现代汉语语料库、北京大学的 CCL 语料库、北京语言大学的 BCC 语料库、中国传媒大学媒体语言语料库（MLC）、北京语言大学的全球汉语中介语语料库（QQK）、HSK 动态作文语料库等。荀恩东等（2016）研制的 BCC 语料库是以汉语为主、兼有其他语种的在线语料库，语料总

---

① 赵杨：《构建国际中文教育标准体系》，《国际汉语教学研究》，2021年第2期，第9—11页。
② 吴勇毅：《汉语母语国的担当和责任：〈国际中文教育中文水平等级标准〉制定的意义》，《国际汉语教学研究》，2021年第1期，第18—20页。

规模达数百亿字,是服务语言本体研究和语言应用研究的在线大数据系统,是目前使用比较广泛的语料库之一。①崔希亮和张宝林(2011)提出了全球汉语学习者语料库建设的构想,②后来很快便把这个构想付诸实施。张宝林和崔希亮(2013)阐述了全球汉语中介语语料库建设和研究的理念,③目前这个语料库已上线试用。关于建设国际中文教育资源数据库的想法,其实很多人都想到了,但是真正要把它们付诸实施,并不是一件容易的事。央青(2013)针对工商管理专业教学案例提出了建设案例资源库的设想;④胡丛欢(2016)又针对案例教学提出了建设国际中文教育资源库的设想;⑤郝瑜鑫和吴辰禧(2018)也提出了建设国际中文教育智慧教学平台的构想。⑥屈哨兵(2010)从语言服务的角度提出了政府及相关职能部门能主导、学界及研究机构能引导、市场及相关实践领域能回应的三位一体的汉语国际推广机制,⑦目前来看这个想法还不过时。国际中文教育的资源集成和服务仍然在路上。

十、 中文国际传播的区域与国别研究

随着国际中文教育事业的发展,世界各地学中文的人数在不断增长,需求也在不断变化。中文国际传播在世界不同的国家和地区的现状以及所遇到的困难是不尽相同的,有的国家已经把中文纳入国民教育体系,有的国家对中文学习还设置了很多障碍。因此要有针对性地对国际中文教育的国别和区域进行研究。国别和区域研究包含的内容很丰富,包括:对不同国家和地区进行分众式传播研

① 荀恩东等:《大数据背景下 BCC 语料库的研制》,《语料库语言学》,2016 年第 1 期,第 93—109、118 页。
② 崔希亮、张宝林:《全球汉语学习者语料库建设方案》,《语言文字应用》,2011 年第 2 期,第 100—108 页。
③ 张宝林、崔希亮:《"全球汉语中介语语料库建设和研究"的设计理念》,《语言教学与研究》,2013 年第 5 期,第 27—34 页。
④ 央青:《工商管理案例库对国际汉语教学案例库建设的启示》,《民族教育研究》,2013 年第 5 期,第 88—93 页。
⑤ 胡丛欢:《汉语国际教育动态案例资源库建设的构想》,《第六届东亚汉语教学研究生论坛暨第九届北京地区对外汉语教学研究生学术论坛论文集》,2016,第 624—631 页。
⑥ 郝瑜鑫、吴辰禧:《智慧教学平台助推汉语国际教育发展》,《中国社会科学报》,2018 年 8 月 7 日(第 1509 期)。
⑦ 屈哨兵:《语言服务角度下汉语国际推广的几点思考》,《广州大学学报》(社会科学版),2010 年第 7 期,第 83—87 页。

究,有针对性地制定国际中文教育的策略;根据不同国家和地区的实际需求编写中文教材和教学辅助材料;针对不同国家和地区的中文教师提供培训和人才培养的帮助;针对不同母语背景和文化背景的学习者所进行的分众化研究;还有针对不同国家和地区语言传播之外的其他一些因素的相关研究。例如对"一带一路"沿线国家国际中文教育需求进行调查,就会发现不同的国家和地区,国际中文教育的环境和条件是不一样的。国际中文教育的师资、教材、标准、方法、研究等当地化(localization)的问题,已经提上议事日程。赵金铭(2014)从中文教师、课程设置、教学方法、教材内容等多个角度对国际中文教育的"国际化"和"本土化"问题作了较为全面的思考。①要实现国际中文教育的国际化和本土化,必须要有相应的国别和区域研究做支撑。应该看到在这方面目前我们所做的研究还比较薄弱,可以说对很多国家和地区中文教育的政策和社会环境的研究都处于起步阶段,这就导致我们在一些国家和地区所进行的国际中文教育工作进退失据。李宇明和施春宏(2017)提出了中国在国际中文教育当地化过程中的职能定位和当地中文学习者、中文研究者在其中应扮演的角色,包括国际中文教育当地化的主要内容等问题,他们特别指出,国际中文教育当地化过程中要充分利用教育市场的因素。要让各个国家和地区的本土教师和学者充分发挥作用,他们会对本国和本地区的国际中文教育产生重大影响。②张新生和李明芳(2018)认为,国际中文教育的终极目标是让中文成为国际语言,本土化是实现这一终极目标的必由之路。③

十一、 标准化考试和分技能测试研究

语言测试是一门独立的学科,是心理测量学和语言学交叉的学科。语言测试研究包括两个方面的内容,一个方面是语言测试理论的研究,一个方面是语言测试产品的研究。语言测试理论涉及两个关键词:一个是信度,一个是效度。目前在心理测量领域有两种测试理论,一种是基于标准参照理论的测试(criterion-referenced test),一种是基于常模参照理论的测试(norm-referenced test),我们

---

① 赵金铭:《何为国际汉语教育"国际化""本土化"》,《云南师范大学学报》(对外汉语教学与研究版),2014年第2期,第24—31页。
② 李宇明、施春宏:《汉语国际教育"当地化"的若干思考》,《中国语文》,2017年第2期,第245—252页。
③ 张新生、李明芳:《汉语国际教育的终极目标与本土化》,《语言战略研究》,2018年第6期,第25—31页。

应该对两种理论进行评估和验证(张凯,2002)。①已经开发并施考的考试产品有很多,例如汉语水平考试(HSK)和中文能力测试(C-test)。考试作为一个测量工具,最重要的问题是是否测得准。比方说 HSK6 级可以达到什么样的汉语水平?是否真的能够达到这个水平?语言测试的效度和信度在理论上一直有不同的看法,不同的理论与观念决定了考试的研发有不同的取向。假如推而广之,考试的结果如何利用也是一个问题,这涉及考试服务的影响力问题。作为测量工具,语言测试在服务教育和社会的同时,也会产生过度使用或误用等问题(金艳、孙杭,2020)。②考试是一个指挥棒,它在某种意义上会影响到语言教学。汉语水平考试和能力考试,还有很多需要解决的课题。举例来说,作为标准化考试,应该有考试的词汇等级大纲、汉字等级大纲和语法等级大纲。这些等级大纲的科学性需要评估。另外自适应测试(机考)有许多问题值得研究,自适应考试的题库建设应该怎么做?如何保证考试的可靠性?作文考试的自动评分系统也是值得研究的问题。分技能测试也是标准化考试的组成部分,但是在考试体系当中它们是薄弱环节。普通语言能力和语言分技能的能力测试有客观的评价,也有主观的评价。如何保证主观评价的一致性和可信性?有什么技术手段可以让主观评价可靠性更高?

十二、 中文教材和外向型词典研究

　　教材是三教问题之一。迄今为止已经出版的中文教材数不胜数,有一些教材影响还比较大,例如《汉语会话 301 句》《新实用汉语课本》《体验汉语》《博雅汉语》《阶梯汉语》《发展汉语》《长城汉语》等。除此之外还有一些特殊用途的中文教材,如《国际职场通用汉语》《商务汉语拓展》等,最近几年,大家开始关注国别化中文教材的编写问题。截至 2018 年,国际汉语教材研发与培训基地全球汉语教材库收集、整理、展示的全球汉语教材有 17800 多册/种(其中 40 国出版,56 种媒介语),包括学习者水平、学校类别、教学媒介语等(周小兵等,2018)。③

———————————

① 　张凯:《标准参照测验理论研究》,北京:北京语言文化大学出版社,2002。
② 　金艳、孙杭:《中国语言测试理论与实践发展 40 年:回顾与展望》,《中国外语》,2020 年第 4 期,第 4—11 页。
③ 　周小兵等:《国际汉语教材四十年发展概述》,《国际汉语教育》(中英文),2018 年第 4 期,第 76—91 页。

教材研究有很多题目可做,比如教材的编写理念、内容设计、生词解释、生词复现率、课文选材、练习安排等都值得研究。近十年来,国际中文教育的教材本土化和国别化的研究也有不少新进展(韩秀娟,2020),①教材的研究也在不断升级。

外向型词典也是非常值得研究的课题。我们现在已经出版和正在编写的外向型词典已经有很多了,哪一本词典能够在竞争中脱颖而出?词典的释义和示例应该怎么安排?词典的编写原则、编写目标、编写体例、检索方式、配例、配图等问题都值得研究。外向型词典编写的元语言提取和应用也是一个关键问题,有些学者已经在这方面作了很有意义的探索(翁晓玲,2017;杨玉玲等,2021)。②但是在外向型词典的编写领域还有很多课题需要我们深入研究和探讨,例如词典编写中的语义网络问题、电子词典的编写和应用问题、词典释义的句法难度问题、学习词典中的文化问题等(崔希亮,2022)。③

小 结

国际中文教育是一个刚刚蓬勃发展起来的学科,在学科发展过程中会遇到各种各样的问题。本文提出十二个重点研究领域,并不意味着要排斥其他的相关研究。我们只是认为目前这十二个重点研究领域需要提前布局,未雨绸缪,有一些研究领域需要长期不断地进行耕耘,有一些很好的设想和构想应该尽快付诸实施。一个学科要发展,我们必须要研究这个学科的历史,要研究这个学科的本体论和方法论。我们没有提到国际中文教育的历史研究,那是因为这个学科太年轻了。但是这并不意味着历史的研究就不重要。我们也曾经做过一些口述历史的研究,记录和保存了一些珍贵的历史文献资料。国际中文教育的文化问题也是非常重要的课题,跨文化交际的问题也是重要的课题,但是这些问题可以体现在课程设置、人才培养体系和教材编写当中。无论怎样,要想在十二个重点研究领域里涵盖国际中文教育所有迫切需要解决的问题那是不现实的。所以我

---

① 韩秀娟:《近十年来国际汉语教材的本土化与国别化研究综述》,《汉语学习》,2020 年第 6 期,第 97—105 页。
② 翁晓玲:《基于元语言的汉语学习词典释义模式研究》,上海:上海社会科学出版社,2017。杨玉玲等:《基于元语言的外向型汉语学习词典编纂理念和实践》,《辞书研究》,2021 年第 5 期,第 36—48、125—126 页。
③ 崔希亮:《汉语学习词典的元语言》,《汉语学习》,2022 年第 6 期,第 77—85 页。

们在这里只是抛砖引玉。

作者简介:崔希亮,北京语言大学原校长,语言学及应用语言学教授,世界汉语教学学会副会长,主要研究方向为汉语国际教育、现代汉语语法。

The 12 Key Research Fields of International
Chinese Language Education

Abstract: International Chinese language education is at a turning point, creating tension between change and invariance. In this case, we ought to strengthen the basic research and the applied construction of international Chinese language education. It mainly includes 12 research fields: language ontology research for international Chinese language education; research on the theories and methods of language learning and language teaching; research on interactive linguistics and Chinese language teaching; research on talent training system of international Chinese language education; research on the development and evaluation of international Chinese language education; research on international Chinese language education resource platforms; research on the application of international Chinese educational technology; research on international Chinese language education standards and grade syllabus; research on the integration and service of basic resources of international Chinese language education; regional and national studies on the international dissemination of Chinese language; research of Chinese language standardized test and sub-skill test; a study of Chinese textbooks and L2-oriented dictionaries.

Keywords: International Chinese language education; Key research fields

国际中文教育专业学位人才全球胜任力培养的举措和建议

马箭飞

摘　要：国际中文教育专业学位为培养世界各国需要的高层次国际化复合型专业人才而创设，是最需要培养全球胜任力的学科之一。本文基于培养目标与现状，总结了四项举措：聚焦服务人类命运共同体建设，注重跨文化能力培养，强化国际中文教育志愿服务，以及主动适应新需求新趋势。同时，提出了四项建议，即强化政策引领导向，狠抓导师队伍建设，打造优质课程资源及深化国际交流合作。

关键词：国际中文教育；专业学位；全球胜任力；研究生教育

研究生教育在推动社会全面发展中扮演着越来越重要的角色，在教育强国建设中发挥着关键示范引领作用。当前，世界之变、时代之变、历史之变正以前所未有的方式展开。随着全球治理体系和国际秩序变革加速推进，各国联系依存日益加深，人类面临着诸多共同问题及挑战，参与全球问题解决已经成为各国人才培养的现实要求。《国家中长期教育改革和发展规划纲要（2010—2020年）》提出，要积极培养具有国际视野、通晓国际规则、能够参与国际事务和国际竞争的国际化人才。教育强国建设对人才参与全球化的能力也提出更高要求，从这个意义上讲，研究生全球胜任力的培养与提升，是在全球教育变革的大背景下，加快构建与经济社会发展相衔接、与中国式现代化相契合、与人类命运共同体相适应的高质量研究生教育体系的内在要求，回答的是时代之问，回应的是国家之需、世界之需。

国际中文教育专业学位，是为培养适应世界各国迫切需要的高层次国际化复合型专业人才而创设的。作为中国提供给世界的公共产品，国际中文教育是世界了解中国、中国融入世界的重要平台,也是中国教育高水平对外开放的重要组成部分。中国的悠久历史、灿烂文化、飞速发展以及给世界带来的巨大机遇,吸引越来越多的人了解中国、同中国合作,全球中文学习热情不断高涨。目前,已有 180 多个国家和地区开展中文教育,近 90 个国家将中文纳入国民教育体系,4 000 多所外国高校、80 000 多所中小学和各类教育机构开设中文课,超过 3 000 万人正在学习中文,每年来华留学的外国学生超过 500 000 人。国际中文教育事业的蓬勃发展带动了对国际中文教师的迫切需求,近年来,仅教育部就每年应需派出近万名中文教师和志愿者赴外任教,为各国 2 500 多名本土中文教师提供职业发展支持,还通过支持中外高校合建中文专业、中文师范专业等方式,成建制系统化培养本土中文师资。

与国际中文教师职业紧密衔接、与国际中文教育事业相伴成长是国际中文教育专业学位的基本特征。服务中外民心相通和人类命运共同体建设是其鲜明特色。自 2007 年专业学位设置 17 年来,国际中文教育专业学位建设和人才培养工作发展迅速,成效显著。硕士授权点已由建立初期的 24 所增加到 198 所,遍及 29 个省份。近年来,各授权点年招生规模合计超过 7 000 人,其中约 1/5 是外国留学生。累计培养学生总量 82 000 人,包括 15 000 名外国留学生。一半以上的中国学生担任国际中文教育志愿者,67％的外国学生回国担任本土中文教师。一支由国际中文教育硕、博毕业生为主体的,成建制、职业化、年轻而富有活力的国际中文教师队伍逐步形成,活跃在世界各国大、中、小学课堂。他们教授中文,介绍中国,最直接、最广泛、最深入地参与国际教育合作一线工作,在促进中外人民相知相亲、多元文明交融互鉴,推动构建人类命运共同体方面发挥着独特而重要的作用。

国际中文教育是在理论和实践中最能体现中国特色、中国气派、中国风格的学科之一,也是最需要培养全球胜任力的学科之一。通过培养实践,确保学生具备胜任全球语境下多元化、多层次教育教学岗位的能力,是国际中文教育专业学位研究生教育的天然使命。因此,国际中文教育专业学位教育指导委员会和培养单位高度重视学生全球胜任力的塑造,在培养全链条各个环节精心设计,多措并举,积极拓宽学生的国际视野,塑造他们的跨文化适应能力和全球化岗位胜任力。

一、 全球胜任力培养的举措

一是聚焦服务人类命运共同体建设,落实立德树人根本任务。国际中文教育关系到人类命运共同体建设。专业学位研究生是未来国际中文教育事业发展的生力军,在培养过程中,需要注重通过课堂教学和实习实践,培育中国学生的家国情怀和全球视野,引导他们更加深入地理解国际中文教育事业的重要意义和世界价值,不断增强从事国际中文教育工作的使命感、责任感和光荣感。同时,着力涵养外国学生全面客观认识中国的观念,理解百年变局中中国与世界的联系及这一联系的价值,建立对中国社会和历史发展的正确认识,成为中国人民的"好朋友"。无论是中国学生还是国际学生,为世界谋大同应成为共同的价值追求。

二是注重跨文化能力培养,积极践行文明互鉴理念。国际中文教育是典型的跨文化活动,跨文化能力是国际中文教育成功实践的基础能力。世界各国国情不同、语言文化政策环境各异,对国际中文教育的诉求也存在较大差异,这对国际中文教师的全球素养提出很高的要求。国际中文教育专业学位将"中华文化国际传播"和"跨文化交际"列入五门核心课程之中,在适应各国对中国和中华文化学习需求同时,着力培养研究生跨文化视角、跨文化比较和跨文化互动能力,使人才培养能够紧密对接不同文化背景和教育体制的要求,能够满足世界各国多层次、多元化的中文学习需求,并深化跨文化理解,在实践中促进不同文化交流互鉴,从而为文化多样性和可持续发展作出贡献。

三是强化国际中文教育志愿服务,在实践中提升全球胜任力。全球胜任力的培养不能停留在理念和意识层面,需要创造条件支持学生们采取有实际意义的行动。在"国际中文教育志愿者项目"的大力支持下,一半以上的专业学位研究生在学期间能够赴世界各地一线教学岗位从事中文教学志愿服务,与不同文化背景的中文学习者进行教学互动,与同事、学习者的家人进行不可回避的有效交流,通过实践和反思,加强研究生综合运用知识技能创造性开展工作的能力,提高在全球化环境中协调合作的实操能力。根据规模性志愿者服务后调查反馈,通过志愿服务,研究生们的文化自信大幅提高,文化理解和包容意识明显提升,跨文化交流沟通能力全面增强,深化扩大志愿服务项目对全球胜任力提升具有重要推动作用。

四是主动识变应变,适应新需求新趋势。专业学位教育与经济社会发展和职业需求紧密结合,培养方案或者课程体系调整变化是必然的。国际中文教育事业发展日新月异,向我们提出了大量的新的理论问题和实践问题。至少在两个方面已有共识:一是随着越来越多国家将中文纳入国民教育体系,中小学开设中文课数量大规模增长,学生低龄化趋势明显;二是全球科技人才竞争愈演愈烈,各国与中国的产业、经贸合作需求不断增大,企业走出去越来越多,催生中文与职业教育、专业教育融合性需求,"中文+"或"+中文"趋势明显。为适应这种变化,沉浸式教学模式的研究和"中文+"教学模式的研究以及人才培养成为流行且紧迫的课题,而这两个趋势的一个共同特点就是,涉及双语或多语、跨文化或文化比较、语言能力和学科专业能力,加之全球性应用需求,需要具备全球胜任力的教师,而我们目前的教师并不适应。为此,为各相关院校学科带头人和骨干人员开展国际胜任力专题培训,邀请国内外知名学者、培训师开展系列课程培训,这些培训受到前所未有的欢迎。同时,设计出台制度,对教师开展相应的课题研究给予支持。面向新业态、新实践、新需求,搭建平台,引领学界大力开展跨学科研究,作好理论总结,推动理论创新,产出具有前瞻性、引领性的学术成果,为国际中文教育可持续高质量发展夯实学科基础,厚积发展动力。

与此同时,我们也要看到,由于在办学基础、资源环境等方面存在客观差距,国际中文教育研究生全球胜任力培养虽取得明显进展,但仍然存在发展不均衡、课程体系待完善和学科学理支撑能力不足等问题与挑战,仍然任重道远。

二、 全球胜任力培养的建议

习近平总书记指出,要加快建设教育强国,为中华民族伟大复兴提供有力支撑;要积极参与全球教育治理,为提高我国教育的影响力和话语权而努力。在全球化的时代背景下,必须认识到培养全球胜任力的重要性,并将其作为研究生教育的重要目标之一。只有这样,才能培养出更多具备全球视野和创新能力的人才,为我国的发展和国际竞争力的提升作出更大的贡献。结合国际中文教育专业学位研究生培养实践,就提高研究生胜任力培养能力,推动研究生教育高质量发展分享几点思考和建议。

一是强化政策引领导向。研究生全球胜任力的培养是一个多维度、系统性的工程,需要包括教学主体、科研单位和社会企业等多方协同合作,共同努力。急需有关部门给予明确政策指导,采取有力措施驱动。建议考虑将全球胜任力培养纳入研究生教育规范性要求和核验体系,明确目标,细化指标,机制化地加以推动。

二是狠抓导师队伍建设。作为教育的主体,教师的全球胜任力意识和水平直接影响着学生的培养效果,因此推进教师全球胜任力教育是实现全球胜任力培养的关键环节。建议培养单位大力搭建平台,创造机会,通过支持一线教师参与国际交流项目、海外进修、国际会议等,帮助他们了解相关国际前沿知识和教育理念,提升他们的全球视野和跨文化交流能力;同时,吸纳更多有全球视野、丰富国际实践经验的行业专家参与培养实践,发挥他们在全球胜任力培养方面的独特优势和作用。

三是打造优质课程资源。一方面应汇聚各方优势资源,打造研究生全球胜任力通识课程,要与本科阶段培养拉开差距,使学生深入了解当代世界的政治、经济、文化、社会前沿主题和发展趋势,帮助他们树立面向未来、全球化生存和协作的意识;另一方面,进一步设计和优化专业课程,引导学生在全球背景下去探究专业问题,使他们在学习知识、培养专业素质能力的同时,还能超越自己的角度,从不同文化的角度思考和理解问题,提出解决方案。要加大运用数字化教育手段,推动优质课程资源的交流共享,弥补培养院校间客观存在的培养条件差距,推动研究生教育质量和水平的整体发展。

四是深化国际交流合作。实践是知识和技能最好的练兵场和检验场,亲身参与国际交流合作是培养和评价研究生全球胜任力的重要途径。要加大与国际知名高校、研究机构或企业的合作,"请进来""走出去"相结合,创造提供丰富多样的跨国交流项目,让研究生有机会走出国门,亲身体验不同文化背景下的学习、工作和生活。在跨国交流过程中,拓宽国际视野,提升跨文化交流能力和参与全球治理的创新实践能力。

当今世界,百年未有之大变局加速演进,青年的国际化责任与挑战日益凸显。从推进"一带一路"建设、推动构建人类命运共同体,到落实全球发展倡议、全球安全倡议、全球文明倡议,都要求不断增强青年一代的全球胜任力。建立并不断完善包容协作、融合创新的研究生全球胜任力培养体系,是推动研究生教育高质量发展的内在要求和当务之急。

作者简介:马箭飞,北京语言大学国际中文教育研究院教授,全国国际中文教育专业学位研究生教育指导委员会副主任委员。

Initiatives and Suggestions for Global Competence Development of International Chinese Language Education Professional Degree Talents

Abstract: The professional degree of international Chinese language education is established to cultivate high-level, internationally-oriented, multi-disciplinary professionals needed by countries around the world. It is one of the disciplines most in need of cultivating global competence. Based on the training objectives and current status, this paper summarizes four measures: focusing on serving the construction of a Community with a Shared Future for Mankind, emphasizing the cultivation of cross-cultural competence, strengthening the volunteer services of international Chinese language education, and proactively adapting to new demands and trends. Additionally, four suggestions are proposed, namely strengthening policy guidance, enhancing the development of the tutor team, creating high-quality course resources, and deepening international exchanges and cooperation.

Keywords: International Chinese language education; Professional degree; Global competence; Postgraduate education

国际中文教育：现状、问题与对策

孙宜学

国际中文教育兼具学科和国家战略意义，政府高度重视、高校发挥优势、社会寄予厚望、国际态度多元，目前正处于发展关键期、转折期、斗争期，亟需高位推动、统一思想、统一规划、统一部署、统一标准、区别发展、错位发展、精准对焦、内外协同，助推新时代中国式现代化成为世界典范。

国际中文教育是一项政府工程

国际中文教育是一项政府工程。中文世界化和中华文化国际传播事关中国形象，各级政府作为重点工作抓手之一，与当地文化资源发掘和国际推广结合，单独列入工作计划，提供政策、资金支持。

2020年孔子学院转隶后，地方政府推动本地承办孔子学院的中方高校合作，形成合力，共同发展。上海、浙江、江苏、河北、四川、湖北、黑龙江、陕西、粤港澳大湾区、江西、吉林等省市先后成立孔子学院工作联盟，定期举办会议，结合地方优势，强化国家一体化格局下的区域化发展特色，推动新时期孔子学院可持续高质量发展，培育具有内生动力的发展生态，形成了百花齐放新局面。在人员选派，经验、信息、资源共享，资源合作开发，协同研究等方面加强合作，进一步加强了孔子学院的运行能力、社会协作能力，为提升地方国际影响，避免资源浪费，提供了机制保障和服务保障。

着眼未来，中国高校要以孔子学院转隶和国际中文教育学科设立为契机，发挥地域和高校优势，以一国两校（中外合作高校）为旗舰，引领当地中文教育；基于数据分析将世界中文教育划分若干强弱区域，集中发展重点区域；优化中外区域工作联盟，改变政府垂直管理模式，发挥区域主观能动性。

国内政府机构和高校要以孔子学院转隶和国际中文教育学科建设为契机，改变政府垂直管理模式，发挥区域主观能动性，精细调研，加强世界重点区域中文教育规划，推动中外合作高校发挥各自优势，形成区域性的海外中文教育合作优势，每个国家的中文教育可以某一对合作较好的中外高校为基础，一国以中外合作两高校为龙头，赋权赋能，加大投入，重点发展，打造成中文教育旗舰，在国家部门总体指导下，由这个龙头具体负责这个国家的中文教育规划、确立具体实施步骤、协调这个国家的中文教育资源，加强组织这个国家的中外区域工作联盟，带动一国一地中文教育发展，进而再推动旗舰之间的合作交流，建立跨国别工作联盟，连点成线，连线成面，全面推动世界中文教育发展。

国际中文教育学科"百业待兴"

《研究生教育学科专业目录（2022年）》将"汉语国际教育"硕士和博士专业名称正式变更为"国际中文教育"，正式设立国际中文教育专业学位类别一级学科，体现出明确的专业导向性，满足了国际中文教育事业的人才需求，为推动中文世界化提供了制度保障和人才保障，也进一步提升了国际中文教育专业的学科地位，提升了本专业师生的获得感、幸福感，极大地调动了工作积极性。

高等教育机构肩负培养国际中文教育人才的重要工作，加强、完善国际中文教育也是社会主义核心价值体系的重要内容，是中国式现代化建设和人类命运共同体建构、中华民族共同体意识铸造的关键途径，对此高校认识统一、高度重视、积极主动。

承办国际中文教育专业的学校以公立高校为主，政治站位高，国际视野宽，认识统一、高度重视、积极主动，以立德树人为根基，培养专业人才的国家意识、国际意识、人类命运共同体意识，有能力向世界讲好中国共产党故事、传播新时代中国式现代化理念。

学科的设立符合国内外中文教育实际，基于科学，源于传统，融通中外，具有明确的中华民族共同体意识，更能体现中国推动中文世界化的平常心和真诚态度，为国际中文教育事业稳定高质量发展提供了制度保障和人才保障。

作为一个新兴学科，国际中文教育"百业待兴"，国际中文教育学科理论体系、课程体系未独立，科研、教学、师资队伍未独立，与其他学科如中国语言文学、外国语言文学、传播学的理论界限、课程体系界限不明晰，师资、教学方法、理论研究体系仍依赖这些已有学科，惯性大，改变意识弱。而国际中文教育的海外服务特性，决定了对学科的定位不能只取一端，自说自话，而是必须充分尊重海外相关机构的合理需要、具体需要、多元需要。但目前对国际中文教育学科的认识国内外定位不统一，甚至名称都还没统一，对外汉语、汉语国际教育、国际汉语教育等名称都还在用。国际中文教育因为具有中外合作的特殊性，在教学内容、文化活动组织形式、合作研究、资源共建等方面方向多维，整体凌乱，很多合作模式只是停留在口头上，尝试一次就放弃，甚至只停留在纸上，协议很好，只是没有做，导致对一些国际中文教育的关键问题、重点问题、卡脖子问题，如教材的独立性、师资的跨本土流动交流、中国资源与当地资源的融合共享、专业师资的精准培训等等，都没有形成固定的、可推广且真正推广的机制和模式。

国际中文教育人才培养独具特色

国际中文教育学科独立设置，进一步基于未来国际中文教育专业人才需求，明确了专业人才培养特色：培养全过程贯通价值观育人链、文化传承与传播链、课程育人链和实践育人链四个环节；专业人才必须具备系统思维（具有宏观视野和大局观，基于一点着眼全面，提高工作的政治站位），工程思维（重视工作的连续性，夯实每一个工作，科学设计每一个教学、工作环节），辩证思维（养成换位思考习惯，善于化解矛盾冲突，辩证思考问题的方方面面，既做教育者，也做外交家，既教字词句篇，也讲中国故事，始终保持看过硬币两面再作判断、决定的习惯），创新思维（国际中文教育环境千差万别，不可能一本教材打遍天下，一种教法万国通吃，教学对象多元，教学条件好坏不均，必须始终保持创新意识，不断根据实际情况随时进行改善、改革，才能做到因材施教，确保教育效果）。专业人才海外工作环境常常是"单兵作战"，必须一专多能、多才多艺，甚至一人承担不同年级的教学和管理，必须独立贯通教学资源链（独立获得各种教学资源，他人的、自筹的等等）、教学链（没有教研室，没有教学合作小组，一个人可能就是一所学校所有中文课程的总教习）、传播链（海外中文教育不是单纯的语言教育，教师本身、教学内容、日常工作交流等等，都代表中国形象，都是在向世界传播中国形象）、技术链（必须掌握必要的教学技术，做出好的 PPT，熟练使用线上教育平台等）。

国际中文教育专业人才必须具有深厚的中文和中华文化知识，了解中国历史和当代中国文化,具有宽广的国际视野、卓越的综合素养和组织协调能力,能在中文教学、人文交流、增进国际理解方面热情奉献,无私工作。海外国际中文教育工作者每一个人都是链接中外的点,是星星之火,这个点是中外感情互通的点,是爱的聚焦点,也是友谊的结合点,也是世界看中国、中国看世界的窗户,单独看普通、微小,点点连起来看,每一个点都必不可少,一点一世界,又是伟大不平凡的。这决定了国际中文教育人才培养与其他相关专业——如中国语言文学、外国语言文学等——相比,专业性之上,更多了一种综合性、国际性,更重视整体素质。

国际中文教育包括中文方言、民族语言教育

随着全球化深入发展,世界中文学习需求持续旺盛,至 2022 年 12 月,全球 180 多个国家和地区在开展中文教学,81 个国家将中文纳入国民教育体系,8 万多所各类学校及培训机构开设了中文课程,正在学习中文的人数超过 3000 万。

百年大变局下世界中文需求更加精细化、碎片化、差异化、个性化、年轻化,中文学习将随着世界与中国交流目的的碎片化而碎片化,但基本上仍以工具动机为主。现在世界与中国的经贸交流体现出越来越明显的区域性,而中国各地也都把国际经贸合作作为拉动当地经济发展的重要杠杆,比如一家法国公司在镇江建厂,那么法国工作人员对镇江方言就有了解、学习的需求,并进而带动法国当地相关人员产生同样的需求,目前这种需求是普遍存在的,只要与中国合作的需求在,这种对某一地区方言学习的需求就在,只是现在国内国外条件不具备,大家都还没做好准备,以后拟与中国某一地区合作的商业团体、文化团体或个人,随时可能提出专门学习某一地区方言的要求,比如上海话、天津话、广东话……

国际中文教育目的是为世界提供中文服务,宗旨是:凡是有学习中文的需要,我们都应想方设法满足。面对中文学习需求未来可能的这种转变,我们现在就要未雨绸缪,精准研究和准备,将方言和区域文化纳入国际中文教育人才培养体系,保证更准确地让我们的中文服务精准落地,提供精准语言服务。

国际中文教育正面对世界中文需求的升级转型

语言文化事关国家安全,客观上决定了国际中文教育必定会遭遇所在国从

政府到民间的猜忌与抵触。在百年未有之大变局下,西方国家主导的对中国的意识形态偏见和霸权心态正强势走高,国际中文教育在世界上遭遇到新挑战甚至攻击,生存与发展面临着重大考验。

经过近 20 年的快速发展期,以新冠疫情的始与终为标志性阶段,国际中文教育作为中国软实力的代表性符号,遭受污名化程度加剧,发展阻力加剧,阻力范围加大,多米诺骨牌效应明显,国国不同。但中文刚需仍普遍存在且局部强劲,而且中国台湾、新加坡、海外中文教育机构都在抢占世界中文教育市场份额,世界中文教育在动荡中调整结构和格局,不进则退、不动即退。中国应对面广、问题复杂、内外协同压力增大,世界各国中文教育进入升级转型关键期。

面对生存与发展重大考验,国际中文教育发展模式应及时调整,从"平原大作战"转为重点发展,错位发展,有偿发展,和谐发展。秉持文化平等原则,科学布局海外中文教育机构,投放中文教育资源;推动形成世界中文教育联盟,实现教师、教材的跨本土协同、合作,解决区域不平衡难题;国内外整体规划,区别化施策,差别化评估。持续提高国家安全意识,市场意识,增强应对风险的法律意识、抗压能力。

国际中文教育新业态正在经历数字技术重塑

世界进入技术时代,世界中文学习者的结构已经发生变化,"Z 世代"成为学习中文的主体。"Z 世代"也称"网生代""互联网世代""二次元世代""数媒土著",他们出生在网络信息时代,与数字信息技术、即时通信设备、智能手机产品无缝衔接,接受新事物的特点是兴趣优先,注重体验,理性消费,与时代发展、社会进步、生活变革、潮流演进和谐一致,个性鲜明、思想活跃、创造力强。他们选择学习中文更加自主化、即时化,VR、AR、人工智能等新技术赋能、教学资源智能化已成必需,他们需要对自己的中文学习情况即时进行"教、学、评、测、研、改"一体化评价,随时改进学习方法,调整学习内容,满足自我期待。"Z 世代"中文学习智慧化已成常态。

通过数据分析可以看出,在世界上,中文的影响力仍远远落后于英、日、德、法语,与英语的差距更大,短期内难以比肩,中文的国际地位跟中国的政治经济地位十分不匹配。面对如此残酷的现实,"俟河之清",时不待我,奋起直追仍靠传统方式难以奏效,必须借助不同于英、法、德语等的国际传播手段,借助中国的数字技术优势,如 AI 语伴、APP 移动课堂等,借力发力,针对不同学习基础,不同年龄段,不同文化宗教和方言的人群,以中文为载体,以科技为手段,以服务为宗旨,凝聚国内外各界力量,依托信息技术,赋能中文教育,开发设计不同的中文教育技术系统,在教材、教法方面创新突破,加强与人工智能等数字化技术交叉融合,形成"中文＋技术"复合型人才培养机制。提高实效,持之以恒,就能事半功倍,加快发展速度,在新百年世界语言国际传播竞争中脱颖而出,实现超越。

国际中文教育"专业"与"事业"并重

国际中文教育学科建设和人才培养与国家战略结合度高,实用性强。但专业类别一级学科设立后,管理部门和高校自然将国际中文教育学科建设纳入学校常规学科体系,也就是说,与土木工程、交通工程、管理科学与工程、中国语言文学、外国语言文学、教育学等纳入同一管理体系和评估标准。从有利的一面讲,只要将国际中文教育与这些传统学科结合好,可以借助这些学科的资源,培养国际中文教育专业人才跨学科知识素养,更能应对国外学习者全面了解中国的需求,也能提高环境适应能力;从不利的一面讲,国际中文教育学科建设会逐步趋同化,而逐渐弱化国际中文教育的战略性、实用性、国际性,尤其是国际中文教育事关中国国际形象,是一项伟大的事业,但按传统的学科建设思路发展,则可能将这一伟大事业局限于以课堂教学为主的"专业"视野,久而久之,就会重新混淆国际中文教育与其他相似学科的关系,难以形成完整的独立的系统的学科发展思路。

国际中文教育工作具有鲜明的"实战"色彩,专业人才培养应以"实战能力"为基本评价标准,但目前办有国际中文教育专业的高校,一些是为增加招生人数而设立的此专业,带有地方保护色彩,带有一定的盲目性,甚至缺乏必要的面向留学生的教学实习条件,无法提供实战模拟条件;高端定位、低端运行,仓促办专业,办成任生死,只能"王婆卖家,有啥卖啥",食之无味,弃之可惜,成了专业鸡肋。更严重的是将学生培养成了万金油,职业导向不明,学习目标混乱。"下笔千言,胸无一策",即使将来有机会从事国际中文教育,教学理论也缺乏国际视野,教学内容局限于语言文化,缺乏国家形象意识。而实际情况是:大多数这类学校的毕业生根本没机会从事国际中文教育工作,而合格的国际中文师资依然紧缺。

国际中文教育与中国外语教育相辅相成

英语是所谓时代人文的"标志性语言",目前仍最能体现人类文明发展的新成果、新动态、新需求,在现代科技领域和国际事务中的应用率都高于其他语言。在英语之前,国际语言曾是拉丁语、法语,自文艺复兴开始,英国的文学、艺术开始影响世界,而英国海外殖民地的扩张,则是英语快速成为世界语言的快速通道。当今世界,英语的世界化则主要依托于英语国家的经济发展、科技文明,尤其是互联网技术。不懂英语,就无法获得世界上最先进的科学、信息,就意味着落伍。对国家和个人来说,学习英语都有助于赢得全球发展的机会,在经济、文化和国际交流方面受益。

客观事实是:在语言国际教育领域,在外语学习者人群相对稳定的前提下,语言之间的竞争肯定是此消彼长、东风西风的关系,若处理不好学习英语与民族语言国际传播的关系,英语的强势压制就会对民族语言国际教育市场构成消极影响,减少民族语言的学习人数,减弱学习效果。

近年来,有关"义务教育阶段是否应该取消英语作为主修课的地位""高考是否应该取消英语作为必考科目的地位"等等,成为中国社会关注的热点问题之一,进而又衍生出中国人是不是要学英语,大有"我是中国人,何必学外文;不会ABC,照样做接班人"卷土重来之势。这是一种狭隘的语言观,蒙眼不看真实的世界。世界经济一体化决定了英语的全球地位,回避和拒绝都不会成功。各国必须在英语和本民族语言之间找到一个平衡点,将本民族语言的学习、使用与英语学习和使用并重,形成相互补充、优势互补的语言生态,而不要人为制造障碍,甚至限制。虽然中国现在已经逐渐崛起,中文的世界地位在逐步增强,但放眼全世界,很多最新的科研成果,依然是用英语写成的,不懂英语,就获取不了最新信息,就会故步自封,裹足不前。不懂英语,也就无法客观真实地向世界介绍中国,也无法与其他国家的民众进行沟通,更客观、理性、全面地看待其他国家。中国人学好英语,仍是中国崛起的必要手段。

但英语在中国国民教育体系内过于强势,这也是不争的事实。英语在中国社会生活中的影响已常态化、普及化,日用而不觉,在一定程度上消解了中国人的母语意识和语言价值观。学习者学习时间毕竟有限,精力毕竟也有限,加上中国进一步开放,使用英语的机会也大大增加,促使中国年轻人自觉学习英语,甚至从胎教就开始学英文,结果是现在中国人的英语交流能力普遍提高,在对外交流中可以非常自如且习以为常地以英语进行交流,而交流对象也基本上能用英语回应,这又进一步强化了中国人英语的世界性认知。对世界范围内的交流对象而言,久而久之也就形成了"与中国人用英语就能交流"的普遍认知,相对于中文使用范围的相对有限性和语言体系的特殊性,既然学习英文可以代替中文的功能,而学习中文却取代不了英文的功能,从经济成本和时间成本及价值产出角度比较,海外外语学习者选择首先学英语,于情于理,都中规中矩。疫情暴发前,这种因素已对海外中文学习者产生了负面影响,而疫情后影响更大,韩国、日本一些大学的中文系招生数量锐减,一些名牌中文系 2023 年仅仅招收到七八名学生,老师多于学生,中文专业已有停办风险。而目前在海外从事中文教育的教师、志愿者,他们的专业学习主要依托的是语言学理论、翻译理论、传播理论、科技创新成果,其中大多是来自英语材料,润物无声,也会影响他们的语言认知,缺乏民族语言自豪感,"口教中文心在英文",进而影响教学对象的语言取向,甚至习惯性地用英文解释中文学习问题。

鉴于此,从政府层面,中国教育机构要加强组织领导,确立国际中文教育政治观;加强整体规划,提升高校国家战略意识和国际传播能力,加强思想政治教育,强化师生政治意识、国家意识;加强融会贯通,以中外语言文字交流促中外民心相通。在国际中文教育人才培养过程中,以语言搭桥,以故事为媒,将讲中国故事能力培养纳入专业课程体系、培养方案,并内化为国际中文教育的发展逻辑之一,进而以中国经验推动海外合作高校重视培养本国学生讲故事能力,以中国故事的思维逻辑潜移默化扩大世界讲中国故事的人群和影响力,吸引更多的中文学习者。

从社会层面,要全民同心、融于日常,从娃娃抓起,全面提高国民民族语言能力和国际传播能力,使人人成为中文传播者,实现全民传播;加强国民的语言安全意识,使人人形成语言战略认识,内外同防外来语言文化的腐蚀,强化中文尊严感,直面语言国际竞争,敢于竞争,善于竞争,在公平竞争中获取生源,提高未来国际中文教育实效。

国际中文教育事关国家安全

目前,世界中文需求不一且始终处于动态变化之中,国国不同、时时不同,而中文教育资源的投放标准却相对统一,导致出现了"贫富不均""饱饿不均"现象:

有些国家或地区吃不饱,有些国家或地区吃不完。在推动中文教育本土化过程中,对所在国或地区的中文资源的开发利用有的不充分,如埃及、以色列等;有的过度开发,拔苗助长,导致本土中文资源青黄不接,如乌克兰、突尼斯、科特迪瓦等。客观上造成中文教育资源的产出率低且未持续。

海外国际中文教育机构或合作项目多被明确定位为非营利性,尚未实现从非营利性向以市场为主导的营利性机构转变,教育资源主要依靠中国,基本处于"嗷嗷待哺"状态,没有形成自给自足生存意识和能力,一旦缺乏中国支持就难以为继,不但不能从所在国汲取发展能量,而且难以全面融入、和谐融合,"外来"形象突出,增加融入国民教育体系的难度。

正是看到了国际中文市场的巨大经济价值和当前非营利定位导致的进退两难,一些海外中文教育公司(如新加坡和新西兰)已获得美元融资,基本都来自国际大型的私募基金。而国内中文教育公司则难以得到国内的 PE/VC 投资,规模弱小,导致外资中文教育机构大,内资机构弱的状态。外资控制的中文教育机构如鱼得水,内资发展的中文教育机构则处于资金饥渴状态。数据安全就是国家安全。未来一旦外资垄断海外中文教育市场,必将垄断海外中文数据,掌握市场分配权、标准主动权、走向主导权,反制中国决策和实施,甚至窃取中国机密,影响中国国家安全。

为了防范世界中文教育市场被外资垄断,导致出现中文教育由外国人控制的不利局面,中国教育机构要加强国家安全意识,认识到国际中文教育数据的特殊性,想方设法堵漏洞,清死角,其中比较有效的一个办法,是加强组织国内外民间教育力量深度参与,对已有的中资国际中文教育机构经审核后发执照、给番号,纳入国家整体规划,广泛发动打"群众战",集中力量打"持久战"。另外,随着海外中资企业越来越能在当地发挥影响力,教育机构应该与企业管理机构加强合作,把中文教育引入企业运行体制,推动海外中资企业以经济为引擎,自主创办中文培训班,中文学校甚至以中文为教学语言的大专、大学,把中文教育与所在地民众的生存需要融为一体,把中资企业办成所在地民众日常生活中的常态化存在,成为就业的理想首选,成为职业的骄傲,就如中国大学生毕业首选一些外资企业、公司一样。

国际中文教育主导构造多语共生生态

目前,海外中文教育机构如孔子学院仍以中文为单一教学品种,未扩展成为多语种、全市场表象下的精品国际中文教育运行平台，未突出中文教育产品的多语言共生特性，客观上强化了中方主导色彩，成为外国人眼中"自我孤立"教育机构，"自我异类"，增加融入困难，弱化了规避风险屏障。

为了增加海外中文教育机构的生态安全性，加厚加宽安全屏障，未来应国内国外进一步加强协调协同，强化国家通用语言文字和民族语言国际教育合作力度，依托海外华侨，更加合理规划海外中文教育布局；政府部门强化领导责任，在条件允许的条件下，加强统筹统管，天下中文教育一盘棋，利益共享，中外共建中文为主、兼顾外语的语言教育资源数据库，打造数字化、智能化"空中课堂"，共享精品中文教育资源。考虑到未来海外中文方言教学的需要和国内外条件的差异，我们应立即着手组织力量，在国内统编中文教材中增加方言类别、职业中文类别。中文教育在不同国家、区域之间差别大，以前那种以国内教材统领国外中文教学，以国内学者编写国外教师所用中文教材的局面应该彻底改变，中国政府和教育机构可提供支持，由国外一线教师根据具体教学情况编写自用教材，只要教学效果好，就鼓励使用，并帮助推广。

国际中文教育专业师资需可持续

海外中文教育师资和志愿者队伍目前采取任期制，轮流转，二年或四年，特殊情况再延期；后来中外语言交流合作中心实施的专职教师制度在一定程度上维持了海外中文教师队伍的稳定性，但全国总人数仅限 300 人，加上最初实施时不够规范，以及后来孔子学院数减少导致的接受专职教师的高校用不完，而后来申请的学校所获得的专职教师只能等以前的高校空出名额后才能有机会，所以并没有做到科学分配。另外，因为待遇的问题，很多专业国际中文教师并不愿意出国任教，而是由相关机构在全校范围内招聘，这样招聘的老师专业就不对口，而且其中很多是因为想增加出国经历，甚至是为了孩子到海外读书，才选择到海外孔子学院任教，虽然工作认真，但因为专业非国际中文教育，教学质量肯定是受到影响的。而孔子学院中方院长的派出现在相对好一些，一些高校将孔子学院中方院长纳入干部序列后，院长由组织部选任，保证了院长队伍的相对稳定。

真正是海外中文教育主力军、生力军的是大批志愿者，他们学有所长，年轻有热情，对国外任教充满向往，教学软件使用、语言交流能力也优秀，而且出国任教也是顺利毕业、将来就业的重要条件，所以他们很好地承担了大量国际中文教学和管理工作，任劳任怨，甚至不惧风险，成为一面面鲜艳的五星红旗，为中国国际地位的提升作出了突出贡献。但现在的问题是，这些志愿者（包括外派教师）回国之后、毕业之后，如果没再被录取为专职中文教师，或自己主动选择到海外私立中文机构教中文，他们可能再也没机会从事自己的专业教育了，一是他的学弟学妹接连不断，他之前的海外工作岗位要由这些学弟学妹接手，二是他毕业后就是校友，与就读学校没有合作关系了，他们是否还能继续承担国际中文教育工作，不属于曾就读学校的工作范畴，也就没责任给他们介绍、安排相应的工作了。这样一来，他们的专业素养，他们海外锻炼获得的经验，就任由岁月吹打飘零，这是巨大的智力资源浪费，也是国际中文教育事业的巨大损失。

为了保证国际中文教育师资队伍的延续性，尽量保证一代代师资积累的理论、经验传承发展下去，除了及时搜集整理出版发行这些资料外，还要全社会努力，尽可能让其中的优秀者留在国际中文教育岗位上，为此可以成立国际中文教育师资回国人员安置办，完善数据，与他们保持常态联系，及时指导、安排他们在相应的岗位工作，这样既有正在一线的国际中文教育"正规军"，也有他们这些曾在一线工作过的退役师资作为预备队，根据需要，随时可以再上前线，这样既保证了队伍稳定，更是确保了国际中文教育事业始终有专业队伍在维系，在发展，在壮大。

中华文化传承与国际传播研究

主持人语

杨　琳

　　新时代以来，面对百年未有之大变局和复杂多变的国际形势，党中央多次召开会议提出传承中华优秀传统文化，建设中华文明现代文明，并加强中华文化国际传播，为国家发展营造有利的外部舆论环境。中华优秀传统文化是中华民族的魂之所依，根之所系，是全球各地中华儿女的精神命脉和凝聚力之所在。中华文明生生不息，绵延数千年，不断浴火重生，离不开中华优秀传统文化的有力支撑。构建中华民族现代文明要以中华优秀传统文化为根基，坚持尊古不复古，对中华传统文化进行激活、萃取、扬弃、兼容、创新性转化与创造性发展。目前在国际舆论场中，中国仍存在"有理说不出，说了传不开，传开叫不响"的问题，要通过国际传播工作，更好推动中华文化走出去，向世界阐释推介更多具有中国特色、体现中国精神、蕴藏中国智慧的优秀文化，努力塑造可信、可爱、可敬的中国形象。海外华人一直是我国中华文化国际传播与改善国际舆论环境工作中可依靠的重要的力量，是沟通我国与世界的重要的"纽带"与"桥梁"。在传播中华文化，讲好中国故事方面具有天然的优势。华人华侨本身就是中外文化交流的载体，他们既了解中华文化，也熟悉住在国的语言、政治、经济、法律、社会制度等，具有身份优势和跨文化沟通的优势，能够用住在国理解的方式和逻辑讲中国故事，能够弥合不同文化的分歧，是构建中华文化民心相通的天然桥梁。海外华人作为中华文化传承与国际传播的特殊的力量，担负着在海外传承与传播中华文化的双重任务，日益发挥着重要的作用。

　　本期栏目编选的五篇文章各自从不同的视角展示了中华文化传承与国际传播的风貌。《〈封神〉·吕洞宾·陆西星》探讨了《封神演义》的作者问题，并对中国古代小说创作理论与社会宗教制度作了饶有趣味的解读。《人文礼义的传承与中华民族现代文明的构建》分析了中华礼义文化的内涵，论述了其超越国界超越时空的独特魅力,探讨了在构建中华民族现代文明过程中如何传承中华礼义文化的问题。《中国诗歌中的梅树》探索了将梅花上升到在精神上与文人类同这一独特地位的过程,并追溯了与梅有关的各种母题的出现和发展。《译介与阐释:陕北民歌海外传播研究》通过梳理刘育林、王宏印、王建领等关于陕北民歌译介研究的著述,并以哈罗德·拉斯韦尔传播模式考察三人论述中跨文化传播内容及其得失,以期为提升陕北民歌海外传播效果提供有益探索。《隔海叩桐寻旧韵——漫议海外中华诗词创作的复兴与流变》梳理了海外华人中华诗词创作的现状,描摹了当下海外中华诗词复兴与流变的基本特征,显示了中华文化海外传承与国际传播的强大生命力。如其作者所写:"植根于心灵深处的祖国文化无论离开故土多远多久,都不会枯萎。它们像蒲公英一样,会随着诗人行走天涯的脚步顽强地落在世界的各个角落,又会吸收融合异域养分,带着新的成熟,飘回故里。"

《封神》·吕洞宾·陆西星

陈　洪

摘　要：这个题目似乎有些无厘头。《封神演义》中,仙、神、魔、妖写了几百个,好像一个字也没有提到吕洞宾;明代的道士陆西星与晚唐的吕洞宾也是相隔六七百年,看起来也不像有交集。三者在一起,内在的关联何在? 但我们如果深入到文本之中,如果充分展开历史的语境,却会发现三者间不仅有关联,而且关联甚密切。其关联处对于解读《封神演义》至为重要。而且还涉及小说创作理论、社会宗教生态等方面一些饶有兴味的话题。

关键词：《封神演义》;吕洞宾;陆西星

一

先来看《封神演义》与吕洞宾的关联。

关联有直接有间接,先说直接的。

一般来说,中国古代白话小说都会穿插一些诗词。这些诗词大体有三种情况:一种是来自民间早期文本,表现是文字水平低劣,如杨本《西游记》:"猪妖强占人家女,行者持棒赶上他。"一种是作者自撰,一般水平会好一些。还有就是迻录名家名作。如吴本《西游记》就颇多全真教领袖王重阳、马丹阳等作品。迻录何人,也会反映出作者的远近亲疏态度。

总体看,《封神演义》穿插的诗词韵文,文字水平是比较高的,而其中可注意的就是迻录时对吕洞宾的偏爱。

我们作一不完全的梳理,就发现这样一些文例:

第五回:"云中子笑曰:'陛下之恩赐,贫道无用处。贫道有诗为证:随缘随分出尘林,似水如云一片心;两卷道经三尺剑,一条藜杖五弦琴。囊中有药逢人度,腹内新诗遇客吟;丹粒能延千载寿,漫夸人世有黄金。'"

这首诗本是吕洞宾的作品。《吕祖志》卷五,《艺文志》"七言律诗六十一首"中有:

(1)随缘随分出尘林,似水如云一片心;两卷道经三尺剑,一条藜杖五弦琴。囊中有药逢人度,腹内新诗遇客吟;丹粒能延千载寿,漫夸人世有黄金。①

再来看十三回:"太乙真人曰:'道虽一理,各有所陈。你且听吾分剖:交光日月炼金英,一颗灵珠透室明。摆动乾坤知道力,逃移生死见功成。逍遥四海留踪迹,归在三清立姓名。直上五云云路稳,紫鸾朱鹤自来迎。'"

《吕祖志》卷四,《艺文志》"七言律诗六十首"中有:

(2)红炉进讯炼金英,一点灵珠透室明。摆动乾坤知道力,逃移生死见功程。逍遥四海留踪迹,归去三清立姓名。直上五云云路稳,紫鸾朱凤自来迎。②

有趣的是,至四十五回,又有:"惧留孙领命作歌而来:交光日月炼金英,二粒灵珠透室明。摆动乾坤知道力,逃移生死见功成。逍遥四海留踪迹,归在玄都立姓名。直上五云云路稳,彩鸾朱鹤自来迎。"除个别文字外,惧留孙又重复了太乙真人的诗作。当然,太乙真人也是从吕洞宾那里"借用"过来的。

这只能解释为作者实在是太喜欢吕洞宾的作品了,也太熟悉吕洞宾的作品了。

四十六回:"慈航道人领法旨,乃作歌曰:'自隐玄都不计春,几回沧海变成尘。玉京金阙朝元始,紫府丹霄悟道真。喜集化成千岁鹤,闲来高卧万年身。吾今已得长生术,未肯轻传与世人。'"

《吕祖志》卷四,《艺文志》"七言律诗六十首"中有:

(3)自隐玄都不记春,几回沧海变成尘。玉京殿里朝元始,金阙宫中拜

---

① ② 张宇初:《万历续道藏》,北京:九州出版社,2015。

老君。闷即驾乘千岁鹤，闲来高卧九重云。我今学得长生法，未肯轻传与世人。①

四十七回："公明回答曰：'道兄！你欺吾等太甚？吾道你知，你道吾见，你听吾道来：混沌从来不纪年，各将妙道补真全。当时未有星和斗，先有吾党后有天。'"

《吕祖志》卷四，《艺文志》"七言律诗六十首"中有《对君作》：

（4）混混沌沌不计年，一吸略记五千言。烧丹炼药南山秀，服气吞霞九海干。曾经几度须眉滥，数番沧海变桑田。陛下问臣年多少，先有吾身后有天。②

文字出入略大，但从吕诗中脱化而来，还是很明显的。之所以"缩写"，也许是因为赵公明属于反面人物吧？

四十七回："燃灯曰：'……你且听我道来：盘古修来不计年，阴阳二气在先天。煞中生煞肌肤换，精里含精性命圆。玉液丹成真道士，六根清净产胎先。扭天拗地心难正，徒费工夫落堑渊。'"

《吕祖志》卷四，《艺文志》"七言律诗六十首"中有：

（5）水府寻铅合火铅，黑红红黑又玄玄。气中生气肌肤换，精里含精性命专。药返便为真道士，丹还本是圣胎仙。出神入定虚华语，徒费工夫万万年。③

四十七回还有："二人笑曰：'你连我也认不得，还称你是神仙？听我道来：堪笑公明问我家，我家原住在烟霞。眉藏火电非闲说，手种金莲岂自夸。三尺焦桐为活计，一壶美酒是生涯；骑龙远出游苍海，夜静无人玩物华。吾乃五夷山散人萧升、曹宝是也。'"

《吕祖志》卷五，《艺文志》"七言律诗六十一首"中有：

---

①②③　张宇初：《万历续道藏》，北京：九州出版社，2015。

（6）堪笑时人问我家，杖担云物惹烟霞。眉藏火电非他说，手种金莲不自夸。三尺焦桐为活计，一壶美酒是生涯。骑龙远出游三岛，夜久无人玩月华。①

得享此等待遇者，《封神演义》中并无第二人。由此看来，若说《封神演义》的作者是吕洞宾的"超级粉丝"，绝非无稽之谈。

是偶然，还是确有隐衷？

我们再来看间接的关联。

吕洞宾几乎是道教中在民间知名度最高的人物。自宋至明，他具有越来越多的头衔，受到越来越多的供奉，同时也有越来越多的故事、传说。其中之一是他与黄龙禅师的纠葛。

从北宋到晚明，"吕洞宾飞剑斩黄龙"是一个热闹非凡的宗教话题。站在佛教的立场，是黄龙禅师折服了吕洞宾，如《五灯会元》写吕的忏悔词："自从一见黄龙后，始觉从前错用心。"又如《飞剑斩黄龙》，则写"（吕）夜半飞剑入禅室中，剑被黄龙收摄，卓地不动。洞宾百计取剑，终不能得，乃拜服，愿归佛法"。而站在道教立场的书写，便全然翻转，杂剧《吕纯阳点化度黄龙》，以及《吕真人神碑记》《吕祖全书》等，都是让吕洞宾最终占了上风。

不过，总体来看，社会上流传的黄龙与吕洞宾的斗争故事，以黄龙得胜的为多。这在道教徒，特别是全真教教众心中是一记耻辱的印痕。

《封神演义》书中虽然转抄了不少吕洞宾的诗句，但并没有出现这个人物形象。倒是"黄龙"频频亮相，而且是以一个与众不同的形象出现的。

这位黄龙真人是元始天尊门下十二弟子之一，其"戏份"是十二仙人中最多的一个。他的出场是这样写的：

（7）杨戬启子牙曰："二仙山麻姑洞黄龙真人到此。"子牙迎接至银安殿，行礼分宾主坐下。子牙曰："道兄今到此，有何事见谕？"黄龙真人曰："特来西岐共破十绝阵。方今吾等犯了杀戒，轻重有分，众道友随后即来。此处凡俗不便，贫道先至，与子牙议论，可在西门外，搭一芦篷席殿，结彩悬花，以

---

① 张宇初：《万历续道藏》，北京：九州出版社，2015。

使三山五岳道友齐来,可以安歇。"……①

接下来一段带有总体交代的意味,列出了十二弟子的大名单。而十二弟子的到来,却是黄龙真人来"打前站",提前安排。感觉黄龙真人似乎在十二弟子中地位稍微特殊一些,好像是这个群体的"秘书长"。

这一点在后文继续有所表现,如另一重头戏"诛仙阵",也是"(姜子牙)正在殿上忧虑,忽报:'黄龙真人来至。'子牙迎接至中堂,打稽首分宾主坐下,黄龙真人曰:'前边就是诛仙阵,非可草率前进。子牙你可吩咐门人,搭起芦篷席殿,迎接各处真人异士,伺候掌教师尊,方可前进。'子牙听毕,忙令南宫、武吉盖芦篷去了。……子牙感谢毕。复至前殿,与黄龙真人同众门弟子,离了氾水关,行有四十里,来至芦篷;只见燃灯结彩,叠锦铺毡,黄龙真人同子牙上了芦篷坐下;少时间只见广成子来至,赤精子随至。次日,惧留孙、文殊广法天尊、普贤真人、慈航道人、玉鼎真人来至;随后有云中子、太乙真人来至,稽首坐下"。②而姜子牙被吕岳暗害性命垂危,也是"哪吒正忧烦,听的空中鹤唳之声,原来是黄龙真人跨鹤而来,落在城上"③,并修书伏羲索取丹药救治。

若看这些情节,作者似乎很看重这位黄龙真人,突出他在十二弟子中的地位。可是,奇怪的是,他又是十二弟子中最"倒霉"的一位。

先是与赵公明作战:

(8) 赵公明道罢,黄龙真人跨鹤至前大呼曰:"赵公明!你今日至此,也是封神榜上有名的,合该此处尽绝。"公明大怒,举鞭来取;真人忙将宝剑来迎,鞭剑交加,未及数合,赵公明忙将缚龙索祭起,把黄龙真人平空拿去。……至中军,闻太师见公明得胜大喜。公明将黄龙真人也吊在杆上;把黄龙真人泥丸宫上用符印压住元神,轻容易不得脱逃……燃灯闻言,甚是不乐,忽然抬头见黄龙真人吊在杆上面,心下越发不安;众道者叹曰:"是吾辈逢此劫厄,不能摆脱;今黄龙真人被如此厄难?我等此心何忍?谁能与他解厄方好?"④

作战、斗法,不妨互有胜负。但做了俘虏,被吊在幡杆上示众出丑,这样的写

①②③④ 许仲琳:《封神演义》,上海:上海古籍出版社,2011。

法用在"正面"的仙人身上就显得有点怪异了——十二弟子只有他"享受"了这样的待遇。最后还是被自己的晚辈师侄从杆子上救下来。

如果说事出偶然、作者无心，那下一段文字就不好解释了。

　　（9）黄龙真人曰："众位道友！自元始以来，唯道独尊；但不知截教门中，一意滥传，遍及匪类。真是可惜工夫，苦劳心力，徒费精神，不知性命双修，枉了一生作用，不能免生死轮回之苦，良可悲也！"……黄龙真人上前曰："马遂！你休要这等自恃；一如今吾不与你论高低，且等掌教圣人来至，自有破阵之时。你何必倚仗强横，行凶尚气也？"马遂跃步仗剑来取，黄龙真人手中剑急忙来迎，只一合，马遂祭起金箍，就把黄龙真人的头箍住了；真人头痛不可忍，众仙急救真人，大家回芦篷上来。真人急除金箍，除又除不下，只箍得三昧真火从眼中冒出，大家闹在一处不表。①

这是万仙阵的一段，又是黄龙真人逞强出头，不料"只一合，马遂祭起金箍，就把黄龙真人的头箍住了"。显然，本领低劣，无自知之明。问题是箍住了也罢，还有更过分的描写："真人头痛不可忍"，"急除金箍，除又除不下，只箍得三昧真火从眼中冒出"，而"众仙急救真人，……大家闹在一处"。不仅黄龙真人狼狈不堪，连众仙人都被他拖累得"闹在一处"，全无尊严了。

除此之外，其他地方还多次写到他的无能，如"吕岳战黄龙真人，真人不能敌，且败往正中央来；杨文辉大叫：'拿住黄龙真人！'哪吒听见三军呐喊，振动山川，急来看时，见吕岳三头六臂，追赶黄龙真人"。②结果又是晚辈哪吒救了黄龙真人的命。

十二门徒中，多次写黄龙真人出头充当"组织者"，显然是要引起读者对他的注意；而出头的同时却是一次次让他出乖露丑——高吊示众、箍得"三昧真火从眼中冒出"，这样的笔墨中流露出强烈的负面情绪。

一个"正面的"仙人，为何如此"倒霉?"为何只有他如此"倒霉"？

这样提问题，看起来似乎有点网络游戏水平的嫌疑，其实还是含有学术因素的。因为，这种反常的情节设计流露出的是作者特殊的情感态度。具体说就是对"黄龙"的反感，甚至憎恶。黄龙与吕洞宾之间既然有非同小可的过节、"梁

---

①②　许仲琳：《封神演义》，上海：上海古籍出版社，2011。

子",《封神演义》如此反常地对他进行丑化,把这些笔墨看作是为吕洞宾"出头"、解气,应该不失为一种解释吧。

二

再来说陆西星。

说陆西星,不能不提到《封神演义》中另一位身染"特殊笔墨"的形象——陆压。

《封神演义》的主体部分是一场接一场的战斗。战斗又大体分为两类:一类是"人间"的,周营的主力是黄飞虎、南宫适、武吉等一干战将,对手则是邓九公、张山等人,过程无非"大战二十回合"之类;另一类是"仙界"的,周营的主力是阐教的三、四两辈仙人,如燃灯、广成子、赤精子以及哪吒、黄天化等,对手则是闻太师、赵公明、金光圣母、梅山七怪等。在多数场合,周营人物并不占上风,即使取胜也是令读者提心吊胆。

这种情况下,周营有一个人物便显得十分突出。他在这两类战斗中总能起到定海神针一样的作用,不仅无往不利,而且专解决各种难题,甚至挽狂澜于既倒。

他就是无门无派、无班无辈的"散仙"陆压。

这个陆压,身世、渊源都带着几分神秘,解读这方面的话题,对于《封神演义》的研究,在某种程度上甚至可以说是最基本的工作。

我们说陆压是"专门解决难题的能手",有说服力的就是作品中具体的情节。所以下面难免要列举得稍微多一些。

先看一般战阵上的表现:

(10)燃灯同众道人下篷排班,方出来,未曾站定,只见柏天君大叫:"玉虚门下谁来会吾此阵?"燃灯顾左右,无一人答应,陆压在旁问曰:"此阵何名?"燃灯曰:"此是烈焰阵。"陆压笑曰:"吾去会他一番。"道人笑谈作歌,歌曰:"烟霞深处运玄功,睡醒茅庐日已红。翻身跳出尘埃境,把功名付转篷,受用些明月清风。人世间,逃名士,云水中,自在翁,跨青鸾游遍山峰。"

陆压歌罢,柏天君曰:"尔是何人?"陆压曰:"你设此阵,阵内必有玄妙处。我贫道乃是陆压,特来会你。"⋯⋯柏天君听得此言,细心看火内,见陆压精神百倍,手中托着一个葫芦,葫芦内有一线毫光,高三丈有余,上边现出一物,长有七寸,有眉有目,眼中两道白光,反罩将下来,钉住了柏天君泥丸宫。柏天君不觉昏迷,莫知左右。陆压在火内一躬:"请宝贝转身。"那宝贝在柏礼头上一转,柏礼首级早已落下尘埃,一道灵魂往封神台去了。陆压便收了葫芦,破了烈焰阵。①

"燃灯顾左右,无一人答应",可见这个烈焰阵之险恶。这一笔反衬了陆压的超群出众。而陆压出战后,吟诗作歌,一派潇洒从容气象。最后破阵也是"精神百倍",举手之劳。

陆压来到周营之初,是在众仙人被赵公明压制束手无策的危险时刻。赵公明神通广大,自称"先有吾党后有天","能使须弥翻转过,又将日月逆周旋"。阐教十二门人的领袖燃灯道人与其对敌,不但落荒而逃,连坐骑都被赵公明"一闸两段"。而陆压到来之后,轻描淡写地就置赵公明于死地——竟无丝毫招架、还手的余地:

(11)陆压揭开花篮,取出一幅书,书写明白,上有符印口诀:"依此而用,可往岐山立一营,营内筑一台,结一草人,人身上书'赵公明'三字,头上一盏灯,足下一盏灯,自步罡斗,书符结印焚化,一日三次拜礼,至二十一日之时,贫道自来午时助你,公明自然绝也。"子牙领命……子牙同陆压回篷,与众道友相见,俱言:"若不是陆道兄之术,焉能使公明如此命绝。"燃灯甚是称羡。②

这样整治死了赵公明,似乎不是那么正大光明。不过两军对垒,生死相搏,也讲不了太多"武德"。谈笑之间除去了心腹大患,而且是一位"在天皇时得道,修成玉肌仙体"的所谓"大罗金仙"——全书有此称谓者寥寥。陆压这样的战绩,无怪乎连"仙人班首"的燃灯道人都要"甚是称羡"了。

这位陆压,不仅神通广大,而且识大体明大理,还"善于做思想工作",在伐纣大业存废的关键时刻挽狂澜于既倒:

①② 许仲琳:《封神演义》,上海:上海古籍出版社,2011。

（12）武王曰："闻元帅连日未能取胜……不若回兵,固守本土,以待天时,听他人自为之,此为上策,元帅心下如何?"……众将都打点收拾起行,不敢阻谏。……陆压曰："闻你退兵,贫道急急赶来,故尔如此。"乃对子牙曰："切不可退兵。若退兵之时,使众门人俱遭横死,天数已定,决不差错。"子牙听陆压一番言语,也无主张,故此子牙复传令："叫大小三军,依旧扎住营寨。"武王听见陆压来至,忙出帐相见,问其详细。陆压曰："大王不知天意,大抵天生大法之人,自有大法之人可治。今若退兵,使被擒之将,俱无回生之日。"武王听说,不敢再言退兵。①

武王、姜子牙的糊涂、颠顸,与陆压的清醒、果断,形成了鲜明的对比,把陆压强烈的责任心,以及兹事体大、形势危急凸显出来了。

陆压解决难题的本领还表现在持有的奇特法宝上。每遇到无法惩处的顽敌时,陆压的法宝就显出无上的威力。凶神余元被俱留孙偷袭捉住,但无法除掉:

（13）子牙在中军,正无法可施,无筹可展,忽然报："陆压道人来至。"……陆压焚香炉中,望昆仑山下拜,花篮中取出一个葫芦,放在案上,揭开葫芦盖,里面一道白光如线,起在空中;现出七寸五分,横在白光顶上,有眼有翅。陆压口里道："宝贝请转身。"那东西在白光之上连转三四转,可怜余元斗大一颗首级落将下来。②

这个法宝在全书林林总总的"宝贝"、兵器中十分特别,本身似乎是一个活物,每次使用无往不利——这一点和它的主人陆压情形十分相似。而陆压分手时把这件宝贝借给了姜子牙,似乎是"如朕亲临"一般,解决了姜子牙的几个大难题。如斩杀白猿精。这个白猿精类似于孙悟空,砍掉一个头颅立马再长出一个。这时:

（14）子牙取出一个红葫芦,……将白猿钉住身形。子牙又打一躬,请法宝转身;那宝物在空中将身转有两三转,只见白猿头已落地……子牙对众

①② 许仲琳:《封神演义》,上海:上海古籍出版社,2011。

人曰:"此宝乃在破万仙阵时,蒙陆压老师传授与我,言后有用他处,今日果然。"①

另一次法宝显灵,是在更有戏剧性的情节中。武王伐纣,太公统兵,胜利的一个重要标志就是捉到了妲己。对这个罪魁祸首当然要明正典刑了。《封神演义》的作者感觉这是个可以大做文章的桥段,便用了更多描写的笔墨,而最终仍是借助陆压的宝贝来解决难题:

（15）那妲己绑缚在辕门外,跪在尘埃,恍然似一块美玉无瑕,娇花欲语……子牙同众诸侯门弟子出得辕门,见妲己绑缚在法场,果然千娇百媚,似玉如花,众军士如木雕泥塑。子牙喝退众士卒,命左右排香案,焚香炉内,取出陆压所赐葫芦,放于案上,揭去顶盖,只见一道白光上升,现出一物,有眉,有眼,有翅,有足,在白光上旋转。子牙打一躬:"请宝贝转身!"那宝贝连转两三转,只见妲己头落在尘埃,血溅满地。②

纵观全书,姜子牙伐纣、封神,虽有十二个师兄以及燃灯道人的助力,但最得力的护佑者却是与其毫无瓜葛的陆压。

这个陆压究竟是何方神圣呢?

这个陆压在书中如此重要,身份、来历却是十分模糊。

《封神演义》中的仙人,尤其是"正方"的,师承渊源大都交代得清清楚楚,如"昆仑山玉虚宫掌阐教道法元始天尊,因门下十二弟子犯了红尘之厄……九仙山桃源洞广成子,二仙山麻姑洞黄龙真人,乾元山金光洞太乙真人,五龙山云霄洞文殊广法天尊(后成文殊菩萨)……"。不仅统一交代出这些仙人师门与班辈,而且一一开列出"户口所在地",甚至对于今后的身份转变,也不厌其烦地加以注明。

而陆压的出场完全不同,相比之下写法颇有悬疑。书中写他是不请而至来到周营:

（16）这道人上得篷来,打稽首曰:"列位道兄请了。"燃灯与众道人俱认不得此人。燃灯笑容问曰:"道友是那座名山?何处洞府?"道人曰:"贫道闲

---

①② 许仲琳:《封神演义》,上海:上海古籍出版社,2011。

> 游五岳,闷戏四海,吾乃野人也。有歌为证:'贫道本是昆仑客,石桥南畔有旧宅;修行得道混元初,才了长生知顺逆。休夸炉内紫金丹,须知火里焚玉液。跨青鸾,骑白鹤,不去蟠桃飧寿药。不去玄都拜老君,不去玉虚门上诺;三山五岳任我游,海岛蓬莱随意乐。人人称我为仙癖,腹内盈盈自有情;陆压道人亲到此,西岐单伏赵公明。'"①

这段自我介绍很有意思。"修行得道混元初",口气相当大,这样的资格几乎是可以与元始天尊、太上老君并肩了,可是燃灯与众师弟竟然"俱认不得",情理上未免有些可疑。而且,"贫道本是昆仑客",更加深了疑点——这些仙人的老师元始天尊就在"昆仑山玉虚宫"修行,换言之,昆仑山就是仙人们当年"学校"所在地。对于当地这样资深的修道者一无所知,实在有点说不过去了。

另外,自我介绍里,陆压自称是"野人",这也是很有趣的现象。在传统的士人文化里,"野人"是有丰富文化内涵的称谓。如李白:"白,野人也,颇工于文。"杜甫:"野人旷荡无腼颜,岂可久在王侯间。"苏东坡:"雨洗东坡月色清,市人行尽野人行。莫嫌荦确坡头路,自爱铿然曳杖声。"等等。远离权贵,远离世俗,保持淳朴本性,是所谓"野人"的核心内涵与基本价值。所以,接下来"野人"陆压要说"不去玄都拜老君,不去玉虚门上诺"了。换言之,陆压就是仙界里的"另类"。

陆压自我介绍的主体部分是上述那首诗。他在后面对赵公明介绍自己时也是吟诗。这样来写显得他很潇洒,很从容。"任我游""随意乐"正是这样的姿态。除此之外,这首诗里还隐藏着一个重要的信息。"石桥南畔有旧宅"一句,与"野人"的身份,与"任我游""随意乐"的姿态似乎都有些格格不入,而且也不像是"昆仑客"修道之地。那么,怎么凭空有这样一句凿枘不合的诗句呢? 原来,里面大有名堂。

据道教经典文献《纯阳道君神化妙通纪》:"元丰中,惠卿守单州天庆观。七月七日有异人过焉,书二诗于纸。一曰:'四海孤游一野人,两壶霜雪足精神。坎离二物今收得,龙虎丹成运水银。'一曰:'野人本是天台客,石桥南畔有旧宅。父子生来有两口,多好歌兮不好拍。'惠卿婿余中解之,曰:后篇第一句'客'者,'宾'也;第二句石桥者,'洞'也;第三句两口者,'吕'也。"那么,这条材料的名堂在哪里呢?

---

① 许仲琳:《封神演义》,上海:上海古籍出版社,2011。

原来这条材料是写宋神宗时吕惠卿的一段奇遇。吕所遇是一位"异人",留下的神迹就是两首诗。诗中隐含了一个人名。"有两口"隐一"吕"字,"石桥"隐指"洞"字,"客"即为"宾"字。所以"异人"就是吕洞宾。而吕洞宾一向潇洒不羁,也合于"野人"的形象。材料的出处标为"纯阳道君",更是挑明了是吕纯阳的神迹。

毫无疑问,小说中陆压所吟,正是从这里转录出来的。"贫道本是昆仑客,石桥南畔有旧宅"脱胎于"野人本是天台客,石桥南畔有旧宅"。而《妙通纪》前后两首诗的"野人",则被挪到了陆压的"开场白"中。可以说,《封神演义》作者在描写陆压出场时,是很认真、很用心地运用了《纯阳道君神化妙通纪》这条材料的。

也就是说,作者写这个神秘的陆压,既让他神龙见首不见尾,又不愿读者轻易含糊过去,所以在这里弄了个小狡狯,让明眼的读者知道陆压是与吕洞宾有瓜葛的。

待到第二天对阵赵公明,陆压的自我介绍同样别具特色:

(17) 次日。赵公明乘虎至篷前大呼曰:"燃灯你既有无穷妙道,如何昨日逃回? 可速来早决雌雄!"哪吒报上篷来。陆压曰:"贫道自去。"道人下得篷来,径至军前。赵公明忽见一矮道人,带鱼尾冠,大红袍,异相长须,作歌而来:"烟霞深处访玄真,坐向沙头洗幻尘。七情六欲消磨尽,且把功名付水流。任逍遥自在闲身。寻野叟,同垂钓;觅诗人,共赋吟——乐陶陶别是乾坤。"赵公明认不得,问曰:"来的道者何人?"陆压曰:"吾有名,是你也认不得我。我也非仙,也非圣,你听我道来。歌曰:'性似浮云意似风,飘流四海不定踪。或在东洋观皓月,或临南海又乘龙。三山虎豹俱骑尽,五岳青鸾足下从。不富贵,不簪缨,玉虚宫内亦无名。玄都观内桃千树,自酌三杯任我行。喜将棋局邀玄友,冈坐山岩听鹿鸣。闲吟诗句惊天地,静理瑶琴乐性情。不识高名空费力,吾今到此绝公明。'贫道乃西昆仑散人陆压是也。"①

这个陆压似乎有作诗"癖":两军阵前,作了一首又一首。作者在这里还是用了一些心思,不像当时大部分白话小说的打油诗词。前面一首是从元代全真道士刘志渊的《访隐者不遇》"烟霞深处访仙人,争奈寻真不遇真"脱化而来。后面

---

① 许仲琳:《封神演义》,上海:上海古籍出版社,2011。

一首则借用了唐代诗人刘禹锡《戏赠看花诸君子》"玄都观里桃千树"的诗句。这两句借来的诗句倒是都符合作者塑造的"野人"——另类仙人陆压的形象。

前面提到陆压特殊的法宝，我们再看一段文例，由这件法宝所显示的陆压与姜子牙之间特殊的关系。仙界两派的大决战是万仙阵，小说特意在眼花缭乱的混战中写了一笔陆压：

> （18）话说通天教主把九曜二十八宿调将出来，按定方位……只见陆压道人从空飞来，撞入万仙阵内，也来助战。……邱引见势不好了，借土遁就走，被陆压看见，惟恐追不及，急纵至空中，将葫芦揭开，放出一道白光，中有一物飞出，陆压打了一躬命："宝贝转身！"可怜邱引头已落地，陆压收了宝贝，复至阵中助战。……群仙作别而去，惟有陆压握子牙之手曰："我等此去，会面已难，前途虽有凶险之处，俱有解释之人；只还有几件难处之事，非此宝不可，我将此葫芦之宝送你，以为后用。"子牙感谢不已，陆压遂将飞刀付与，也是作别而去。①

若单纯从战事来看，陆压这一笔完全没有必要。但作者插入这一笔，效果就是强化了陆压与众不同的印象——特别是在护佑姜子牙，助成伐纣大业这一点上。

这个人物形象进入学术研究的视野，则是晚近的事情。不过牵连到的却是《封神演义》研究的最基本问题：小说的作者究属何人。

三

《封神演义》的作者问题复杂而有趣。据孙楷第《中国通俗小说书目》按语云：

> （19）《封神演义》作者，明以来有二说：一云许仲琳撰，见明舒载阳刊本《封神演义》卷二，题云"钟山逸叟许仲琳编辑"。鲁迅先生有文记之。仲琳盖南直隶应天府人，始末不详。且全书惟此一卷有题，殊为可疑。一云陆长

---

① 许仲琳：《封神演义》，上海：上海古籍出版社，2011。

庚撰，余始于石印本《传奇汇考》发现之。卷七《应天时》传奇解题云："《封神传》传系元时道士陆长庚所作。未知的否？"张政烺谓"元时"乃"明时"之误，长庚乃陆西星字。其言甚是……惜不言所据耳。①

这里把两种主要观点的来龙去脉梳理得清清楚楚。"惜不言所据"，也是很客观，很谨慎的态度。不过，从语气看，孙先生还是比较倾向于"陆西星著"一说的。

许、陆二说之外，20 世纪 80、90 年代又有李云翔合著的说法，唯依据含混，影响不大，这里且置之不论。

由于孙楷第先生留下了"惜不言所据"的憾词，旅澳学者柳存仁便接下了这个任务。他在《陆西星、吴承恩事迹补考》《佛道教影响中国小说考》《元至治本全相武王伐纣平话明刊本列国志传卷一与封神演义之关系》等文章中，相当细密地论证了陆西星撰写《封神演义》的根据。②大略言之，有以下几个方面：

（一）不仅《全相武王伐纣平话》是《封神演义》的早期蓝本，嘉隆万之际的《列国志传》亦"或曾为陆西星所见，且为陆所利用"。

（二）《封神演义》中的一些道教用语与陆西星其他著作如《南华副墨》等颇有相同或相近者。

（三）《封神演义》中的散仙陆压是个神龙见首不见尾的人物，值得深究。

（四）张政烺认为陆西星与吕洞宾关系至为密切，所以神通广大的陆压暗指陆的老师吕洞宾。证据是"陆压"二字的声母与"吕岩"（吕洞宾名吕岩）的声母皆为 L、Y。而柳存仁先生认为其观点与论证均未免迂远，不如直接以"陆压"为作者自己的隐名为妥。

（五）指"陆压"为陆西星的隐名，理由多多，主要有："压星"为道教方术③，以"压"指"星"自然而然；"陆压"不在书中设定的阐教、截教神仙谱系之中，更谈不上辈分问题；陆西星的"性命双修"宗教主张、"西昆仑"的地望等，都在小说的陆压身上有所体现等等。

可以说，柳先生的工作相当细致。然推敲之下，前两点与陆西星的著作权关系不大。但后面三条出于文本内部，非如此对"陆压"这一奇特的人物形象难有

---

① 孙楷第：《中国通俗小说书目》，北京：人民文学出版社，1982。
② 柳存仁：《和风堂文集》，上海：上海古籍出版社，1991。
③ 压星常为道士所用，但不严格限于道教范围，有些江湖术士也有类似活动。

圆通的解释。虽然据此尚不能对著作权问题铸成铁案,却也是相当有说服力的。假如有"陪审团"来表决,相信通过的可能性还是相当大的。

我们在这里梳理问题的由来与现状,当然不是为了彰显柳存仁的贡献,或是讨论李云翔的资格,而是由"陆西星"还可以延伸出去,涉及几个较为有趣的话题。

先来说由"压"及"星"的话题。

原来,在道教文化中,"压"与"星"连用组成动宾词组,专指某一类法术。如《封神演义》十六回:

> (20)子牙曰:"小弟择一吉辰,仁兄只管起造,上梁那日,仁兄只是款待匠人;我在此替你压压邪气,自然无事。"……子牙在牡丹亭里,见风火影中五个精灵作怪,子牙忙披发仗剑,用手一指,把剑一挥,喝声:"孽畜不落,更待何时!"再把手一放,雷鸣空中,把五个妖物慌忙跪倒……不说子牙压星收妖,且说那日上梁吉日,三更子时,前堂异人待客,马氏同姆姆孙氏,往后花园暗暗看子牙做的事。来至后园,只听见子牙吩咐妖怪;马氏对孙氏曰:"大娘! 你听听子牙自己说话,这样人一生不长进,说鬼话的人,怎得有升腾的日子?"马氏气将起来,走到子牙面前,问子牙曰:"你在这里与谁讲话?"子牙曰:"你女人家不知道,方才压妖。"[1]

"压星"也写作"厌星",这里的"厌"音、义皆同"压"。如二十四回:

> (21)子牙三更时分,批发仗剑,踏罡步斗,掐诀结印,随与武吉厌星。[2]

结合来看,施行这一法术的规定动作是"披发仗剑",似乎还要"踏罡步斗,掐诀结印"——与"罡""斗"有关,可能这就是称为"压星"的原因。这一点,《三国演义》可为旁证。五丈原一节:"姜维入帐,正见孔明披发仗剑,踏罡步斗,压镇将星。""压镇将星"显然就是"压星",而做法同样是"披发仗剑,踏罡步斗"。当然,还有另一种阐释的可能。如《新齐谐》:"蜀人滇谦六富而无子,屡得屡亡,有星家教以压胜之法。"似乎压星就是"星相家的压胜"。

---

①② 许仲琳:《封神演义》,上海:上海古籍出版社,2011。

不过,古人并没有哪个来咬文嚼字"下定义",在当时的语境中,"压星"乃一种方式,是不待繁言而解的常识。如《罪惟录》:"东山急,反告讦,复诬鹤龄兄弟与其诸子宗说、宗俭,为推背、压星图,魇镇圣母、皇上。"同一件事,在《胜朝彤史拾遗记》中虽文字略有出入,"压星"却是一致:"东山急,反诬讦诸子与延龄通,并为压星图压镇圣母、皇上。"

简言之,在当时,由"压"联想到"星",是很自然的事,是大概率的事。

而小说中的陆压自称"西昆仑散人陆压",也就很自然地指向了"陆""西""星"。

陆西星,何许人也?

陆西星是明代中叶赫赫有名的全真教道士。

陆西星,字长庚,号潜虚子,又号方壶外史,江苏兴化人。生活于明嘉靖至万历中期。《兴化县志》记载他多才艺,为诸生,颇有名望,但考举人九试而不中。于是弃儒学道,入山隐居。自称遇异人受仙传秘诀,遂成为道教内丹派东派的创始人物。

陆西星平生著述甚富,有《老子元览》二卷、《阴符经测疏》一卷、《参同契测疏》一卷、《金丹就正篇》一卷、《紫阳四百字测疏》一卷、《方壶外史》八卷、《南华真经副墨》八卷。此外传世的还有《张三丰传》,以及数十首诗词。如《题白白子注道德经》:"一注能将道奥开,重看紫气自东来。弹琴度笛真名士,说法谈经大辨才。我坐方壶玩沧海,君登圆峤压蓬莱。今朝共坐江亭上,口诵南华自笑呆。"

要坐实陆西星与陆压的关系,一条比较现实的途径就是从《封神演义》文本中寻找"内证"。

开展这项工作之前需要介绍一个重要的背景信息,就是陆西星与吕洞宾的特殊缘分。

众所周知,吕洞宾名吕岩,号纯阳子、回道人等,以字行世,世称吕洞宾,是唐后期著名道士,后来被道教全真派尊奉为"北五祖"之一,又是民间传说"八仙"中最活跃的人物。

陆西星自称是吕洞宾的及门弟子,吕祖曾降临其草堂,亲授丹诀。陆西星自著《金丹就正篇》的两篇序言重点便是宣传自己与吕洞宾深厚的仙缘:

(22)嘉靖丁未,偶以因缘遭际,得遇法祖吕公于北海之草堂,弥留款洽,赐以玄醴,慰以甘言。三生之遇,千载稀觌。

甲子嘉平，……恩师示梦，去彼挂此，遂大感悟，追忆囊所授语，十得八九。参以契论经歌，反复绅绎，寐寐之间，性灵豁畅，恍若有得，乃作是篇。……庶几不背吾师之旨乎！

昔师示我云："《参同》、《悟真》乃入道之阶梯。"顾言微旨远，未易剖析，沉潜廿载，始觉豁然。且夫仆非能心领神悟也，赖玩索之功深，而师言之可证耳。

据此，他能入道完全是吕洞宾的提携（注意，历史上的道士吕洞宾是唐代人物；此吕洞宾乃是"得道"后的仙人）。吕洞宾甚至住到他家里，传授内丹的诀窍，实在是"千载稀觏"——千载难逢的旷世缘分。其次，吕洞宾始终关心他这个弟子，二十年后又托梦来指导，打破他修行的种种瓶颈性问题，使之"寐寐之间，性灵豁畅"——换个说法是"当下大悟"。于是乎，他不敢私密，于是乎，把吕祖所传及自己的学习心得公之于众，便有了这本《金丹就正篇》。

四

上文拈出了《封神演义》文本中两组不同寻常的笔墨：奇特的陆压形象与多重吕洞宾的瓜葛。而这两组笔墨指向了同一个目标：陆西星。可以说陆压是陆西星的影子，进而说陆西星是《封神演义》的作者。

作者把自己的"影子"藏到作品里，干预叙事的态度、角度，这在文学史上并不罕见。理论上称之为"自我指涉"。

中国小说史上，这方面的例子多多。据明人记载，《三国演义》中的诸葛亮就有罗贯中的影子（"有志图王，乃遇真主，传神稗史"）。众所周知，李渔的《十二楼》十分明显地把自己写了进去。《老残游记》的主角铁补残同样有作者刘鹗的影子。而《红楼梦》的贾宝玉、《儒林外史》的杜少卿，亦含作者自我指涉的成分。这几个是世情题材，似乎自然而然。有趣的是，历史题材与神魔题材也会自我指涉，只是"白日梦"的成分不免大为增加。《女仙外史》的"帝王师"吕律，明显是吕熊自己的"意淫"；无独有偶的是《野叟曝言》之文素臣，只是这个"梦"更大，把"自我"放大了千百倍。

《封神演义》的陆压又逍遥自在，又神通广大，又建不世之功，又逃世俗之名，天不管兮地不拘，人生如此，夫复何求！这正是疏离庙堂、自负狂放的陆西星的另类白日梦。

我们从交游来更多地认识一下这个不受羁勒、出入儒释道的人物。

陆西星平生至交宗臣，是嘉隆万时的大名士。他与陆西星文字往来甚多，其中反映出陆的个性及彼此的期许。

如《陆长庚母夫人叙》：

（23）长庚辄与余几而谈……不夜不别，即别复相与握手竟谈涂中。当是时，余贫，长庚更大贫，至不能张烛启涂，往往错足沟秽，不恨也。而太夫人张颇怪长庚暮归，辄问曰："儿所从朝夕者，谁子哉，而殷殷亟亟焉？"长庚跽进曰："儿读天下之书，见天下之士者至众矣，乃亡逾斯人者。渊停岳峙矣。非儿不能友之。"①

两个性情中人的友谊，显露出不同凡俗的气质，而"天下之士……非儿不能友之"，又是何等的自负！

宗臣本是眼高于顶的人物（由其名篇《报刘一丈书》可见一二），而他对陆西星的评价是：

（24）顾长庚者，天下才也。用之则夔、龙、稷、契，不用则班、马、杜、李。辟之云焉，即垂，即雨，即结，即霞，终日而遍于宇内，钧之炳然大观也。②

平时彼此之间的相互推许，由此可以想见。

再看宗臣的《报陆长庚》：

（25）足下龙卧沧江，云深雾远，丹经在握，白日难欺。

顷者春水渐深，鱼虾可网，足下箕踞独嚼，散发长吟，亦有一念以及远人乎？③

"箕踞独嚼，散发长吟""龙卧沧江，云深雾远"，这样狂放、潇洒的形象，与《封神演义》中那个"不去玄都拜老君，不去玉虚门上诺"的"野人"陆压何其神似！

---

①②③　宗臣：《宗子相集》，上海：上海古籍出版社，1993。

总之，作品内外多条线索由陆压指向了陆西星。

很可能，陆压的形象又提供了文学创作中自我指涉的一个典型案例。

而吕洞宾的潜在影像，则为这一推断增添了颇有分量的砝码。

明乎此，对于《封神演义》何故扬道贬佛，《封神演义》与《西游记》之间"打擂台"的关系，也就豁然明了了。当然，那又要再写两篇专论了。

作者简介：陈洪，南开大学讲席教授，国家级教学名师，入选"国家高层次人才特殊支持计划"领军人才；南开大学跨文化交流研究院院长。

The Canonization of the Gods · Lv Dongbin · Lu Xixing

Abstract：This topic seems a little absurd. In *The Canonization of the Gods*, the fairy, the God, the demon, the demon wrote hundreds, as if a word did not mention Lv Dongbin; The Taoist priest Lu Xixing in the Ming Dynasty and Lv Dongbin in the late Tang Dynasty were separated by six or seven hundred years, and they did not seem to have an intersection. What is the internal connection between the three together? But if we go deep into the text, if we fully expand the historical context, we will find that the three are not only related, but also closely related. Its relevance is of great importance to the interpretation of *The Canonization of the Gods*. It also deals with some interesting topics such as the theory of novel creation, social and religious ecology, etc.

Keywords：*The Canonization of the Gods*; Lv Dongbin; Lu Xixing

人文礼义的传承与中华民族现代文明的构建

杨 琳

摘 要：中华民族现代文明的构建要以中华优秀传统文化为根脉。中华礼义文化是中华传统文化独特的精神标识和中华民族的"根"与"魂"，它曾跨越国度成为西方启蒙运动的有益借鉴，同时对现代社会的和谐发展也有重要意义。对中华礼义文化的传承要秉持萃取、扬弃与文明互鉴的原则，一方面要分清人文礼义与封建礼教；另一方面对人文礼义的传承也要掌握好度，允执厥中；同时要将中华礼义文化置于世界文明之林，在文明互鉴的同时为世界提供中国智慧与中国方案。

关键词：礼义文化；中华民族现代文明；文明互鉴

中国一直被尊称为文明古国，礼义之邦。"礼"指外在形式与规则，"义"则强调实践，"礼义"是形式规则与实际行动的统一。现在"礼义之邦"多被误传为"礼仪之邦"，两者虽然只有一字之差，但是境界内涵却有天壤之别。"礼仪"强调"仪"，即具体的礼节与仪式。礼义则重在外在形式规则与践行的统一。我国历代典籍曾经无数次使用"礼义"与"礼义之邦"①，礼义相结合是中华民族精神特

---

① 《礼记·冠义》称："凡人之所以为人者，礼义也。"而"礼义之邦"一词也是自古有之。春秋《管子》有言"礼义廉耻，国之四维，四维不张，国乃灭亡"。古代典籍多称民风淳厚之地，尤其中原中土，齐鲁等文明开化之地为"礼义之邦（国、乡）"，有时也称同一汉文化圈的邻国或者被其称为礼义之邦。如宋吕祖谦《东莱别集》卷十四《读书杂记》："鲁号为礼义之邦"；明王守仁《王阳明集·送李柳州序》（卷二十九）："故柳（州）虽非中土，至其地者率多贤士，是以习与化移，而衣冠文物，蔚然为礼义之邦"；元代程文海撰《雪楼集》卷十八《大庆寺大藏经碑》："东南海滨之国高句丽，古称诗书礼义之邦"；《宋史》卷四百八十七《列传·高丽》大使称："惟王久慕华风，素怀明略，效忠纯之节，抚礼义之邦"。"礼仪之邦"在先秦典籍中也有使用，是外在的礼节与形式之意。如《礼记·中庸第三十》："礼仪三百，威仪三千。"礼义而不是礼仪是中华民族的根基和行为准则。

质和文化品格的重要方面。中华礼义文化是中华传统文化独特的精神标识和中华民族的"根"与"魂",富有跨越时空与国度的永恒魅力。它曾成为西方启蒙运动的有益借鉴,同时对现代社会的和谐发展也有重要意义。如何对待礼义文化在学界一直有巨大的分歧。中国古代将对礼的教化称为礼教,《现代汉语词典》把"礼教"解释为"旧传统中束缚人的思想行动的礼节与道德"①。《辞源》则将"礼教"解释为"礼仪教化",即关于礼仪的教化和教育。这两种不同的含义也是中国近代思想文化转型进程中,关于礼义学术论争、思想交锋的焦点。新文化倡导者将儒家的礼义教化视为中国古代封建落后的根基,认为应该被打倒,甚至有的学者主张要求全盘西化。另一部分文化保守者则以维护承续中华传统文化为一生之志。21世纪以来,中华礼义研究的主线聚焦于对新文化运动中过度批判礼义的反思与修正,重新发现中华礼义文化中合理的一面上,致力于对礼义文化合理一面的创新性转化与创造性发展。

一

中华礼文化主要有五个方面的含义:第一,指一切事物本身应该具有的行为规范、发展趋势等道理。如《礼记》"礼者,理也"。第二,指应该走的道路。如《说文解字》"礼者,履也"。第三,指在实践中树立起标志,告诉人们该怎么做。如荀子《天论》"礼者,表也"。第四,指规矩。如《礼记·坊记》"礼者,坊也;坊者,房也"。"礼"告诉人们只能在这个规矩里面,不能越出,防止人们走不正确的道路、做错误的事情。第五,礼指的是得事物的大体。如刘熙《释名·释言语》:礼,体也,得事体也。

在具体的实践中,中华"礼"文化首先是将人们在社会上定位,给人一个身份,再通过这些身份确定社会关系、人与人之间的关系,强调规则,强调责任,强调每个人应该尽伦尽责。荀子著名的观点就是"名分使群"。"群"要发挥作用一定要有"名分"。社会要成为一个有组织的群体,并且能够发挥社会的作用,就要让社会的每个成员都明白自己的身份,然后通过"仁"以及道德的自觉,使自己的一言一行、一举一动都合乎自己的身份。如《论语·颜渊》所言"克己复礼为仁""非礼勿视,非礼勿听,非礼勿言,非礼勿动"。《论语·子路》篇指出正名要在做

---

① 中国社会科学院语言研究所词典编辑室编:《现代汉语词典(第7版)》,北京:商务印书馆,2016。

事之先。"子路曰:'卫君待子而为政,子将奚先?'子曰:'必也正名乎!'。子路曰:'有是哉,子之迂也!奚其正?'子曰:'野哉,由也!……名不正则言不顺,言不顺则事不成,事不成则礼乐不兴,礼乐不兴则刑罚不中,刑罚不中则民无所措手足。'①这里孔子强调治理国家一定要从正名开始,只有名正言顺,做事才能堂堂正正有底气。如果名不正,那么言语道理或者政令就会不顺畅;言语道理政令不顺畅,通常事情就会做不成。正名,就是要求每个人能够按照自己的身份去做自己该做的事情,尽伦尽责。

名分使群在中华礼义文化中的重要表现就是五伦观。传统礼文化将社会上所有人的关系分成五大类:君臣、父子、夫妇、长幼、朋友,这就是五伦,每个人要尽伦尽责。五伦中父子、夫妇、长幼是无法改变的自然关系,而君臣和朋友属于社会关系。人的天性自由,可是受到名分的束缚,就会产生名教与自然的冲突。因此,儒家非常强调把五伦关系都化解成自然亲爱的关系,以此消弭名教与自然的冲突。最突出的体现,就是把上下级的关系变成父子关系,把朋友关系比作兄弟姐妹关系。比如将官民关系比作父母与子女的关系,称父母官与子民。这是因为儒家在父母子女最私的关系里发现了最无私的精神,以父母官与子民的形式把这种精神发扬光大,希望官员对人民就像父母对待子女一样无私奉献。在儒家构建的五伦关系里,一切都从亲情入手,由内而外,逐渐推己及人。《孟子》称"亲亲而仁民,仁民而爱物"。②"老吾老,以及人之老;幼吾幼,以及人之幼。"③这种推己及人的仁爱理念发展到后期就是张载的"民吾同胞,物吾与也",就是"家国同构",将祖国比作母亲,爱国与爱家和谐一致,这已经凝入中国人的血脉,成为中华文化基因的一部分。

中国传统社会就是通过礼的建设,让每个社会成员都能明白自己的"伦"。"伦",就是类,明白自己的伦,也就是弄清自己是属于哪一类。崇礼明伦,推崇"礼",目的是"明伦",这是传统礼义文化建设想要达到的目标,让每个社会成员都明白自己的身份,以及这个身份应该起的作用,提醒人们应该尽到自己的职责。中国传统的礼义文化强调作为一个人,最重要的是承担自己的责任、尽自己的义务。要追求权利,但不宜将权利放在第一位,而要把责任和义务放在第一

① 杨伯峻:《论语译注》,北京:中华书局,1980。
② 朱熹:《四书章句集注》,北京:中华书局,2012。
③ 朱熹注曰:"盖骨肉之亲,本同一气,又非但若人之同类而已。故古人必由亲亲推之,然后及于仁民;又推其余,然后及于爱物,皆由近以及远,自易以及难。"朱熹:《四书章句集注》,北京:中华书局,2012。

位,每个人都应该尽职尽责。"礼"同时还要求每个人要认同自己的位置。现在很多人的烦恼和痛苦其实来源于自己不能够认同自己的名分,总是身处此地,心想他处,不能够安于自己的身份,才会产生很多的问题,尤其是个人的烦恼和痛苦。"礼"强调自我认同,自我规范,自觉自律,这也构成了中华文化的一个根本理念。中华礼义文化认为通过礼的教育,通过人们对礼的实践,能够使自己变得更加完美、完善,也就相信人有自我完善的可能,要往自我完善的方向去努力,这是非常重要的一个核心理念。

二

传统的礼义文化在中国历史上一直承担着宗教般的角色。礼的核心是敬畏和报本。《荀子·礼论》:"礼有三本:天地者,生之本也;先祖者,类之本也;君师者,治之本也。无天地,恶生?无先祖,恶出?无君师,恶治?三者偏亡,焉无安人。故礼,上事天,下事地,尊先祖而隆君师,是礼之三本也。"①天地是一切生命的本源,人要敬畏生命;先祖是人类生命的本源;君和师是"治"的本源,没有君师的教育,就无以成人。中国人敬畏的就是天、地、君、亲、师。礼的核心是报本,报答三本的恩情。在报本、报恩上,中华礼义具有和宗教一样的性质。

古代中国整个社会就是靠礼乐教化和道德自觉来维系的。这种没有人格神崇拜,却支撑了整个庞大文明运转的中华礼义对当时长期匍匐于神脚下的中世纪的欧洲显示出强大的先进性与吸引力。中华礼义文化曾跨越时空,跨越国度传到欧洲,在欧洲文化界引起了强烈的反应,引发17、18世纪的启蒙运动。启蒙运动中一大批思想家比如伏尔泰、莱布尼茨、魁奈、孟德斯鸠等都从中华文化里吸取到了营养,以中华传统文化"人本"的思想对抗和批判西方中世纪以来的神本文化。伏尔泰对中华礼义文化推崇备至,对中华文化的道德体系充满敬佩,他自称孔庙大主持,将自己的书房命名为孔庙。伏尔泰认为中国人理性的道德是欧洲人所应追随的目标。他在《风俗论》第1章里指出:"中国作为一个古老的帝国,其国家体制历四千年而始终长盛不衰,其法则、习俗、语言及文字、服饰始终未有明显的改变。这种高度的稳定的原因就在于这个国家建立在明智的法制和道德的基础上。"②伏尔泰认为中华礼义文化是中国作为文明古国能够绵延数

---

① 王先谦:《荀子集解》,北京:中华书局,1996。
② 伏尔泰:《风俗论》,梁守锵等译,北京:商务印书馆,2003。

千年而不衰的根基。

法国著名启蒙思想家孟德斯鸠《论法的精神》一文亦认为"礼节、风俗、道德、法律"四位一体的中华礼义文化是中华民族历经磨难与挫折仍能生生不息的根源。他认为"中国并不因为被征服而丧失了它的法律。因为中国习惯、风俗、法律和宗教就是一个东西，人们不能够一下子把这些东西都给改变了……文化的改变，或者被征服了以后这个改变是必然的，不是征服者改变，就是被征服者改变。不过在中国，改变的一向是征服者，因为征服者的风俗并不是他们的习惯，他们的习惯并不是他们的法律，他们的法律并不是他们的宗教。这就是说征服者宗教、法律、风俗等等是分离的，而在中国的礼教里面这些是统一的……所以征服者逐渐地被被征服的人民所同化，这要比被征服的人民被他们所同化容易得多"。①孟德斯鸠认为中国并不会因为被征服而失去社会秩序，因为礼义文化构成了普遍的民族精神，根深蒂固地支撑着中国社会的秩序，具有深厚的社会人文基础。

中国历史上确实存在着所谓的野蛮战胜了文明的现象。许多落后的地区，落后的群体或者民族曾征服了中原，但这只是武力的征服，最后在精神上都是被中原文化所同化，这就是传统中华礼义文化的作用。因为中华礼义文化把宗教信仰、风俗习惯、礼节礼貌整合在一起，而不是分门别类。这就使中华礼义文化具有了强大的宗教般的生命力与稳定性。中国礼义文化是一体的，所以它不容易被打破，被粉碎，这就是中华文明历经千年绵延不绝，成为世界上唯一不曾中断的文明的重要原因。

孟德斯鸠从中国礼义文化中吸收养料，论述礼制建设的重要性，"那些不以礼而以刑法治国的君主们，就是想要借刑法去完成刑法的力量所做不到的事，就是树立道德……一个公民因为丧失了道德的观念，以致违反法律，刑法可以把他从社会里清除出去。但是如果所有人都丧失了道德观念的话，刑法能把道德重新树立起来吗？刑法可以防止一般邪恶的许多后果，但是刑法不能铲除邪恶本身"。②孟德斯鸠还更进一步地总结中国礼文化的特点就是人人互相尊重，人人都感觉到对对方、别人负有责任和义务，人人都感觉到我不是孤立的，我不能离开别人。一个研究法的人专门论述法的精神的人，如此重视道德的力量、道德的作用，明确地指出刑罚是不可能担负重建道德的责任的，要重建道德必须要提倡

---

①② 孟德斯鸠：《论法的精神》，张雁深译，北京：商务印书馆，1961。

中华传统的礼义文化,这与孔子的教导不谋而合。子曰:"道之以政,齐之以刑,民免而无耻;道之以德,齐之以礼,有耻且格。"①以政令来引导,用刑罚来约束,人民可以因为惧怕而免于作恶但没有生成耻于为恶之心;如果用道德来引导,用礼义来约束,人民不但会产生耻于为恶的心,而且能不断自觉归正向善。礼与道德具有法无法替代的作用,这对于我们今日中华民族现代文明的构建仍具有重要的启发意义。

三

鸦片战争以后,中国在列强侵略下沦为半殖民地半封建社会。于此情形,无数中华儿女痛定思痛,反思我们落后挨打的原因,认为封建的礼义文化阻碍了人的发展与创新,从而发动五四新文化运动,打倒传统礼义文化,倡导进步、民主、科学,这些都是有进步意义的。但是在当时情形之下也有矫枉过正的一面。因为在某种意义上来讲,中华礼义文化是中国文化的根,而博大精深的中华优秀传统文化是我们在世界文化激荡与百年未有之大变局中站稳脚跟的关键。在我们建设中华民族现代文明的今天要以中华优秀传统文化为根基,从中汲取营养成分,融入现代社会,以矫正学习西方以来由于过于重视个性而导致的各种问题。

西方现代性最初最重要的就是走出神权控制,从人匍匐在神的脚下到发现"自我"、找到个人。与自我发现相伴随的就是强调个人自由与个人利益,强调以个人为中心,这必然会伴随着自我欲望的高涨以及个人主义的膨胀。但是人是社会的人,是社会关系的总和,人要在社会交往中,要在协调与他人关系中才能成为人。个人主义的过分展开必然伴随着对社会整体性与公共性的认识不足,从而会陷入危机。目前西方个人主义过度强调个人权利之风愈演愈烈,使得个人与社会之间的危机越来越紧张,这不仅在大的方面表现为俄乌冲突、巴以战争这样的冲突迭起,在个人的层面也表现为怪象与变态频出。例如,2022 年美国选美小姐大赛新罕布什尔州地方赛区冠军布莱恩竟然是一名 260 斤的自称跨性别者的彪形大汉。这种对个人权利与欲望的过度强调最终也使得整个社会道德滑坡,使得个人内心焦虑、紧张,甚至变态,最终会找不到内心和社会的归属,出

---

① 杨伯峻:《论语译注》,北京:中华书局,1980。

现个人认同的危机。中华礼义文化强调道德,重视责任和义务,重视协调人与人,人与社会之间的关系,要求从整体上看待人与社会,旨在促进人与社会的和谐发展。中华礼义文化中尽伦尽责、亲民仁民、敬畏报本、互以对方为重、亲邻善仁、学以成人的精神,能在很大程度上矫正西方文化中过度重视个人权利与自由而产生的内心焦虑与失去社会归属感的问题。既可以解决中国现在因过度学习西方带来的社会问题,也可以为世界和谐发展提供中国智慧与中国方案。

习近平总书记在文化传承发展座谈会上的讲话,提出了建设中华民族现代文明的重大时代课题。中华民族现代文明是新时代中华文明继承与发展的重要成果。中华优秀传统文化博大精深,是中华民族的精神根脉,也是维系全球华人情感的纽带。建设中华民族现代文明必须坚持以中华优秀传统文化为核心,不断进行创造式转化与创新性发展,使之成为中华民族的精神支柱。实际上中华礼义文化长久以来在中华民族精神上具有的宗教信仰的性质,影响了中华民族生活中方方面面的理念和行为。建设中华民族现代文明离不开对中华礼义文化的传承,但是这种传承绝不是全盘继承。我们对中华礼义文化的传承要坚持尊古而不复古,萃取与扬弃相结合的原则,弘扬其中能够跨越时空、超越国界、与当代文化相协调相适应的富有永恒魅力的文化元素。传承中华传统礼义文化首先要注意区分封建礼教与人文礼义,封建礼教是封建统治阶层为维护统治和自身利益的需要而制定的规则,旨在压制和剥削人民,比如男尊女卑特权观念等。封建礼教是中国传统文化的糟粕,应加以重建和批判。而人文礼义反映的是中华民族乃至人类的共性,是中华传统文化中的精华,是中华民族智慧的结晶,其提倡的人人尽职,人人尊重,人人奉献,推崇仁爱的人本思想,对建设和谐有序的现代社会有重要意义,我们应该加以继承和发展。其次,在传承人文礼义文化的同时,也要掌握好度,不可偏颇极端化,过犹不及,要做到允执厥中。既看到人文礼义文化中崇礼明伦观念具有促进人际和谐,维护社会稳定的作用的一面,也要看到其同时具有压制人的个性发展,削弱个人创造力的一面。在提倡人文礼义文化重责任,重义务的同时,也要关注对个人权利的尊重与保护。最后,我们一方面要深入辨识中华礼义文化中跨越时空具有永恒魅力的人文礼义,将它与时代精神相结合,助力中华民族现代文明的构建;另一方面,我们在大力提倡人文礼义文化优秀成分的现实价值的同时,也要以整个人类文明的视域来观照中华人文礼义文化,将其视为人类文明的类型之一。既要研究中华人文礼义文化在道德提升、疏解焦虑、促进和谐,建设稳定社会秩序方面的重要价值,以便为世界发展提供中国智慧与中国方案,同时也要注意文明的交流与互鉴,以开放的心态汲取世界文明中的优秀成分为我所用。文明因交流而精彩,因互鉴而进步。中华民族现代文明必定是在马克思主义指导下,传承中华优秀传统文化同时吸收世界各文明的优秀方面构建而成。

作者简介:杨琳,中国社会科学院大学国际教育学院教授,中华文化研究中心主任,主要研究方向:中国古代文学、中华文化与传播。

The Inheritance of Chinese Etiquette and Righteousness Culture and the Construction of Modern Civilization of the Chinese Nation

Absrtact: The construction of the modern civilization of the Chinese nation should be based on the excellent traditional Chinese culture. Chinese etiquette and righteousness culture is the unique spiritual symbol of Chinese traditional culture and the "Root" and "Soul" of the Chinese nation, it is also of great significance to the harmonious development of modern society. On the one hand, it is necessary to distinguish the humanistic etiquette from the feudal etiquette. On the other hand, the inheritance of humanistic etiquette and righteousness should be well controlled and avoid the bad side. At the same time, we should place the Chinese culture of Etiquette and righteousness in the forest of world civilization, and provide the world with Chinese wisdom and Chinese method while learning from each other.

Keywords: Chinese etiquette and righteousness culture; The modern civilization of the Chinese nation; Mutual learning of civilizations

中国诗歌中的梅树①

傅汉思著　管　宇　郑　晨译

译者按：译作原文刊载于 *Asiatische Studien* 1952 年第 6 期上，pp.88—115："The Plum Tree in Chinese Poetry"。作者傅汉思（Hans Hermmann Frankel，1916—2003），德裔美籍汉学家，曾任耶鲁大学东亚语言文学系教授，主要从事中国古诗翻译与研究。本文以朝代为分期，梳理了中国文学史中"梅"的多元母题演变，追溯了"梅"作为文学母题其地位逐步攀升，最终赢得中国文坛广泛推崇并深刻烙印于文人精神世界的历程。通过细致梳理，本文发现，"梅"在中国文学史上的母题含义包括感情信物、思乡寄托、君子与隐士、诗人的陪伴、女性气质、美女的化身、青春与美丽的易逝、仕途失意等。其中，"落梅"的母题含义在六朝时期固化。晚唐时期，梅花母题的女性主义含义凸显。及至宋朝，梅花与隐士的隐喻关系广受认可。本文的创新之处主要体现在两方面：首先，傅汉思作为英语世界中率先对中国"梅花文学"作专题研究的学者，他对"梅花文学"发展史的梳理和对梅之母题含义的归纳是中外学界最为全面系统的。其次，作为美国汉学界首位对中国文学做纯文学研究的学者，傅汉思开创了以西方文学母题理论深入剖析中国文学传统的独特研究路径。

　　梅树 * ②是中国抒情诗中最受欢迎的话题之一。特别是从 12 世纪开始，几

---

① 本文为国家社会科学基金中华学术外译项目"茶与宋代社会生活"（22WZSB004）研究阶段性成果。
② 作品标题前的星号（＊）表示该作品引自《四部丛刊》版本。在朝代史方面，星号指代《百衲本二十四史》。
　　在文学作品中识别植物名称总是很困难的，而这种尝试往往与诗歌的目的背道而驰。本文中，"plum"被用作中文"梅"在英语中的对等词，而没有试图在各种情况下建立其确切的植物学身份，但假设它在大多数情况下与中国现在俗称为"梅"、植物学家称之为"prunus mume"的树十分相似。另一种英文也叫"plum"的中国树种——李（prunus salicina 或 prunus domestica）不在本研究（转下页）

乎每位诗人都觉得有义务为盛放的梅花作诗,因为他们认为梅花比其他树木优越,在精神上与文人类同。下文中,笔者将探究梅上升至这一独特地位的过程,并追溯与梅有关的各种母题的出现和发展。由于论及梅的诗歌数量庞大,多达几千首,本文仅列出一些典型案例。其中多数案例和其他尚未引入的大量诗歌均可在中文百科全书中"梅"词条下获取。

一、 汉代以前 (约公元前 11 世纪—公元前 3 世纪)

在中国最古老的诗集《诗经》中,有四首顺带提及了梅树①,另有一首有趣的诗(第 20 首)关注的是掉落的梅子:

> 摽有梅,
> 其实七兮!
> 求我庶士,
> 迨其吉兮!
> 摽有梅,
> 其实三兮!
> 求我庶士,
> 迨其今兮!
> 摽有梅,
> 顷筐塈之!
> 求我庶士,
> 迨其谓之!

这首诗有多种解读方式。根据汉代注疏者流传下来的中国传统解释,该诗中的

(接上页)之列。关于梅在中国的分布,官方机构意见不一,但可以肯定的是,它原产于中国中部、南部和西部的大部分地区并在野外生长,在中国北部很少见。参考洪迈在＊《容斋随笔》(作者序时间为 1192 年)3.6a 中对两位知名《诗经》注疏者的评论:"毛亨、郑玄是北方人,因而不知道梅。"感谢艾伯华(Wolfram Eberhard)提供此处和其他一些参考资料。

① 第 130 首、第 141 首、第 152 首、第 204 首。我引用的是哈佛燕京学社汉学指南系列编辑的《毛诗》文本(增刊 9,北京,1934 年),其中的诗歌为连续编号。

梅与女孩成年后成亲的渴望或义务有关。成熟的梅子可代表女孩的成熟①。梅子的掉落可象征着时间的流逝和女孩日益增长的焦躁情绪。人们也可把女孩捡到的梅子联想为男子或者成亲的机会。韦利（Arthur Waley）给出了另一种解释。据他称，"该诗类似于'爱我，不爱我'和'今年，明年，某个时候，永远不会'②式的爱情占卜"。

中国第二部诗歌选集《楚辞》中包含了一些汉代以前的诗歌，但未提及梅。这一点令人惊讶，因为书中多次提及众多植物。究其原因，可能是《楚辞》中的诗人似乎偏爱香气浓烈的植物。梅花虽然不是无香，但只散发出淡淡的清香。

在少数几篇提及梅的汉前散文中，也通常提及它的果实。例如，在常被引用的一首《诗经》篇章中，商王武丁将其贤臣比作盐和梅子，因为它们能赋予汤必不可少的味道③。（注疏者称，这里用李子是取其酸味，正如后世的醋一样。）此后梅花被视为梅树最显著的特征，但在汉前文献中几乎从未提及④。

二、 汉代（公元前 206 年—公元 220 年）

从西汉开始便流传着一个有趣的故事，其中梅扮演着重要的角色。该故事载于刘向（公元前 77 年—公元前 6 年）的《说苑》中，开头如下：

---

① 如果这种解读是正确的，那么该诗可与萨福婚歌中的一个片段进行比较，其中纯洁的新娘被比作高挂在树上的成熟苹果（Lobel 编，*Epithalamia* 2a）。赫尔曼·F.佛兰科尔（Hermann F. Fränkel, *Dichtung und Philosophie des frühen Griechentums*, New York, 1951, p.233）德语译文如下：

> So wie der edele Apfel sich rötet am oberen Zweige,
> oben am obersten Ast, ihn haben die Pflücker vergessen—
> nein, sie vergaßen ihn nicht, sie konnten nicht zu ihm gelangen—
> 就像高贵的苹果在顶端的树枝上变红，
> 在最高的树枝上，采摘者已经忘记了它——
> 不，他们没有忘记它，他们够不着它——

② *The Book of Songs*, Boston and New York, 1937, p.30.

③ *《尚书·说命下》。

④ 一个小例外是《夏小正》中的一段，该段中梅被列为在首月开花的果树之一（见 *《大戴礼记》2.5a）。然而，此处对梅的兴趣在于烹饪方面而非审美方面，这可从同部作品后文中提到的梅中看出来："五月……煮梅，为豆实也。"（该术语的意思不同；出处同上，参见 8a）。

越使诸发执一枝梅①遗梁王②，梁王之臣曰韩子，顾谓左右曰："恶有以一枝梅以遗列国之君者乎！请为二三子惭之③。"……

"惭"意为"羞辱"，是指在使者到访时戏弄和试探他们的习俗。正是在这个意义上，故事后文未提及梅枝。当然，该轶事可能纯属虚构。倘若如此，它至少展现了故事作者对梅的显著兴趣。另一方面，如果存在事实依据，那么这可能表明，在故事发生的战国时期，梅在越国发挥着重要作用。

为了支持后一种假设，可以引用以下传说：

越俗说会稽山夏禹庙中有梅梁，忽一春而生枝叶④。

大禹据称是夏朝的开国元勋。位于会稽山（今浙江境内）的大禹陵在越国是至关重要的神圣之地，因为当时的统治者把这位文化英雄奉为祖先。人们认为，大禹死后被安葬在会稽山上，而会稽山也是古时越国统治者的住地。上文有关神奇梅梁的传说在后世很多诗歌中得到影射⑤。这是否表明了越国赠送魏国一枝梅这一奇怪礼物背后的动机呢？这枝梅是否意在传递魔力呢？或许这是"梁"一词的文字游戏——既代表"梅梁"的"梁"，又象征梁（魏）国？

东汉时期的张衡（78 年—139 年）写下了《南都赋》。该首赋列举了梅，但没有铺陈，而是与南都（今河南）南阳郡皇家园林中的其他果树一同列出⑥。

另一处关于汉朝皇帝园中梅树的记载见于《西京杂记》，该书据称讲述了汉

---

① 很难确定这里的短语"一枝梅"意味着后文用法中的"一根开花的梅枝"还是仅仅是不带花朵的"一根梅枝"。

② 字面意思是"梁王"。公元前 340 年，当魏国都城迁至大梁（今河南开封附近）后，魏国常称梁。这里所指的是魏国，而不是梁国（今山西），这一点除了其他原因外，还可从诸发同篇故事后文的一句话中看到："彼越亦天子之封也。不得冀、宛之州，乃处海垂之际……"这里，越国大使显然将自己国家的情况与东道国的有利位置进行了对比。现在的冀州和兖州（中国古代九州中的两个，见《尚书·禹贡》）大致相当于战国时期魏国的领土，位于今天河南北部和山西西南部。

③ *《说苑》12.11b—12b。

④ 任昉（460 年—508 年）《述异记》（收于《随庵徐氏丛书》）1.15b。其他更可靠的著作也简要地提到了同样的现象，如会稽人赵晔（公元后一世纪）所著《吴越春秋》："夏禹庙以梅木为梁"（引自 *《太平御览》187.7a）以及应劭（约公元 200 年）所著 *《风俗通义》："夏禹庙中有梅梁，忽一春生枝叶。"（引自《太平御览》970.2b）。这段话没有收录在现存十卷本的《风俗通义》中（旧版本为 30 卷，现已失传）。与此类似，出自 *《吴越春秋》的引文也没有出现在其现存的十卷本中，其旧本有十二卷。

⑤ 例如，宋之问（卒于公元前 712 年）在其诗《谒禹庙》中写道："梅梁古制无"（*《宋之问》2.24b）。

⑥ 《张河间集》（收于《汉魏六朝百三家集》，章经济堂木刻本，1892 年）2.3a。

武帝(公元前 140 年—公元前 87 年)统治时期的事件①。记载称,武帝在修缮上林苑(西都长安附近的大公园,位于今陕西省)时,朝臣们从遥远的地方送来了不寻常的树木。其中列举了七种(另一种解读为六种)梅树,一些品种仅凭名字便展现出审美品位②。然而,由于《西京杂记》介于写实与虚构之间,我们无法从这一叙述中推断出汉武帝朝廷的审美趣味。它只表现了多个世纪后的一位作家所认为或想象的那种品位。此外,值得注意的是,在司马相如(约公元前 179 年—公元前 118 年)关于新修上林苑的长赋《上林赋》③中,他并未提及以上作为礼物的树木,也未提及梅。

据称,汉武帝与其臣子所作之《柏梁诗》④中也提及了皇家园林里的梅,但其真实性已经受到质疑⑤。

三、 六朝时期 (222 年—589 年)

因此,没有确切证据表明——在六朝之前,中国已经对梅树的美学方面有了认识。在六朝这个个人主义升温和审美高度发达的时代,诗人开始被梅花的独特魅力打动,并形成了许多关于梅花的概念。正如中国文学中的惯例一样,这些概念一旦形成,就会被后世所有作家所使用,其中有些被反复使用,以至于成为陈词滥调。

其中一个母题是作为感情信物赠予远方朋友或爱人的梅花。这似乎可追溯至以下写于约公元 5 世纪的故事:

> 陆凯与范晔⑥交善,自江南⑦寄梅花一枝,诣长安与晔,兼赠诗。

---

① 有人认为刘歆(约公元前 48 年—公元 23 年)是该书的作者,众所周知该看法是错误的。有人认为该书写于六朝时期。参见《四库全书总目》(上海:大东书局,1930 年)140.1a—b;《重考古今伪书考》(上海:大东书局,1928 年)2.8—9。

② *《西京杂记》1.5a—b。该段文本内容在不同版本中变化很大。

③ 《上林赋》,收于《司马文园集》(录于《汉魏六朝百三家集》),参见 5a—12a。

④ 收于 *《古文苑》8.3a—4a。

⑤ 例如参见沈德潜(1673 年—1769 年),《古诗源》(张之洞编木刻本)2.5b—6a。

⑥ 范晔生于 398 年,卒于 445 年。他的传记可以在 *《宋书》69.6b—23a 以及 *《南史》33.4a—11a 中读到。他最为人所知的作品是 *《后汉书》。但是我尚未找到其朋友陆凯的信息。两个同名者的传记被收入了朝代史,但由于年代原因,他们不可能是此处的范晔:一个是吴国人,生于 198 年,卒于 269 年(见 *《三国志》61.3a—13a);另一个是北魏人,卒于 504 年或 505 年(见 *《魏书》40.7a—8a)。

⑦ 长江下游以南地区。

折花逢驿使，

寄与陇头①人。

江南无所有，

聊赠一枝春②。

该首迷人的小诗被模仿了很多次，这并不奇怪。尤其别出心裁的是诗尾的奇喻"一枝春"，在常人所期待的"梅"处以"春"替代。短语"一枝春"成了"梅"的代名词以及词牌名，后在词牌名的基础上又发展为同名曲牌。该故事在后世版本中出现时具备一个特点，即梅枝是从盛产梅树的长江下游以南送至梅树稀少的华北的朋友那里。以一首写作日期不详的匿名诗——《西洲曲》开篇为例③：

忆梅下西洲，

折梅寄江北④。

从上下文来看，这似乎是一位女子（也可能是男子）将梅枝赠予不在身边的配偶（或情人）；这条河很可能是长江。韦利则给出了不同解释⑤。

从上文看出，汉代皇家园林中种植了梅树。也许是由于华北地区梅树稀少，它们才被留作皇帝赏玩。然而，人们逐渐形成了一种观念，即梅树属于作为学者型诗人的乡绅，尤其是当其从俗世中退休、过上隐士生活之时。这种联系直至宋朝才成为下文所示的普遍文学现象，但最早至少可追溯至陶潜（365 年？—427年）时期。陶潜得到后世中国文人的钦佩和模仿，被奉为理想的隐士。人们通常认为他喜欢柳树和菊花，但他在柳树旁还种植了梅树，并在冬末欣赏梅花。因而，他在《蜡日》一诗中写道：

---

① "陇头"字面意思为"平坦的山顶"。值得注意的是，"陇"经常指代甘肃和陕西的多山地带。

② 《荆州记》，引自＊《太平御览》970.3a。我没有找到原始文本；收于《麓山精舍丛书》的六部《荆州记》残本（均源自 4 至 5 世纪）中也没有该文本。

③ 《古诗源》12.12a—b 中，沈德潜认为该诗写于南齐（479 年—502 年），并注释称其他人认为写于晋朝（265 年—420 年）。

④ ＊《乐府诗集》72.5b。

⑤ 韦利《西洲曲》译本："Ballad of the Western Island in the North Country", *Translations from the Chinese*, New York, 1945, p.95。

> 梅柳夹门植，
>
> 一条有佳花①。

此外，我们注意到，该处梅与柳的组合在后世文学中变为普遍现象。

　　六朝时期，围绕梅形成的另一个母题是落花的诗意象征。古往今来，很多国家的诗人都将褪色或凋落的花朵视为青春和美貌转瞬即逝的象征，并经常敦促世人趁尚有时间之时"摘花"②。在中国，这一概念也经常在文学作品中得到表达，并可与任何一种植物或总体意义上的植物联系在一起③。然而，该概念逐渐与落梅产生了尤为独特的联系，尽管不是唯一的联系。有一种称为"梅花落"的乐府曲调和主题，据说起源于汉代之后的某个时期④。一些唐宋作家隐晦地暗示该曲调和主题源于外国⑤，但我尚未找到任何确凿的证据。如果该曲子是从国外传入的，那么可能是中国人用"梅花"替换了某些他们不太熟悉的植物名称。

---

① ＊《桃花源记》3.27b。该诗被本哈第（A. Bernhardi）和赞克（E. von Zach）译为德语，详见"Der Cha-Tag"，*Mitteilungendes Seminars für orientalische Sprachen*，Berlin, XVIII (1915), 213。

② 例如，参见《所罗门的智慧》II. 8："Let us crown ourselves with rosebuds before they be withered"（让我们在玫瑰花蕾枯萎之前为自己戴上花冠）(*The Book of Wisdom*, William J. Deane 编, Oxford, 1881；该书被认为是由亚历山大犹太人于公元前一世纪所写）。该主题的大多数西方版本源自一首无名拉丁诗，该诗作者首先被认为是维吉尔（Vergil），然后是奥索尼乌斯（Ausonius），而写作时间被认为是公元 4 世纪之后。该诗尾联为：

> Collige virgo rosas, dum flos novus et nova pubes,
>
> et memor esto aevum sic properare tuum.
>
> 姑娘啊，采摘玫瑰吧，趁花朵还新，你的青春也正盛，
>
> 记住，你的人生也会这样匆匆而过

(*Ausonii Opera*, Amsterdam, 1671, pp. 520—524, *Edyll*. xiv, "Rosae")。

这就是赫里克（Herrick）名句"Gather ye rose-buds while ye may"（趁芳华未逝，及时采撷玫瑰）的来源。16 和 17 世纪西班牙语版本详见 Maria Rosa Lida de Malkiel, "Perduracion de la literatura antigua en Occidente," *Romance Philology* V(1951/52), 106/107。贺拉斯（Horace）著名的短语"及时行乐"——*Carpe diem*（Carm. I. xi. 8）也表达了同样的概念，其中未提到植物，但通过带有隐喻意味的"pluck"（采摘）一词突出地暗示了客体是植物。

③ 早期的例子是屈原（约公元前 300 年）《离骚》中的一联诗句：

> 惟草木之零落兮，
>
> 恐美人之迟暮。

(＊《楚辞》1.7a)。《金缕衣》（《唐氏三百首》最后一首）也是经典案例。该诗中，女诗人杜秋娘（9 世纪初）建议"惜少年时"，在花开宜折之时"折"花。该诗译文参见 Witter Bynner and Kiang K'ang-hu, "The Gold-Threaded Robe", *The Jade Mountain*, New York, 1945, p.146。

④ 参见吴兢（670 年—749 年）《乐府古题要解》（收于《学津讨原》第 20 集）1.14b—15b；郭茂倩（12 世纪），＊《乐府诗集》21.3b。

⑤ 参见段安节（9 世纪）《乐府杂录》（《湖北先正遗书》本）10a；＊《乐府诗集》24.1a。

该曲子最初由长笛伴奏①。可能正因如此,后世诗歌中的梅树经常与笛联系在一起。

现存最早的以"梅花落"为主题的乐府出自鲍照(约 414 年—466 年)②。另一首由江总(519 年—594 年)所作,包含以下具有启发性的一联:

> 长安少年多轻薄③,
> 两两共唱梅花落④。

该联证实了一首以贺拉斯"及时行乐"为主旨、以落梅为主题的曲子很受欢迎。

在《诗经》的一首诗篇⑤中,时间的流逝已经与梅联系在一起——这可能是巧合,也可能不是巧合。但那是从梅树上掉落的果实,而非花朵。

另一个广受后世诗人追捧的梅母题起源于五或六世纪,且以病原学相关轶事的形式出现,该轶事的虚构解释了所谓"梅花妆"的起源:

> 宋武帝女寿阳公主日卧于含章殿檐下,梅花落公主额上,成五出花,拂之不去,皇后留之,看得几时,经三日,洗之乃落。宫女奇其异,竞效之,今梅花妆是也⑥。

在六朝时期写梅的诗人中,何逊和萧纲两位诗人值得特别关注。

何逊(卒于约 534 年)在中国文学中被誉为爱梅诗人的原型。该名声是分阶

---

① 参见《乐府杂录》10a;《乐府诗集》24.1a;程大昌(1123 年—1195 年)《演繁露》(收于《学津讨原》第 12 集)12.6a。

② *《鲍照诗》7.5b—6a。

③ 都市青年在中国和在其他国家有着同样的声誉:"长安轻薄少年"在中国文学中是俗语。关于该短语更早的案例,见《汉书》90.20b。

④ 《乐府诗集》24.2b。

⑤ 第 20 首。同上《摽有梅》。

⑥ 《宋书》(作者沈约,成书于 488 年),引自 *《太平御览》970.1b。现存本 *《宋书》内容不全(试比较《四库全书总目》45.9a—b),其中未发现该则故事。无论原始本《宋书》是否包含该故事,可以肯定的是,该故事发生在 5 世纪初至 6 世纪末。原因:(1)它提及宋武帝;(2)8 世纪的百科全书《初学记》仅援引隋朝前的书籍(参见《四库全书总目》135.3a),其中提及该故事;该故事并未包含在这里的两版《初学记》中(安国木刻本,1531 年;《古香斋十种》),但收于《唐类函》(俞安期编,申时行 1604 年作序)中的《初学记》182.13b。该故事被多次转述,例如在《演繁露》3.15a—b 中,含章殿被认为是洛阳(今河南省内)的一处宫殿。

段获得的,具体可追溯如下。起初,何逊撰诗表达对扬州(位于今江苏)一株(或多株)开花梅树的赞美之情①。该诗本身并不特别引人注目,但当得到唐代伟大诗人杜甫(712年—770年)的影射时②,便获得了声望,从而使人们注意到何逊是一位受梅启发的诗人。杜甫在诗的开头写道,裴迪从一棵梅树上获得了诗歌的灵感,"还如何逊在扬州",该首诗与裴堤的一首诗相和。为了"解释"杜甫的这首诗,宋朝的一位作家盗用苏轼(1036年—1101年)的大名③,给杜甫作了离奇的注释。他编造了以下轶事,该轶事广泛传播,并据称由苏轼列入一本知名的注解版杜甫诗中:

> 梁何逊作扬州法曹,廨舍有梅花一株。花盛开,逊吟咏其下。后居洛,思梅花,再请其往。从之。抵扬州,花方盛,逊对花彷徨终日④。

事实上,何逊从未在扬州担任法曹,但他确实曾任刺史一职,并写下上文中的诗篇⑤。

萧纲(503年—551年)是一位多产的作家⑥,以其谥号"简文帝"⑦广为认知。他现存的作品中有两首写梅的短诗⑧,并不是特别引人注目。然而,他写梅的一首赋⑨是中国文学史中首次对该主题展开全面阐述,全文如下:

---

① 《扬州法曹梅花盛开》,收于《何记室集》(录于《汉魏六朝百三家集》),参见33b。

② 《和裴迪登蜀州东亭送客逢早梅相忆见寄》,收于《杜诗详注》(上海:扫叶山房,1915年)9.46a—47a。

③ 有关这些冒用苏轼名义给杜甫作的注释,参见王国维《宋刊〈分类集注杜工部诗〉跋》,收于《观堂别集甫遗》(录于《海宁王忠悫公遗书》,1927年,第一集),参见26b;以及洪业《杜甫引得》(哈佛燕京学社汉学指南系列,增刊14,北京,1940年),"序",第 vi—vii 页。

④ *《分门集注杜工部诗》24.2a。

⑤ 参见 *《梁书》49.10b—11b 和 *《南史》33.25a—b 收录的何逊的传记。关于该问题,参见钱谦益(1582年—1664年)对杜甫一首诗的注释,载于《杜诗详注》9.47a。钱还指出,何苏这首诗的现名(见上文《扬州法曹梅花盛开》)就是根据这件事而创造的。事实上,这首诗有一个简单的标题《咏早梅诗》,收于唐代百科全书;参见《初学记》(安国本,1531年)28.14b;《艺文类聚》(1587年木刻本,王元贞本)86.12b。

⑥ 刘汝霖在其《东晋南北朝学术编年》(上海:商务印书馆,1936年)第433、434页中列出萧纲的作品,共754卷;其中多处已失传。

⑦ 他于549年夏登上南梁皇位,作为将领侯景的傀儡。551年,被侯景罢黜,不久被侯景杀害。参见 *《梁书》第4卷和 *《南史》8.1a—5a。

⑧ 《雪里觅梅花》和《春日看梅花》,收于《梁简文帝集》2.44b 和 2.48a。

⑨ 《梅花赋》,收于《梁简文帝集》1.13b—14a。这是我找到的现有最好的版本,因此在此基础上翻译。该赋的其他文本存在诸多不重要的变体,但有一处例外,参见下文。这些文本见《初学记》(安国本,1531年)28.14a—b;《艺文类聚》(王元贞本,1587年)86.13a—b,内容不全;《全梁文》(收于《全上古三代秦汉三国六朝文》,广州,1887年)8.8b—9a,基于前两个文本;以及《历代赋汇正集》(木刻本,1706年)124.1a—b。

层城之宫
灵苑之中①

奇木万品
庶草千丛

光分影杂
条繁干通

寒圭变节
冬灰徙筒②

并皆枯槁
色落催风

年归气新
摇云动尘

梅花特早
偏能识春③

或承阳而发金
乍杂雪而被银

吐艳四照之林
舒荣五衢之路

---

① 《灵苑》让人想起周文王的"灵台""灵囿""灵沼",其子周武王曾推翻商朝;见《诗经》第 242 首;《孟子》
（收于哈佛燕京学社汉学指南系列,增刊 17,北京,1941 年)1A.2。
② 这是一种可追溯至汉朝的日历工具:将芦苇膜烧成灰,放入不同的律管中,以预测节候。参见 *《后
汉书·志》1.23b—24a。
③ 这一想法令人想起何逊的诗句——"兔园标物序,惊时最是梅"。但在这首赋的背景下有另一层意
义:和日晷、冬灰徙筒一样,梅树也能预测节候。

既玉缀而珠离
且冰悬而霭布

叶嫩出而未成
枝抽心而插故

摽半落而飞空
香随风而远度

挂靡靡之游丝
杂霏霏之晨雾

争楼上之落粉
夺机中之织素

乍开花而傍嶙
或含影而临池

向玉阶而结彩
拂网户而低枝①

于是重闺佳丽
貌婉心娴

怜早花之惊节
讶春光之遣寒

---

① 一些文本（《艺文类聚》《全梁文》《历代赋汇》）在此句后添加了两行在我看来是改写的诗句，原因有三点。一是它们在风格和内容上较突兀，二是其中包含的文学典故在这篇赋中没有呼应，三是它们所指的传统，即七言诗起源于汉武帝的《柏梁台》（试比较上文《柏梁诗》），而这一所指不可能是在唐朝前作出的，因为中国诗学中七言诗在唐朝时才获得显著地位。

夹衣始薄
罗袖初单

折此芳花
举兹轻袖

或插鬟而问人
或残枝而相授

恨鬟前之太空
嫌金钿之转旧

顾影丹墀
弄此娇姿

洞开春牖
四卷罗帷

春风吹梅畏落尽
贱妾为此敛蛾眉

花色持相比
恒恐愁失时

这首赋值得更充分的讨论,但我们在此只作简要评论。

（1）这棵梅树在皇家庭院中被赋予了荣耀的地位,那里是普通大众无法进入的。在此背景下,作为太子而后登基为皇帝的萧纲显然延续了古老的传统,而忽略了以陶潜为代表的更现代的概念,即将梅花与学者型诗人联系起来。

（2）正如其同时代的一些人以及其后世很多诗人一样,萧纲将梅描绘为在所有树木中脱颖而出的树种,因为它在冬天开花,而其他植物都尚处休眠状态,它的孤独之美在皑皑白雪的映衬下更加突出。

（3）在全诗前半部分,梅树是半人格化的。在对其精致外形、优美动作和优雅装饰的描写中,梅树被赋予了鲜明的女性特征。在全诗后半部分(自第33节起),焦点突然从梅树转移到一位佳丽身上——显然是一位宫闱佳丽,因为没有任何迹象表明视角离开了皇宫。这种转变并未损害全诗的统一性。此位佳丽与梅有着密切的联系:她欣赏梅花,采折梅枝,并用其装饰自己。诗人把女子和树描述为同样优雅、精美而精致。该佳丽自身也意识到了这种相似之处。全诗结尾处,她表达了忧虑之情,担心自己的青春和美貌会像梅花一样消逝——落梅的主题。这种梅树和女子的近乎同一性预示着唐宋两朝该母题的惊人发展。

（4）该首赋并没有描述一棵单独的树,也没有描述一种独特的梅树。更确切地说,它描绘的是理想的梅树,几乎是柏拉图式的。因此,文中没有提到区分不同种类梅树的特征,但有一处例外。中国的梅花有白色、红色、粉红色、黄色或淡绿色。在全诗第28行中,萧纲提到了白色,他选用"素"一词,该词也表示"朴素""不加修饰"之意,经常与仙女联系在一起[1]。我认为,他在此处的目的并非单拎出开白花的梅树,而是想要揭示出一种特殊的女性美。这种美对于他和后世诗人而言都是以梅为代表的——朴素的优雅,与鲜艳的色彩和浓妆艳抹截然不同。

四、 唐代 (618 年—907 年)

在唐代大量关于梅的诗歌中,我们发现少有革新性的内容。相反,在前一时期形成的概念和意象在此阶段得到了进一步的阐述和更广泛的采用。

其中一个概念是梅树与诗人的友谊。与陶潜一样,唐代著名诗人白居易(772 年—846 年)也在自家花园里种植了梅树。他的一首诗是这样开头的:

池边新栽七株梅[2]。

诗人对一棵梅树的眷恋在王维(约 701 年—761 年)的名诗中得以体现:

---

[1] 美国汉学家薛爱华(Edward H. Schafer)指出了该词的特殊含义之一——"仙女之白",参见"Notes on a Chinese Word for Jasmine," *Journal of the American Oriental Society*, LXVIII (1948), 64。

[2] 《新栽梅》,收于《白香山诗后集》(录于《四部备要》)7.7a。

> 君自故乡来，
>
> 应知故乡事。
>
> 来日绮窗前，
>
> 寒梅著花未？①

在一首出自张籍(799 年进士及第)的精美诗歌中,其花园树上和地上的梅花传递出一种安静而纯粹的快乐：

> 自爱新梅好，
>
> 行寻一径斜。
>
> 不教人扫石，
>
> 恐损落来花②。

还有很多唐代诗人在自家花园里种植了梅树,并受到梅树的启发而创作诗歌。然而直到宋代,梅树与隐士在精神上的相似性才得到充分发展。

李群玉(9 世纪中叶)的一首诗中含有一个看似相似但实则不同的概念：

山驿梅花

> 生在幽崖独无主，
>
> 溪萝涧鸟为俦侣。
>
> 行人陌上不留情，
>
> 愁香空谢深山雨③。

此诗中,这棵美好的梅树因处隐蔽之地而无人问津,其美丽被荒废了。这里暗喻的并非主动避世的"隐士",而是受到冷落的学者,其才能未被当权者所利用。

---

① 《杂诗》,见 *《王右丞集》6.14a。该诗的一个较为意译的英译本参见《群玉山头》第 190 页,题为"Lines"。在另一首极为相似的诗中,诗人询问一位来自家乡的旅人,自己的南窗下有多少菊花盛开。这首诗的名字是《问来使》,自 10 世纪以来,一直收于爱菊者陶潜的作品中。但有人认为该诗可能源自唐朝后期。(该诗及其评注,参见 *《陶渊明集》2.6b—7a;郭绍虞《陶集考辨》,收于《燕京学报》1936 年第 20 期,第 28 页)。因此,该诗极有可能是王维诗的仿作,而不是王维的代表作。

② 《梅溪》,收于《张司业诗集》5.1a。

③ 《山驿梅花》,收于 *《李群玉诗合集》4.5a。

在唐末崭露头角的一个独特母题是梅树的女性气质。如果我们讨论的是古希腊或古罗马神话，那么树的灵魂当然是女性，正如希腊和拉丁语法中所有树的名字都是阴性一样。但在这方面，中国人的信仰几乎和中文的语法一样公正：某些树被赋予了男性特征（例如松树和竹子），而另一些树则被认为拥有女性气质。

在上文的一些诗歌中，我们已经看到了有关梅树与女子关联的暗示：在《诗经·召南·摽有梅》中，女孩凝视着掉落的梅子并将其捡起；在《西洲曲》中，或许是一位女子折下开花的梅枝并赠予他人；在有关寿阳公主的故事中，梅花与一位佳丽以及女性化妆容联系起来；在萧纲的《梅花赋》中，我们发现了梅树与宫闱佳丽之间醒目的平行关系。

从9世纪开始，曹邺（9世纪中叶人）作《梅妃传》①。该故事聚焦唐玄宗（712年—756年在位）皇帝传说中的妃子，其历史依据不足或缺失。但对此研究而言，该故事十分重要，因为它把一位女子描绘成梅树的灵魂和化身。这在整篇传记中都很明显，不论是女子的名字、描述她的方式还是她与宫苑梅树之间建立的各种联系。正因如此，她在传记中得名"梅妃"：

> 性喜梅，所居栏槛，悉植数株，上榜曰"梅亭"。梅开，赋赏至夜分，尚顾恋花下不能去。上以其所好，戏名曰梅妃。

除了称呼她为梅妃，皇帝还戏称其为"梅精"。在描述她的外表时，《梅妃传》使用了与拟人化梅树完全相同的术语，如本文其他地方所示：

> 淡妆雅服，而姿态明秀……

《梅妃传》结尾提到，安史之乱后，玄宗皇帝从四川回京，发现梅妃的尸体被埋在一棵梅树下。

五、 宋代（960年—1279年）

在宋代，以梅为灵感的诗歌达到了发展的巅峰。在乡间家中种植梅树或者

---

① 收于《龙威秘书》第四集。爱德华兹（E. D. Edwards）曾将其译为英文版，收于 *Chinese Prose Literature of the T'ang Period*，London，1937/38，II，114—120。

在梅园附近居住成为诗人的风尚,因而梅出现在他们的许多文学作品中。

上文陶潜以及唐代的诗歌中暗示了梅树与隐士的友谊,而这种友谊在宋代成了一种广受认可的观念。宋代作家乐于指出拟人化的梅树和隐士之间的相似之处。他们解释称,梅花在冬天开花,(从时间上看)与其他开花植物截然不同,正如隐士(在空间上)远离混乱的宫廷和城市生活一样。两者都是纯洁而精致的,都超越了尘世的庸俗。杨万里(1127 年—1206 年)以直接比较的形式表达了这一思想:

> 林中梅花如隐士,
> 只多野气也无尘①。

林逋(967 年—1028 年)是一位典型的爱梅隐士。他创作了一些精致的诗歌②,描写在昆山(杭州附近)小岛隐居时种植的梅树③。在那里,他过着完全孤独的生活,终生独身。据说他以梅树为妻,以鹤为子(梅妻鹤子)④。梅树与鹤的联系在下文中还将探讨。但在当下语境中,该隽语值得关注之处在于其结合了两个母题:作为隐士伴侣的梅树以及作为女子的梅树。

第二个母题在罗浮山(今广东)赵师雄的故事中得到了充分阐述,也是最后一次阐述,而罗浮山自古以各种鬼魂出没而闻名⑤。目前,该故事最古老的版本如下:

> 隋开皇中,赵师雄迁罗浮。一日天寒日暮,在醉醒间,因憩仆车于松林间,酒肆旁舍,见一女人,淡妆素服,出迓师雄。与语,但觉芳香袭人。至酒家共饮,有绿衣童子,笑歌戏舞。师雄醉寐,但觉风寒相袭,久之东方已白,

---

① 《郡治燕堂庭中梅花》,收于《诚斋集》12.7a。(该版本中,第二句诗为"只多野气无尘气"。)
② 参见林逋诗集《林和靖先生诗集》。
③ 值得注意的是,白居易也曾赞美过昆山的这些梅树(参见他的诗《忆杭州梅花因叙旧游寄萧协律》),收于《白香山诗后集》(收于《四部备要》6.8a),但它们是因林逋而得名,在此后的文学作品中,人们把它们和林逋,而不是白居易,联系在一起。
④ 《诗话总龟》(阮阅 1123 年编),引自《佩文韵府》(《万有文库》本,上海:商务印书馆,1937 年)8.345a 等。我在现存＊《诗话总龟》本中没有找到这句短诗。
⑤ 陈琏《罗浮志》(1410 年或 1411 年初完成;收于《岭南遗书》第三集)第 4、5 卷。

师雄起视,乃在大梅花树下。上有翠羽啾嘈相顾,月落参横,但惆怅而尔①。

该故事摘自《龙城录》一书,是唐代著名作家柳宗元(773 年—819 年)的作品,直至 12 世纪才被收入柳宗元的作品集中,在此之前也没有任何相关记载②。在同一世纪,两位文学家何薳和朱熹(1130 年—1200 年)认为该故事是伪造的,并都认为其真正作者为王铚(12 世纪上半叶人)③。至今,作者的身份仍然不确定④,但我认为可以根据刚才引用的故事来推断大致的写作日期。早在 12 世纪,朱熹便指出,《龙城录》中的故事是为了"说明"或"解释"某些文学段落而虚构的⑤。《四库全书》目录的编辑从《龙城录》中引用了两个具体的案例⑥。其中一个故事与韩愈(768 年—824 年)的一首诗一致,另一个故事则是上文译出的赵师雄的故事,编辑认为该故事是为了解释苏轼(1036 年—1101 年)的诗句:"月下缟衣来叩门"⑦。然而,他们似乎忽略了苏轼诗集里的另一首诗⑧,该诗与以上梅仙故事的关联要密切得多。此处引用写于 1095 年 1 月⑨的这首诗,因为它可用于确定故事的起源和《龙城录》的创作日期:

> 罗浮山下梅花村,
> 玉雪为骨冰为魂⑩。
> 纷纷初疑月挂树,
> 耿耿独与参横昏。

---

① 《龙城录》,引自《集注分类东坡先生诗》14.19b。现存《龙城录》本中内容有一些不同(例如《稗海》本 2.4a—b),我更倾向于 12 世纪的这个版本。

② 参见《四库全书总目》144.1a。为与方崧卿所编韩愈文集媲美(参见《直斋书录解题》16.15a,江苏书局本,1883 年),葛峤编纂柳宗元文集,其中首次收录《龙城录》。由于方的序(引自《丽宋楼藏书志》)(木刻本,1883 年)所注年份为 1189 年,葛的柳集一定在之后完成。但是在葛复刊《龙城录》前,该书一定流传多年。

③ 参见何薳《春渚纪闻》(1141 年后完成;收于《学津讨原》本第 15 集)5.3a;《朱子语类》(应元书院本)138.2a。

④ 试比较爱德华兹的 Chinese Prose Literature of the T'ang Period,I,144/14。

⑤ 试比较大约同时期虚构的"解释"杜甫诗歌的故事。

⑥ 《四库全书总目》144.1a。

⑦ 引自《十一月二十六日松风亭下梅花盛开》一诗,收于《集注分类东坡先生诗》14.19a。

⑧ 题为《再用前韵》,前引 14.19a—20a。

⑨ 参见前引《东坡纪年录》,参见 29b。

⑩ 这里的"玉""雪""冰"不仅代表梅花盛开的寒冷季节,还代表盛开梅花的洁白和纯洁。

先生索居江海上①，
悄如病鹤栖荒园。
天香国艳肯相顾，
知我酒熟诗清温。
蓬莱宫中花鸟使②，
绿衣倒挂扶桑暾③。
抱丛窥我方醉卧，
故遣啄木先敲门。
麻姑过君急洒扫，
鸟能歌舞花能言。
酒醒人散山寂寂，
惟有落蕊黏空樽。

毫无疑问，该诗和以上故事之间有一种"亲缘关系"。苏轼不可能是模仿者，因为那样的话，他一定会依照惯例影射赵世雄以及他与梅仙的相遇。唯一可能的结论是，以上故事是为了"解释"该诗而写的。的确，以上故事立即被用于其创作的目的：在该诗来源诗集版本中，以上故事被插入到苏轼诗歌的注释中。这个由王十朋（1112 年—1171 年）纂辑的版本不仅提供了故事的早期版本，而且是最早引用《龙城录》的文献之一。综上所述，《龙城录》绝不是柳宗元的作品，它一定是写于 1095 年（苏轼写诗的时间）至 1171 年（王十朋去世之年）间④。

因此，在苏轼的诗中，可以清楚地看到梅仙神话故事的构成元素。围绕这些元素，故事的作者构建了一个香艳情节，彻底改变了原作伤感的诗意精神。拟人手法在苏轼诗中只是模糊暗示，而在故事中则发挥到了极致。他对诗中某些隐喻表达，如"绿衣"和"鸟能歌舞花能言"，作了文学化的处理，将梅树变成了仙女，

---

① 意即独居，远离人群。

② 唐玄宗在位期间（712 年—756 年）的一名官员，负责在全国网罗美艳女子，送入皇宫。

③ 扶桑，一种神奇的树，据说来自太阳升起的地方。

④ 早期提及《龙城录》的另一处（除上文提及的两处）是庄季裕《鸡肋编》（收于《琳琅秘室丛书》）。庄季裕认为它是柳宗元的作品。《鸡肋编》一定完成于 1187 年或之后，因为它提及这一年去世的宋高宗；不可能太晚于 1187 年，因为作者提及自己于绍圣年间（1094 年—1098 年）看到的事物（3.44b）。《四库全书总目》的编者指出（141.6a—b），虽然作者序的时间显示为 1133 年，但书籍本身讲述的是 1139 年发生的事；他们未注意到提及宋高宗之处，而这些地方将该书最早可能完成的年份推迟了 48 年。

将绿鸟变成了男孩。从历史维度来看,将梅树变成迷人的仙女是梅作为女性之母题的最后一个发展阶段,它终结了该母题以上数个世纪的发展史。

在宋朝,对梅的赞美成为一种名副其实的崇拜。诗人不仅从梅花上获得创作灵感,而且几乎沉醉于梅花的外表、香气甚至味道。某些诗人提及了嚼梅花①。刘翰(12世纪)用这一母题来描述和象征诗歌创作:

> 小窗细嚼梅花蕊,
> 吐出新诗字字香②。

该联非凡的诗句表达了肢体接触和艺术灵感的奇妙融合:梅花变成诗句,花香变成诗句的甘美。我们兜了一圈,回到原点:起初人们珍视梅树的果实,后来人们忘记了它的果实,取而代之的是它的花朵③,现在人们把它的花朵当成果实来咀嚼。

在宋朝以及后世朝代中,聚焦梅的诗歌数量巨大,其中包括这些时期某些最知名作家所创作的许多优秀诗歌。然而,概念方面总是老生常谈。无论在意象还是形式上,对于既定模式的遵从都常常走向了极端。诗人们经常会写与旧诗同质化的作品,在主题、诗歌形式和押韵方面重复——这种古老的做法称为"和"④。他们也会在集句把不同旧诗的不同诗行串在一起⑤,这样做要么是由于缺乏灵感,要么是为了展示技艺和学识,要么是为了表示对他人作品的尊重。

难怪,当梅之主题热度升温却变得愈发矫揉造作时,该话题开始得到批判性

---

① 试比较一个早期的先例,即屈原《离骚》中的一句诗——"夕餐秋菊之落英"(＊《楚辞》本 1.12b)。

② 引自《小晏》,收于《小山集》(录于《南宋六十家集》本,古书流通处重印汲古阁木刻本),参见 1b。从这两句诗的第二句来看,元朝诗人郭豫亨以梅花命名自己的诗集,即《梅花字字香》(作者序的年份为1312年;收于《琳琅秘室丛书》),并非像《四库全书总目》的编者(167.3b—4a)所理解的,源自晏几道的这句诗"唱得红梅字字香"。(参见晏几道的词,其中包含这句诗,收于《小山词》,录于《宋六十名家词》,《国学基本丛书》,上海:商务印书馆,第20页。)《四库全书总目》的编者似乎忽略了这一事实:刘翰的诗是郭《梅花字字香》后集中的第一首诗。他们还错误地将晏几道的诗理解为其父亲晏殊所作。

③ 然而,应切记:中国诗人歌颂的许多梅树本身不结果实,这也许既是人们咀嚼花朵的原因,又是结果。

④ 例如,沈从吉曾写过800首有关梅的诗,与前人所写的800首梅花诗相和;参见其友人杨万里(1127年—1206年)为此书作的序,收于《诚斋集》79.7a—8b。这篇序中的许多句子恰好精妙地总结了梅花诗的历史。

⑤ 例如,参见李龏有关梅的四行诗集——《梅花衲》(作者编后记年份为1242年;收于《南宋六十家集》)。有关梅的八行诗的一个例子是郭豫亨的《梅花字字香》。

的分析。因此，从 11、12、13 世纪起，专门研究梅的专著和其他作品大量涌现。其中之一是佛教僧人仲仁的《华光梅谱》①，据说他是墨梅画的鼻祖。这部作品探讨了画梅的技巧，并对梅各个部分和方面所对应的形而上学的内容展开了深奥的思索。

范成大(1126 年—1193 年)的《梅谱》②本着细腻鉴赏的精神系统列举和描述了各种梅树，反映出那个时代有条不紊而又高度敏感的天才。

对文学专业的学生而言，12 世纪另一位好梅者——张镃的《梅品》③也特别有趣。它列出了梅花的"宜称"和"憎嫉"，以及"憎嫉"和"屈辱"。梅被拟人化了，时而是一位女子，时而是一位理想的诗人，时而是作者本人。"宜称"部分罗列了一连串与梅相关的具有启发性的现象和母题，内容如下：

> 为澹阴；为晓日；为薄寒；为细雨；为轻烟；为佳月；为夕阳；为微雪④；为晚霞；为珍禽；为孤鹤⑤；为清溪；为小桥；为竹边；为松下⑥；为明牕；为疏篱；为苍崖；为绿苔；为铜瓶；为纸帐；为林间吹笛⑦；为膝上横琴⑧；为石枰下棋；为扫雪煎茶；为美人澹妆簪戴。

对于该清单中的每个项目，我们都可从有关梅的诗歌中轻松地找到诸多例证。我们注意到"澹""薄""轻""小"等形容词得到了强调。与该趋势相协调的是，这里(见清单最后一条)以及其他地方与梅有关的女子在穿着和化妆方面总是朴素而精致。"素"和"淡"是被反复用于描述她们着装和化妆的形容词，意指"温和的""朴素的""苍白的""克制的""精致的"。

宋代聚焦梅的著作中最引人注目的是宋伯仁所著《梅花喜神谱》(第一版出

---

① 收于《美术丛书》第二册第五部分。我没有找到作者的准确年份，但根据此书的序，他是著名诗人黄庭坚(1045 年—1105 年)的友人。

② 收于《百川学海》。

③ 写于 1185 年后，作者在序中提及该年份。收于《夷门广牍》。

④ 这三个元素可见于赵师雄的故事。

⑤ 我们也许记得，据说陪伴林逋的仅有梅树与鹤。

⑥ 松、竹和梅的联系(后来称为"岁寒三友")普遍见于宋代后期的文学作品中。第一位将梅与松、竹联系起来的可能是朱庆馀(826 年进士及第)的两句诗：

> 堪把依松竹，良涂一处栽。

(源自《早梅》，收于 *《朱庆馀诗集》)。而且，仲仁在《华光梅谱》(见上文)中说道，梅"似竹之清，如松之秀"。

⑦ 梅和笛的联系参见上文。

⑧ 一种七弦琴。

版于 1238 年)①。它以图画和诗句的形式展示了梅花从首个萌芽到最后一片花瓣凋落的 100 个发展阶段,每个阶段都配有一个名字②。宋伯仁的木刻作品清新多样,令人愉悦,但他的诗歌大多是造作而平庸的。至此我们见证了一种新体裁的兴起和衰落。

自彼时起直至今天,梅一直是中国抒情诗中最受欢迎的主题,但没有产生新的发展,除在其他媒介、如绘画中之外。正如姜夔(1163 年—1203 年)在一首关于梅的词中写道:

等恁时、重觅幽香,
已入小窗横幅③。

译者简介:管宇,中国社会科学院大学外国语学院英语系副教授,波兰格但斯克大学孔子学院中方院长;郑晨,安徽新华学院外国语学院英语系讲师、副译审。

---

① 收于《续古逸丛书》第 46 册。
② 其中一些名字似乎是作者有意创造的,其他一些是已有的名字。
③ 《疏影》,收于《白石词》(录于《宋六十名家词》),第 2 页。

译介与阐释:陕北民歌海外传播研究

刘建树

　　摘　要:陕北民歌的域外传播是政府政策倡导与地方社会推动合力的结果。陕北民歌的海外传播路径体现为歌手个体跨国出演、政府组织文艺团体跨国出演以及企业赞助文艺团体跨国出演等形式;在理论研究层面主要表现为学者针对外国读者或者听众的陕北民歌译介活动。本文通过梳理刘育林、王宏印、王建领等关于陕北民歌译介研究的著述,并以哈罗德·拉斯韦尔传播模式考察三人论述中跨文化传播内容及其得失,以期为提升陕北民歌海外传播效果提供有益探索。

　　关键词:陕北民歌;国际化;译介;传播;哈罗德·拉斯韦尔

　　近年来,陕北地方经济发展推动陕北民歌的发掘、发展与创新,加快了陕北与外界交流的步伐。在陕北民歌发展的大背景下,近水楼台先得月的西安音乐学院设立了专门的陕北民歌院系助推地方文化,并先后主办了两届陕北民歌翻译学术研讨会(2009,2015),吸引了海内外学者参与译介活动,取得了很好的陕北民歌译介效果。2010 年陕北民歌走进维也纳金色大厅,中外歌手共唱陕北民歌;2012 年《聆听中国·陕北民歌音乐会》欧洲巡演出访团于 12 月 15 日、18 日在波兰国家剧院、德国柏林 UDK 音乐厅唱响两场陕北民歌;2017 新疆乌鲁木齐举办了首届国际民族合唱艺术节,陕北民歌代表曲目参加比赛。陕北民歌手兼英语教师文世龙已经应邀在多个国家用英文演唱陕北民歌,央视等媒体已经有过相关报道。陕北民歌在国际化表演方向上的蓬勃发展,也吸引与推动了与此有关的学术研究。学界相关研究中,较有影响力的是王建领、王宏印、杨孝明等学者的著述。

一、 问题的提出

三种著述,分别为 2017 年初版印刷的王建领的《陕北民歌 300 首》(北京工艺美术出版社)(以下简称《300 首》)、2019 年新版的王宏印的《西北回响——陕北民歌英译》(北京商务印书馆)(以下简称《回响》)以及 2019 年出版的刘育林、杨孝明合著的《陕北民歌——中国民间艺术的一颗明珠》(陕西人民出版社)(以下简称《民歌》)。从陕北民歌跨文化传播的角度看,以上三种著述或是在音乐、或是在文化、或是在语言层面,其侧重点都是面向非本土受众。用西安音乐学院赵季平教授的话说,"(《300 首》)一是有面向世界、面向未来的视野,是我见到的第一部用五线谱记曲的陕北民歌集,与国际、学界、乐界接轨,不是自娱自乐,而是将走向世界、文化传承,由口号付诸实践"。①赵季平教授评论《回响》的可能影响时谈道:"记得美国在 20 世纪 60 年代有个叫作斯奈德(注:英文全名应为 Gary Snyder)的人,因为翻译了唐代诗僧寒山的诗而被称为是美国的禅宗诗人,名声大噪,至今不衰。我们可否大胆设想,当陕北民歌被许许多多老外唱着的时候,王宏印这个名字或许也将被许多外国人知道吧。"②可见该著述的目标读者是国外的陕北民歌欣赏者。至于《民歌》,全书除了在引用歌词时用英、汉双语,其他部分完全用英文写就,完全是为母语是英语的读者准备的。从著者对著述的定位来看,《民歌》"是首部用英文全面阐述陕北民歌的著作"。③以上三部著述的作者都以各自不同的侧重点突出自己向外部世界译介陕北民歌的首创精神,因此本文先从梳理三种著述的内容出发,进而分析它们在陕北民歌国际化进程中可能发挥的功能并探索其中的意义。为行文方便,文章在处理材料时遵循著作最新出版时间的先后顺序。

二、 陕北民歌译介尝试的回顾

三部著述在一定程度上突出各自民歌海外传播的写作动机。

王建领的《300 首》。该著述 2017 年初版,2020 年第 2 次印刷,总印数 7000

---

① 王建领:《陕北民歌 300 首》,北京:北京工艺美术出版社,2017,第 3 页。
② 王宏印:《西北回响》,北京:商务印书馆,2019,第 3 页。
③ 刘育林、杨孝明:《陕北民歌——中国民间艺术的一颗明珠》,西安:陕西人民出版社,2019,第 276 页。

册。作为研究地方文化的著述,印数不算小。全书在结构上分为凡例、序、前言、(曲谱)正文、附录、后记几个部分。本文作者认为,曲谱与附录一(歌词)应视为全书的正文部分,其篇幅占全书 600 页的 5/6,内容上歌词与曲谱形成对应与互相参照的完整有机体。正文以外,凡例相当于读者指南,同时也说明了著述"大众、流行、真实"的编写特色,这其实与作品整体国际化的定位互有抵触。两种序言是对作品学术价值不同侧面的评估,前言中的一种曾作为独立篇幅发表于香港《文汇报》,为《300 首》在华人文化圈的接受奠定了一定基础。作者在前言的第二部分以陕北人的本土视角就陕北民歌的艺术性进行了阐释。正文曲谱部分给每一首歌词代表性段落配上五线谱,其余段落歌词连缀在整曲后,在编排上似乎与全书歌词部分有重复嫌疑。附录二为陕北童谣选录,并未谱写乐谱,但如同前文中曲谱与歌词部分一样,对于歌词中的陕北文化现象以脚注形式予以说明,明晰了儿歌的文化内涵。附录三"陕北常用字发音表"按照汉字拼音首字母在英文字母表中的顺序排序,编排查找方法;发音表中同一汉字的方言发音与普通话发音并列对照排列。发音表的功用在于帮助非陕北人群的读者理解歌词的韵脚。附录四"陕北民歌小档案"中"陕北民歌释文"是对陕北民歌有关的学科名词的集中注解;"陕北民歌人物"部分是陕北民歌发展史上的重要人物小传,包括民歌采录者、演唱者等,人物生活时间跨度超越一个世纪之久,足见信息之丰富;"陕北民歌故事"部分以歌曲曲目或民歌事件讲述了某一个或某一类民歌背后的故事,书写了生动的民歌发展史。"后记"中除了表达对成书贡献者的感谢之外,重点突出了该著述"本土视角"的特点:"作为陕北人,我一直把弘扬陕北文化作为天职和命定……丰富多彩的陕北文化资源,期待更多的有识之士、有心之人去发掘。……所以从便于传播的角度,本书首次以世界通用、乐界和学界通用的五线谱记谱……"①作者这里的"便于传播",因为突出"世界通用",当然强调了陕北文化圈以外的异域传播这一旨归。

《回响》曾经出版过 2009 与 2019 两个版本,并且新版本在内容上有很丰富的更新,展现了作者"从单纯的陕北民歌汉译英,到陕北题材诗歌的创作,再到对话体,再到代言体诗剧的创作,经历了一个值得重新关注的过程:那就是对于民间文学的关注和以翻译为素材为创作做准备的过程"。②10 年增删与润色而不辍,显示出作者对于陕北文化的顾念与迷恋。对读新旧版本会发现,新版本的更

① 王建领:《陕北民歌 300 首》,北京:北京工艺美术出版社,2017,第 600 页。
② 王宏印:《西北回响》,北京:商务印书馆,2019,第 3 页。

新主要在全新增加的附录部分,全部用汉语创作,具体包括陕北组诗、双调信天游,以及诗剧《蓝花花》。这看似与陕北民歌翻译无关的个人异地感怀,正展示出诗人兼译者情感复杂的异乡人身份:一方面他在陕北的短暂旅居让他走近陕北,迷恋陕北,并通过自己对异乡全景式的勾画与艺术的仿拟式创作表达这样的迷恋,试图与之融为一体;另一方面,译者的仿拟式创作因为彰显了异乡情怀而强化了译介的混杂性,进而反衬出译者本人异乡人的他者身份。这样的他者身份尤其体现在民歌翻译中对一些精微细节理解上的偏差,进而影响到民歌译介效果。当然这种异乡视角也正是面向海外译介陕北民歌所迫切需要关注和关照的。《回响》的主体分成十个部分,每部分涉及歌曲数量不等,在编排上"按照主题和内容分栏目进行顺序编排……反映陕北的生态环境和人文环境、人们的生存状态与精神气质及音乐上的表现方式和效果……"①具体每一首民歌的翻译主要包括歌名翻译、歌词汉语(脚注)注解、歌词翻译及翻译提示。翻译提示这个板块的每一首歌曲的翻译方法都突出地彰显出译者的诗人学养和译家功力。在本文所论及的三部著述中,《回响》最突出地展现了学院派学术性。除了翻译提示部分,译本的"后记"通过对翻译过程中人称与称呼转换、地方特色鲜明的方位与地名翻译、比兴手法与拟声表达的跨语言传达等层面的讨论,透露出作者译术的老辣。作者在书中通过举例给出的"翻译的基本原则和几点做法"则说明《回响》绝不仅仅是在完成一部具体作品的翻译,而是在探索民歌翻译的普遍规律。在这个意义上,《回响》是民歌翻译教科书式的样本。另一方面译者认为"民歌原本是为演唱的,翻译成英文,则未必能演唱。剧作原本是为舞台演出的,而诗剧未必能有机会登上舞台。即便如此,它们作为文本,总是可以阅读的;作为文学总是可以欣赏的"。②可见作者对于民歌或者歌曲翻译的局限性或者可译性,是有比较清晰的认识的。

《民歌》2019年由陕西人民出版社出版,是英语专家杨孝明与民歌专家刘育林合作的艺术结晶,也是"讲好中国故事"战略在陕北文化上的应用③。二位作者中,前者自1986年至今一直浸淫于美国大学文化,其间参与过中国文化外译的国内项目,可以说对于文化外译无论在源语文化理解与译入语的表达层面都让人信任;又兼作者曾经有在延安农村短暂生活的经历,对陕北文化有身临其境

① 王宏印:《西北回响》,北京:商务印书馆,2019,第11页。
② 王宏印:《西北回响》,北京:商务印书馆,2019,第3页。
③ 刘育林、杨孝明:《陕北民歌——中国民间艺术的一颗明珠》,西安:陕西人民出版社,2019,第276页。

的领悟与感受。后者是陕北方言与陕北民歌研究专家,在两个领域都有影响深远的学术专著问世。《民歌》的创作作为跨语言传播行为,在文本翻译的理解与表达层面都没有障碍。《民歌》的"主旨是以歌讲歌,即用大量的歌曲来向世界人民推展陕北民歌"。除了歌词配以英汉对照的呈现方式外,全书用英文写作,显然面向母语为英语的读者。全书正文为六章,外加两个附录。主体部分分别为导言、陕北文化概论、不同类别的陕北民歌形成史研究、陕北民歌主题类型研究、陕北民歌特色研究以及结论。用著者的话说,《民歌》"通过介绍陕北民歌产生的历史和文化背景、陕北民歌的起源、陕北民歌与周边民歌的相互吸收融合等内容,探讨陕北民歌的结构及其丰富的内涵,以方便国内外读者,尤其是国外读者对陕北民歌的理解和赏析"。[①]该著述是现有用英语理解与阐释陕北民歌的同类中内容最具体系性、全面性的著述。依作者看来,书后附录部分具有突出的民歌异域传播功能,因为附录主体是 17 首精选陕北民歌,包括简洁的导入、每一首民歌的汉语歌词和曲谱、歌词英汉对照以及英文赏析四部分内容。最后附有其中 14 首民歌的 CD 有声版本。这几乎是面向异域文化传播陕北民歌的标准配置。如果把 CD 版本置换为 DVD 版本,则更能让歌手在异域受众面前声情并茂地展示民歌的魅力,发挥更好的传播效果。与《回响》一样,作者在民歌阐释中,在分享民歌所涉及的中外文化共享母题时,不忘引用西方文学与音乐史上的类似案例,不忘中西之间的互相参照,激发读者共鸣,提升传播效应。

三、 跨文化传播学视野下民歌对外传播的反思

以上通过对三部从不同视角面向异域传播的陕北民歌译介作品的梳理,读者不难看出各自作者在这一方向上的卓越成就。下面我们从跨文化传播的视角探索它们各自针对跨文化对外传播的得失以及可能触发的思考。

著名传播学者拉斯韦尔提出的"5W 模式"理论关注传播主体(Who)、传播对象(Say What)、传播渠道(Which Channel)、传播客体(To Whom)和传播效果(What Effect)五个因素,其中第五个因素往往是传播事件(阶段性)终止后的一个评估维度。以下就三种著述在传播主体、传播内容、传播渠道以及传播对象四

---

① 刘育林、杨孝明:《陕北民歌——中国民间艺术的一颗明珠》,西安:陕西人民出版社,2019,前言。

个层面考察其可能产生的传播效应。

在传播主体上,《300首》《回响》的著述者们都是在个人学术兴趣与学术热情的带动下完成的创作,这在两书的副文本中有突出而强烈的反映。这也同时决定了个人,尤其是缺乏跨文化交际实践机遇的个人,很难有机会向域外文化独立传播自己的作品。王宏印教授有丰富的国外访学经验,因此有相对的跨文化传播优势,但国际学术刊物上暂未见有关该著述的相关述评。王建领先生虽然任职于政府部门,有机会接触外事服务人员或专家进行著述推荐,但限于其作品用汉语写成,缺乏恰当的传播媒介,不易为异域读者接受。《民歌》虽然在三者为"后起之秀",但因为著述"由延安大学中国共产党革命精神与文化资源研究中心资助出版",加之延安大学因其地利之便,在延安革命时期与海外有基于《西行漫记》的国际交流便利,因而后期更可能与外界建立文化交往关系,进而推进《民歌》本身的海外接受。

在传播内容上,《300首》的外宣亮点主要是因为它是"第一部用五线谱记曲的陕北民歌集"。在此之前,笔者观看了2012"陕北民歌欧洲行"等陕北民歌主题的对外交流活动的视频资料。表演中,外国乐队与中国歌手之间的融洽配合并未因为是否依托五线谱记曲而受到影响。同时,《300首》对陕北歌曲收集的全面性及其民间性特点,倒是形成对《陕北民歌大全》等集成性、权威性民歌集的有益补充,在更宏大、更切实的"陕北民歌走出去"的举措中发挥作用。《回响》的主体是英汉双语创作,但面对外语读者的是歌词的英文呈现。基于作者诗人、翻译家、音乐迷多重身份集于一身的情形,《回响》的歌词部分在乐感、艺术性、文学色彩方面在目前现有的陕北民歌翻译成果中绝对是一枝独秀。同时作者出色的翻译提示,赋予该著述民歌翻译教程的品质,在某种程度上适用于海内外的汉学课堂。《民歌》"通过(用外语)介绍陕北民歌产生的历史和文化背景、陕北民歌的起源、陕北民歌与周边民歌的相互吸收融合等内容,探讨陕北民歌的结构及其丰富的内涵,以方便国内外读者,尤其是国外读者对陕北民歌的理解和赏析"。因此从译介学的视角考察,《民歌》在民歌翻译的副文本上着力最勤;这一著述的译介之功在于民歌接受之前或者民歌接受过程中的铺垫作用。

在传播渠道与传播对象上,三部著述都是在国内出版,也未曾有向外输出版权的相关信息,因此可能的传播渠道或如《民歌》一样,接受政府文化工程的资助,作为辅助材料向国内海外留学生赠阅或者以教材配发,或则有机会进入海外孔子学院教材体系,进而扩大影响;至少可以依托陕西高校中的国际汉学教学机构或者招收国际留学生的院校扩大在留学生中的影响。如《民歌》,虽然配以有声资料,但因为国内互联网与国外发展体系的差异,导致试图通过网络传播民歌的音像信息似乎不太理想而只能寻求其他渠道。如果《民歌》类陕北民歌译介材料能进入国内汉学教学课堂,先传播给留学生,那么传播渠道或可通过他们,继续向自己的国家或周围人群口口相传,进而辐射开来拓宽传播渠道。

四、 海外汉学教育对陕北民歌对外传播的受容及其机制

从以上梳理来看,三部旨在推动陕北民歌国际化的著述至少在当下似乎都没能很好地服务于陕北民歌走向世界这一旨趣。如果我们将以上三部著述进行整合利用,将其融入陕西高校对外汉语教学的师资培训与课程建设中,则有望提升它们的文化传播价值。

从以上分析来看,《300首》突出特点在五线谱应用和对现有《陕北民歌大全》完整性的补充。基于此,应适当对于著述篇幅进行瘦身,主要保留原著的附录部分,作为《陕北民歌大全》增补本发行,作为孔子学院"陕北民歌"选修课程的选读文本;五线谱版本词曲主要面向对中国音乐感兴趣的学生。基于《回响》的突出学术价值,可将其用作该课程的教参甚至教材,在学唱、欣赏与翻译陕北民歌中学习汉语文化。基于《民歌》的写作语言与其对陕北民歌的全面性阐释,可以考虑将其用作课后阅读材料。

在具体操作上,陕西高校建设的各所孔子学院在教学材料的使用上,可尝试选择《回响》用作选修课程教材,《民歌》用作课后阅读,《300首》则供进一步研修的学生选读。在师资培训与师资协调方面,可以考虑既熟悉陕北文化、英语水平高、同时会演唱陕北民歌的老师出国教学,以达到现场展示的目的。这样的传播策略是基于以下的考虑:即歌词,尤其是民歌歌词的翻译几乎是不可为的。这种唱词跨文化不可译的困境在中国亚文化的跨文化之间的传播中就可见一斑:作为陕西的特色艺术之一,秦腔不仅在关中、而且在陕北与陕南都受到戏迷的欢迎。但陕北秦腔剧团演唱的秦腔并非"陕北秦腔",而是用关中话演唱与道白;惟其如此,才可以做到表演中唱词与道白的字正腔圆,充分展现秦腔艺术的魅力。一旦以陕北话演唱秦腔,则表演会扭曲为"四不像"。基于这样的考虑,国际汉语教育中,教学中如果暂时没有合适的师资,课堂教学中可以通过播放国内陕北民

歌歌手用方言演唱民歌的影像资料，同时通过英文字幕进行歌词解释。在双语歌词的同步性上，借鉴《回响》中的翻译方法，做到韵脚、节奏、歌词长度的大体对应。对于因为歌词译写带来的（文化）内容损耗，则可以通过课堂学习进行弥补与补偿。在"组合拳"的语境下重新从传播主体、传播内容、传播渠道以及传播对象上考察三种著述的跨文化传播功能，已经是另外一番情形。三种著述在陕北民歌跨文化传播中的功用与价值可通过"5W 模式"予以考察与检验，具体列表如下：

三种陕北民歌跨文化译介著述价值与功用列表

传播 环节 著述	《回响》	《民歌》	《300 首》
传播主体	汉学教育机构	汉学教育机构	汉学教育机构
传播对象	陕北民歌	陕北民歌背景 陕北民歌文化	（五线谱） 陕北特色音乐
传播渠道	（影像媒体辅助） 课堂教学	书籍阅读	书籍阅读
传播客体	国际留学生 孔子学院学生	国际留学生 孔子学院学生	周围人群
传播效果	层次性　系统性	层次性　系统性	独特性

文章写就，文献更新中读到出生于陕北吴旗的英美文学博士王占斌教授2021 出版的《陕北民歌歌词释译》[①]，与《回响》似可归于同一类型，但前者的作者成长于陕北文化环境，写作中对于地方文化的理解有外人无法企及的深度。就陕北民歌译介工程来说，个人认为该著述仍有"重复建设"的嫌疑。我们需要在以上三种陕北民歌译介杰作的基础上，将译介研究推向纵深发展，研究已有的民歌海外传播现象本身，从而探索更有效的海外传播策略。

作者简介：刘建树，西安电子科技大学外国语学院副教授。

---

① 王占斌：《陕北民歌歌词释译》，天津：南开大学出版社，2021。

Translation and Interpretation: On the Overseas Dissemination of the Folk Songs from Shaanbei

Abstract: The international dissemination of the folk songs from Shaanbei is the fruit of concerted efforts through government policies and folk initiative. The dissemination encompasses a range of avenues, such as individual singers' transnational performances, government-sponsored cultural troupes' overseas tours, and corporate-funded artistic groups' international engagements. The theoretical approaches are manifested in the translation and presentation of these folk songs by scholars, tailored for foreign readers and listeners. This paper, from the point of Harold Lasswell's communication model, delves into the scholarly works of Liu Yulin, Wang Hongyin, and Wang Jianling on the translation and introduction of the folk songs from Shaanbei in examining the cross-cultural communication elements and their strengths and weaknesses, aiming at facilitating more effective global outreach for these folk songs.

Keywords: Folk songs from Shaanbei; internationalization; translation; dissemination; Harold Lasswell

隔海叩桐寻旧韵

——漫议海外中华诗词创作的复兴与流变

李 琳 苏 炜

  摘　要：远溯历史，中华诗词的海外传播可追溯到十九世纪中叶后欧洲各国文苑对李白、杜甫、王维等唐宋诗人的译介，作曲家马勒著名的《大地之歌》，就是根据李白王维的诗歌译本谱曲的。而在美国，最有影响力的唐宋诗英译本则是蔡廷干出版于 1932 年的《唐诗英韵》。从播种到收获，中华诗词的海外传播与创作复兴，走过了漫漫长路。本讲题，则分"海色""海味""海景"三部分，着重介绍当代与当下富有影响力的三部正式出版的海外诗词集《诗行天下》《海内外当代诗词选》《天涯诗路》，所呈现的海外中华诗词创作复兴的特点与流变轨迹。

  关键词：海外中华诗词传播与传承；复兴与流变；"海色""海味"与"海景"

  小引：

  我曾在一短文里如此自嘲与解嘲：万没想到，二十余年的耶鲁生涯，竟把我"熬炼"成了一个"古体诗人"，甚至也因之正式出版了自己的古体诗词集《衮雪庐诗稿》。果不其然，2018 年耶鲁春假期间，受"海外诗界"友人力荐，我竟以"古体诗人"的身份，出席了由上海大学与上海音乐学院及上海公共图书馆系统共同主办的"上海诗歌节"，并在其隆盛的各项活动中，见识了不少当今国中新旧诗界的专家和名家。此文以"海色""海味""海景"入题，正是根据当时我在诗歌节研讨会上的发言提纲改写完善的。

作者　2022-07-21 于康州衮雪庐

  "隔海叩桐寻旧韵，过山问曲逐清音。"这是我个人题在自己的诗词习作结集《衮雪庐诗稿》的序文前的两句诗，也是自己作为身在海外的中华诗词写作者的一种执念和寄托,同时,也可以借以描摹当下海外中华诗词复兴与流变的某些基本特征。天涯海角,处处弦歌;隔海叩桐问曲,而可闻清韵清音,这是因为——"西出阳关有故人"啊。

追溯历史,中华诗词的海外传播,可以远溯到 19 世纪中叶以后欧洲学界文苑对李白、杜甫、王维、寒山等唐宋诗人的众多译介。作曲家马勒的《大地之歌》,就是根据李白、王维的译诗创作的。而在美国,最有影响的则是晚清留美学童之一的蔡廷干(1861—1935)晚年出版的《唐诗英韵》(Chinese Poems in English Rhyme)。此书 1932 年由芝加哥大学出版,全书包括 39 首五言诗和 83 首七言唐宋诗歌,共 122 首译诗全部源于古籍《千家诗》。其翻译过程持续近三十年,其中最早的篇章则发表在 1905 年的上海英文刊物《亚东杂志》。此书是中国本土学者向西方系统介绍中国传统诗歌的起步滥觞之作。此书曾于 1969 年和 1971 年由美国格林伍德出版社再版,可见它的影响力之在美国书市数十年不坠。钱钟书先生早年写的《英译千家诗》评述中,曾指出蔡廷干的译诗"遗神存貌"。(资料源自《蔡廷干:英译中国古典诗集的首位中国本土学者》,搜狐网 2019-01-08)

一、"海色":近年海外中华诗词创作的几个基本特点

手头上有三部正式出版的海外诗词集——同是由天端(田锻)主编的《诗行天下——中国当代海外学子诗词集》(中国作家出版社,2010)、《天涯诗路——中国当代海外诗人作品荟萃》(中国出版集团现代出版社,2014)与《海内外当代诗词选》(光明日报出版社,2017)。

粗略地浏览,三本书几个值得注意的特点,就反映了当今海外中华诗词创作流向的几个基本要点:

其一,从 2010 到 2017,不足十年,由国内一流出版社经过严密的遴选与审稿,已出版了三本厚笃笃、印制精美的海外诗歌集,说明海外中华诗词创作的复兴势头,正可谓——蓬勃锐猛,实绩累累。

其二、三本诗歌与诗词精选集,都是新体白话诗与旧体诗词(暂时沿用这个习惯说法)并存共置的,细看选目,不单新体诗、旧体诗词精选并陈在同一个集子里;在同一个作者像框下,竟有相当数量的作者新诗旧诗都写,并行不悖,同展风华。这与国内当今一般诗坛,新体旧体诗人与诗作严格分隔,甚至可谓"老死不

相往来"，形成了鲜明的对比。

其三，当然就是这个"天端是谁？"的"何许人也"之问了！人在天涯，十年不到，竟编出了三本如许质量、如许分量的海外诗歌诗词精品选集。这几乎是"一人敌一国"的节奏呀！细阅简介——典型的"理工女"，1982年浙江大学化工系毕业（著名的新三届——"1977、78、79级学生"也！），1985年留学美国，获物理化学博士学位，在美国政府环境化学实验室工作多年，目前在美国某政府部门担任软件开发工作。读其诗，以新体自由诗为主，也兼写旧体诗词，均以其雄厚的理工科技底子入诗为诗，写来意象宏大奇拔又举重若轻，一若她惊人的"业余组稿、专业编辑"的非凡能量。担任诗集主审的是美国西切斯特大学的数学教授谭琳。谭琳为中国改革开放后最早出国的博士留学生之一，才华横溢，博览群书，学贯中西，对诗词有认真的研究，在创作、评论和教学诸方面都有丰富的经验。再细读三书的文本内容，完全可以说，这如山如海的海外诗词创作实绩，竟大多（半数以上）是职业为工程师、数理科教授、医生、会计师等"理工男女"所为，新诗旧诗均出手不凡，真真让如笔者一样的"文科男"汗颜也！

其四，读每书目次的作者署名，从开初的"一网云烟""五湖不归客""花自飘飘零"等网名马甲，到第三本《海内外当代诗词选》的完全以真名实姓示人，基本上可度量出近十数年来，"海外诗界"从诗网与网诗发源，以不经意的游戏笔墨发轫，逐渐走向文本化、精品化甚至经典化的传承大道的筚路蓝缕的大体历程。

（这里，请允许我用这个"海外诗界"而非"诗坛"的称谓，因为在海外语境中，用"坛"显得很狭小孤立，也别扭突兀）。

其五，三本海外主编的诗集相隔七年，第一本的定位尚为"海外学子诗词集"，第二本扩至"当代海外诗人作品"，到第三本的《海内外当代诗词选》，其定位则已打通"海内外"了。为三本书写序的人选，第一本是当时的浙江作协主席黄亚洲；第二本是北大诗学教授谢冕；第三本，则是当代新、旧体诗的"通人"、德高望重的邵燕祥先生。这里透露了这样几个重要信息：海外诗词的创作在不断拓展自己的视野，提升创作的档次；海外诗人群体，已不把自己视为中国文化文明之流的"局外人"。汉诗无分内外，诗与祖国一体，只要文本优秀，就足以贯通内外、立传传世。细阅第三本《海内外当代诗词选》，从超过万首的入选诗词选出三百五十位诗人的九百六十多首诗词入集，以笔者有限的阅历，此书诗作，品相出挑上乘，确为未来当代诗词可以传诸后世的一个高质量的精选本。

二、"海味"：海外诗词创作的精神文化诉求与
中西文化融合态势

借用"山珍海味"一语，当今国内勃兴的古体诗词创作如果可以视作"山珍"的话，海外中华诗词创作的别具特色，就不妨称之为"海味"了。

——这"海味"，究竟是什么？她，都具有什么样的文化特质？

这里穿插一个另类信息：海外不到十年内编出三本诗词集的汹涌文情态势，其实可以和另一个异峰突起的文情态势相映照、相媲美——近年海外华文作家群体和海外华文创作的佳作频出，群峰奔涌，已和国内作家形成双峰并峙之势。——这绝非"危言耸听"。

不久前《羊城晚报》旗下"金羊网"一篇题为《从排行榜看海外中文写作实力》的长文如此评述："海外中文写作群近些年愈来愈显示其非凡的韧劲和实力，也愈来愈被中国文学界重视。由 2018 年初相继推出的十余种排行榜的 2017 年小说观之，旅居海外的中文写作者的作品质量之佳、密度之高，超越历年，不啻已集结为中文写作的一支生力军。"

文中具体列举了国内几个重要文学排行榜 2017 年的年终优秀作品评选中，海外作家与国内作家入选作品基本上平分秋色，"在 2017 中国小说学会排行榜长篇小说榜 5 部作品中，旅居加拿大的张翎（《劳燕》）和旅居美国的范迁（《锦瑟》）占据其二；旅居加拿大的曾晓文（《金尘》）则名列中篇小说榜。张翎的《劳燕》还荣膺第十四届《当代》长篇小说论坛'年度最佳作品'，旅居美国的严歌苓以《芳华》位居该排行榜五佳之一。张翎的《劳燕》还入选第二届中国长篇小说年度金榜（2017）。在《收获》杂志发布的文学排行榜·专家榜的长篇小说榜上，范迁（《锦瑟》）、严歌苓（《芳华》）、张翎（《劳燕》）三足鼎立。"作者预言："中国文学的这支生力军甚至也可被视为特种部队，他们阵容精壮，士气高昂，学养丰富，实力非凡，潜力无穷，且多具备不同于国内作者的视野和观念，创作上别出心裁别有洞天的空间更广，未来中文写作天空，必将会闪现更多耀眼的星星。"（作者：阙维杭，引自 2018-02-26 网文）

这和目前蓬勃兴起的海外中华诗词创作，形成了一种互相辉映的比照。

主编三本海外诗集的天端曾向笔者言及她的编辑心得：因为广大的诗词人口基数放在那里，国内近年的诗词创作，整体水平上还是要比海外诗词群体要

高,但海外诗词群体的发展势头却很是惊人,不容小觑。

"海味"一:为诗无关世俗功利。这几年坊间有这样一句海内外生活情状对比的流行俗话:"(国内)好脏好乱好快活,(海外)好山好水好寂寞。"在寂寞之地甘守寂寞,这其实是一切优秀文学作品的为文之道。诱惑少而面壁多,这也恰是近年海外华文创作奇峰突起的成功之秘诀。正如为艺术而艺术一样,海外诗人的为诗而诗,是一种超越红尘俗世之利害关系的纯真文化追求和纯粹精神享受。上述三本诗集从集稿到编辑,全都是无报酬的志愿义工所为,正是此论之明证。

《诗行天下》诗集前言中有这么一段话,值得重视:"在商业浪潮席卷一切,新旧体诗都不景气的现代社会,一群远离故土、在文化背景迥异的异国生活的华夏儿女,却能将中华诗词的悠长遗韵楔入平常人生,陶冶于高尚的精神文化的追求,自觉传承和弘扬母语的博大精深,这本身就从一个侧面见证了当代中国留学生的精神风貌和思想情怀。"

"海味"二:"我"即"中国","中国"即"我"。——很吓人的说法,对不对?常言道:距离产生的美感。海天相隔所激发的超常的故国之思与故人之情,这就更容易把"我"与祖国——母国融合在一起,这就是很常见的"出了国更爱国"的现象。所谓"西出阳关有故人",这就是祖国文化就在我们身上,就在我们心中,"我"在哪里,中国和中国文化、中国符号就在哪里。而且,由于异域文化的撞击、融合与升华,这个"中国",更会焕发出别样绚丽的异彩。

《诗行天下》前言的另一句话,也说得很到位:

这本诗集表明,植根于心灵深处的祖国文化无论离开故土多远多久,都不会枯萎。它们像蒲公英一样,会随着诗人行走天涯的脚步顽强地落在世界的各个角落,又会吸收融合异域养分,带着新的成熟,飘回故里。诗歌因海外学子走向天涯海角,由海外学子带往四面八方。离去也好,归来也罢,诗歌——海外学子心中的声音,她在行走,坚定地,一个又一个脚印,沧桑却辽远,艰难但踏实……

三、"海景":"求正容变"
——近年海外诗词创作的实绩举偶窥斑

(一)"求正"

一如当今国中诗网诗坛之"高人"频出,风景殊异;上述三本海外编辑的新旧体诗词合集,也是高手如云,显出很富词章华藻、诗韵风采的质地成色,一派翁郁隆盛、浪叠澎湃的壮阔"海景"。这里只略举一二作例证。

李虚白诗词二首:

庚寅题画之旃檀

旃檀微度意沉酣,莫向深禅说久参。

蕉雨高楼箫尺八,柳风曲岸酒春三。

忏情花落桃根渡,遗世人归钴鉧潭。

孤馆凄迷灯一梦,回头眼底是江南。

沁园春　辛卯新春感赋之二

相对无言,某水某山,吾亦无猜。

况淋漓笔墨,昂藏丘壑;逍遥意趣,踔绝氛埃。

变化盈虚,平章黑白,一念浑涵周九垓。

凭谁说、悟菩提非树,明镜非台。

忘机脱略形骸。倚泉石、解衣磅礴哉。

更环围郁郁,晨岚夕照;仰瞻止止,翠柏青槐。

听雨难期,饯花有约,也道先生归去来。

春如旧,正绿杨池外,隐隐轻雷。

李虚白为1940年出生的,先后定居中国香港、加拿大的诗书画家。上述二诗,可谓一位按辈分属于"长老"级别的海外华裔老诗人的"正声"——几可"乱真古人"之作。

(二)"容变"

既以古体诗人身份出席诗歌节,只好就"献丑"——"以身试法"了。

冲天一立便千年
——赋北加州红杉林

苏　炜

冲天一立便千年,俯仰凌虚苍宇前。

耿耿枝隆凛冽志，锵锵风吼大刚篇。

荫招好鸟鸣幽壑，臂举微云拥岫巅。

幻丽此生亲敬厚，深根落土谢泉缘。

2015-08-26，于康州衮雪庐

中秋明月赋
苏 炜

中秋夜，朗月初升，携小狗遛弯儿。见新月浑薄，万籁俱银，四野风露飒飒。漫步披风踏影，似与古月对话焉。口占起句数语，于周日续完。

澄月辉光，湖林涌霜。旷宇无尘，水银汤汤。

赤胆高悬，晶莹透亮；冰魂雪魄，倾抚大荒。

念我慈亲，思我高堂。执手牵袖，笠屐麻桑。

俯身莽莽，寄义苍苍。福缘低问，逸格高扬。

不输金玉，不厌秕糠。素怀进退，清朗行藏。

当头玉轮，酒壶诗囊。举盏属客，击弦歌筋。

千古此圆，旧华今芒；友亲暖舍，披覆八方。

客中自主，闲里偷忙；云蓬烟艇，驿旅安康。

抒襟洒气，阵马风樯；七泽之壮，笔馨墨芳。

守节存傲，有恕有狂。穿山独行，仞立高冈。

又沐沧浪，又阅炎凉。明洁秋奇，斯土此乡。

借月述怀，丘壑流香；浮影飘梦，吹绡呈刚。

篆鼎古意，绿压红黄；粹天白露，先贤目光。

照人鉴世，荡洗肝肠；风雨新程，步此茫茫。

2016-09-15 中秋夜起句，09-17 晨续完，于康州衮雪庐

*借助当今网络的便利，查询一语而获益数句——上言几"典"，其出处如下：

唐·杜牧《唐太常寺奉礼郎贺歌寺集序》："秋之明洁，不足为其格也；风樯阵马，不足为其勇也；瓦棺篆鼎，不足为其古也。"

宋·胡仔《苕溪渔隐丛话前集·韦苏州》："兼葭莽苍，无三湘七泽之壮；雪蓬

烟艇,无风樯阵马之奇。"

此二拙诗,冒昧自我一评——可谓:既赋"当下",又咏"眼前",都属于以古体诗词形式去表现新境新事,抒发当代人情感而又不失古韵古意之作吧。

最后,用《海内外当代诗词选》前言中的一段话,作为本讲题的收篇:

当今之中国诗人词人,既坚持传统,遵循"正体"——严谨的诗词格律规则,又"求正容变",积极创新,与时俱进,用诗的意境、形象的思维反映新时代、新生活、新事物、新情怀。这不是一本复古的诗集,而是却顾所来径,苍苍横翠微的诗路导航,是兰芷芳华的再现,是大浪淘沙的留金。

如果说,唐诗宋词曾为我们的民族备下了丰富的文学盛宴,那么今天,这些循"古方"而精心烹制的当代诗词作品,就是这代诗人呈上的又一道珍馐佳肴,属于现在,也属于未来。

2018 年 5 月 18 日,于耶鲁澄斋

作者简介:李琳,上海对外经贸大学副教授,中华诗词学会现当代诗词研究工作委员会特聘研究员、顾问。

苏炜,美国耶鲁大学东亚语言文学系教授,旅美作家。

Listening for the Zither's Plucks from Across the Sea, I Search for That Ancient Tune: the Transmission, Inheritance and Renaissance of Chinese Poetry Abroad

Abstract: Tracing its history into the ancient past, Chinese poetry's transmission abroad dates back the mid-nineteenth century. Literary circles in many European nations began then to undertake annotated translations of Song and Tang poets including Li Bai, Du Fu, and Wang Wei. Austrian composer Gustav Mahler's renowned opus *Das Lied von der Erde* was written to the translated lyrics of Wang Wei and Li Bai; in America, Ts'ai T'ingkan published his authoritative 1932 translation of classical poetry, *Chinese Poems in English Rhyme*. From the early propagation to its modern reception, reflecting successful transmission abroad and a renaissance in poetic creativity, Chinese poetry has traversed long and winding path. In this lecture, I identify three important concepts, namely "oceanic forms" "oceanic flavors" and "oceanic scenes". My analysis focuses on three published collections of overseas Chinese poetry—*Shixing Tianxia*, *Haineiwai Shiciji*, and *Tianya Shilu*—and their depiction of evolution and specialities of the overseas Chinese poetic renaissance.

Keywords: Overseas Chinese poetry; Transmission and inheritance; Renaissance and evolution; Oceanic form; Oceanic flavor; Oceanic taste

全球传播中的中国形象与媒介空间

主持人语

王　琼

　　中国形象研究中自我与他者的关系是比较文学形象学领域一直关注的焦点。中国形象"他塑"过程中的西方文化霸权主义因素值得反思;而如何增强中国形象主体性的自塑功能,是近年来"中国式现代化"理念指引下中国形象研究领域的学术增长点;随着全球化进程与中国文化"走出去"战略的推进,中国形象国际传播的内容与媒介方式也成为各个学术领域关注的热点前沿话题。"全球传播中的中国形象与媒介空间"栏目的四篇论文或聚焦于中国形象的他塑与自塑,或聚焦于中国形象的跨文化传播,均从不同角度展示了中国形象塑造的话语机制和文化传播策略,形成了一个中国形象建构传播的跨文化场域,启人深思。

　　王琼的《论笛福笔下的中国形象书写》立足于后殖民主义视野,侧重于分析笛福笔下中国形象塑造的东方主义倾向,力图揭示笛福笔下的中国形象由褒到贬的认知体系动态建构过程及作者的内在主观诉求。笛福笔下的褒贬两类中国形象,看似矛盾,实则都是西方得以确认勾勒"自我"自足体系的异域想象,是18世纪初英国现代意识形态的集体阐释,体现了英国早期资产阶级价值观。两类中国形象表达了笛福对英国的宗教、政治、经济、外交、科学文化等诸多社会问题的看法,都统一于18世纪初英国的社会现实。笛福笔下的中国形象随着他的作品广为传播,也使其成为18世纪西方对待中华文明态度转变的起点。

　　娄晓凯的《观念重构与文体变革——留学生与中国文学理论批评的现代转型》在文学现代性视野中进行中外文化的双向透视与观照。文章聚焦于20世纪初赴欧美或日本留学的留学生群体的民族本土文化主体性创造,分析他们对国外各种文艺思潮和文学作品的借鉴和译介,以及对中国古典诗学批评的文学观念和审美精神的传承与重构。以鲁迅、胡适、郭沫若、周作人等人为代表的现代作家们的文学与批评实践实现了中国文学和中国古典文学理论批评观念与模式的现代转型。

褚晓琪、杨蓉蓉的《基于文本挖掘的跨文化影视改编研究——以电影〈花木兰〉为例》在当代跨文化传播视野中，以美国迪士尼公司 2020 年 9 月在中国大陆上映的电影《花木兰》改编为个案，对电影《花木兰》在豆瓣网中的评论进行数据及词频分析。并结合影评的语义网络分析和情感分析，从中国文化符号的表达、中美花木兰女性书写的比较以及中美文化价值观的差异这三个维度分析花木兰形象的跨文化传播与误读，进而阐述电影改编后产生文化折扣的西方文化霸权主义因素。

刘若溪的论文《海外社交媒体助力中华文化出海：基于 Instagram 汉服文化博主分析》从传统服饰文化海外传播角度切入，以海外社交平台 Instagram 中的汉服文化博主为中国形象传播主体，通过分析其发帖的内容与形式，总结出国际社交媒体平台赋能中国传统文化跨文化传播的优势。从传播渠道、传播内容、跨文化交流等角度分析国际社交媒体平台建构全面立体的中国形象的特点。并指出适宜、优质的文化内容与先进的媒介相结合，可使中国多彩纷呈的物质与非物质文化遗产走向世界舞台，从而使中国形象由"他塑"转为"自塑"。

作者简介：王琼，同济大学国际文化交流学院讲师。

论笛福笔下的中国形象书写[①]

王 琼

摘 要: 笛福笔下的中国形象书写,真实和幻象并存,理想化与妖魔化共生,向往与贬抑同在,在不断建构的"自我"(西方)与持续陌生化的"他者"(中国)的镜像中,我们力图揭示笛福笔下的中国形象由褒到贬的认知体系动态建构过程及作者的内在主观诉求。笛福笔下的褒贬两类中国形象,是西方得以确认勾勒"自我"自足体系的异域想象,是 18 世纪初英国现代意识形态的集体阐释,体现了英国早期资产阶级价值观。两类中国形象表达了笛福对英国的宗教、政治、经济、外交、科学文化等诸多社会问题的看法,都统一于 18 世纪初英国的社会现实。笛福笔下的中国形象随着他的作品广为传播,也使其成为 18 世纪西方对待中华文明态度转变的起点。

关键词: 笛福;中国形象;认知体系;自我;他者

文学想象承载一个国家的文化记忆,通过想象建构起来的异域形象并不是异域的"真实情形",而是一种对迥异于"自我"的"他者"的主观描述和民族幻象。"在中国相对来说还难以接近的时候,它仍然是一个被梦想被觊觎的国度"。[②]"英国对中国的仰慕在 17 世纪达到了顶点。"[③]彼时西方作家笔下中国形象以理想化为主。

---

① 本文为上海市哲社规划课题"跨文化视域下的中国当代文学中的西方形象嬗变研究"(课题批准号 2019BWY014)、2021 年同济大学国家语言文字推广基地"双强项目""中国当代文学中的西方形象研究"(课题批准号 TJSQ22YB29)阶段性成果。

② 米利耶·德利特:《19 世纪西方文学中的中国形象》,见孟华主编:《比较文学形象学》,北京:北京大学出版社,2001,第 254 页。

③ Qian Zhongshu, *The Vision of China in The English Literature of Seventeenth Eighteenth Centuries*, Edited by Adrian Hsia, The Chinese University Press of Hong Kong, 1998, p.61.

一、 灿烂闪耀的异域乌托邦中国

"东方几乎是被欧洲人凭空创造出来的地方,自古以来就代表着罗曼史、异国情调、美丽的风景、难忘的回忆、非凡的经历……科学家、传教士、学者、商人或士兵之所以去了东方或思考东方,是因为他们想去就可以去,想思考就可以思考,几乎不会遇到来自东方的任何阻力。"①自 16 世纪开始,有关中国的描述慢慢在欧洲传播开来。这些描述来源有三:一是由耶稣会传教士提供,二是由到过中国沿海的海上航行者提供,三是由欧洲各国使团的成员、商人提供。从这些材料中涌现出一个高度理想化了乌托邦的中国。对于欧洲人来说,中国不仅意味着发现土地和获取财富的机会,开明君主政治和孔子的儒家思想还代表着一种以理性和道德为基础的、独特而优越的政治制度和伦理文化。它为欧洲提供了一种改造社会的动力和一个创新与超越的楷模。辉煌灿烂的东方神话幻想充实了英国乃至整个欧洲民众的想象,一度成为他们渡过苦难的福音。异域中国在西方民众眼里的最初形象就是如此灿烂而闪耀,异质而奇特。

丹尼尔·笛福(1660—1731)生活在 17 世纪末 18 世纪初的英国,笛福的创作"虽写实,却不是记他目睹的事迹,因他并没有到过东方"②。有论者直接指出:"事实上他主要依靠两份资料来源:彼得大帝驻北京的使团的一份报告和贡特的卓越的回忆录《回忆与观察》。"③1697 年英国航海家威廉·丹皮尔(William Dampier, 1651—1715)是英国实地考察过中国并出版相关游记的第一人,他的《新环球航海记》(*New Voyage Round the World*)在英国引发了较大的关注。丹皮尔对于中国的评价较为正面,他认为中国人有制造的"天分"(ingenious),干活勤劳,但有赌博的习惯。④也有论者指出,笛福受到了本书的影响。⑤

笛福在他 1705 年出版的《凝结录:月球记事》中首次对中国进行描述。《凝

---

① 萨义德:《东方学》,王宇根译,北京:生活·读书·新知三联书店,2007,第 10 页。

② 方重:《十八世纪的英国文学与中国》,见乐黛云主编:《比较文学研究》,武汉:湖北教育出版社,2008,第 119 页。

③ 约翰·契奈莱:《鲁宾逊·克罗索和中国》,李君维译,《读书》,1981 年第 6 期。

④ William Dampier, *A New Voyage Round the World* Vol.1, London, Printed for J. Knapton, 1699, pp.405—418.

⑤ Philip Edwards, *The Story of the Voyage*: *Sea-Narratives in Eighteenth-century England*, Cambridge, Cambridge University Press, 1994, p.17.

结录:月球记事》中的中国"历史悠久,智慧无限,礼仪文明,中国人个个足智多谋",更为重要的是,"中国人在许多方面学问广博,而且都是我们西方人从来没有听说过的知识。他们拥有许多发明创造,深得我们敬佩和羡慕,但他们自己却很不以为然,觉得都是再普通不过"。除此以外,中国"由那些最有品德和才华的人负责管理国家",通过选举产生一个由贵族、平民组成的议会,选举产生国王。而英国国王世袭制度十分荒唐,形成这种制度的原因在于英国的思想家,"都是傻瓜"。①正如已有研究者所述,这个故事"通过将中国在政治、文化和科技方面取得的成就想象为一个尽善尽美的乌托邦,同时,通过加入科学幻想成分,将中国智慧归因为一个只能属于幻想领域的月球文明,笛福将讽刺与批判的矛头反身指向了英国的社会现实"。②在当时的英国社会,理想化中国社会和孔夫子"政治伦理学"成为政治人物在报纸、政论小册子和小说中编制"中国故事"讽刺对手的依据。③笛福通过文学想象,构建出一个乌托邦中国,以此来对英国现实社会进行重新观察和批判。值得注意的是,在《凝结录:月球记事》里,笛福对中国的态度已经显示出褒贬两重倾向。月球存在的问题与英国社会的问题具有同构性。而且中国和英国都不可能从其他高级文明社会获得更多的智慧来处理已存的社会矛盾。

在西方重商主义大背景之下,笛福的创作始终贯穿着近代的商业气质和进取精神,在作品里用商业的眼光对中国进行审视。在 1720 年完成的《海盗船长》(又译《辛格顿船长》)里,笛福塑造了两个精明的海盗商人形象——辛格顿船长和他的好朋友威廉。这二人亦盗亦商,代表着典型的近代英国资本主义冒险家和商人,承载着英国人的发财梦想和民族强大的希望。他们在旅途中俘获了几个中国商人,笛福绘声绘色地叙述主人公和中国商人在台湾岛和南海海域贸易的愉快经历,"他们(中国商人)怎样彬彬有礼地招待他,怎么想尽一切办法来对他开诚布公;不仅他带去的香料和其他货物,他们以足秤的金子照价支付,而且凡是他们所知道我们愿意交换的货物,也装到船上来了;后来他们索性把大船开

① Daniel Defoe, *The Consolidator*: or, *Memoirs of Sundry Transactions from the World in the Moon*, London, Printed and are to be sold by Benj. Bragg, 1705. Prt., *Satire*, *Fantasy and Writings on the Supernatural by Daniel Defoe*, General Editors: W. R. Owens and P.N. Furbank, Vol. 3, Ed. Geoffrey Sill, London, Pickerling & Chatto, 2003, pp.30—34.
② 王丽亚:《论笛福笔下中国形象的两极性》,《江西社会科学》,2012 年第 11 期。
③ 蔡乾:《思想史语境中的 17、18 世纪英国汉学研究》,福建师范大学博士论文,2017 年 6 月。

出港口来,停泊在我们的地方,这样,只要我们认为合适,没有什么生意不可以谈"。①在贸易过程中,威廉等人还买了一些中国的上等丝绸和茶叶,这些中国的特产是西方人比较喜欢的奢侈商品。"我们办完了物品交易之后,就放还了人质,并且给这三个商人大约十二担豆蔻和同样数量的丁香,还有一件欧洲麻布和呢绒的优美礼物,送给他们私人,作为劫掠他们东西的补偿,所以我们送别时,他们异乎寻常地满意。"②虽然笛福的叙述笔调有着西方商人慷慨大度的优越感及白人高人一等的傲慢,如小说中中国商人和英国商人相比具有先天的缺陷,自己吃了暗亏,得点好处就感恩不已,中国商人和英国商人的交易并不平等。但总体来讲,笛福笔下的中国商人和英国商人一样精明强干、诚实守信。

李约瑟(Joseph Needham)曾这样评价说:"作为一个彻底的他者,中国文明具有头等的美;只有这种彻底的他者才能引起彻骨之爱和最深切的学习的欲望。"③16、17世纪的中国处在儒家思想指导下的地大物博、统治有序、贸易兴旺的繁荣时期,这与正处于"三十年战争"腥风血雨中的欧洲形成鲜明对比,中国强有力的中央集权制度呈现出巨大优势,在笛福早期的知识建构体系中成为灿烂闪耀的异域"他者"。文学作品通过描述一个并不存在的异域实现想象力的乌托邦功能,使得想象力能够暂时离开现实,"从外部"打量社会、权力、家庭、宗教等问题。④所以说,"西方人把视线转向东方的目的是想通过中国这个'异'来克服他们自身的异化"。⑤

二、 妖魔化的中国与"贬抑链"的形成

在《鲁滨逊漂流记续集》⑥中,笛福对中国的态度由赞赏断然转向了公开的

---

① 笛福:《海盗船长》,张竹培等译,南宁:广西人民出版社,1980,第244—245页。
② 笛福:《海盗船长》,张竹培等译,南宁:广西人民出版社,1980,第245页。
③ J. Needham, *The Grand Titration*: *Science and Society in East and West*, London, George Allen & Unwin, 1969.
④ Ricoeur, Paul, *Lectures on Ideology and Utopian*. New York, Columbian University Press, 1986, pp.16—17.
⑤ 顾彬:《关于"异"的研究》,曹卫东编译,北京:北京大学出版社,1997,第47页。
⑥ 《鲁滨逊历险记》三部曲为:I. *The Life and Strange Surprising Adventures of Robinson Crusoe*（1719）, ed. W. R. Owens, 2008; II. *The Farther Adventures of Robinson Crusoe*（1719）, ed. W. R. Owens, 2008; III. *Serious Reflections during the Life and Surprising Adventures of Robinson Crusoe*（1720）, ed. G. A. Starr, London, Pickerling & Chatto, 2008. 中文译文主要依据以下译本:《鲁滨孙历险记》,黄杲炘译,上海:上海译文出版社,1997。(这一译本包含了鲁滨逊三部曲的第一部和第二部)

敌意和鄙视。钱钟书先生认为18世纪以后英国文学史上关于中国的负面评价的确是从笛福开始。①在范存忠先生看来,18世纪英国文学史上对中国怀有最大敌意的作家莫过于笛福。②该书对中国的描写"几乎完全推翻了前几个世纪英国文学里对中国较好的看法"③。时至今日,笛福依然是"中国的严厉批评者"④。笛福打破了东方人间天堂的唯美神话,对西方传统中国形象进行了颠覆和反转。

《鲁滨逊漂流记续集》出版于1719年8月。笛福在小说中借鲁滨逊之口对中国进行了主观片面的矮化、丑化,甚至是有意扭曲极度反转的妖魔化描写。在他的眼里,中国人口众多但农业凋敝、经济落后、生活悲惨。中国人是狡诈可恶、丑陋堕落、自高自大、不可救药的族群:帝王暴政、官员受贿、商人贪财、民众愚昧、信仰缺失。

来到南京以后,鲁滨逊说:"这真是个很值得一看的城市,据说城里有一百万居民;这个城市造得很正规,所有的街道都是笔直的,而且一条条街道都十字交叉,使城市的轮廓显得很是美观",但是,"当我把这些地方的困苦百姓同我国的一比,看看他们的房屋、生活方式、衙门、宗教、财富和有些人所说的荣华,我得承认,我觉得未必值得在这儿花时间一提。非常值得注意的是,对这里的壮丽和富足、浮华和礼仪、政体和衙门、生产和贸易以及这些百姓的行为举止,我们感到惊奇;倒不是其本身值得人家惊奇,或者值得人家给以丝毫的重视,而是因为既对那些地方的鄙俗残暴,对普遍存在于那里的粗野和无知有了真切的印象,所以没想到会看见反差这么强烈的事物。"⑤接着,笛福借鲁滨逊之口把中国的建筑、商业活动、城市、港口、军事、政府、航海、贸易、农业、现代科技知识等一一和西方国家对比,并逐一加以嘲讽和贬低。

到了北京,鲁滨逊也没有好印象。鲁滨逊看到了中国人用瓷造的房子,他认为:"这是中国的一件奇事,所以不妨承认他们在这方面胜人一筹,但我完全肯定他们的说法是言过其实的;因为他们对我说过一些他们制作陶器的情况,那是令人难以置信的,我也懒得再说了,反正一听就知道那不可能是真的。"⑥当他们来到长城脚下时,鲁滨逊承认"这是阻遏鞑靼人的一种防御建筑,是一项十分伟大

---

① 钱钟书:《钱钟书英文文集》,北京:外语教学与研究出版社,2005,第150页。
② 范存忠:《中国文化在启蒙时期的英国》,上海:上海外语教育出版社,1991,第45页。
③ 张隆溪:《非我的神话》,转引自史景迁:《文化类同与文化利用》,北京:北京大学出版社,1997,第209页。
④ 姜智琴:《文学想象与文化利用》,北京:中国社会科学出版社,2005,第189页。
⑤ 笛福:《鲁滨逊历险记》,黄杲炘译,上海:上海文艺出版社,1997,第387页。
⑥ 笛福:《鲁滨逊历险记》,黄杲炘译,上海:上海文艺出版社,1997,第396页。

的工程",但鲁滨逊立刻以讥讽的口吻说:"你认为这能挡住我们配备了足够炮兵的军队吗?"他认为长城只能在很有限的范围里面阻挡鞑靼人,不过是一座大而无当的建筑,要是碰到配备了足够炮兵的英国军队,两个连的坑道士兵就能在十天里弄垮这座城墙。①

《鲁滨逊漂流记续集》充满了对中国的主观的否定和诋毁。"人们如果要重新抓到资产阶级在它年轻的、革命的、上升时期的旺盛而又自信的精神,那么最好的引导无过于笛福与《鲁滨逊漂流记》了。"②晚清翻译家林纾在翻译到《鲁滨逊漂流记续集》的这些描写时愤怒不已:"此书在一千七百六十五年时(按:此处年代有误,应为1719年)所言中国情事,历历如绘。余译至此,愤极,欲碎裂其书,掷去笔砚矣。乃又固(按:合译者曾宗巩字又固)告余曰:'先生勿怒,正不妨一一译之,令我同胞所丑耻,努力于自强,以雪此耻。'余闻言,气始少静,复续竟其书。"③林纾译书之怒从侧面反映了笛福在《鲁滨逊漂流记续集》中对中国的妖魔化描述带给国人的震撼。

笛福在1720年出版的《感想录》④中更是全面地比较了清朝和英国(欧洲)在科技、宗教、政治、工艺方面的劣势。在《鲁滨逊漂流记续集》中笛福就开始批评中国的宗教信仰⑤,《感想录》特别借鲁滨逊之口表示对孔子和儒家文化的轻蔑,并批判了中国的怪物崇拜。他评价说:"然而,如果我们说到中国人,被人们誉为天赋伟大的中国人,我们很容易发现他们深陷于偶像崇拜的污泥中无法自拔。他们顶礼膜拜的偶像狰狞可怕,形态怪诞,面无耳目,既不能行走、站立、飞翔,也不能视听、言说。这些丑陋狰狞的偶像的惟一作用,就是将一大堆乌七八糟,可怕而又可恶的观念装到偶像崇拜者愚蠢的脑子里。"笛福从欧洲基督教文明的角度来审视中国文化,他认为中国人之所以骄傲自大、愚昧落后,是因为中

---

① 笛福:《鲁滨逊历险记》,黄杲炘译,上海:上海文艺出版社,1997,第396—397页。

② 忻剑飞:《世界的中国观》,上海:学林出版社,1991,第166页。

③ 陈受颐:《鲁滨孙的中国文化观》,《岭南学报》,1930年第1卷第3期。

④ Daniel Defoe, *Serious Reflections during the Life and Surprising Adventures of Robinson Crusoe*, London, W. Taylor, 1720. 散文集,收录笛福长度不同、主题各异的随笔和杂记。

⑤ 对中国人的宗教信仰,鲁滨逊认为:"那里(暗指中国)的百姓被上天抛弃,他们怀着强烈的错觉,崇拜魔鬼,匍伏在木头和石头的雕像之前,或者崇拜怪物、风土水火、形象可怖的动物或怪兽的图像或雕像。我们经过的每一座大小城市,都有各自的宝塔、偶像、寺庙,而无知的人们甚至在崇拜他们亲自制造出来的东西。"(笛福:《鲁滨逊历险记》,黄杲炘译,上海:上海文艺出版社,1997,第403页。)他觉得中国的宗教是纯粹的、无聊的、野蛮的迷信。认为基督教是真正拯救人类的宗教,基督教教士比"中国的魔鬼"智高一筹,中国人应该改信基督教。

国人是游离于基督教世界之外的异教徒,孔子学说和偶像崇拜使得这个国家的人民难以教化。他的结论是"中国是许多野蛮国家中一个还算开化的国家,但却是许多开化国家中最愚昧的国家"。①笛福还借鲁滨逊之口表达对中国政府的不满:"他们的政府实际上充满专制,因为这是最简单的一种统治形式。这种形式对于他们合适,但对我们却会带来极大混乱。"②有论者指出,笛福在《感想录》里诋毁中国是为了表述自己对英国的信心。③

在 1724 年的《新路程环游世界记》一书里,笛福也描写到英国商人在中国沿海贸易的情节,仍然沿袭着对中国的不友好叙述。小说所描述的中国人都古怪丑陋、愚蠢可恶、易上当且无主见。对中国的贬损和对英国的夸赞在笛福 1724 年的著作《大英全岛游记》④中还有进一步的发挥。笛福的一系列贬抑中国的作品形成了笛福笔下妖魔化中国的认知"贬抑链"。

三、 笛福笔下中国形象的认知体系建构

笛福置身于一个政治、经济、文化正发生巨变的历史场域中,有着复杂的人生经历。中国当时正处于"康乾盛世"的清朝,国力相对还是比较强大富足的,笛福对中国的贬抑原因应该放到笛福本人乃至整个西方世界对中国形象建构的宗教、政治、经济、文化等认知体系中去探求。

---

① Daniel Defoe, *Serious Reflections During the Life and Adventures of Robinson Crusoe*, London, W. Taylor, 1720, pp.134—135.

② Daniel Defoe, *Serious Reflections During the Life and Adventures of Robinson Crusoe*, London, W. Taylor, 1720, p.138.

③ Starr, G. A., *Introduction to The Novels of Daniel Defoe*, London, Pickerling & Chatto, 2008, p.4.

④ 威廉国王的统治时期正值清代瓷器风靡全球市场,达到所谓的欧洲"中国热"的顶点,并在此后几十年内始终统治着贵族们的品位。笛福对这一品位极为不满,他责怪威廉国王和玛丽王后倡导四种奢侈的嗜好,继而为国民效仿,成为举国的"异教偶像"。这四种嗜好分别是:园艺、绘画、东印度棉布和中国瓷器。笛福不无忧虑地说,皇家的品位业已普及为"平民百姓的品位,以至于伤害了我们的贸易,毁坏了我国自己的制造业和穷人的利益;因此议会曾几度被迫制定两条法案遏制这种趋势,从而最终禁止使用这些产品"。谈及进口瓷器,笛福写道:"用瓷器做室内装饰,我认为是王后首开先河,在国内渐成风气,继而发展到一种奇怪的地步:每一个橱柜、壁柜、和壁炉烟囱上面都摆满了瓷器,一直顶到天花板。在缺乏这类空间的地方,甚至专门设置摆放瓷器的架子。最终成为沉重的经济负担,乃至危及到家庭和产业。"Daniel Defoe, *A Tour through the Whole Island of Great Britain* (*1724—1726*), London, J. M. Dent & Sons Ltd., 1962, Vol.1, pp.165—166.

　　在 17 世纪末 18 世纪初"礼仪之争"①期间,耶稣会士的中国著作无论从数量和质量上来说都稳稳超越其他来源。这些著作中的乌托邦中国描述和耶稣会士的相关观点自然会影响到当时热切需要了解中国的英国知识界。但笛福是一个清教徒。清教作为基督教的一个分支,强调信徒和上帝直接交流。耶稣会士隶属于天主教体系,是清教徒的抨击对象②。清教认为从事商业活动是上帝赋予选民的神圣使命,这就适应了新兴资产阶级发展工商业的需求。钱钟书在分析笛福的厌华情结时指出:"笛福作为一个不信奉英国国教者,肯定不愿意相信天主教教士对中国的赞美,故反其道而行之。"③更有论者进一步指出:"自然神论者通过美化中国儒学来贬损基督教和《圣经》,作为清教徒的笛福显然不能容忍。可以说,他在作品中对于中国的丑化其实就是对英国自然神论者的驳斥。"④再加上当时的清王朝开始逐步限制甚至禁止西方传教士在华传教,笛福作为清教徒中的一员自然厌恶中国的信仰。

　　笛福在 1702 年发表了长篇讽刺文章——《消灭不同教派的捷径》⑤,来讽刺和控诉英国托利党人对非国教教徒的迫害,结果被逮捕并被判处枷刑示众和半年监禁,笛福对此介怀于心,1705 年的《凝结录:月球记事》正是在这种心态下发表的。笛福晚年曾愤怒地斥责当时迫害清教徒的托利党人坚持的王权神授原则:"我曾听说这个原则公开宣扬,如果国王要我的头颅,派使者来取,我就应该屈服,乖乖站在那里等他割去。"⑥笛福在《感想录》中以同样的方式和情绪对中

---

① 各国为夺取东方贸易权和传教权展开竞争,代表不同国家和修会势力的传教士开始不断被派遣往中国。在这些分属不同国家和修会的传教士发往欧洲的著作中,葡萄牙人和西班牙人的保教权的斗争,欧洲各国在东方的摩擦,王权和教权的争执,以及耶稣会内部及各修会之间因为传教政策的不同引起的分歧都不同程度地影响着他们对中国社会和宗教的描述和判断,他们也因这些分歧出现了矛盾和争执。"礼仪之争"(也称"中国礼仪问题")(the Chinese Rites Controversy)可以看作这些矛盾的集中展现。参见张国刚:《从中西初识到礼仪之争——明清传教士与中西文化交流》,北京:人民出版社,2003,第 207—254 页。

② 笛福还在其《魔鬼的政治史》(*The Political History of the Devil*, 1726)中把那些颂扬中国的耶稣会士都看成了魔鬼的团伙,并详细论及耶稣会士如何千方百计企图控制中国与日本,因而面临被赶出中国的危险(已被日本赶出去)。史景迁:《文化类同与文化利用》,廖世奇、彭小樵译,北京:北京大学出版社 1997,第 68 页。

③ Qian Zhongshu, "China in the English Literature of the Eighteenth Century", *Quarterly Bulletin of Chinese Bibliography* (Feb., 1941), p. 352.

④ 陈兵:《清教徒笛福笔下的中国》,《中国文学研究》,2018 年第 1 期。

⑤ 史料显示,1702 年,笛福发表了长达 29 页的小册子《消灭不同教派的捷径》,反对国家对不同教派的压迫。辛辣的反讽笔调一度使得笛福的政敌以为他支持国教,但是当有人指出笛福的真正用意后,笛福被判入狱 6 个月。参见 Parker, George, "The Allegory of Robinson Crusoe", *History*, 1925 (10), pp.93—95.

⑥ Bastian, F., *Defoe's Early Life*, London, the Macmillam Press Ltd., 1981, p.108.

国政治专制进行抨击:"中国的政治体制是绝对的暴政……如果你命令他们去上吊,他们只会哭一会儿,然后就乖乖地屈服了。"①笛福对当时中国政治的攻击也是其对英国国内政治及宗教压迫的想象性反抗,表达了其潜藏在意识深处的清教徒被迫害的恐惧和不安全感。笛福研究者斯达认为,笛福对中国政治制度和文化传统的嘲讽更多的用意在于反对国内那些打着"尊从古制,维护稳定"的幌子叫嚣绝对君主专制制度合理性的詹姆士党和保守派贵族。②革命缔造的立宪政体逐步将王权让渡给议会,使得笛福所属的商人阶层可以通过议会立法保护自己的利益。所以笛福拥护威廉执政,质疑当时盛行的可能会让迷恋旧制的詹姆士党人有机可乘的"中国热",以防英国回到斯图亚特王朝时代。《凝结录:月球记事》的真实意图就在于告诫英国人不要被虚幻的中华文明迷惑,通过否定对中国帝制的褒扬来防止英国专制王朝复辟的历史重演。

18世纪初资本主义生产方式及科技的推动,再加上启蒙运动、新航路开辟,使得西方社会飞速发展。英国完成了资产阶级革命之后,以商人为代表的新兴资产阶级开始崭露头角。笛福本人是对外贸易的鼓吹者,他认为贸易是社会进化、国家富强的根本原因,宣称"贸易就是一切",强调英国应以海外贸易为中心,带动工业、航海业和农业共同发展。③大卫·波特从18世纪中英贸易的角度研究认为:在"中国风"影响下,英国人的茶叶、丝绸、瓷器等中国商品消费量激增,与此相反的是中国人对英国商品的兴趣索然。进口商品贸易飙升直接导致英国金银大量外流,加上清政府重农抑商的闭关锁国政策,违反了西方重商主义时代金银至上的原则和笛福等新兴资产阶级推崇的自由贸易法则,这是18世纪西方人对中国态度转变的根本原因。④当时来自亚洲国家的纺织品大量涌入英国市场,使得英国国内劳动力市场下滑,形成一股抵制来自亚洲国家纺织品的呼声。笛福显然对此亦有所察觉,并在作品中进行了描述。⑤从1719年至1721年,作

---

① Daniel Defoe, *Serious Reflections During the Life and Surprising Adventures of Robinson Crusoe: with His Vision of the Angelic World*, Volume 3, London, J. M. Dent and Company, 1899, p.121.

② G. A. Starr, "Defoe and China", *Eighteenth-Century Studies*, Vol. 43, No. 4 (Summer, 2010), pp.435—454.

③ 杨耀民:《序言》,《笛福文选》,徐式谷译,北京:商务印书馆,2009,第8页。

④ Porter, D., "A Peculiar but Uninteresting Nation: China and the Discourse of Commerce in Eighteenth-Century England", *Eighteenth-Century Studies*, Vol.33, No. 2, *Colonial Encounters*. (Winter, 2000), pp.181—199.

⑤ Robin W. Winks and James R. Rush, *Asia in Western Fiction*, Manchester, Manchester University Press, 1990, p.24.

为商人出身的笛福曾多次在报纸上撰文要求政府禁止从亚洲进口棉布。同时认为英国进口中国的茶叶与瓷器并无必要,只会白白浪费许多白银,而进口中国的丝绸、棉花更是危险,因为这会危及英国赖以发展繁荣的羊毛产业。①由此可见,笛福在小说中对中国贸易的贬抑态度也就在情理之中了,目的是通过对他国形象的丑化来降低人们对中国等东方国家商品的消费欲望与需求,凸显本国商品的优越性,保护本国经济。

笛福否定和诋毁中国也是对当时英国国内读者殖民扩张意识的迎合,充分满足了英国民众的阅读期待和好奇心理。"也许是由于个人信念的改变,笛福深信他的这种转变能取悦英国中产阶级读者。"②笛福曾向国王威廉三世呈上了详细的战争计划,希望国王攻击西班牙殖民地,夺取海上霸权,然后进军北美。③已有研究者指出,对英帝国海外扩张以及海外贸易的渴望才是笛福的"爱国",而这也正是威廉三世当时的心意。为了表示英国当时有实力与西班牙展开海上霸权争夺战,笛福的中国必须是一个遥远的异国,应该是各方面都不如英国的劣等他者,需要推翻人们记忆中从《马可波罗游记》到《曼德维尔游记》,以及 17 世纪后期孔德的《回忆录》中关于中国的文明古国、礼仪之邦的美好叙事,为笛福积极推崇的海外殖民扩张计划寻求合理化依据。④

在英国人"开眼望世界"之时,中国一方面因其文明和财富吸引着英国人不倦地追求;另一方面又因为基督教的普世思想,特别是耶稣会士希望将中国的宗教和文化纳入基督教体系的做法,带给了英国人两种文化具有巨大的亲缘性和相似性的印象。⑤正是在这样的思想大背景下,笛福早期笔下的中国形象褒多于贬。同时,笛福通过获取商人们及使团或口述或笔录的报告来构建中国形象,"这些商人们越来越恼恨满族皇帝为他们的商业野心设置障碍"⑥,"商人水手……他们偏听偏信、恶言恶语,但经常也实话实说"。⑦1702 年,还发生了英国

① G. A. Starr, "Defoe and China", *Eighteenth-Century Studies*, Vol.43, No.4 (Summer, 2010), p.435.
② Jonathan D. Spence, *The Chan's Great Continent: China in Western Minds*, New York, W. W. Norton and Company, 1998, p.66.
③ Dottin, Paul, *The Life and Strange and Surprising Adventures of Daniel De Foe*. Translated from the French by Louise Ragan, New York, Octagon Books, 1971, p.84.
④ 王丽亚:《论笛福笔下中国形象的两极性》,《江西社会科学》,2012 年第 11 期。
⑤ 蔡乾:《思想史语境中的 17、18 世纪英国汉学研究》,福建师范大学博士论文,2017 年 6 月。
⑥ 米利耶·德利特:《19 世纪西方文学中的中国形象》,参见孟华主编:《比较文学形象学》,北京:北京大学出版社,2001,第 255 页。
⑦ 周宁:《永远的乌托邦》,石家庄:河北教育出版社,2000,第 22、148、146—147 页。

商人被清政府驱逐出境的事情。①因此,英国商人对中国的述说必然出现恶意的扭曲。信奉商业至上的笛福受之影响,在其后期的小说中有贬抑中国的叙述也就具有民族主义的合理性了。

总之,笛福笔下中国形象的贬抑链体现的是英国早期资产阶级的价值观,渗透着当时代表着西方文明进步方向的英国资产阶级的傲慢与偏见,流露出西方对沉浸在落日余晖中的"天朝上国"的睥睨和轻视。其核心是反对对英国非国教教徒的迫害,反对封建君主专制,维护新兴资产阶级的利益,为英国的经济发展与殖民主义活动寻求道义支持。

四、"他者"镜像中西方"自我"身份的确立

"历史上的中国形象一直处于西方文化的对立面,西方自我批判自我改造时,中国形象就展示为肯定面(天堂);而西方自我认同自我扩张时,中国形象就表现为其否定面(地狱)。一个肯定的前提就是要假设一个否定,西方的中国形象于是就不断地扮演着天堂与地狱的角色,一会儿是天使,一会儿是恶魔。"②这样的两极性是西方作家基于其社会现实之上的对东方国家和族群的一般认知。对异国社会和文化的想象往往摆脱"异域"的现实真实性,依照创作主体在特定条件下的意图呈现丑化或美化,表现为优于本国现实的乌托邦"他者",或者不如本国现实的一个意识形态"他者"。

这两种褒贬式的中国形象书写表面上显现为两极对立:一个是古代乌托邦强国形象,一个是现代落后的弱国形象。这其实都是英国现代意识形态的产物,是作者对英国的宗教、政治、经济、外交、科学文化等诸多社会问题的形象化表达。因此,两个形象都统一于18世纪初的英国的社会现实。笛福根据已有的中国想象重新改写创造出作为对立面的"他者"。神秘奇异、静默美好的异域"他者"中国,为英国(西方)"自我"保存它的梦想和乌托邦,作为欧洲文化建构的指认力量和身份认同,表达了作者对英国(西方)现状及未来的焦虑、审视、反思;重塑一个落后的中国,笛福表述了他对新兴英国(西方)的自信。无论是肯定还是否定,都是西方的一种形象塑造,使西方得以把"自我"区别于异己的"他者",确认勾勒出西方文化"自

---

① W. E. Soothill, *China and the West*: *A Sketch of Their Intercourse*, London and Dublin, Curzon Press, 1974, pp.66—70.

② 周宁:《永远的乌托邦》,石家庄:河北教育出版社,2000,第22页。

我"作为一个自足体系的轮廓。就像有些评论者所言："中国这样一种奇怪的启示者，似乎想接近他而不触及自身是不可能的，鲜有作家能在处理中国题材时不流露内心的幻觉；在这个意义上，谈论中国的人讲的其实都是自己。"①

笛福笔下的中国形象随着他的作品广为传播，成为 18 世纪西方对待中华文明态度转变的起点。笛福的目的在于通过否定中国来颂扬英国，正是这种做法使得笛福成为英国乃至欧洲文学史上关于中国形象描写的一个转折点。从笛福开始，中国形象从广受赞扬的文明富饶古国急转直下，逐渐沦为西方现代历史以外的落后封闭穷国。②"笛福的评论几乎为 18 世纪英国文学对中国的批评定了调。一些作家也许在不清楚事实的情况下，仍然重复着笛福说过的话。"③18 世纪中后期，随着欧洲国家工业革命的进行，特别是乔治·马戛尔尼出使中国无功而返后，中国形象在欧洲发生了彻底逆转，成为"泥足巨人"。中国"一下子可悲地成了非人道、反民主、落后、野蛮等的代名词，钟摆从一个方向摆向了另一个方向：从过高的评价一下子走向了过低的评价"。④"从那个世纪（18 世纪）的中叶起，尽管在重农主义者中曾一度又掀起中国热，但是中国癖已处在江河日下的状态。"⑤在"欧洲中心主义"的优越感中，中国不再具有一种先进性的镜像作用，西方的中国形象完全反转了。考察笛福笔下的中国形象的书写，我们可以看到，早在 18 世纪初，西方对中国财富的觊觎和中华文明的鄙夷就已经开始酝酿，最早全文翻译《鲁滨逊漂流记》的林纾，即看出了其间端倪："若鲁滨孙者，特鼠窃之尤，身犯霜露而出，陷落于无可行窃之地也，而亦得赍以归。西人遂争羡其事，奉为探险之渠魁，因之纵舟四出。吾支那之被其劫掠，未必非哥伦布、鲁滨孙之流之有以导之也。"⑥

自 18 世纪初，站在欧洲中心主义、殖民主义和东方主义立场上，西方在"时代、距离和富饶的意义上"⑦重新发现了东方，把东方视为可征服可殖民的落后

---

① 孟华：《比较文学形象学》，北京：北京大学出版社，2001，第 262 页。
② Jonathan D. Spence. *The Chan's Great Continent*：*China in Western Minds*，New York，W. W. Norton and Company，1998，p.71.
③ Qian Zhongshu. "China in The English Literature of the Eighteenth Century"，*Quarterly Bulletin of Chinese Bibliography*（Feb.，1941），p.352.
④ 萨义德：《东方学》，王宇根译，北京：生活·读书·新知三联书店，2007，第 134 页。
⑤ 艾田蒲：《中国之欧洲》下卷，许钧、钱林森译，桂林：广西师范大学出版社，2008，第 252 页。
⑥ 林纾：《〈雾中人〉叙》，商务印书馆，1906。转引自《晚清文学丛钞小说戏曲研究卷》，阿英编，北京：中华书局，1960，第 232—233 页。
⑦ 萨义德：《东方主义再思考》，参见罗钢、刘象愚主编：《后殖民主义文化理论》，北京：中国社会科学出版社，1999，第 3—4 页。

"他者",在对"他者"的贬抑中佐证了西方的强大与先进,凸显着高度发达生产力的欧洲文明,从而获得了对西方自身的定义和自信。这种优越性权威性之下的西方的"去凝视"与东方的"被审视",造就了东方作为沉默他者的"贬抑链",西方征服东方在西方"自我"身份的确立中就获得了合法性。

作者简介:王琼(1980—   ),女,河南人,博士,同济大学国际文化交流学院讲师,研究方向为:中国现当代文学,中华文化传播,国际中文教育。

On the Chinese Images Writing in Defoe's Works

Abstract:In Defoe's writing of Chinese images, reality and illusion coexist, idealization and demonization coexist, yearning and depreciation coexist, In the mirror image of the constantly constructing "self" (the West) and the continuously defamiliarizing "alter ego" (China) ,we try to reveal the dynamic construction process of the cognitive system about Defoe's Chinese images from praise to derogation and the author's internal subjective demands. The two types of Chinese images described by Defoe are the foreign imagination that the West can confirm and outline the "self" self-sufficient system, and they are the collective interpretation of British modern ideology at the beginning of the 18th century. They embody the values of the early British bourgeoisie. The two types of Chinese images express Defoe's views on many social issues in Britain, including religion, politics, economy, diplomacy, science and culture. Both images are unified in the social reality of England in the early 18th century. The images of China in Defoe's writing spread widely along with his works, making them the starting point for the change in western attitude towards Chinese civilization in the 18th century.

Keywords:Defoe; Chinese images; Cognitive system; Self; Alter ego

观念重构与文体变革①

——留学生与中国文学理论批评的现代转型

娄晓凯

摘　要:20世纪初以鲁迅、胡适、郭沫若、周作人等人为代表的留学生们,于家国积贫积弱之时赴欧美或日本留学,在中外文化的双向透视与观照之间融汇中西、贯通古今,他们在不同的程度上接受与吸收了当时在欧美与日本盛行的各种先进的文学理论思潮,如浪漫主义、现实主义、唯美主义等,同时把大量的西方文学作品及理论读本翻译介绍到了中国本土,欧美文学家、哲学家与政治学家所倡导的自由与独立,日本文坛当时盛行的无产阶级文学运动与文艺思潮,都被这批留学生给予过滤性的选择与接受,并在东西方文化的冲突、对话与交流中,与中国古典诗学批评和文学观念所倡导的抒情流脉、载道传统与审美精神等融会贯通、介入重构。他们不仅实现了中国文学的现代转型,同时也促成了中国古典文学理论批评观念与形态的现代转换:传统以语录、诗话、词话、即兴评点、直觉的感悟、笼统的概括为特质的印象式、妙悟式鉴赏,逐渐被系统化、体系化、注重知性分析与逻辑演绎推理的现代批评模式所取代。

关键词:观念重构;文体变革;文学理论批评;现代转型

在为《诗言志辨》一书所做的序言中,朱自清明确地谈到了五四新文化运动对新文学和文学史"意念"的转换、对小说、词曲、剧曲、诗文评地位的提升所起到的推动和促进作用:"西方文化的输入改变了我们的'史'的意念,也改变了我们的'文学'的意念。我们有了文学史,并且将小说、词曲都放进文学史里,也就是

---

① 本文为国家社科基金《中国性与异质性视域下两代留学知识分子与百年中国文学批评话语建构研究》(22BZW020)、上海市哲学社会科学规划基金《新时期以来的留学知识分子与中国文学批评话语建构研究》(2021BWY012)项目研究阶段性成果。

放进'文'或'文学'里;而曲的主要部分,剧曲,也作为戏剧讨论,差不多得到与诗文平等的地位。……新文学运动加强了新的文学意念的发展。小说的地位增高……这里特别要提出的是,在中国的文学批评称为'诗文评'的,也升了格成为文学的一类";①"小说、词曲、诗文评,在我们的传统里,地位都在诗文之下,俗文学除一部分古歌谣归入诗里以外,可以说是没有地位。西方文化输入了新的文学意念,加上新文学的创作,小说、词曲、诗文评,才得升了格,跟诗歌和散文平等,都成了正统文学"。②

的确,在中国古典文学与传统文论话语系统中,以抒情为主的诗文历来被视为文学的正宗,小说、戏曲等情感通俗、修辞生动的叙事性文学,则被视为不登大雅之堂的"丛残小语""稗官野史""末技小道",一如东汉经学家桓谭与史学家班固所言:"若其小说家,合丛残小语,近取譬论,以作短书。治身治家,有可观之辞"③,"小说家者流,盖出于稗官,街谈巷语,道听途说之所造也"④。同样,"文学批评"这个术语是一个译名,其本身也是从西方"舶来的",在《四库全书总目》中只是"集部的尾巴",诗文评⑤或小说戏曲点评也只能处于"小中之小,不足深论"的"附庸地位",亦难登大雅之堂。一如朱自清在《评郭绍虞〈中国文学批评史〉上卷》中所言:"'文学批评'一语不用说是舶来的。现在学术界的趋势,往往以西方观念(如'文学批评')为范围去选择中国的问题;姑无论将来是好是坏,这已经是不可避免的事实。"⑥而在《诗文评的发展》一文中,朱自清又强调了正是"文学批评"这一"新意念新名字"的译入,改变了"诗文评"以诗话、词话、曲品、评点等为主的传统形态与附庸地位,并随之出现了现代系统的文学批评观念与中国文学批评史:"'文学批评'是一个译名。我们称为'诗文评'的,与文学批评可以相当,虽然未必完全一致。我们的诗文评有它自己的发展,现在通称为'文学批评',因为这个名词清楚些,确切些,尤其郑重些。但论到发展,还不能抹杀那个老名字。老名字代表一个附庸的地位和一个轻蔑的声音——'诗文评'在目录里只是集部

---

① 朱自清:《诗言志辨·序》,《朱自清选集》(第 2 卷),蔡清富等编选,河北教育出版社 1989 年版,第 101 页。
② 朱自清:《诗言志辨·序》,《朱自清选集》(第 2 卷),蔡清富等编选,河北教育出版社 1989 年版,第 102 页。
③ 桓谭撰,朱谦之校辑:《新辑本桓谭新论》,中华书局 2009 年版,第 1 页。
④ 班固撰,颜师古注:《汉书》(第 6 册),中华书局 1964 年版,第 1745 页。
⑤ 《四库全书总目》中在集部设置"楚辞类、别集类、总集类、诗文评类、词曲类"等 5 个大类,"诗文评"即为中国早期的文学理论批评/文学评论。
⑥ 朱自清:《评郭绍虞〈中国文学批评史〉上卷》,《朱自清选集》(第 2 卷),蔡清富等编选,河北教育出版社 1989 年版,第 486 页。

的尾巴。原来诗文本身就有些人看作雕虫小技，那么，诗文的评更是小中之小，不足深论。……诗文评虽在附庸地位，却能独成一类，便因为目录学家不得不承认这种发展的情势。但它究竟还在附庸地位，若没有'文学批评'这个新意念新名字输入，若不是一般人已经能够郑重地接受这个新意念，目下是还谈不到任何中国文学批评史的。"①

一

在中国近现代文学史上，随着甲午战后西学东渐的加速与晚清资产阶级改良运动的勃兴，以康梁为代表的资产阶级维新派大力倡导"诗界革命""文界革命""小说界革命"和戏剧改良运动，力图推翻陈腐守旧的封建文学观念和文学形式，将文学特别是小说和戏剧的政治宣传和思想教化功能抬高并推崇至"开民智""鼓民力""使民开化"等无所不能的至高地位，并试图让其成为承载政治革新理念、改良社会、启蒙大众的工具和宣传利器；晚清以来的小说、戏曲等叙事文学终于取得了前所未有的重要地位，由"小道"而被尊称为"文学之最上乘"，由边缘走向了中心，新的诗学观、文体观、小说观、戏剧观等应运而生，文学理论批评也随之涌现出了新的批评理念、批评范畴与批评模式。

1897 年，严复、夏曾佑在天津《国闻报》上连载了两人合写的长文《本馆附印说部缘起》，不仅阐明小说"易传""更能曲合乎人心"②的缘故与特性，同时以西方欧、美、东瀛为例，肯定小说的作用及其对天下"人心风俗"的深远影响力："夫说部之兴，其入人之深，行世之远，几几出于经史上，而天下之人心风俗，遂不免为说部之所持"③"且闻欧、美、东瀛，其开化之时，往往得小说之助"④；在此基础上，文章提出《国闻报》附印说部的动机与宗旨应是"使民开化"："是以不惮辛勤，

① 朱自清：《诗文评的发展》，《大家国学·朱自清》，朱自清著，商金林编，天津人民出版社 2007 年版，第 305 页。
② 严复、夏曾佑在《本馆附印说部缘起》一文中谈道："据此观之，其具五不易传之故者，国史是矣，今所称之'廿四史'俱是也；其具有五易传之故者，稗史小说是矣，所谓《三国演义》《水浒传》《长生殿》《西厢》、'四梦'之类是也。曹、刘、诸葛，传于罗贯中之演义，而不传于陈寿之志。宋、吴、杨、武，传于施耐庵之《水浒传》，而不传于《宋史》。玄宗、杨纪，传于洪昉思之《长生殿传奇》，而不传于新旧两《唐书》。推之张生、双文、梦梅、丽娘，或则依托姓名，或附会事实，凿空而出，称心而言，更能曲合乎人心者也。"[严复、夏曾佑：《本馆附印说部缘起》，《新编中国历代文论选》（晚清卷），黄霖、蒋凡主编，上海教育出版社 2008 年版，第 169 页。初载于光绪二十三年十月十六日至十一月十八日（1897 年 11 月 10 日至 12 月 11 日）天津《国闻报》。]
③④ 严复、夏曾佑：《本馆附印说部缘起》，《新编中国历代文论选》（晚清卷），黄霖、蒋凡主编，上海教育出版社 2008 年版，第 169 页。

广为采辑,附纸分送。或译诸大瀛之外、或扶其孤本之微。文章事实,万有不同,不能预拟;而本原之地,宗旨所存,则在乎使民开化。自以为亦愚公之一畚、精卫之一石也。"①

同样是在 1897 年,梁启超发表《译印政治小说序》一文,进一步强调小说的思想启蒙作用和教化功能:"六经不能教,当以小说教之。正史不能入,当以小说入之;语录不能谕,当以小说谕之。律例不能治,当以小说治之;天下通人少而愚人多,深于文学之人少,而粗识之无之人多。六经虽美,不通其义,不识其字,则如明珠夜投,按剑而怒矣。"②1902 年,在《论小说与群治之关系》一文中,梁启超进一步深化并系统化了其"新民""改良群治"③的小说观,文章开篇即宣称:"欲新一国之民,不可不先新一国之小说。故欲新道德,必新小说;欲新宗教,必新小说;欲新政治,必新小说;欲新风俗,必新小说;欲新学艺,必新小说;乃至欲新人心,欲新人格,必新小说。何以故? 小说有不可思议之力支配人道故。"④历来被视为"小道""雕虫小技,壮夫不为"的小说反而被其尊为"文学之最上乘"⑤。

不可否认,严复、康有为、梁启超等人基于其"开民智""鼓民力""使民开化"等政治使命所进行的一系列文学变革和尝试仅仅是后来文学革命的序曲,其并没有在思想观念层面和语言表达形式上真正有所突变,但其强烈的求新求变倡导与除旧布新的尝试,依然对传统以抒情性诗文为正宗的文学观念产生了极大的冲击和影响,并为 1917 年文学革命的兴起与发展造成了蓄势,提供了动力和契机。直到 20 世纪初以陈独秀、胡适、鲁迅、周作人、郭沫若、郁达夫等人为代表的留学生们学成归国,他们学贯中西、融汇古今,不仅是接受新式教育、具有留学背景、拥有现代科学文化知识的新型知识分子,而且成为"五四"新文化和新文学运动的生力军和急先锋。身处内忧外患、动荡不安、亟待救亡图存的民族危亡时刻,他们承继晚清至五四有识之士一以贯之的救亡思想与文化启蒙传统,高举文学革命的大旗,以"重估一切价值"的革命激情与批判精神向封建专制主义统治下的旧文化、旧文学宣战,他们提倡白话、反对文言,提倡新文学、反对旧文学,批判旧学、传播新知,以声势浩大而又激进猛烈的文学"革命"的形式,对以"三纲五常"为核心的、"雕琢的阿谀的、陈腐的铺张的、迂晦的艰涩的"旧文学进行了彻底

---

① 严复、夏曾佑:《本馆附印说部缘起》,《新编中国历代文论选》(晚清卷),黄霖、蒋凡主编,上海教育出版社 2008 年版,第 169 页。
② 梁启超:《译印政治小说序》,《梁启超全集》,北京出版社 1999 年版,第 172 页。
③ 梁启超:《论小说与群治之关系》,《梁启超全集》,北京出版社 1999 年版,第 886 页。
④⑤ 梁启超:《论小说与群治之关系》,《梁启超全集》,北京出版社 1999 年版,第 884 页。

的颠覆和批判,在思想文化和意识形态领域中掀起了前所未有的解放和巨变,同时带来了文学观念与内容形式等方面的革新与解放。他们所倡导的思想启蒙运动及其理论建构、创作实绩、批评实践等不仅实现了中国文学的现代转型,同时也促成了中国古典文学理论批评观念与形态真正意义上的现代转换。

作为"20世纪中国学术思想史上的中心人物"与"中国文艺复兴之父",胡适曾以坚定的文学革命立场和先驱者的姿态向复古陈腐、言文脱节的旧文学宣战,大力倡导并致力于建构白话文学理论、历史的文学观念论和建设的文学革命论等新的文学观念和文学理论批评,进而推动文学从语言、文体、形式等方面走向变革与转型。1917年胡适的《文学改良刍议》发表于《新青年》第2卷第5号,从"历史的进化的眼光"和"一时代有一时代之文学"的文学观念出发,胡适提出了文学革命的"八不主义",即"须言之有物、不摹仿古人、须讲求文法、不作无病之呻吟、务去滥调套语、不用典、不讲对仗、不避俗字俗语"①。他不仅在文中指出近世文学"沾沾于声调字句之间"、倾向于"文以载道"但实则"言之无物"的弊端,强调文学必须有真挚的"情感"与高远的"思想"②,而且断言"白话文学之为中国文学之正宗",又为"将来文学必用之利器"③,作文作诗宜采用"俗字俗语":"与其用三千年前之死字(如'于铄国会,遵晦时休'之类),不如用20世纪之活字;与其不能行远不能普及之秦、汉、六朝文字,不如作家喻户晓之《水浒》《西游》文字也。"④

在此基础上,胡适于1918年在《新青年》第4卷第4号发表《建设的文学革命论》一文,不仅明确批判之前二千年"文言的文学"没有生命没有真价值,都是用"死文字"作的"死文学",而且极力倡导"国语的文学,文学的国语",他从语言文字的形式变革逐步转向到了对文学性质、文学本体论、创造新文学的工具和方法等层面的建构和探讨,并希望提倡文学革命的人,"个个都该从建设一方面用力",能在三五十年内替中国创造出一派"真有价值、真有生气"的新中国的"活文学"⑤:"我的《建设的文学革命论》的唯一宗旨只有十个大字:'国语的文学,文

---

① 胡适:《文学改良刍议》,《胡适论文学》,夏晓虹选编,安徽教育出版社2006年版,第2—11页。

② 胡适在《文学改良刍议》中谈道:"近世文人沾沾于声调字句之间,既无高远之思想,又无真挚之情感,文学之衰微,此其大因矣。此文胜之害,所谓言之无物者是也。欲救此弊,宜以质救之。质者何?情与思二者而已。"(胡适:《文学改良刍议》,《胡适论文学》,夏晓虹选编,安徽教育出版社2006年版,第2页。)

③④ 胡适:《文学改良刍议》,《胡适论文学》,夏晓虹选编,安徽教育出版社2006年版,第11页。

⑤ 胡适:《建设的文学革命论》,《胡适论文学》,夏晓虹选编,安徽教育出版社2006年版,第13页。

学的国语'。我们所提倡的文学革命,只是要替中国创造一种国语的文学。有了国语的文学,方才可有文学的国语。有了文学的国语,我们的国语才可算得真正的国语。国语没有文学,便没有生命,便没有价值,便不能成立,便不能发达。这是我这一篇文字的大旨。"①在此基础上,胡适进一步追问并提出了新的"文学"观念:"为什么死文字不能产生活文学呢?这都由于文学的性质。一切语言文字的作用在于达意表情;达意达得妙,表情表得好,便是文学。那些用死文言的人,有了意思,却须把这意思翻成几千年前的典故;有了感情,却须把这感情译为几千年前的文言。"②

胡适的宗旨与立场及其一系列"战斗檄文"与文学革命宣言得到了陈独秀、钱玄同、刘半农、周作人等五四先驱者们的积极响应和声援,《文学改良刍议》发表之后,陈独秀便紧接着发表了立场鲜明、措辞强烈的《文学革命论》,他高举文学革命的大旗,对阿谀雕琢的贵族文学、铺张堆砌的古典文学、深晦艰涩的山林文学进行了全面彻底的抨击和清算,并在追溯历代文学诸种弊端的基础上,呼吁建设"平易的抒情的国民文学、新鲜的立诚的写实文学、明了的通俗的社会文学",以期在"革新文学"的基础上实现其革新政治、改造社会的目的:"文学革命之气运,酝酿已非一日,其首举义旗之急先锋,则为吾友胡适。余甘冒全国学究之敌,高张'文学革命军'大旗,以为吾友之声援。旗上大书特书吾革命军三大主义:曰,推倒雕琢的阿谀的贵族文学,建设平易的抒情的国民文学;曰,推倒陈腐的铺张的古典文学,建设新鲜的立诚的写实文学;曰,推倒迂晦的艰涩的山林文学,建设明了的通俗的社会文学";③"际兹文学革新之时代,凡属贵族文学、古典文学、山林文学,均在排斥之列。以何理由而排斥此三种文学耶?曰,贵族文学,藻饰依他,失独立自尊之气象也,古典文学,铺张堆砌,失抒情写实之旨也,山林文学,深晦艰涩,自以为名山著述,于其群之大多数无所裨益也。其形体则陈陈相因,有肉无骨,有形无神,乃装饰品而非实用品,其内容则目光不越帝王权贵,神仙鬼怪,及其个人之穷通利达。所谓宇宙,所谓人生,所谓社会,举非其构思所及。此三种文学公同之缺点也。此种文学,盖与吾阿谀夸张虚伪迂阔之国民性,互为因果。今欲革新政治势不得不革新盘踞于运用此政治者精神界之文学。使

---

① 胡适:《建设的文学革命论》,《胡适论文学》,夏晓虹选编,安徽教育出版社 2006 年版,第 15 页。
② 胡适:《建设的文学革命论》,《胡适论文学》,夏晓虹选编,安徽教育出版社 2006 年版,第 16 页。
③ 陈独秀:《文学革命论》,《陈独秀学术文化随笔》,秦维红编,中国青年出版社 1999 年版,第 139—140 页。原载于《新青年》1917 年 2 月 1 日第 2 卷第 6 号。

吾人不张目以观世界社会文学之趋势及时代之精神,日夜埋头故纸堆中,所目注心营者,不越帝王、权贵、鬼怪、神仙与夫个人之穷通利达,以此而求革新文学,革新政治,是缚手足而敌孟贲也".①

如前所述,如果说胡适、陈独秀等五四新文化先驱们注重文字形式方面的革新、倾向于从语言、文体、形式等方面要求打破传统文言的束缚,建立适应现代社会发展的"活的文学"与"国民文学";周作人在《人的文学》《平民的文学》与《新文学的要求》等一系列文章中则明确提倡"人的文学",排斥并反对"非人的文学",从而打破了传统文学一向推崇的"文以载道"的旧文学观念,他在文章中直接将西方的人道主义吸收并引入中国,从思想内容与理论观念上为新文学的革新与建构指明了具体的方向。这不仅在"五四"新文学观念的建构中影响深远,也成为中国现代文学理论批评的重要组成部分。何为"人的文学"? 周作人在追溯与比较欧洲与中国关于"人"的发现与定义的基础上,提出以"人道主义为本,对于人生诸问题,加以记录研究的文字,便谓之人的文学";其中又可以分作两项:"(一)是正面的,写这理想生活,或人间上达的可能性;(二)是侧面的,写人的平常生活,或非人的生活,都很可以供研究之用。这类著作,分量最多,也最重要。因为我们可以因此明白人生实在的情状,与理想生活比较出差异与改善的方法。"②而在《平民的文学》一文中,周作人又提出了普遍、真挚、与"贵族文学"相反的"平民文学"这一鲜明而独特的文学观念,并强调"平民的文学应以普通的文体,写普遍的思想与事实","平民文学应以真挚的文体,记真挚的思想与事实",不必记载"英雄豪杰的事业,才子佳人的幸福,只应记载世间普通男女的悲欢成败",也不必讲"偏重一面的畸形道德,只应讲说人间交互的实行道德","既不坐在上面,自命为才子佳人,又不立在下风,颂扬英雄豪杰。只自认是人类中的一个单体,浑在人类中间,人类的事,便也是我的事"。③从人的文学到平民的文学,周作人有针对性地关注"人的问题",倡导对"人生诸问题"进行的观察、研究与分析,主张思想革命与人性自由发展,探究人之为人的意义和存在价值,他的理论建构不仅与"五四"新文学运动个性解放与思想启蒙的时代潮流相呼应,而且对文学观念与文学理论范畴的革新与现代化建构产生了重要的影响。

---

① 陈独秀:《文学革命论》,《陈独秀学术文化随笔》,秦维红编,中国青年出版社1999年版,第142页。原载于《新青年》1917年2月1日第2卷第6号。

② 周作人:《人的文学》,《周作人批评文集》,珠海出版社1998年版,第32页。

③ 周作人:《平民的文学》,《周作人批评文集》,珠海出版社1998年版,第39页。

二

　　王国维在《论新学语之输入》一文中已经关注到了东西方在思辨方式与学术研究方面的区别，西方长于思辨、抽象、分类、综括、分析，而中国人长于实践，不擅长理论分析与抽象分类："近年文学上有一最著之现象，则新语之输入是已"①，"抑我国人之特质，实际的也，通俗的也；西洋人之特质，思辨的也，科学的也。长于抽象而精于分类，对世界一切有形无形之事物，无往而不用综括（Generalization）及分析（Specification）之二法，故言语之多，自然之理也。吾国人之所长，宁在于实践之方面，而于理论之方面，则以具体的知识为满足，至分类之事，则除迫于实际之需要外，殆不欲穷究之也。……故我中国有辩论而无名学，有文学而无文法，足以见抽象与分类二者皆我国人之所不长，而我国学术尚未达自觉（Selfconsciousness）之地位也"②；在他看来，西方科学与思辨、综括与分析的经验与方法、西方与日本舶来的新名词无疑对学术研究是十分重要的，因此他呼吁输入新思想、引入新学语与"新字新语"，以提升并推进中国的学术研究："故我国学术而欲进步乎，则虽在闭关独立之时代，犹不得不造新名。况西洋之学术经验而入中国，则言语之不足用，固自然之势也"③，"言语者，思想之代表也，故新思想之输入，即新言语输入之意味也。十年以前，西洋学术之输入，限于形而下学之方面，故虽有新字新语，于文学上尚未有显著之影响也。数年以来，形上之学渐入于中国。而又有一日本焉，为之中间之驿骑，于是日本所造译西语之汉文，以混混之势，而侵入我国之文学界。好奇者滥用之，泥古者唾弃之，二者皆非也。夫普通之文字中，固无事于新奇之语也；至于讲一学，治一艺，则非增新语不可。而日本之学者，既先我而定之矣，则沿而用之，何不可之有？故非甚不妥者，吾人固无以创造为也"。④

　　而在中国文学理论批评从古典到现代的转型进程中，王国维及其文学理论批评具有重要的地位和意义。他的《〈红楼梦〉评论》《文学小言》《屈子文学之精

---

① 　王国维：《论新学语之输入》，《王国维文存》，清华大学国学研究院主编、方麟选编，江苏人民出版社2014年版，第682页。
② 　王国维：《论新学语之输入》，《王国维文存》，清华大学国学研究院主编、方麟选编，江苏人民出版社2014年版，第682—683页。
③④ 　王国维：《论新学语之输入》，《王国维文存》，清华大学国学研究院主编、方麟选编，江苏人民出版社2014年版，第683页。

神》《人间词话》《宋元戏曲史》等不仅在借鉴西方美学与哲学理论的基础上,以康德、叔本华、尼采的思想重新观照、审视、评析中国文学,而且在汇通东西方理论的基础上提出了一系列极富创见的新概念、新理论与新学说,初步构建起了具有现代形态、系统性的文学理论批评。如前所述,"文学批评"这个术语是一个译名,其本身也是从西方"舶来的",中国传统的诗文评或小说戏曲点评在《四库全书总目》中只是"集部的尾巴",不仅处于"小中之小,不足深论"的"附庸地位",而且多采用诗话、词话、曲话、语录、评点、感悟等形式,倾向于"不著一字,尽得风流"或"空中之音,相中之色,水中之月,镜中之象,言有尽而义无穷"的直觉式、妙悟式、印象式鉴赏与评论;晚清与近代的严复、梁启超、王国维等或改良或融汇中西的努力与尝试,对扭转传统的文学观与理论观无疑起了重要的推进作用,20世纪初胡适、陈独秀、钱玄同、刘半农等在五四新文化运动与文学革命中从"文的形式"即语言文字文体大解放的方面入手,明确批判没有生命没有真价值的"文言的文学",大力倡导"国语的文学,文学的国语",要求在文字、文体方面以现代白话文取代用"死文字"做出的"死文学":"我常说,文学革命的运动,不论古今中外。大概都是从'文的形式'一方面下手,大概都是先要求语言文字文体等方面的大解放。"①不止如此,以鲁迅、胡适、郭沫若、周作人、郁达夫等为代表的留学生们,他们在留学期间把西方与日本盛行的各种先进的文学理论思潮如浪漫主义、现实主义、唯美主义、自由主义等新思想、新术语、新方法等带入了中国本土,并与中国古典诗学批评和文学观念所倡导的抒情流脉、载道传统与审美精神等融会贯通、介入重构,中国传统的以"诗性"为特质的直觉的感悟、笼统的概括、印象式的鉴赏,逐渐被系统化、体系化、注重学理分析与逻辑演绎推理的现代批评文体与批评模式所取代。

胡适曾在《建设的文学革命论》《论短篇小说》《谈新诗》《文学进化观念与戏剧改良》等文中对现代小说、诗歌、戏剧等都提出了具体而又系统的分类、界定和要求。谈到短篇小说,胡适于 1918 年 3 月在北京大学做了关于"短篇小说"的演讲,并被认为是中国现代文学史上第一篇关于小说的专论,他在追溯欧洲与中国短篇小说发展史的基础上对现代短篇小说进行了明确的概括和界定:"短篇小说是用最经济的文学手段,描写事实中最精彩的一段,或一方面,而能使人充分满意的文章"②;谈到如何创造"国语的文学,文学的国语",胡适认为创造新文学的

---

① 胡适:《谈新诗》,《胡适论文学》,夏晓虹选编,安徽教育出版社 2006 年版,第 96 页。

② 胡适:《论短篇小说》,《胡适论文学》,夏晓虹选编,安徽教育出版社 2006 年版,第 83 页。

次序约有三步："(一)工具,(二)方法,(三)创造"①,并指出:"工具就是白话""多读模范的白话文学""用白话作各类文学";而文学的方法可分为三类:"集收材料的方法""结构的方法""描写的方法",他分别从实地观察、个人经验、剪裁布局等方面逐步分析探讨,并呼吁"赶紧翻译西洋的文学名著,做我们的模范"。②谈到新诗,胡适指出:"中国近年的新诗运动可算得是一种'诗体的大解放'",也正是因为有了这一层诗体的解放,"丰富的材料,精密的观察,高深的理想,复杂的感情,方才能跑到诗里去"③;以此为标准,胡适分别对康白情、周作人、沈尹默以及他本人的新诗进行了分析和评判,并将周作人的长诗《小河》(《新青年》六卷二号)评为"新诗中的第一首杰作"④。谈到戏剧,胡适在比较西洋与中国戏剧变迁的基础上,强调"中国文学最缺乏的是悲剧的观念。无论是小说,是戏剧,总是一个美满的团圆"⑤;而这种"'团圆'的小说戏剧,根本说来,只是脑筋简单,思力薄弱的文学,不耐人寻思,不能引人反省"⑥,因此,很有必要引入西洋文学及其悲剧观念:"有这种悲剧的观念,故能发生各种思力深沉,意味深长,感人最烈,发人猛省的文学。这种观念乃是医治我们中国那种说谎作伪,思想浅薄的文学的绝妙圣药。"⑦

除此之外,周作人也曾将中国传统文类中的序跋、传记、小品文等与西方英美文学中"essay"融会贯通,开创了中国最早的散文文类、现代散文概念和散文理论;以郭沫若、郁达夫、成仿吾等为代表的创造者深受西方浪漫主义、唯美主义、表现主义、自由主义的影响,其前期的文艺理念与创作实践带有更多的主观抒情、自我表现、直抒胸臆等显著特征,后期转向后他们接受了马克思主义与革命文艺,从个人的浪漫走向了革命与人民大众,从文学革命走向了革命文学。他们的理论倡导、创作实践与批评论争也逐渐成为当时文学创作与文学批评的评判标准;1923年赴美留学的梁实秋曾师从美国新人文主义大师欧文·白璧德(Irving Babbitt),在白璧德新人文主义(new humanism)的影响下,他将中国古典文学中对"情"的抒写提升到了"人性"的层面,并提出了"文学乃'人性'之产物,文学发于人性,基于人性,亦止于人性,伟大的文学乃是基于固定的普遍的人

---

① 胡适:《建设的文学革命论》,《胡适论文学》,夏晓虹选编,安徽教育出版社2006年版,第20页。
② 胡适:《建设的文学革命论》,《胡适论文学》,安徽教育出版社2006年版,第20—27页。
③④ 胡适:《谈新诗》,《胡适论文学》,夏晓虹选编,安徽教育出版社2006年版,第97页。
⑤ 胡适:《文学进化观念与戏剧改良》,《胡适论文学》,安徽教育出版社2006年版,第36页。
⑥ 胡适:《文学进化观念与戏剧改良》,《胡适论文学》,安徽教育出版社2006年版,第37页。
⑦ 胡适:《文学进化观念与戏剧改良》,《胡适论文学》,安徽教育出版社2006年版,第38页。

性,纯正之'人性',乃文学批评唯一之标准"。①1924 年赴欧洲留学的梁宗岱师从
西方象征主义(symbolism)大师瓦雷里(Paul Valery),他将象征主义与瓦雷里
的美学思想带入了中国本土,与中国古典文学理论中的赋比兴等融会贯通,并提
出了"纯诗""契合"等现代诗学概念和诗学理论;"两脚踏中西文化,一心评宇宙
文章"的林语堂则发现了老庄思想、公安三袁、竟陵派与意大利美学家克罗齐及
其表现主义之间的契合之处,在文学观念的构建和倡导上强调文章是"个人之性
灵之表现",文学创作应摆脱一切格套与束缚、自由发展:"文章者,个人之性灵之
表现。性灵之为物,惟我知之,生我之父母不知,同床之吾妻亦不知。然文学之
生命实寄托于此。故言性灵之文人必排古,因为学古不但可不必,实亦不可能。
言性灵之文人,亦必排斥格套,因已寻到文学之命脉,意之所之,自成佳境,决不
会为格套定律所拘束"②;被誉为"中国现代美学奠基人"的朱光潜曾于 1925—
1933 年先后赴英、法、德留学,广泛吸收西方哲学与美学思想如英国心理学家布
洛(Bullough)及其"心理距离说"(pschical distance)、德国心理学家、美学家立普
斯(Lipps)及其移情说(Einfühlung)、意大利美学家、哲学家克罗齐(Benedetto
Croce)及其"直觉说"(intuitivism),他同时将其与中国古典文论中的"感物缘情"
"赋形比兴""天人合一"等汇通整合并进行创造性的改造,在融汇中西诗学的基
础上构建了其以"美感经验""主观直觉""超然"与"无功利"等为基础的美学理论
体系和文艺批评主张;1920—1925 年宗白华留学德国,先后在法兰克福大学、柏
林大学系统学习哲学和美学等课程,他既有深厚的中国古典文学修养,又深受西
方歌德(Goethe)、柏格森(Henri Bergson)、斯宾格勒(Spengler)及其哲学思想的
影响,在超越东西方时空与民族限制的互文性场域中,他将较为零散、不够体系
化、倾向于感悟印象的中国古代美学思想与德国古典哲学精神、西方现代艺术思
潮恰切地汇通起来,构建起一种舒缓自如、如行云流水般的"散步体"文学理论
批评。

郁达夫在《中国新文学大系·散文二集》导言中谈道:"五四运动的最大的成
功,第一要算'个人'的发现。从前的人,是为君而存在,为道而存在,为父母而存

---

① 梁实秋:《文学批评辨》,见《浪漫的与古典的》,新月书店 1931 年版,第 168 页。
② 林语堂:《论文》,《林语堂批评文集》,珠海出版社 1998 年版,第 44 页。

在的,现在的人才晓得为自我而存在了。"①在中国传统文学观念与古典文学理论批评话语体系中,尊君、卫道、孝亲、文必秦汉,诗必盛唐等诗教理念与儒学传统源远流长,"文"必须"载道"并能规范君权、推行教化、巩固统治、为其"道"服务;20世纪初以胡适、郭沫若、周作人、郁达夫为代表的具有留学背景的中国现代知识分子,他们既是新文学的开创者,也是新文学理论与批评的建构者,他们在东西方文化的冲突、对话与交流中,将西方盛行的各种先进的文学理论思潮译介到了中国本土,既有宏观的理论建构,又有具体的文学创作与批评实践,既有文学与批评观念的革新与重构,又有文体的变革与转换,不仅打破了传统文学与理论批评观念中的陈腐和守旧,文学书写的对象、文学批评的理念也转为了启蒙大众、开启民智乃至革新政治、改造社会;不仅实现了中国文学的现代转型,同时也促成了中国古典文学理论批评观念的现代转换,西方当时盛行的各种新概念、新思想、新术语、新方法不断被译介被引入,并与中国传统文论与诗学精神汇通整合、介入重构,进而建构起了具有现代意识与现代系统的中国文学理论批评范型和话语形态。

作者简介:娄晓凯,同济大学国际文化交流学院副教授,韩国庆熙大学人文与教养学院客座教授。

Conceptual Reconstruction and Literary Style Transformation
—On the Overseas Students and the Modern Transformation of
Chinese Literary Theory Criticism

Abstract:At the beginning of the 20th century, overseas students represented by Lu Xun, Hu Shi, Guo Moruo, Zhou Zuoren, and others went to Europe, America, or Japan to study at a time when their countries were poor and weak. They integrated Chinese and Western cultures through a two-way perspective and observation, connecting ancient and modern times. To varying degrees, they accepted and absorbed various advanced literary theoretical trends that were prevalent in Europe, America, and Japan at that time, such as Ro-

① 郁达夫:《散文二集导言》,《1917—1927中国新文学大系导言集》,鲁迅等著,刘运峰编,天津人民出版社2009年版,第132页。

manticism, Realism, Aestheticism, etc. At the same time, they translated and introduced a large number of Western literary works and theoretical readings to China. The freedom and independence advocated by European and American writers, philosophers, and political scientists, as well as the proletarian literary movement and literary trends prevalent in the Japanese literary world at that time, were all accepted by this group of overseas students. In the conflict, dialogue, and exchange between Eastern and Western cultures, they integrated and reconstructed with the lyrical flow, moral tradition, and aesthetic spirit advocated by Chinese classical poetic criticism and literary concepts. They not only achieved the modern transformation of Chinese literature, but also facilitated the modern transformation of theoretical criticism concepts and forms of classical Chinese literature: the traditional impressionistic and insightful appreciation characterized by quotations, poetry, words, improvisational commentary, intuitive perception, and general generalization was gradually replaced by a systematic modern criticism model that emphasizes intellectual analysis and logical deduction reasoning.

Keywords: Conceptual reconstruction; Literary style transformation; Literary theory criticism; Modern transformation

基于文本挖掘的跨文化影视改编研究^①

——以电影《花木兰》为例

褚晓琪　杨蓉蓉

摘　要: 美国迪士尼公司出品的电影《花木兰》改编自中国民间乐府诗《木兰辞》,于 2020 年 9 月在中国大陆上映。本文使用八爪鱼爬虫软件以及 ROSTCM6 文本分析工具,对电影《花木兰》在豆瓣网中的评论数据进行收集整理,依据词频分析结果,我们认为观众的关注点集中在中国文化符号的表达、花木兰的女性书写以及中美文化价值观差异这三个维度。本文结合情感分析和语义网络分析结果对以上维度进行深入考察,认为文化霸权主义是电影改编后产生文化折扣的主要原因。

关键词: 花木兰;影视改编;文化;女性;文本挖掘

一、《花木兰》电影评论数据的基本分析

以《花木兰》的电影评论数据为主要研究对象,数据来源于豆瓣网。该网站影评分为短评与影评,短评限制为 1 至 350 字符,较为简短直观,影评限制为 140 至 5000 字符,全面细致地记录普通用户及专业影评人的观影感受。此外,用户浏览评论后可通过点击界面的"有用"进行投票,"有用"的点击数量可以反映该评论在受众群体中的认可度。豆瓣电影网是电影评分及评论的权威网站,用户基础庞大,能够生成相当数量的评论资源。因此,豆瓣网的数据较为丰富且具有一定代表意义。

本文采用分层抽样的方法,利用八爪鱼数据爬虫软件对豆瓣网的评论进行

---

①　项目资助:2022 年国际中文教育研究课题学科一般项目资助,项目批准号:22YH1FC。

数据收集和统计。豆瓣网的评分机制为十分制,用户根据观影体验进行一至五星的打分。该网站将短评划分为差评(一至二星)、中评(三星)和好评(四至五星)三个类别,影评划分为一至五星级的五个类别。截止到 2022 年 1 月 15 日,电影《花木兰》共有 316308 人进行评分,总评分为 4.9 分,各星级分布如图 1 所示。同时,该电影在豆瓣网中有短评 152053 条,影评 3397 条,各类别占比见图 2 和图 3。根据"有用"点击量排序,我们分别抓取差、中、好短评的前 220 条,进行数据去重后,删除仅有表情符或无意义字符串的无效评论,最终得到差评 215 条,中评 216 条,好评 218 条,共计 649 条的短评数据。根据星级分类,我们分别抓取一至五星的全部影评,由于豆瓣网

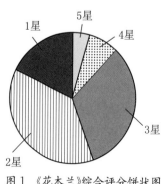

图 1 《花木兰》综合评分饼状图

站的反爬虫机制,删除重复和无效数据后,我们最终得到一星影评 380 条,二星影评 339 条,三星影评 188 条,四星影评 190 条,五星影评 265 条,共计 1362 条的影评数据。

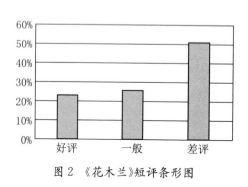

图 2 《花木兰》短评条形图

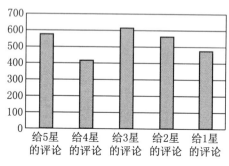

图 3 《花木兰》影评条形图

二、《花木兰》短评的词频分析

我们对 649 条短评文本进行数据清洗,再使用 ROSTCM6 软件进行分词处理和词频分析。经过人工筛选,剔除无意义的词汇,整理出词频排名前 30 名的高频词表,如表 1 所示。同时,对词频为 10 以上的 125 条词汇数据进行可视化处理,结果如图 4,图中词的大小与其出现频率成正比,可以反映受众群体在观影时的关注焦点。

表1　前30名高频词及对应词频

高频词	词频	高频词	词频	高频词	词频
中国	161	女巫	57	皇帝	33
故事	151	女权	45	美国	33
女性	112	巩俐	44	历史	33
剧情	93	导演	41	凤凰	30
文化	91	人物	40	自我	29
动画	90	改编	37	成长	28
公主	75	东方	37	元素	28
真人	73	理解	35	问题	27
角色	71	西方	34	难看	27
演技	58	童话	33	传统	27

图4　《花木兰》短评词云图

从表1的词频统计结果来看,"中国"的词频最高,为161次,同时通过对于"女性""故事""剧情""文化"等关键高频词的提取,我们认为中国传统文化以及女性主义是观众的聚焦点,另外,观众除了捕捉"凤凰""皇帝""古代社会"等中国元素,其对中美文化"价值观"也较为敏感。由于花木兰是中国传统故事及中国价值观的象征性符号,因此观众会将"改编"后的美国电影与原本的"中国故事"进行跨文化对比。由出现频率最高的关键词"中国"可知,受众在进行文化对比时多以本土文化为立足点来追溯故事本源。从图4呈现的词云图来看,对于该影片对中国传统文化价值观的解读与改编,受众的评价褒贬不一,部分受众认为

"难看""无聊""尴尬""不伦不类""失败"等,另一部分受众则认为"成功""完美"等,就词云图的观感而言,观众的负面评价更为强烈。

三、《花木兰》影评的语义网络分析及情感分析

豆瓣网的影评相较于短评的篇幅较长,评论者在影评中的观点描述更为细致全面,因此我们根据短评中提取的高频词对1362条影评数据进行深入挖掘和筛选,选取与中美跨文化视角相关的有效评论语段进行分析。由于ROSTCM6软件单次运行数据受限,我们分别在一星至五星的评论中选取相关度较高的15条评论,总共获取75条影评数据,进而对每条影评的相关语段进行人工筛选,保留有效语段共计392条,构建并绘制语义网络图,结果如图5所示。

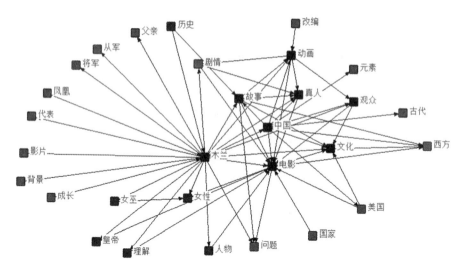

图5 跨文化视角相关影评的语义网络图

由此可见,该网络图的中心位置有"木兰""中国""文化""故事"等。与"木兰"有较强关系的是"凤凰""将军""从军""父亲""女性"等,即受众较为关注与花木兰形象塑造密切相关的人物或事件,以及花木兰身上的女性主义表达。与"文化"关联度较高的有"美国""古代""西方""元素"等,说明受众较为关注中西方文化差异以及中国元素在电影中的呈现。

为了分析观众在跨文化视角下对该电影改编的情感态度,我们利用ROSTEA工具对上述项目进行情感分析,得出数据如表2。

表2　跨文化视角相关影评的情感分析结果

	积极情感	中性情感	消极情感	语段总计
语段数/条	81	3	309	392
评分占比%	20.61	0.76	78.63	100.00

根据分析结果,我们发现当受众从中美文化角度来解读电影时,78.63%的受众持消极情感,仅有20.61%表现出积极情感,表明该电影的跨文化改编在中国市场的接受度较低。

四、　电影《花木兰》的跨文化改编分析

依据短评的词频分析以及影评的语义网络分析结果,我们将从以下三个维度来考察电影《花木兰》的改编:第一,中国文化符号的电影表达;第二,中美花木兰的女性书写比较;第三,中美文化价值观的差异。

(一) 中国文化符号的电影表达

汉语是所有中国元素中最重要的文化符号,而影片中语言符号的呈现却并不尽如人意。首先,电影《花木兰》选用的演员均为中国演员,但原声台词却均采用英语,同时电影又试图保留汉字这一中国元素,难免弄巧成拙,当花木兰对着宝剑上刻着的"忠、孝、真"念出词不达意的英语时,不由让人感到荒诞。其次,电影对中国俗语的翻译也极尽敷衍,例如"四两拨千斤"被翻译为"4 ounces can move 1000 pounds." 再而,电影对汉字的随意使用使其文化含义被严重歪曲,例如花木兰父亲的玉佩明明是与军功相关,却刻着风马牛不相及的"孝"字。此外,汉字形体应当具有独特的艺术美感与意趣,但电影中刻在宝剑和玉佩等器具上的汉字竟是机械呆板的简体楷书,遭到了国内观众的诟病。

在中国建筑文化的诠释中,影片选取了世界文化遗产福建土楼,其本应作为典型的中国传统建筑符号,却被制片方生搬硬套地设置成花木兰的家乡,成为一大败笔。众所周知,《木兰辞》是著名的北朝民歌,其创作背景为北魏与柔然的战争,并且据历史记载,福建土楼形成于宋元时期,与花木兰生活的时期至少相距六百年。此外,尽管学者们对花木兰的家乡存在争议,但参考《木兰辞》中"旦辞爷娘去,暮宿黄河边"与"旦辞黄河去,暮至黑山头"的诗句,可以大致推测其住所

为北方的黄河流域一带,绝不可能是福建。因此,电影中花木兰的居所设定罔顾史实,这种神秘壮观的土楼建筑风格仅能满足西方国家对于中国人聚群而居的东方想象与猎奇心态,但在中国的受众群体中却并不讨巧。

服饰与妆容也是文化符号的重要组成部分。《木兰辞》中有"当窗理云鬓,对镜帖花黄"的描写,但电影呈现出的东方美人形象却与真正的中式审美大相径庭:吊眼细眉、厚白粉、黄额头、大红腮,这种浓艳突兀的造型被电影中的父亲由衷地称赞为"没想到木兰打扮起来会这么漂亮",可见西方国家对于中国古代妆容审美的刻板印象根深蒂固且不自知。此外,皇帝的八字胡须,花木兰与媒婆身上的唐朝服饰,花木兰父亲的日式盘发,军营战士的日式盔甲甚至柔然人的伊斯兰式打扮,各种东方元素的胡乱拼接和随意堆砌都让观众感受到电影制作方的敷衍态度。

电影镜头多次展示了中国的自然景观,并且取景自丰富多样的地貌。中国美景本可以作为一个重要的文化符号为电影锦上添花,但错位的拼接却让呈现效果适得其反。例如战争明明发生在中原地区,但却生硬地出现了雪山,而雪崩之后该区域又随即变成了沙漠,这些设置均不符合中国的地形地貌,没有真实的地理样态,只有混乱的镜头切换,让人难以接受。

武术是中国独有的文化符号,西方国家对于中国武术充满遐想却知之皮毛,因此在电影中将神话元素和武术元素混用,造成武术的实用主义逐渐向虚幻的神话偏移,武术审美趋向肤浅。电影没有重点刻画花木兰的武术功底,而是用虚无缥缈的"气"来概括花木兰的能力,"气"的觉醒便能使其一夫当关,充满玄幻色彩。同时我们可以看到,影片使用了大量特效来渲染武术奇观,例如飞檐走壁的匈奴,随意附身大臣或变幻成鹰的女巫,花木兰身后突然出现的凤凰翅膀等等。电影制作方没有诠释中国武术的文化内核,而是肤浅粗暴地将魔幻主义元素与其杂糅,使得武术技法极为怪异,故事的情节逻辑也无法自洽,例如无所不能的女巫明明一人可敌全军却要为柔然人效力,明明可以附身大臣随意出入皇宫,夺取皇位如探囊取物,却偏要多此一举地攻打城池,自相矛盾的情节让观众一头雾水。

《花木兰》取材自中国传统故事,因此中国观众期待电影能够讲好中国故事,诠释中国传统文化,但迪士尼公司却并没有取其精华去其糟粕,反而利用中国故事的外壳进行美式书写。尽管中国元素在电影中出现的密度较高,但电影制片方并未深入挖掘中国文化符号的意义内涵,未能将其自然地融入电影叙事中。

其生搬硬套、刻意拼接的中国元素罔顾中国历史的真实样貌,延续了西方社会长期以来错误的东方想象以及对中国社会文化的猎奇体验。迪士尼公司将中国元素随意剪辑玩弄的敷衍态度与牵强附会,让中国文化符号脱离了传统根基,导致中国观众对该影片表现出抵触心态。

(二) 中美花木兰的女性书写比较

在《木兰辞》中,花木兰对自己的性别身份有清晰的认知,并且适应、接纳自己的女性身份。从军前,诗中对木兰的描写为"唧唧复唧唧,木兰当户织",说明其性格温良贤淑,而从军十二载后荣归故里,她又"脱我战时袍,著我旧时裳。当窗理云鬓,对镜帖花黄",女扮男装的从军生涯并没有消解她的女性特质,她依旧喜欢女子的妆容服饰,乐意回归女儿身,说明其对于传统女性的社会身份是认同且欣然接受的。但与此同时,她又能突破传统社会对于女性的约束,当意识到"阿爷无大儿,木兰无长兄"时,她承担起身为长女的责任,主动替父从军。从军期间,木兰为了完成保家卫国的使命,始终隐藏身份,因此"同行十二年,不知木兰是女郎"。《木兰辞》结尾的"双兔傍地走,安能辨我是雄雌"用双兔难辨雌雄的隐喻,书写了花木兰巾帼不让须眉的英雄气概。

相反的是,影版花木兰则面临身份认同的危机,电影中将诗句"双兔傍地走"呈现为开篇的木兰追逐两只兔子以辨雌雄,为后期的性别认同危机埋下伏笔。同时,花木兰在梳妆打扮时的神情别扭,在学习茶艺时的无可奈何,均表现出她并不习惯于女子的装扮与礼仪。影版花木兰对于女性的特质和能力并不认可,而是一味追求男性的阳刚力量,因此在面对军营战士的挑衅时格外恼怒,在与战友闲聊谈论各自欣赏的女性品质时,其描述的也是具有男子气概的形象。另外,电影关于花木兰的"气"的觉醒有一个重点场景,即在军中训练时,花木兰是唯一一个坚持提着水桶到达山峰的人,这种天赋异禀的"气"得到了全军战士的敬佩。影片想表达花木兰身为女性却有超越男性的能力与力量,试图将主角进行去性别化处理,但实质上却扼杀了女性独特的优势与特质,使其形象向男性靠拢,看似是表达女性觉醒,实则依旧是消解女性身份的男权书写。电影试图用女性意识迎合消费需求但并不擅长女性书写,始终立足于男权视角,因此观众并没有看到花木兰作为女性在社会中发挥的独特价值,对影片中的女性表达并不买账。

花木兰是中国古代社会对于女性英雄的典型书写,该形象之所以能受到人们的认可,是因为其从始至终都符合传统道德规范,在历史文化语境的规约下实现了女性身份与家国大义的平衡与两全。儒家五伦用"忠""孝""悌""忍""善"对君臣、父子、夫妇、长幼、朋友之间的关系进行规约，《木兰辞》中的木兰形象亦在五伦规约之中，尽管其替父从军的做法有悖于当时社会的伦理观念，花木兰荣归故里后依旧回归家庭，也始终秉持贤良淑德的女性原则。花木兰的形象丰富饱满，兼具女性品格和英雄气概，她既是传奇女子，又是普通人家，既勤劳质朴，又坚毅勇敢，既有女儿的情怀，又有战士的英勇，这样一个具备所有优秀品质的女性形象，带给人们的感动与敬佩是相当真实的。

电影花木兰则抛开了中国传统父权社会的文化语境。《木兰辞》中的花木兰出身平凡且受到封建观念的约束，其女性意识的觉醒势必要历经磨难，观众想看到的是女性意识在父权制社会中的萌芽和艰难生长。但是迪士尼公司却投机取巧，将影版花木兰赋予与生俱来的"气"，只不过碍于女儿身，"气"在父母的教导下暂时隐藏，一旦"气"不再掩盖，花木兰便是天生的战士。然而，所谓"气"的觉醒也并没有表现为花木兰以女性身份冲破社会枷锁而对父权制度进行抗衡，更像是女儿身的花木兰意识到了自己身上的男子气概并坦然接受，因此便轻易拥有了单枪匹马拯救民族的能力。《木兰辞》中的花木兰深知父权社会中的女性群体处于弱势地位，以一己之力无法与父权制度抗衡，因此在军营中忍辱负重，隐藏身份整整十二年。而影版花木兰只需对女性身份进行自我认可后，便能获得军营一众将士们的拥护和支持，这种设定不合常理且缺乏铺垫，是只能在西方文化语境中成立的"女英雄"形象，并不符合中国传统文化背景，自然无法引起中国观众的共鸣。

此外，影版花木兰女性意识觉醒的转折点为"气"，电影将这一抽象的概念贯穿始终，却并未对其做出清晰的界定与解释。中国文献资料中，对"气"最早的记载是许慎《说文解字》中的"气，云气也，象形"。而后其又记载于中医经典《内经》中，例如，"人以天地之气生。""天地合气，六节分而万物化生矣。"此外，在诸子百家学说中，也有许多关于"气"的论述，《庄子·知北游》有云："人之生，气之聚也。聚则为生，散则为死。"《淮南子·本经训》有云，"万物负阴而抱阳，冲气以为和"，明代吴廷翰将其总结为"一阴一阳之谓气"。由此可见，在中国传统文化语境中，"气"的喻义经历了由实而虚、从下到上的衍生、拓展与抽象，最终成为一个无所不及、无所不能，涵盖一切的哲学概念。而电影却偷换概念，将"气"作为区分男性与女性的身份标识，只有男性才能拥有"气"，女性如果拥有"气"便是社会的异类。代表正义一方的花木兰拥有"气"，代表邪恶势力的女巫也拥有"气"，两个女性形象都因"气"而与所处环境格格不入,这种"气"带有魔幻主义色彩,并不是女性意识觉醒的表现,而是电影含糊处理性别对立的挡箭牌,同时也反映出西方社会将中国传统人物妖魔化的思想倾向。

(三) 中美文化价值观的差异

霍夫斯泰德提出了文化差异的五个维度:权力距离、个人主义与集体主义、男性化与女性化、不确定性的规避以及长期取向与短期取向,并对不同国家进行了各个维度的评分,如表3所示。

表3 不同国家和地区的文化维度得分情况

国 家	权力距离	个人主义	男性化	不确定性规避	长期观
美 国	40	91	62	46	29
德 国	35	67	66	65	31
日 本	54	46	95	92	80
法 国	68	71	43	86	30
荷 兰	38	80	14	53	44
香 港	68	25	57	29	96
印 尼	78	14	46	48	25
西 非	77	20	46	54	16
俄罗斯	95	50	40	90	10
中 国	80	20	50	60	118

从表3数据来看,中美两国在集体主义与个体主义维度的得分出现两极分化,中国的个人主义指数最低,而美国则是个人主义指数最高的国家。个人主义与集体主义维度是衡量某一社会总体是关注个人的利益还是关注集体的利益。个人主义倾向的社会中,人与人之间的关系是松散的,重视自身的价值与需要;而集体主义倾向的社会则注重族群内关系,有内群体和外群体之分,内群体的个体间相互照顾并保持忠诚。①在《木兰辞》中,花木兰替父从军的动机是对年迈父亲的担忧,其承担了身为长女的家庭责任,体现了中国传统"忠孝"文化。同时,原文本并没有关于花木兰个人作战场面的描写,而是用"朔气传金柝,寒光照铁衣。将军百战死,壮士十年归"。的宏大叙事来凸显边关战士们的英勇无畏与家国情怀。而美国的电影作品则有强烈的个人英雄主义倾向,影版花木兰中,花木

---

① 李文娟:《霍夫斯泰德文化维度与跨文化研究》,《社会科学》,2009年第12期,第126—129、185页。

兰出征的动机看似是替父分忧,实则是为实现自我价值,因此战争结束后,她最终回归的是军队而非家庭。影片中将家国情怀的概念偷换成"为家族带来荣耀",印证了西方充斥着功利色彩的个体主义在电影改编中的表达。此外,为了烘托花木兰的个人英雄主义,影片在描写花木兰率队追击柔然人的场景时,将同行士兵刻画为不堪一击的弱者甚至逃兵,以此作为花木兰孤军奋战且大获全胜的垫脚石。迪士尼电影公司这种为了凸显战士的个人价值而不惜抹黑中国军营整体形象的行为,明显带有对中国形象的恶意扭曲与黑化,势必会引起观众反感。

在表3中,中美两国在权力距离的得分中也相差悬殊。中国的权力距离指数高居第二,而美国则是权力距离指数最低的国家,这一冲突也在电影改编中得以体现。权力距离指某一社会中地位低的人对于权力在社会或组织中不平等分配的接受程度。[1]中国传统社会的等级制度分明,有严格的上下级之分,弱势群体要服从于强势群体。《木兰辞》中的花木兰形象是符合高权力距离语境的,花木兰在从军生涯中不敢贸然揭露身份,否则会受到军法处置,在男尊女卑的封建社会中,隐藏身份是留在军营的唯一可行之道。而在低权利距离文化中,个体强调平等自由,期望得到社会的认可和尊重,个人与集体之间强调的并非上下级关系而是共生互补。因此在美国文化的视角中,他们并不注重古代军营制度的约束力,而是着眼于花木兰的个人能力。影版花木兰在违背了军中"三德"之后,将军会因为花木兰的兵法策略有效而使其免于刑罚,甚至命其亲自率队前往都城。由此可见,电影的故事背景被改换为低权力距离的文化语境后,其情节的合理性备受质疑,让中国观众难以适应。

从表3可知,中国与美国的长期取向与短期取向也截然不同,中国是得分最高的国家,而美国的得分较低。长期取向和短期取向维度指的是某一文化中的成员对延迟其物质、情感、社会需求的满足所能接受的程度。[2]中国的文化语境遵循长期发展观,因此《木兰辞》中的诗句写道,"同行十二年,不知木兰是女郎",花木兰为了实现"忠孝"的价值追求可以默默无闻十二年,最后依旧选择放弃功名利禄归隐家乡,正如诗中的"愿驰千里足,送儿还故乡"。与原文本中的花木兰相比,影版花木兰则显得急功近利、争强好胜。在军营训练中,花木兰不肯落败于战友,便急于释放所谓的"气",锋芒毕露。同时,电影中的花木兰很早便坦白

---

[1][2]　李文娟:《霍夫斯泰德文化维度与跨文化研究》,《社会科学》,2009年第12期,第126—129、185页。

自己的女性身份,急切地渴望其女性身份在军营中获得认同,也体现了美国文化视角中的短期取向。

总体来看,电影《花木兰》是以西方视角对中国故事进行解构的产物,其对故事背后的核心价值观"忠孝"以及家国情怀进行了概念置换,用具有美国个人英雄主义色彩的精神内核取而代之,是对中国传统文化价值观的强势入侵。迪士尼影片公司在对《花木兰》进行改编时,完全不尊重人物原型的精神内涵,其一方面将中国视为野蛮、未开化的文明,另一方面又借中国故事的外壳传递美国文化与价值观,试图在中国元素的掩盖下实现文化渗透。这种对中国故事的误读与歪曲,必然会受到中国观众的抵制。

五、 结语

霍斯金斯和米卢斯在1988年的论文《美国主导电视节目国际市场的原因》中提出"文化折扣"的概念,认为"根植于某一文化的节目虽然在该文化中可能很有吸引力,但在其他文化环境中可能吸引力减弱,因为其他环境中的观众可能难以对节目中所体现出来的风格、价值观、信仰、社会制度及行为方式等产生认同"。①影视剧的跨文化改编势必会面临不同文化之间的对立与冲突,而《花木兰》的影片制作方却未能正确处理两者的关系。尽管其在改编时有意添加中国传统元素来提高该影片在中国市场的接受度,但这仅仅是中国元素的简单堆砌,缺乏对《木兰辞》原文本的尊重,忽视了花木兰所体现出来的中国传统文化内核。电影《花木兰》取材自中国故事,传递的却是美国价值观,美国电影方在跨文化改编中表现出来的错误的东方主义及西方文化霸权主义,让电影《花木兰》的改编以失败告终。由此可见,如何有效促进多元文化的融合而避免落入文化中心主义的窠臼,这是我们在处理文化差异时值得关注的问题。

作者简介: 褚晓琪(1999—),浙江宁波,宁波市鄞州高级中学,语文教师。
杨蓉蓉(1977—),云南昆明,复旦大学国际文化交流学院,副教授,主要从事中华文化海外传播的研究。

---

① 李维:《新时期中国合拍片的叙事困境与文化折扣》,《电影文学》,2022年第20期,第110—113页。

Cross-Cultural Film Adaptation Research Based on Text Mining:
A Case Study of the Movie "Mulan"

Abstract: The American film "Mulan", produced by Disney, is an adaptation of the Chinese folk ballad "The Ballad of Mulan" and was released in mainland China in September 2020. This study utilized the Octopus web crawler software and ROSTCM6 text analysis tool to collect and analyze the comment data of the movie "Mulan" from the Douban website. Based on the analysis of word frequency, we found that the audience's attention is focused on three dimensions: the expression of Chinese cultural symbols, the portrayal of Mulan as a female character, and the differences in cultural values between China and the United States. By combining the results of sentiment analysis and semantic network analysis, this paper delves into these dimensions and concludes that cultural hegemony is the main reason for the cultural discount that occurs after the film adaptation.

Keywords: Mulan; Film adaptation; Culture; Women; Text mining

海外社交媒体助力中华文化出海：基于 Instagram 汉服文化博主分析

刘若溪

摘　要：随着全球化进程与中国"走出去"战略的推进，中国文化的国际传播成为各学术领域关注的话题，选择输出什么文化内容、运用何种媒介与方式进行传播等，成为学界的重要议题。本文运用多模态分析方法，通过结合海外社交媒体 Instagram 上的汉服文化博主的账号内容、发帖形式及平台功能，总结出三点利用国际社交媒体平台助力中华文化传播的优势。首先，国际社交媒体平台为我国文化产品提供了多维度的视觉传播与贸易渠道。其次，通过社交媒体传播的中华文化知识可以兼顾趣味性与知识性。最后，社交网络平台互动可以进一步开启文化交流，建立全面客观的中国形象。本文认为，只有选取合适的优质文化内容并且借用先进的媒介进行传播，我国多彩纷呈的物质与非物质文化遗产才能更好地呈现于世界舞台。

关键词：跨文化传播；海外社交媒体；中国传统文化；汉服

近年来，随着中国的综合国力不断提升，我国的国际影响力持续扩大。然而，中华文化输出以及国家形象塑造并不理想。国际社会中常常出现对中国传统文化遗产的质疑与挪用，这提醒我们既要传承好自己的文化，充分保留可考的史实依据，又要适时创新与应用这些传统文化遗产，让世界看到中国文化的强大生命力。正如习近平总书记指出的，讲中国故事是时代命题，讲好中国故事是时代使命，讲什么故事，如何讲好故事，成为当下亟待探索与明确的问题。目前，振兴国际友好交流是我国重要的贸易与文化方针之一，从"一带一路"文化中汲取适合当代中华文化传播的经验与文化内容，有助于讲好中国故事，树立良好的中国形象。

随着泛娱乐时代和后疫情时代的到来,互联网社交媒体已融入人们的工作与生活,并凭借其视觉化,娱乐化,碎片化的内容特点,表现出传播速度快、传播范围广、接受门槛低的传播优势,成为 21 世纪人们认识世界,理解社会与文化的重要途径。在此背景下,许多用户自发地将社交媒体应用于中国的物质与非物质文化遗产保护与传承,成为保育与传播中华文化的良好机遇。此外,在不断建立文化自觉与文化自信的基础上,自媒体创作者也顺应经济全球化与信息全球化的趋势,利用海外社交媒体平台,以全新的形式对中国传统服饰文化进行跨文化传播,构建更加具体,生动的文化内容,帮助中国文化"走出去"。

一、 汉服、Instagram、与汉服文化博主

服饰作为一种非言语符号,它有保温蔽体、美化修饰方面的基本功能,同时也兼具丰富的社会属性和深层的符号意义,反映着一个社会的经济、政治、文化等多方面的发展和传承。①汉服作为重要的中华文化符号与物质载体之一,承载着中华民族千年来形成的审美,礼仪,习俗等文化传统。②近年来,"汉服复兴"在全国各地引起热烈反响,互联网平台公平开放的特性为每一个热爱中华文化的个体提供了表达与创作的机会。更多年轻人愿意尝试传统服饰,了解传统礼仪以及相关的历史知识,他们借助新兴媒介的传播优势,在网络社交媒体分享图文内容,将原本小众的汉服文化推向了大众视野,而随着融入剧情短片,时尚摄影等现代元素,传统服饰也被注入了新的时代活力。

2004 年来,随着汉服热潮的兴起,许多青年用户自发地组成了汉服亚文化圈,③通过穿着传统汉服,举办汉服文化节,拍摄服饰写真以及创作古装剧情短视频等活动对中华服饰文化进行创作与宣传,催生了许多高质量的文化产品。这些兴起于民间的文化产品主要寄托于自媒体的传播,如微博、小红书、抖音、快手等大众娱乐平台,受到了大量国内用户的喜爱与关注。到 2024 年 7 月 7 日星期日为止,微博汉服超话拥有粉丝 135.8 万,小红书汉服话题更有着 72.6 亿次的超高浏览量。随着汉服文化的影响力不断扩大,许多文化创作者也将优质内容

---

① 麦克卢汉:《理解媒介:论人的延伸》,北京:商务印书馆,2004 年,第 159 页。
② 曾艳红:《服饰:文化的一种载体及传播媒介》,《丝绸》,2013 年第 1 期,第 58—62 页。
③ 周星:《新唐装、汉服与汉服运动——二十一世纪初叶中国有关"民族服装"的新动态》,《开放时代》,2008 年第 3 期,第 125—140 期。

搬运至海外社交平台,如 YouTube、Facebook 及 Instagram,极大地促进了中华传统文化的国际传播。

作为目前海外炙手可热的社交媒体,Instagram 成为我们可以加以利用,赋能于传统文化继承与发展的新型文化传播载体。Instagram,又常被简称为"IG"或"Ins",是 Meta 公司创立于 2010 年的一款免费提供在线图片及视频分享的社群应用软件。根据 WSR 于 2022 年 5 月 26 日发布的报告,Ins 的每日活跃用户数量约有 500 亿,其中用户最多的国家分别为印度,美国,巴西,印度尼西亚以及俄罗斯。①Instagram 社交平台内容以图像为主,文字为辅的界面形式成为众多网友分享图片、汲取时尚灵感的传播媒介,另外还具有电商、点赞、评论等功能。

Instagram 社交平台有关"♯汉服"话题的帖子有 21.3 万篇,并存在着一批内容垂直度高,影响力大的汉服文化博主。这些账号将中国不同朝代的服装制式,色彩搭配,穿着礼仪,妆容发型等文化内容以短视频,照片,插画等视觉形式向其他用户展示。这些弘扬汉服文化的民间自媒体账号在简介中注有"仅为分享中国汉服文化,非商业用途",表明了账号的自发性与公益性,同时也体现出互联网时代"人人都是创作者"的去中心化,自下而上的传播特点。这些新媒体内容将中国传统文化与现代社交媒体相结合,充分利用互联网平台的视觉呈现优势与互动属性,增添文化遗产知识的趣味性与观赏性,赋能于中国传统文化知识传播。同时,这种基于互联网社交媒体的文化传播方式也扩大了传统文化的传播影响力,打破地域与年龄限制,触达更广阔的受众群体,有着不可小觑的传播优势。

由此,本文基于国际社交平台 Instagram,以三个具有代表性的汉服博主的账号作为案例,分别是@ Hanfu-photo, @ hanfu. sharing, @ silkroad-journey。这些分享汉服文化的账号得到了大量海内外 Instagram 用户的支持与喜爱,拥有数万粉丝且大部分是国际用户,由此可见这些汉服博主在汉服文化的国际跨文化传播中发挥着积极促进作用。本文对三个案例账号进行了多模态分析,结合其账号内容,发帖形式,平台功能等不同信息源,总结提炼出了将中华传统文化与国际社交平台相结合的传播优势,为未来的中国跨文化传播提供借鉴参考。

---

① 40 ＋ INSTAGRAM 2022 的统计数据和事实。https://www.websiterating.com/zh-CN/research/instagram-statistics/♯references.

图 1 @Hanfu-photo,@hanfu.sharing,@silkroad-journey 三个汉服博主账号主页

二、 多维度、多领域、多模态的网络传播

社交媒体凭借其图像化特征在跨文化传播中拥有了感官体验丰富,削弱文化壁垒的传播优势。居伊·德波在《景观社会》中提到,人类的日常生活正日益表象化,视觉感官以压倒性优势凌驾于其他感官之上,[1]这意味着图像与影像成为人们更易于感知与接受的媒介形式。社交媒体作为互联网时代的视觉传播平台之一,成为人们获取信息的重要途径。Instagram 是主要用于展示照片与视频内容的社交媒体,在用户主页可以清晰看到其发布的图像内容,使观众能够快速通过视觉体验判断其账号的主要内容及作品风格。正如孟建所说,视觉文化标志着文化形态和人类思维方式的转换以及传播理念的拓展,视觉影像的创作,传播与接收占据着人们信息感知的主导地位。[2]基于社交媒体视觉化特征,汉服爱好者与文化博主会发布与传统服饰相关的影视截图,美妆视频,服饰分享,礼制科普,活动照片等丰富的内容,这些图像作品往往有着风格统一,主题鲜明的

---

① 居伊·德波:《景观社会》,南京大学出版社:当代学术棱镜译丛,2017 年,第 251 页。
② 周宪:《视觉文化的转向》,《学术研究》,2004 年第 2 期,第 110—115 页。

特点,使其他用户在浏览汉服博主帖子以及主页内容时可以轻易捕捉中国文化元素。在图像媒介中,汉服等元素成为代表中国文化的视觉符号,即使是海外受众也可以一目了然地捕捉到独特的中式美学,淡化了异文化接收者的语言文化壁垒。在跨文化交流中,视觉内容借助新媒体的力量,可发挥其更强的传播效力。①

除了媒介形式的助力,传播内容的选取与设计也在跨文化传播中十分关键。精美的高质量的汉服图像成为吸引粉丝的重要内容。在这些汉服博主上传的照片中,除了中国民间汉服爱好者提供的原创图片,还有大量取材于中国当红古装影视作品的剧照或片段,如《梦华录》《风起洛阳》《绣春刀》等,这些由专业影视团队制作,流量明星出镜的文化作品以更加考究、严谨的态度对待其中的服装造型与美术场景设计,保障了高质量的视觉呈现。同时,加入剧中明星、剧作等相关的超链接话题(Hashtag)也可以为帖子增加曝光,使更多人有可能浏览到这些图文,从而了解到汉服文化。除了对服饰进行介绍,一些账号还分享与汉服相关的中国传统礼仪,如不同朝代的行礼手势以及婚礼着装等,用来配合不同形制的服饰。这些礼仪科普内容多以视频等动态影像为载体,通过还原中国人的生活场景,如婚礼、聚餐等,使展现的内容更加丰富全面,使国际用户更加直观与沉浸式地感受中国的风俗习惯与文化传统。

除了 Instagram 平台优秀的视觉呈现效果外,其广告和电商功能也为汉服文化传播提供了广阔的商业贸易平台。本研究观察发现,许多汉服商家也在Instagram主页开设了其海外电商渠道以售卖原创汉服。这些博主将自己的商业网站链接附在简介下方,主页菜单中还增添了"逛店铺"功能,供客户挑选心仪的汉服商品(图 4)。随着电商与物流行业的发展,通过 Instagram 这样的国际社交平台,更多中国商家可以将产品销往海外,即使是汉服这样相对小众的商品也可以拥有销往国际的机会。这既是中国商家的机遇,同时也为更多汉服以及中华文化爱好者提供了便利,让更多国际爱好者通过网购便能体验到穿着汉服的乐趣,正如丝绸之路一样,商品贸易的流通必然会带来文化的交流,中国销往海外的一丝一线都承载着深厚的文化底蕴以及我国劳动人民智慧的结晶,在海外替我们讲述着中国故事。随着"一带一路"倡议的持续推进,跨境电商成为中国与其他国家贸易往来的重要手段,对跨境电商的既有研究比较

---

① 孟建:《视觉文化传播:对一种文化形态和传播理念的诠释》,《现代传播》,2002 年第 3 期,第 1—7 页。

重视对政治,经济制度以及工程技术方面的讨论,但对于文化问题研究不足。在上述观察中我们可以得知,跨境电商与社交媒体文化输出相辅相成,共同助力于中国跨文化传播以及贸易活动,此课题可以在未来的跨境电商研究中进一步探讨。

图 2 Instagram 呈现的丰富视觉图像　　图 3　汉服博主的 Instagram 电商页面

三、 趣味性与学术性并存的知识内容

讲好中国故事除了利用好社交媒体平台的属性优势,还离不开创作者对于中国文化内容的把握与运用。在 Instagram 的个人主页中,人们可以通过在首页添加"瞬间"(Moment)分享一些图文或视频内容,其粉丝便可以点击观看,同时这些"瞬间"图文也可以通过点击进入博主的个人主页查阅。这一功能成为汉服博主独特的科普中华服饰文化的方式。许多博主将"瞬间"按照朝代进行分

类,在"唐""宋""明"等多个以朝代命名的"瞬间"入口上传属于不同年代的中国服饰图片,这一设计使人在进入博主的主页时便能立刻注意到,只需花费几分钟依次查看这些图文内容,粉丝们便可以欣赏到中国服饰由古至今的服饰演变历程。麦克卢汉认为,媒介即信息,媒介形式本身早嵌入了讯息之中,信息与媒介成为共生关系,社交媒体"瞬间"的功能与中国不同朝代服饰的图文内容相辅相成,共同为观者提供了丰富的汉服历史知识。

此外,汉服博主会在这些由现代人穿戴的图片旁加入对应或相近的文物画作,历史典籍等可靠史实资料加以对比参考,由此可以看出这些博主对中华文化传播严谨认真的态度。例如,在博主@silkroad_journey 主页中,大部分图文都通过历史画作与影视作品的对照,对展示的服饰进行科普,将《梦华录》中主角佩戴的三环发簪与飞天簪的照片与宋朝画家刘松年的《宫女图》放在一起进行对照,既有历史依据又有现代的还原演绎,从多维度展示我国宋代服饰的精美绝伦。此外,为了降低语言壁垒、更好地使海外用户理解这些汉服内容,这些博主在图片或视频中加入了英文翻译和对应的注释。博主们通过将史实资料与现代复原图相结合,使文化内容不仅停留在浅显的视觉感官层面,还使观众通过现代图像与古代文物的对照以及视听结合的多维度内容,深入了解中华历史文化与价值观。展现出中华文化传播者尊重历史,拒绝凭空捏造的严谨态度。

随着越来越多的海外用户通过社交媒体了解中华文化知识,海外志同道合的中华文化爱好者建立了围绕中华文化的网络社群,形成了互动性、发散性、自发性的知识网络。Instagram 中的点赞,评论等功能为用户提供了高互动性和高参与度的文化交流通道。在汉服博主的帖子的评论中,可以看到大量的海外用户留言,表示他们对于中国文化的喜爱之情。并且还会提出关于帖子中服饰形制,穿戴方式等问题。例如,一位喜爱中国文化的国际用户向博主问道"我很喜欢中国的历史,除了维基百科我还可以从哪里学习?"博主便向其推荐了海外视频平台 YouTube 上《中国通史》系列视频,用来了解更多关于中国的历史知识。由此可见,这些帖子下方的评论互动为中外网友带来了进一步文化交流机会。除了对汉服本身的兴趣,经观察发现,外国用户还对汉服博主发布的视频中的音乐,戏剧等其他文化内容也有着浓厚的兴趣,继而去了解中国戏曲,民俗活动等其他形式的中华传统文化。在跨文化传播领域,社交媒体正在更广阔的虚拟空间中产生着回声室效应,把特定的信息和情感在超越参与者传统文化身份

图 4　汉服博主使用现代影像与文物画作进行对照

的前提下集中在一起，形成超文化景观。①在汉服文化帖子的互动中，喜爱中国传统文化的用户建立了更加紧密的交流空间与情感连接，以汉服作为发散点，进一步了解多维度的中国文化，促进了中国文化爱好者对中国的认识与了解。

Instagram 将图像展示，电商交易，人际社交等多个功能融为一体，为中华文化提供了多形式，多角度的表达呈现方式。与通过书本、校园习得知识的学院派方式相比，这种基于社交媒体的科普方式，将系统性、专业性的知识进行解码，使其碎片化的内容更加容易引起观众的兴趣且易于理解与吸收。同时，基于娱乐社交功能的社交媒体文化传播也摆脱了精英化的传播生态，让普通观众能够寓教于乐，轻松快捷而又不缺乏知识性地了解中华文化。

这样的新媒体内容打破了人们常规认知中，社交媒体内容专业性差，严肃度低的认知偏见。

四、 平台互动开启文化交流，建立全面中国形象

社交媒体内容发布的便捷性与即时性使自媒体人能够对社会相关热点话题给予及时的回应。随着信息技术革命的深入发展，全球媒体进入智能化与社交化时代，传播流程被缩减，传播主体前置，传播结构出现扁平化、智能化的特点，这些都深刻改变着对外传播的模式和方法。②与传统大众媒体的发布相比，社交媒体内容免除了烦琐的审核机制。以往国内媒体的新闻内容需要经过官方机构的审查与批准才能正式发布，而面向海外的内容则需要更长的审核周期，这无疑

---

① 姬德强：《李子柒的回声室——社交媒体时代跨文化传播的破界与勘界》，《新闻与写作》，2020 年第 3 期，第 10—16 页。

② 郑承军、唐恩思：《青年镜像：中国形象在海外社交媒体上的传播与塑造》，《中国青年社会科学》，2020 年第 6 期，第 1—9 页。

会削弱新闻的时效性。而网络自媒体却很好地弥补了这一缺憾,为许多社会热点话题提供了新鲜的中国观点。如国际知名品牌抄袭我国传统服饰马面裙的事件中,许多 Instagram 汉服文化博主都在第一时间发布了有关马面裙的服装图片及历史资料予以回应,为我国的独特的物质文化遗产发声。此外,这些汉服文化博主不仅局限于传统服饰内容,还为其他中国传统文化发声,如在2023 年初,海外论坛中出现的有关"春节"英文译法的争议,某些英文内容中将春节翻译为"Luna New Year",并注明春节为韩国传统节日,这无疑会对不了解中国文化的海外受众造成误导,针对这种文化模糊与挪用的现象,许多热爱中国文化的汉服博主自觉发布了相关的科普内容,对"Chinese New Year"与"Luna New Year"加以区分,使更多国际网友了解到中国春节的历史渊源与文化内涵。诸如此类针对扭曲中国文化的事件进行网络舆论对冲的互联网内容,有利于我国在国际平台上树立更加完整客观的国家形象,使我们获得讲述中国故事的主动权。

此外,社交媒体互动有利于建立平等交流,消除主体文化偏见。国家形象既受到政治,经济等客观因素影响,同时也受到了观众的主观"再建构"。在跨文化交流中,海外受众从自身文化背景,所处社会环境出发解读其他国家文化往往受到意识形态与文化背景的影响,具有主观臆断性。在西方制度基础上发展起来的媒体,对华舆论也不太友好,甚至攻击我国的制度,散播"中国威胁论""中国殖民论"甚至"中国霸权论"等,直接影响我国在世界各国当中的形象,对我国的对外交往有巨大障碍。[1]而互联网平台赋予的去脸谱化和去标签化的个体主义表达方式,在僵化的国家叙事之外,赋予了中国文化更加鲜活和自身的新时代载体,[2]也给予了每个用户平等开放的发声机会。例如,在汉服爱好者帖子的评论中还存在一些不怀好意或歪曲史实的评论,质疑汉服发源地或所属文明的评论。面对他者的质疑或诋毁,社交平台的公开透明性使我们得以洞见来自异文化用户对中国文化所持的偏见,也为中华文化辩驳与正名提供了机会。在相关内容下方可以看到许多中华文化爱好者以自发为中华文化正名的回复,展现了中国人在国际平台中的文化自信与爱国情怀。在此需要注意的是,在网络平台中的

---

① 彭伟步:《借力西方社交媒体,推动中华文化海外传播的价值与可行性分析》,《中国记者》,2017 年第7 期,第 43—45 页。

② 吕梦佳、马二伟:《海外社交媒体中个体影像叙事对国家形象的建构——以 YouTube 视频博主为例》,《新闻爱好者》,2022 年第 3 期,第 53—57 页。

辩论应以礼貌与理性的态度进行交流，避免谩骂、侮辱，以及可能进一步激化矛盾的不文明表达方式，警惕民粹与民族主义情绪。①

文化传播的新形式新方法必然伴随着危险与隐患。社交账号建立门槛低，其中创作者与用户素质参差不齐，使得在优质内容和良性互动之外，也存在着不少劣质文化产品。此外，海量的信息内容甄别难度大，缺乏严格的审核机制，容易出现抄袭，捏造事实等不良现象。因此，也需要加强文化传播者的自觉性与专业性，并且加强官方机构对网络传播内容的监督。尽管目前观察到大部分海外汉服账号都是公益自发性的，但对于上述潜在的不良的传播行为也需要注意与警惕。

建立多元积极的国家文化形象除了纠正错误以及有失公允的国际言论外，还需要我国自身提高形象建构的自我意识，主动在国际舞台展示更多优质文化内容。近年来在文化"走出去"战略领导下，许多优质的中华文化作品都在海外引起反响，如电视剧《甄嬛传》，电影《八佰》等文艺作品都相继受到海外观众的喜爱。除这些耗资巨大且制作周期较长的专业影视作品外，在本文的案例中也展现了网络自媒体人为中华文化传播做出的有效工作，以及社交媒体的对外传播优势。除了本文提到的 Instagram 之外，海外视频网站优兔（YouTube）、抖音海外版（TikTok）、社交网络脸谱（Facebook）、推特（Twitter）等都是有着开发潜能的海外互动平台。目前，我国官方媒体正处于互联网转型阶段，许多中国官媒已经入驻了海外社交媒体，人民日报 Facebook 账号的粉丝接近 4000 万，新华社 Facebook 账号粉丝超过 2000 万，推特粉丝接近 1 亿，这证明中央级媒体完全具备借助西方社交媒体实现向外传播中国声音的能力，而且取得了非常好的成绩。②由此可见，我国也可以鼓励相关文博企业入驻国际社交平台，通过在海外社交媒体发布更多有关中华文化的图文内容，进一步扩大中华文化的国际影响力。

综上，Instagram 等国际社交网络平台为我们提供了新的文化传播途径，依靠社交网络平台进行的文化宣传有着高可触达性，多元系统性，高互动性等优点；将社交网络功能赋能于汉服文化呈现与传播，可以为我们提供跨文化传播的

---

① 刘柏豪：《边界消融与情感共鸣：社交媒体时代中华文化对外传播研究》，《声屏世界》，2022 年第 6 期，第 15—18 页。
② 石桂妹：《社交媒体时代中国形象跨文化传播研究》，中国政法大学硕士学位论文，2021 年。

新思路，与传统的基于线下的传播交流方式如孔子学院，克服了后疫情时代的时空限制，同时也降低了中华文化海外传播所需的经济成本。与传统大众媒体如电影电视，书籍报刊相比，合理利用社交媒体发布文化作品，则可以减少当地政府对我国文化作品的过度审查与限制，使中华文化顺利在海外落地。①以视频与图片为媒介，将传统服饰文化通过绚丽多彩的视觉效果进行呈现，使这种文化传播形式顺应了视觉转向下的读图时代特征，以感官体验解码传统文化，吸引更多海外受众对中华文化的兴趣，继而循序渐进地加深其对于中国的了解。同时，互联网平台的公平与开放也有助于更多中国用户在国际平台中的发声，讲好中国故事，从而使中国形象由"他塑"转为"自塑"。

中华文化的海外社交媒体跨文化传播，是优质文化内容与良好的传播途径两方面共同作用的成果。中华服饰，作为承载着中华审美价值与文化习俗的物质载体，是跨文化传播中良好的被传播内容与文化载体。②本文聚焦 Instagram 平台的汉服类博主的内容，分析了社交网络平台为汉服文化传播提供的便利与助力，并希望以此启发更多中华文化符号的国际传播方式。中华文化传播任重而道远，需要各界的更多关注与努力，不断注入新的力量，创新传播形式与内容，与时俱进。相信在不久的将来，中国会开辟出更加适合数字化，全球化时代的跨文化传播新道路。

作者简介：刘若溪，新加坡南洋理工大学，媒体艺术与设计学院，博士研究生。

International Social Media Facilitating the Global Expansion of Chinese Culture: An Analysis of *Hanfu* Culture Bloggers on the Instagram

Abstract: As globalization progresses and China's "going out" strategy advances, the international dissemination of Chinese culture has become a focal point across academic disciplines. Scholars are increasingly interested in what cultural content to export and through which media channels to disseminate it. This paper employs a multimodal analysis approach, focusing on *Hanfu*

---

① 刘瑜：《以服饰为视角的"丝绸之路"文化交融研究》，《兰州大学学报》（社会科学版），2018 年第 2 期，第 10—16 页。
② 贾宁：《符号学视角下清朝服饰的解读》，黑龙江大学硕士学位论文，2020 年。

culture bloggers on the overseas social media platform Instagram. By examining their account content, posting formats, and platform functionalities, three advantages of using international social media platforms to promote Chinese culture are identified. Firstly, these platforms provide multidimensional visual communication and trade channels for Chinese cultural products. Secondly, social media content can balance entertainment with educational value. Lastly, social networking platforms facilitate cultural exchange and help establish a comprehensive and objective image of China. This paper proposes that only by selecting high-quality cultural content and leveraging advanced media for dissemination can China's diverse material and intangible cultural heritage be effectively showcased on the global stage.

Keywords: Intercultural communication; Overseas social media; Traditional Chinese culture; *Hanfu*

国际中文教育话语体系研究

主持人语

张恒军

　　在党的二十大报告中,习近平总书记进一步指明了新时代国际传播工作的战略方向。"加强国际传播能力建设,全面提升国际传播效能,形成同我国综合国力和国际地位相匹配的国际话语权。"互联网 3.0 时代,在社交媒体及信息技术的赋能下,在国际传播中,跨文化传播扮演着越来越重要的角色。如何在全面把握跨文化传播作用机制的基础上,充分调动多元主体积极性,进一步拓展其价值空间,通过有效策略实施,全面提升国际传播效能,无疑是当前需要重点思考的问题。这些主体包括政府、平台和特定群体等。本专栏收录三篇论文,分别对应政府、平台和特定群体三大主体。

　　夏旭晖的《国际传播视域下构建国家治理话语体系的思路》,关注政府层面的治理话语如何提升跨文化传播效能。国家治理话语体系是国家对外传播的核心议题。推进具有中国范式的国家治理话语表达和叙事体系建设,可为中国特色社会主义现代化事业营造良好的国际舆论环境。研究者指出,在"西强我弱"的国际舆论格局下,要充分认识构建国家治理话语体系的必要性和紧迫性。着力构建国家治理话语的内容体系,包括国家治理概念、内涵、范式三种体系。明确构建国家治理话语体系的路径,通过推进国家治理实践总结治国理政经验、汲取优秀传统文化丰富国家治理理论、加强新型智库建设提炼治理话语要素等方式,展现"中国之治"的全景优势。

　　张恒军、宋宜效的《影像中国的三张面孔:图像时代的叙事艺术》,针对平台如何做好内容与传播讲好中国故事,进行了经典案例的分析。作者指出,当今世界是一个由现代技术支撑的图像时代。现代影像与传媒技术的联姻让人们更喜欢以图像为核心的"观览"世界,所谓"眼见为实",更能充分激发了海内外受众的同理心,实现了深层次的跨文化共情传播。《走遍中国》《青年中国说》《民歌·中国》等一批优秀的作品，正是多元主体在影像技术赋能、影像内容赋能等方面进行的探索。分析它们的叙事艺术与传播艺术。以它们为样板，可为未来的中华文化国际传播提供更多可资借鉴的经验。

胡清国、王馨、雷娇的论文《引导来华留学生讲好中国故事的路径阐释》，关注特定群体。来华留学生凭借独特的身份定位、文化属性、个性视角等特点，成为讲好中国故事的一个重要群体。作为在中国生活的外国人，有些来华留学生甚至都是"中国通"，其观察视角和叙事思维却是国外的、他者的，这就决定了其在跨文化传播领域有着独特价值，有助于向海外受众全面呈现了一个真实的、有烟火气的中国。本文将其作为研究对象，指出来华留学生是中国故事的见证者，也是讲好中国故事的重要潜在力量。基于其可能性与特定优势，可从第一课堂与第二课堂融合、发挥中国同龄人的示范作用、挖掘培养"意见领袖"、开发校友资源、打造来华留学生讲好中国故事的平台渠道等方面入手，引导来华留学生讲好中国故事。

传播主体、传播媒介、传播受众是形成跨文化传播的要素，如何充分发挥这些要素的作用，明确它们在跨文化传播中的优势，最大程度地消除中外隔阂与偏见，是国际传播的重要任务。唯有理性、批判、开放，扬长避短，才能走得远、走得稳，真正发挥它们在跨文化传播中的优势效能。

主持人简介：张恒军，大连外国语大学新闻与传播学院院长、教授、博士生导师。

国际传播视域下构建国家治理话语体系的思路

夏旭晖

　　摘　要:国际竞争不仅体现在硬实力的竞争,也包含软实力的竞争。国际传播力是国家软实力的重要部分,国家治理话语体系是国家对外传播的核心议题。争夺国家治理话语权,本质上是要捍卫自身发展权,捍卫国家主权、安全和发展利益。构建国家治理理论体系和话语体系,形成同我国综合国力和国际地位相匹配的国际话语权,推进具有中国范式的国家治理话语表达和叙事体系建设,强化对外传播能力,注重国际传播效能,为中国特色社会主义现代化事业营造良好的国际舆论环境。在"西强我弱"的国际舆论格局下,要充分认识构建国家治理话语体系的必要性和紧迫性。全球治理挑战加剧,国际舆论博弈加速,高水平开放深入推进,国际对外交往加深,都推动着国家治理话语体系构建。着力构建国家治理话语的内容体系,其内容包括国家治理概念、内涵、范式三种体系。明确构建国家治理话语体系的路径,通过推进国家治理实践总结治国理政经验、汲取优秀传统文化丰富国家治理理论、加强新型智库建设提炼治理话语要素三种方式,展现"中国之治"的全景优势。

　　关键词:国际传播;国家治理;话语体系

　　习近平总书记在中共中央政治局就加强我国国际传播能力建设进行第三十次集体学习时指出,"要全面提升国际传播效能,构建对外话语体系,讲究舆论斗争的策略和艺术,提升重大问题对外发声能力"。国际竞争不仅体现在硬实力的竞争,也包含软实力的竞争。国际传播力是国家软实力的重要部分,要在国际舆论斗争掌握主动,就必须重视国际传播软实力的建设。尤其要清醒地看到,虽然我国综合国力显著提高,改革开放取得巨大成就,但是西方国家仍然固守"西方文明优越论""西方中心论"，对中国发展道路、国家治理方式存有曲解误读偏见。

国家治理话语体系是国家对外传播的核心议题，争夺国家治理话语权，本质上是要捍卫自身发展权，捍卫国家主权、安全和发展利益。要打破西方舆论霸权，尤其不能在核心议题上失语让步。要以习近平总书记重要讲话精神为指导，坚持统一思想，增强内在凝聚力，筑牢国家治理的铜墙铁壁，构建国家治理理论体系和话语体系，形成同我国综合国力和国际地位相匹配的国际话语权，推进具有中国范式的国家治理话语表达和叙事体系建设，强化对外传播能力，注重国际传播效能，为中国特色社会主义现代化事业营造良好的外部环境。

一、 深刻认识构建国家治理话语体系的必要性和紧迫性

当前国际局势深刻复杂演变，各种新情况新问题层出不穷，遏制打压中国的声音并未停息，涉华舆论斗争任务艰巨。加强国际传播能力建设，就是要掌握国际舆论话语的主动权，把握传播规律和技巧，围绕主线聚焦热点，拨清迷雾辨析本质，客观全面呈现我国国家治理的伟大成就，注重内外联动双向发力，以内部治理的稳定性和有效性应对国际环境的复杂性和波动性，有效化解国际舆论矛盾和冲突，形塑有利的国际舆论态势。

(一) 全球治理挑战加剧国家治理话语权竞争

经济全球化促进国际的舆论交融传播，增进各领域对话交流合作，推动不同文明相互交融共存共荣，加速不同话语体系的融合互通。国家治理成为不同国家高度关注的重大命题，也是全世界人民普遍面临的共同挑战。全球化多极化背景下面对百年未有之大变局，为有效应对人类共同的危机，需要大国加强国家治理协调推进，强化全球治理的携手共商，促进人类全面进步。

同时，全球经济政治复杂多变深度演进，国际经济秩序持续调整，升高大国地缘政治格局对立风险，逆全球化趋势反弹，全球金融风险持续蔓延，非传统安全风险上升。外部环境的多重挑战交织对现代国家治理产生深刻影响，也对国家治理能力提出了更高要求。全球治理赤字导致信任缺失，共识危机动摇了治理的观念基础，后疫情时代全球战略资源的紧缺性、全球价值链的恢复也加剧了

国家间软实力的竞争和国家治理话语权的争夺。

(二) 国际舆论博弈加速国家治理话语体系构建

当今世界数字化信息化发展大势所趋,国际舆论传播更加高效,各国人民联系更加便捷,各国相互依存、彼此依赖,文明多样性让世界更加色彩纷呈。另一方面,全球数字鸿沟日益扩大,技术竞争更加激烈,全球深层次的发展矛盾突出,争夺国际规则制定主导权的较量并没有减弱。保护主义、单边主义不断抬头,冷战思潮回潮,"文明冲突论"沉渣泛起,各种霸凌行径严重冲击现行国际体系和国际关系准则……地区形势中的不确定因素急剧增多。①

霸权主义行径危害全球,大国博弈和两种制度之间的较量长期存在,地缘政治风险和冲突隐现,部分地区局势动荡走在失控边缘。充满冷战思维的论调此起彼伏,国际舆论形势暗流涌动。在这种国际背景下,面对各种谬论杂音和各种误解,构建我国国家治理话语体系显得尤为重要。

在国际舆论场上,我国的国家治理话语权与当前的大国地位还不相称,丰富的文化资源和深厚的文化底蕴还未充分挖掘,仍处于话语弱势地位,因此有必要向世界清晰地呈现国家治理图景,有效地传递国家治理之道,展示具有中国特色的国家治理话语体系与国家治理发展路径。

(三) 高水平开放促进国家治理话语体系完善

应对国际舆论斗争的新形势,必须坚持改革开放,统筹国内国际两个大局,以对外开放倒逼高质量发展。历史证明,筑起贸易藩篱闭关锁国无助于自身发展,开放合作共赢才是正道。只有主动发声,塑造对外话语传播体系优势,广泛团结和平的力量,扩大朋友圈,织密与各国的利益连接点,才能有力维护世界和平稳定发展大局。

一方面,高水平开放主动对接国际通行的经贸规制,参与新一轮的规则重塑,积极融入开放型世界经济,服务建设开放型经济体制,为建立完善成熟的治理体系提供有力的制度支撑。高水平开放顺应了现代国家治理的必然逻辑和科学规律,增强了国家治理的张力和韧性,推动治理机制的创新发展,促进了国家治理话语体系的发展完善。另一方面,高水平开放增进相互了解,深化共识,有

———————————

① 《"从团结合作中获取力量"——记国家主席习近平 2019 年夏中亚之行》,新华社,2019 年 6 月 17 日。

利于国际社会准确把握中国国家治理话语体系和战略政策部署,消除开放进程中所引发国外舆论的担忧误解和观念扭曲,增强战略互信,加强战略沟通,把握战略主动,有利于巩固国家意识形态安全,营造良好的国际舆论环境。

(四) 国际对外交往推动国家治理话语体系建设

大国外交是国际传播的重要形式,彰显大国智慧和大国影响力。国际对外交往就是要维护世界和平稳定,加强国际合作交流,巩固友好关系,维护国际友谊,坚持互利共赢,增进对我国国家治理体系的认同和理解,助推我国国家治理话语体系建设。

国家治理话语体系的建构不是无中生有、凭空想象,而是有着深刻的社会实践基础和特有的治理逻辑。改革开放 40 年来,中国共产党领导全国各族人民创造了世界现代化史上空前的辉煌成就,中国人民的面貌发生了翻天覆地的变化,奋力谱写时代发展的崭新篇章。新时代,全国人民勠力同心,奋力夺取抗疫伟大斗争的全面胜利,决战脱贫攻坚,全面建成小康社会,意气风发向第二个百年奋斗目标迈进。综合国力大幅跃升,国际影响力持续增强。在新的赶考之路上,以习近平新时代中国特色社会主义思想为指引,全党扎实开展党史学习教育,弘扬伟大建党精神,驰而不息开展"四风"整治,真刀真枪解决问题,解决了许多长期想解决而没有解决的难题,办成了许多过去想办而没有办成的大事,推动党和国家事业发生历史性变革。[①]迅速崛起的中国,不仅成为发展中国家的典范,也成为国际舆论关注的焦点。中国国家治理的伟大历史成就,丰富了国家治理的实践经验,推动我国国家治理理论体系持续构建。

国际对外交往是见证发展巨变、密切经贸往来、发挥桥梁纽带作用的重要途径和形式。通过叙述中国历史、讲好中国故事、传播中国声音,坚守中华文化立场,坚定捍卫国家民族利益,维护国家治理良好外部环境。不仅举旗定向昭示国家发展的道路方向和执政理念,也阐述国家治理理论的本质内涵和治国理政的经验成就,凝聚海内外中华儿女共同力量建设中国特色社会主义,赢得国际社会的广泛支持,为全球治理贡献中国方案,为全球发展注入强劲动力。

---

① 《求是》杂志编辑部:《高扬新时代中国共产党人的思想旗帜》,《求是》,2021 年第 22 期。

二、 准确把握构建国家治理话语的内容体系

中华民族五千多年的璀璨文明,孕育了超越西方又融通中外、具有中国特色又具有世界普遍性的治理话语体系。国家治理的提出,吹响了"源于中国而属于世界"的当代话语体系建设的号角,表明中国正在形成自主话语体系。要提高国际传播能力,改变"西强我弱"的国际舆论格局,加强我国国家治理话语体系的建构,扭转国际舆论环境中的不利因素,创造有利的舆论要素,团结国际社会大多数力量,获得国际社会的广泛理解和拥护。

习近平总书记关于治国理政的重要论述,创设了符合中国国情的国家治理理论表达和话语体系,内涵丰富,逻辑严密,结构完整,具有宽广的历史视野、宏大的理论格局和独有的创新特质,为丰富和完善国家治理理论提供了科学认识论和方法论,为构建国家治理理论体系和话语体系指明了方向。具体内容概括为几个方面:

(一) 国家治理概念体系

要形成引领时代的话语权,首先就要把概念讲清楚,明确新概念新表述。"治理"这一概念,体现一个国家综合指标,基于中国历史文化和现实政治提出的"国家治理"更是一个好概念。自古以来,我国在国家治理方面就有许多积极探索,提出了许多丰富的治理思想。正所谓"治国有常,而利民为本""理道之远近而致贡"等,无不体现着古人的深刻洞见和哲学智慧。

新时代,习近平总书记明确设定了我国国家治理的概念边界和本源特征,"我们治国理政的本根,就是中国共产党的领导和我国社会主义制度。我们思想上必须明确,推进国家治理体系和治理能力现代化,绝不是西方化、资本主义化"。①在中国的基本国情和政治语境中,"国家治理"就是在中国共产党的领导下,构建总揽全局、统筹各方的治理格局,充分发挥政府、企业、社团组织、人民群众等多元主体的协同共治作用。增强各级党员干部、各方管理者的思想政治素质、科学文化素质、干事创业的能力本领,提升党的执政能力,筑牢党的执政地位,加快国家治理体系的高效运转。

---

① 习近平:《在省部级主要领导干部学习贯彻十八届三中全会精神全面深化改革专题研讨班上的讲话》,《人民日报》,2014 年 2 月 17 日。

（二）国家治理内涵体系

内涵体系是话语体系的重要部分。我国国家治理的内涵,就是要推动中国特色社会主义制度更加成熟定型,提高人民依法管理国家事务的能力,促进国家治理制度化、规范化、程序化。增强制度自信,遵循制度规范,探索完善国家治理制度体系,提升依照制度开展国家事务管理的能力,推动国家各项事业在制度的轨道上有序运行。在社会主义建设的前半程是建立社会主义基本制度打牢制度基础,在社会主义改革的后半程则是要完善和发展社会主义制度,使社会主义伟大事业焕发蓬勃生机,为实现中华民族伟大复兴提供坚强的制度保障。通过全面系统的制度建设和纵深改革,推动各领域的政策集成联动发展,形成国家治理的总体效应、取得总体效果。

习近平总书记强调,国家治理体系和治理能力是一个国家制度和制度执行能力的集中体现。国家治理体系,实质上就是"各领域体制机制、法律法规安排,也就是一整套紧密相连、相互协调的国家制度"。[1]国家治理能力则是运用国家制度管理社会各方面事务的能力,涵盖改革发展稳定、内政外交国防、治党治国治军等各个方面。尤其是要提高各级党政机关、党员干部的法治能力,并将这样的能力运用到党务、行政、军队国防等社会主义现代化建设各方面,建设层次分明、条理清晰、运行有序的国家治理能力系统。习近平总书记在党的二十大报告中明确指出,"构建全域联动、立体高效的国家安全防护体系,增强维护国家安全能力;完善公共安全体系,提高防灾减灾救灾和急难险重突发公共事件处置保障能力;完善社会治理体系,建设人人有责、人人尽责、人人享有的社会治理共同体"。[2]关于国家治理的系统论述,是国家治理话语体系的重大创举和重大创新,会通中西,映照古今,生动地体现了实践性和学术性相统一,有机地体现了中国特色性和国际普适性相统一,顺应了党和国家事业要求,符合国际话语趋势和潮流。

（三）国家治理范式体系

话语体系必须有自己的理论风格。"中国范式"是中国国家治理有别于西方

---

① 习近平:《切实把思想统一到党的十八届三中全会精神上来》,《求是》,2014年第1期。
② 习近平:《高举中国特色社会主义伟大旗帜　为全面建设社会主义现代化国家而团结奋斗——在中国共产党第二十次全国代表大会上的报告》,北京:人民出版社,2022年。

国家治理的标志,"中国模式"是我国不断探索发展的经验总结,"中国特色"是我国发展道路的鲜明底色。世界文明的多样性和历史传承性决定了每个国家不同的治理模式。从实践上看,我国国家治理的历史背景、现实条件和发展道路明显区别于西方现代国家。中国发展道路拓展了发展中国家迈向现代化的途径,为人类社会贡献了中国智慧和中国方案。

中国国家治理极不平凡的探索实践和现代化改革的成功经验,构成了新时代国家治理话语权的坚定基石和坚实内核。国家治理实践推进一步,理论话语建构也要跟进一步。道路创新的逻辑、内生演进的规律、全球治理的思想,支撑起国家治理话语权的主体内容。在百年变局和社会转型的时代背景下,要增强中国话语的叙述能力和中国理论的阐发能力,以"中国范式"打破"欧美范式"的话语垄断,以良政善治巩固社会主义制度根基,以国家治理体系的建设促进全球治理的变革。

"我国的实践向世界说明了一个道理:治理一个国家,推动一个国家实现现代化,并不只有西方制度模式这一条道,各国完全可以走出自己的道路来。"①习近平的重要论述明确了我国国家治理话语体系是具有中国范式的话语表达,与西方国家所谓的"民主""自由"截然不同。"如果人民只有在投票时被唤醒、投票后就进入休眠期,只有竞选时聆听天花乱坠的口号、竞选后就毫无发言权,只有拉票时受宠、选举后就被冷落,这样的民主不是真正的民主。民主不是装饰品,不是用来做摆设的,而是要用来解决人民需要解决的问题的。要看人民在选举过程中得到了什么口头许诺,更要看选举后这些承诺实现了多少。"②在我国,国家治理从来不是空洞的口号,而是赋予了明确的要求和具体的内容,坚持党的领导,以人民为中心,以人民福祉为依归,注重人民获得感,着力解决人民群众的实际问题,体现中国特色社会主义本质特征。

三、 积极探索构建国家治理话语体系的实现路径

党的二十大报告指出:"加快构建中国话语和中国叙事体系,讲好中国故事、传播好中国声音,展现可信、可爱、可敬的中国形象。"在推进中国式现代化的伟大征程中,既要重视国家治理的内在硬实力建设,也要注重国际传播的外

---

① 《习近平关于社会主义政治建设论述摘编》,北京:中央文献出版社,2017年,第7页。
② 习近平:《在中央人大工作会议上的讲话》,《求是》,2022年第5期。

在软实力塑造,二者相辅相成、相得益彰。要持续构建国家治理话语体系,以深入浅出通俗易懂的方式,展示"中国之治"的全景优势,展现中华文明的独特魅力。

(一) 推进国家治理实践总结治国理政经验

理论是时代的产物,不同的时代创造不同的理论。实践没有止境,理论创新也没有止境。话语源自实践,国家治理话语体系源自我国国家治理实践,深深植根于我国建设、发展、改革进程。如何开展社会主义国家治理,推进马克思主义中国化是前所未有的历史命题,没有现成的样本可参照,没有现成的经验可借鉴。构建国家治理话语体系的过程,是不断深化社会主义建设规律的认识,探索党的执政规律,更好地掌握国际舆论主动权,持续推进社会主义现代化事业的艰辛历程。

我们党从革命型政党走向成熟的执政党的探索过程中,不是一劳永逸轻轻松松的。系统地总结执政建设的历史经验和理论成果,充分发挥社会主义制度优势,开启党和国家治国理政的新征程,是统一思想凝聚民心的必然要求,是不忘初心、牢记使命的现实需要,是重大而神圣的历史使命。从 2013 年中国共产党十八届三中全会开始,以习近平同志为核心的党中央领导集体作出重大决策,在总结改革开放以来的历史经验和中国式现代化的辉煌成就基础上,形成了系统的国家治理话语体系。《中共中央关于全面深化改革若干重大问题的决定》系统地提出了国家治理、政府治理、治理体制、治理结构、系统治理、依法治理、综合治理、源头治理等多种话语概念,凝练形成了全面的理论阐述,开启了当代中国国家治理的全新阶段,明确了新时代战略目标任务,也是各级干部必须掌握的工作方式方法。党的十九届四中全会审议通过《中共中央关于坚持和完善中国特色社会主义制度、推进国家治理体系和治理能力现代化若干重大问题的决定》,回顾了党和人民推进国家治理现代化、探索建立科学制度体系的光辉历史,系统提出坚持和完善根本制度、基本制度、重要制度,推动制度优势转化为治理效能,保持制度的稳定性,完善急需的制度和必备的制度,推动社会主义制度体系完善发展,推进国家治理体系和治理能力现代化。党的二十大报告提出,全面依法治国是国家治理的一场深刻革命,必须在法治轨道上全面建设社会主义现代化国家,进一步加深了国家治理的规律认识。

(二) 汲取优秀传统文化丰富国家治理理论

中华文化历史悠久、源远流长,灿若星河、底蕴深厚,是人类文明的精神瑰宝和浩瀚宏伟的历史财富。要深刻理解"两个结合"的重大意义,坚定"四个自信",坚守主阵地,弘扬主旋律,铸牢思想理论的根和魂。克服盲目求洋脱离实际的主观主义学风,坚决纠正唯西方理论马首是瞻的不良风气,防止自我矮化的思想倾向。既不盲目自傲,也不妄自菲薄,挺直精神脊梁,珍视民族文化,理直气壮弘扬传统文化,充分借鉴吸收形成具有中国风格、中国气派、中国精神的国家治理理论。坚持与时俱进,融会贯通,贡献中国治理方案,塑造引领全球治理新格局。

在国家治理思想中,一方面要注重历史研究方法,突出纵向比较,传承中华优秀传统文化,把握世界社会主义历史和社会主义国家发展实践之间的共同联系,加强科学社会主义发展史、中共党史、中国革命史、中华人民共和国史的研究,同时要善于借鉴他国发展过程中的经验教训,取长补短,去粗取精,不能重复走历史弯路,比如要力避中等收入陷阱,妥善解决贫富差距过大问题,巩固拓展脱贫成果。另一方面要注重比较治理研究,突出横向对比,对不同地区的治理方式治理路径比较分析,发现不同治理模式间的共同点和差异性,梳理总结典型的治理经验案例和治理文化传统,把握逻辑必然性,探究内在趋向性,形成系统化结构化的治理思想体系。

(三) 加强新型智库建设提炼治理话语要素

智库为公共部门提供了智力支撑和决策辅助,同时集中各方面智慧、凝聚广泛力量提升政治参与水平。党政、科教、传媒、社会等各类智库改革创新,规范发展,增进了思想共识,释放了能量和活力,在智库发展中提炼话语体系,为国家治理开启民智、建言献策,起到了参谋助手和民意整合的作用。从延安时期开始,党就非常注重智库建设,成立了"中央研究院"、边区政府研究室等为载体的智库机构,还成立了中共中央党校、中国人民抗日军政大学、陕北公学等院校智库,培养了大批领导骨干,为革命胜利提供了有力的思想保障和战略支持。

在构建定位明晰、特色鲜明、规模适度、布局合理的中国特色新型智库体系过程中,服务国家治理现代化、增强国家软实力是重要使命任务。把握当前大国竞争的国际形势,加快推动国家治理话语体系发展和构建,有效增强智库学术影响力、舆论导向力、国际话语能力,提升运用法治思维深化治理研究的能力,深入开展经济治理、社会治理、生态治理、网络治理等各领域问题研究,挖掘归纳各地治理的优秀范例,分析探究现代治理的科学规律,汇聚现代治理的学理知识,提高决策咨询智库和专业研究机构服务公共治理的能力。

作者简介: 夏旭晖,江苏省战略与发展研究中心副研究员。

影像中国的三张面孔:图像时代的叙事艺术*

张恒军　宋宜效

摘　要:当今世界是一个由现代技术支撑的图像时代。现代影像与传媒技术的联姻让人们更喜欢以图像为核心的"观览"世界,所谓"眼见为实"。本文主要研究近年来三个流行的影视节目的叙事艺术。它们都以"中国"冠名,试图从一个侧面讲好中国故事。以它们为样板,可为未来的中华文化国际传播提供更多可资借鉴的经验。

关键词:影像中国;图像时代;叙事艺术;中国故事

在党的二十大报告中,习近平总书记进一步指明了新时代国际传播工作的战略方向。"加强国际传播能力建设,全面提升国际传播效能,形成同我国综合国力和国际地位相匹配的国际话语权。"[①]为此,多元主体在影像技术赋能、影像内容赋能等方面进行了大量探索,出现了《走遍中国》《青年中国说》《民歌·中国》等一批优秀的作品,国际传播力建设提供了创新的思路。

一、《走遍中国》: 对人文价值的精准传达

《走遍中国》是影像中国中纪录片节目的典范,由中央广电总台出品。自2002年创办至今,全面而深入地反映了中国各地历史变迁和时代演变。自2014年改版之后,已经从最初的纯人文地理的记录拍摄,转向了人文视角的专题报

---

*　本文系国家社科基金重点项目:人类文明新形态对外传播策略研究成果,批准号:23AXW004。

① 习近平:《高举中国特色社会主义伟大旗帜　为全面建设社会主义现代化国家而团结奋斗——在中国共产党第二十次全国代表大会上的报告》,《人民日报》,2022年10月26日。

道,彰显了浓厚的人文关怀,真实展现了自然人文的中国特色。[①]

(一) 立意高远的价值诉求

在《走遍中国》所创造的人文世界中,古老与现代交融,传统与时尚共舞,城市与地方共存,展示了独特的人文风貌和历史风情,这也成了该栏目特有的气质。在《走遍中国》的世界中,可以找寻到故乡的身影,可以体味到命运的传奇,可以领略到自然的魅力……

立意高远的价值诉求,不仅是栏目的品牌追求,而且是栏目的品质保证。在《走遍中国》的人文世界中,每一寸山河都令人心驰神往,每一幅画卷都令人印象深刻。一段段传奇,一幕幕历史,都为受众带来了心灵的洗涤与升华。受众足不出户便可领略千年历史风情,纵览古今奇观……《走遍中国》的"走"是栏目形态,体现了节目叙事结构特征;"走"也是栏目的风格,是节目独特的思想特征和艺术特征。"遍"是栏目的叙事目标和美学追求,是栏目发现、创新的形态象征和品牌标志。"中国"则是栏目的叙事对象、叙事立场。

(二) 丰富深厚的文化内涵

《走遍中国》有着非常丰富深厚的文化内涵,而这也构成了其特有的文化基础,并集中体现在地缘文化的人文呈现上。[②]在以地域为单位的纪录片栏目中,《走遍中国》以"发现"的视角,挖掘和呈现地域文化特色,以及地域文化在整个历史长河中的地位。例如,《走遍中国》古镇系列中,曾经辉煌的茶马古道上有着许多商业重镇,像沙溪、玉湖等,其中有的以地方特色美食而出名,如广东中山黄圃镇;有的以红色记忆而闻名,如福建上杭古田镇,这些古镇不仅是中华文化的活化石,而且是中华文化的百科全书。《鸡血神话》节目以青田收藏家王雄平的收藏经历为切入点,重点讲述了中国四大候选国石之一的巴林鸡血石的历史。王雄平经过二十多年的努力,成为巴林鸡血石的收藏大家,上演了一出小裁缝成功逆袭的人生传奇。两期节目都以人物叙事为切入点,挖掘了地域文化的特色,具有丰厚的文化内涵。

---

① 田忠卿:《对外文化传播的视野拓展——〈走遍中国〉栏目改版的个案分析》,《电视研究》,2016 年第 5 期,第 67—69 页。

② 郑世明:《中华人文地理的宏大叙事品位与趣味的有机结合——CCTV-4〈走遍中国〉栏目五周年学术研讨会综述》,《现代传播(中国传媒大学学报)》,2007 年第 5 期,第 144—145 页。

（三）和谐自然的艺术表达

我们倡导人与自然和谐共处，人源于自然，又要归于自然。人文地理类纪录片需要通过语言、文字和画面来彰显自然的无限魅力，通过视觉冲击打动受众，如此才能提高节目知名度和影响力。简单来讲，无声的画面也能吸引受众。声音和画面是电视叙事的前提，通过镜头语言讲故事，已经成为《走遍中国》的品牌符号。

视听节奏、特写镜头和音乐音效是《走遍中国》艺术表达的三大核心元素。视听节奏特色主要体现在内外节奏的和谐统一。其外节奏是主调，是整个系列片的大基调，而每一期节目的主题又会因区域不同而有所差异。这种视听节奏不仅为受众提供了强烈的视觉体验，而且让系列节目产生了形散神聚的艺术效果。特写镜头在艺术表达上扮演着关键角色，尤其是在表现历史文物时，特写镜头能够充分彰显出文物的古典气息。音乐音效也独具特色。例如，在寻找中国最美湿地系列片中的《湿地行》节目中，片中轻音乐和片尾主题曲都具有非常强的感染力，不仅丰富了画面的情感内涵，而且引起了受众的心理共鸣，形成了和谐自然的艺术表达效果。

（四）独具匠心的人文视角

一是个性化。在《走遍中国》中，个性化地方人文视角通常是某一地方的民俗风情或人文景观或自然景观或历史遗迹……但不管是什么，总有它的独特之处。例如，食在八方系列片中的《连城美食七八九》，带您一同去感受连城美食。从木渎古镇的乌米饭、鲃肺汤和藏书羊肉，到湖南臭干子、黄山小吃毛豆腐汤、松茸辽参炖绣球和淮南豆腐饺，从客家名菜盐焗鸡、梅菜扣肉、酿豆腐等，到闽菜状元"佛跳墙"，不仅集中体现了地方美食取材严谨，制作精良特点，而且展现出地方名菜制作技艺的传承。

二是民族化。《走遍中国》以"发现"的视角，探寻上下五千年，走遍纵横千万里，以古今为坐标，以情感为诉求，纵览华夏奇观，寻找传奇故事。例如，在《与火共舞》中这样讲道：火是全世界通用的一个文化符号，在节庆活动中经常使用火来表达祈盼红火、驱散阴霾的心愿。福建顺昌的元坑镇一带曾经猴多为患，当地人民找不到更好的对抗猴群方法时，选择了神秘信仰，逐渐形成了人赤脚在火炭上奔跑过火海的节庆活动。还有《瓷光璃彩精美绝伦》，为了抢救和传承这些中华传统手工艺，众多工艺美术大师和民间艺人们付出了艰辛的努力，不断进行着尝试和创新。《走遍中国》通过优美的文字、清晰的图画，使人们走进神往已久的地方。中原，有着悠久的文明传承；东北，有着神奇的黑土地；塞外，有茫茫大草原，也有无尽黄沙戈壁；西南，有美丽的香格里拉，也有璀璨的珍珠粒粒；青藏高原，有圣洁的藏族歌谣，有淳朴的藏族古寨；东部，有沙滩的柔软，有阳光的温暖……这就是多彩的中国。

三是全球化。《走遍中国》以全球化视角呈现中国特色，有利于塑造中国良好国际形象。例如：青海省都兰县的诺木洪农场，是荒漠中的枸杞王国。诺木洪农场被中国经济林协会授予中国枸杞之乡称号，成为全国第 5 家被命名的"中国枸杞之乡"，也是全国集中连片种植规模最大、单位面积产量最高的枸杞种植示范基地。这次登陆《走遍中国》，在诺木洪枸杞走向世界的过程中起到了重要的推动作用。作为央视国际化中文频道，节目在此播出，更有利于对外彰显中国美丽的窗口，推动诺木洪枸杞进一步走向世界。

二、《中国舆论场》：对网络舆论的有效呈现

《中国舆论场》是影像中国中电视节目的代表，是中国首档"融媒体"新闻评论栏目，由央视中文国际频道制作。随着中国特色社会主义迈向新时代，国家形象塑造与传播也被赋予了更多的使命和责任，围绕网络舆论探讨真实舆论，构建国际话语权，是这一节目的基本特色，这种尝试有利于改变国际社会对中国的看法。《中国舆论场》的成功以及其所具备的四大优势，很大程度上为国内其他同类型节目的制作、创新和突破，提供了参考和借鉴，而这想来也会成为未来相当长一段时间内电视媒体兼顾节目制作质量以及传播国家形象的重要指向。①

（一）主题特征：传递民情、传递中国声音

作为中国首档"融媒体"新闻评论栏目，《中国舆论场》可谓风向标，故而在内容上、节目形式上，有其价值和责任所在。身为传统媒体的一分子，其所传播的内容并不是一时的"兴起"，相反其必须站在宏观的角度、站在历史的进程中，思考如何更好地呈现栏目，如何更好地界定主题、诱人思考，如何在社会发展和历

---

① 王小萌：《〈中国舆论场〉：新闻评论类节目转型探索的新实践》，《当代电视》，2018 年第 8 期，第 47—48 页。

史的洪流中彰显作用。《中国舆论场》显然有助于人们对于碎片化的整合。

在这一宏观环境的影响下，节目主张以传递民情、传递中国声音为主旨，并在每一期节目设置不同的"小话题"，引导观众关注每一阶段不同的舆论话题。在节目模块的设置上，主旨引导下的每一期又被划分为不同的环节，如舆情榜单（通过大数据分析每期舆情指数位列前十的新闻热点）、"美丽中国任我行"系列报道、热点全网罗（利用关键词引入相关新闻，进行互动讨论）等，每一个环节在具体内容的呈现上，都以向世界传播中国，传播当代中国的人文景象和综合实力为主要目标——无论是对历史名城的当代介绍、还是对军事科技的直播评论，抑或对世界上任何突发性重大新闻的现场点评，每一时刻都在彰显中国的态度，展示中国的人文思想和价值观。

（二）内容特征：多元呈现、设置均衡

作为传统媒体的代表，电视在影响力、公信力方面所具备的特点和优势，是诸多新媒体、自媒体无法企及的。在如今互联网日趋普及，人人都可以充当自媒体的今天，反而是传统媒体所发起的议题，所引发的社会舆论效应，愈发受到关注，也促使受众日趋渴望投身传统媒体的相关议题建设过程中。《中国舆论场》恰恰把握了这样一股趋势，在内容设置上强调多元和平衡的综合体，以吸引更多的电视观众。

以用户为中心。用户黏性是衡量媒介是否成功的一项重要指标，节目为增加用户黏性，借助"中国舆论场指数""舆情榜单"等对网民的热议、动态进行展现，让观众在观看节目的同时，更对当下的热点话题产生较为直观的印象。在融媒体这样一种大环境和趋势下，节目可谓真正意义上实现了可视化，将互联网和新媒体概念贯穿始终。另一方面，节目还设有"虚拟观众席"，观众在节目播出的过程中，只需要拿出手机"摇一摇"就可以获得"入场券"，成为节目的一分子，不仅可以实现节目滚动弹幕的实时呈现，甚至可以直接同现场嘉宾发起对话，打破时间和空间的局限性。

正确把关舆论热议话题。尽管节目强调以观众为导向、以用户为核心，但是就一档节目本身而言，将其完全交付观众也是不可取的，热议话题、重要舆论，节目组必须做好引导和把控。因此节目在制作和传播的过程中，打破了单向传播和输出模式，强调深度思辨，引入"主持人＋嘉宾"的配置模式，通过推进双方的合作，来让热点话题的讨论更具深度。而且虚拟座位席上的观众，并非其所有的

言论、所有的观点都会出现在节目当中，节目导播必须随时对内容做好审核和把关，错误的言论会被完全屏蔽掉，有深度、有话题性的，才能深入到节目探讨的中心，推进栏目的有序进行。

以答疑解惑为主，助力服务于凝聚共识。与传统的新闻报道强调客观陈述有所不同，节目深入剖析事件并对其未来的走向进行适度的预判，进而为大众的思考提供更为丰富的方向。节目设有观众提问、专家答疑的环节，而为了最大程度地保留专家答疑的精华所在，节目特地对每一位专家的答疑时长进行控制，避免因为冗杂的信息过多，分散观众的注意力。与此同时，节目也会对自身的整体时长做出科学的把控，让观众获得沉浸式体验的同时，更避免因为长篇大论而陷入厌烦的情绪当中。

（三）语言特征：张弛有度、形式多变

在融媒体成为一种趋势，且大有井喷之势的今天，电视媒体也需要适应这种趋势、顺应这股潮流，进行有目的、有针对性的探索。电视节目作为一种可视化的语言载体，节目的语言特征是影响和关乎受众黏性的关键所在，尤其是《中国舆论场》这般需要大段篇幅点评、论述的节目，只有张弛有度、形式多变的语言风格，才能留住海内外观众，而这也是更好地面向世界、传递中国声音的必要条件。

犀利与平缓共生。针对每一期节目所呈现出的不同话题，节目主持人、点评专家所使用的语言有着鲜明的区别，以至于观众在一期具体的节目当中，时常领略到犀利与平缓同时存在的风格和景象。以 2018 年 7 月 15 日这一期节目为例，主持人在点评"中国第二架 C919 完成首次空中远距离转场飞行"时，所使用的语言较为平缓，言语间充满喜悦之情；但随后在"台湾向美国购买坦克"一则新闻当中，针对网友所提出的有关坦克性能、台湾军备方面的问题时，主持人仅仅在阅读过程中，言辞间便已经有犀利和严肃之意。由此可见，在其栏目当中，节目的语言风格并不是一成不变的，相反其带有一定的"机动性"，能够根据报道和点评的内容，进行针对性的调整。

严肃与活泼并存。在很多人的惯性概念中，节目以严肃、犀利的时事点评为主，现场主持人抑或专家，所使用的语言都是专业性、学术性，甚至带有几分枯燥色彩的。但事实上，"客观讲述"虽然是节目的条件之一，却不意味着"严肃"是节目唯一的命题，相反在过往的很多期节目当中，都呈现出鲜明的严肃与活泼并存的特征。如在 2019 年 3 月 26 日播出的节目中，穿插了央视《欢乐中国人》当中

"古诗达人"王恒屹的片段，这样的节目片段出现在看似风格严肃、关注时事舆论的新闻评论类节目当中，乍一看会让观众有突兀之感。但事实上，该部分节目所折射出的主题，却是谈及孩子的教育，如何让孩子保持兴趣爱好、如何保持初心，小问题折射出大环境，现场却能够在相对轻松诙谐的氛围当中得到推进；但本期节目所涉及的另一话题"日本拟将'出云'号航母化并引进 F-35B 事件"却是极为严肃的，有专家现场便指出，这说明日本有意加强海上装备，所谓的"专守防卫"，只是一纸空谈。

（四）形象特征：颇为立体的中国形象

作为主流媒体，电视栏目中的一言一行，每一个观点、每一种思想，都带有强烈的"符号"性和象征性意义，是全球民众得以了解中国的重要途径，是瓦解诸多恶意势力、敌对势力，故意歪曲和抹黑中国的有力一击。《中国舆论场》在每一期的节目制作中，始终以全球化的视野传递和表达中国的态度和行动，成为中国电视新闻对外输出、传播的重要途径。

强大负责的军事安全形象。"中国威胁论"是近年来频频出现在西方媒体当中的一个热词，所以作为中国的电视媒体，其有必要在节目传输的过程中，消除国外媒体对中国的种种误解，展示中国睦邻友好的态度，合理、恰当地传递中国当代强大负责的军事安全形象。节目始终致力于向世界传递中国坚持和平发展、和平解决问题的观点和主旨，在世界大和平的立场和环境下，不变这一原则和立场。

先进多元的科技文化形象。崛起的中国始终没有忽略对国家科技文化形象的塑造，而在节目当中，其主要表现出这样两方面特征：第一，文化发展多元并举，栏目记者将镜头对准了一座座既具有历史风情、又洋溢着高科技、现代化的城市，带领电视观众领略当地的人文美景、历史风俗，既彰显中华历史的源远流长、呼吁国际社会对中国传统文化的关注和重视，又体现出与时俱进和崛起腾飞的现代中国；第二，国防实力雄厚，科技发展引世人瞩目。其当量的节目片单与我国的国防事业和科技相关，体现出中国综合国力的强大，比如在今年国庆阅兵结束后的第一期节目当中，便运用了大量的篇幅对受阅部队、方阵及相关武器进行了全面解析，彰显了我国雷达、无线电以及电子工业等重要工业部门的发展特点和优势。[①]

---

① 吴小坤，李喆：《中国阅兵礼在西方舆论场中的国家意义及其生成条件——基于国家自然化理论的分析》，《新闻与传播研究》，2016 年第 12 期，第 5—24、126 页。

开放友好的政治外交形象。政治外交是塑造国家形象的重要渠道。节目恰恰把握了这一关键要素,努力在节目中展示当代中国开放友好的政治外交形象。而通过对已经播出的多期节目进行总结,不难发现《中国舆论场》在塑造中国开放友好的政治外交形象方面,主要包括这样几个维度:第一,积极回应各界关切、问候,呈现兼容并包的外交形象;第二,彰显综合国力,呈现开明的政府形象;第三,维系主权不受侵犯、利益不受挑战的大国形象。

三、《我和我的祖国》:对青春力量的多维展现

《我和我的祖国》是影像中国中短视频的代表,是光明网推出的新时代新青年系列短视频。由《明说文娱》联手酷我音乐打造了一个顺应新时代青年精神文明需求的主题节目,实现了超过 6 亿次点击量。

(一) 坚持内容为王,强化舆论引导

主流媒体肩负着引导舆论导向、传播正能量的使命,这要求它必须坚持创作优质的内容,而不是为了流量不顾新闻原则,一味地迎合受众口味,甚至制造出低俗化、泛娱乐化的内容。①《明说文娱》和"酷我音乐"联合推出的"我和我的祖国——新时代 新青年"系列短片从向"新中国成立 70 周年"献礼这一立意点出发,聚焦于"青春视角",邀请了来自不同领域的优秀青年代表,讲述他们与祖国的故事。以著名演员刘敏涛为例,这则短片里,突出了两个主题:梦想和公益。刘敏涛在被大众熟知之前饰演了很多小角色,在她看来,每一个角色不论大小,演员一定要以真挚、真诚的态度投入创作中。多年的热爱与坚持,刘敏涛终于实现了自己的梦想——成为一名优秀的文艺工作者。同时,刘敏涛积极投身公益活动中,她先后参与"爱育未来""母亲水窖"等多项公益活动,展现着一名文艺工作者的社会担当。这样的优质内容不仅彰显了主流媒体的社会责任与审美坚持,更对受众产生了积极的影响。

抖音是短视频类平台里的佼佼者,但是因为传播低俗内容等问题一度被央视点名批评,并被约谈要求整治平台内容。根据 Bianews 的一项调查显示,72%的被调查者认为抖音内容存在低俗问题。除调查外,还有很多被调查者参与了

---

① 李奉天:《主流媒体"正能量短视频"报道要点思考》,《青年记者》,2019 年第 24 期,第 49—50 页。

评论,纷纷留言表示不玩抖音。可见,受众对内容仍然有着较高的要求,对精神文明需求有着自己独立的认识和审美。照搬很多账号的套路——利用"庸俗、低俗、媚俗"内容吸引流量的做法,显然不符合主流媒体传播正能量的价值取向和引导健康舆论的社会职能,而且这种做法无异于饮鸩止渴,无法长远发展下去。因此,主流媒体生产的内容在瞄准用户"兴趣"的同时,还需要有内涵,发人深省、耐人寻味。在形式上贴近受众的习惯,在内容上真正满足受众的精神文化需求,坚持内容为王,不走捷径,踏实研究受众喜闻乐见的内容才是主流媒体打造正能量短视频的基础。例如《人民日报》在其抖音账号上发布的一系列正能量的短视频在受众中引起了非常热烈的反响。

(二) 创新传播形式,贴合时尚需求

短视频是适应移动互联网环境而诞生的一种利于观看和传播的表现形式,短小精悍的内容和时长,碎片化的传播特点,丰富的交互形式以及简单方便的制作方式都让短视频这一形式受到广大网民的喜爱。短视频的出现得益于 4G 技术的完善、智能手机的普及以及流量资费成本的下降。多种技术的发展与联合为短视频发展提供了土壤,也让短视频成为当下最受网民欢迎的表现形式。短视频通过视频画面带给用户更加直观的视觉体验和感染力,大幅度减少了用户理解的时间,简单而轻松。超强的社交属性满足了用户沟通交流与分享的需求,碎片化的传播方式让忙碌的现代人可以利用自己的零散时间迅速了解信息。

"我和我的祖国——新时代　新青年"系列视频是由 12 个短片组成的,每期节目时长控制在 2—3 分钟。画面内容通过主题人物的采访和资料画面切换变换视频节奏,增加短片的可看性。该系列短片与酷我音乐合作,是主流媒体与商业平台合作的一次创新,作为联合出品方,酷我音乐独家引入音频传播。"我和我的祖国——新时代　新青年"系列视频不仅在近百家主流新闻网站进行推广,还在微博、B 站等深受年轻人喜爱的平台上进行传播。该系列短片参与到微博♯我和我的祖国♯话题互动中,阅读量近 64 亿,讨论量超 700 万。从表现形式和传播渠道的选择上,我们可以清晰地看到主流媒体的传播内容不断向新青年喜闻乐见的形式靠近,这也说明主流媒体越来越重视年轻受众的视听需求和信息接收偏好。

(三) 打造交互空间,深化链接互动

互联网传播的最大价值在于极强的交互性,这是传统媒体无法匹及的。短

视频同样具备新媒体的超强互动性,屏幕两端的传授双方可以即时进行互动评论,受众也可以把自己喜欢的内容进行分享和转发,增强了传播者和受众的联系。这种互动性体现在内容创作和形式表达等多方面。

一方面,参与《我和我的祖国》短视频录制的"演员",身份角色各不相同,但都是小人物传播正能量,从"小岗位"走向"大舞台",在微信、微博等社交媒体的加持下,有效吸引了广大受众的主动参与,形成了受众、生产者、媒体之间的多维互动。最为重要的是,通过对受众相关数据的挖掘分析,能够及时找到新的传播热点,随后通过相应的规划生产,确保了传播效果的持续优化与整体提升。另一方面,《我和我的祖国》通过社交化传播,为受众创造了一个极具开放性的交互空间,在情感共鸣中实现了广泛的链接互动,并由此带来了一场传播叙述模式的变革。在这个交互空间中,既有真实人际关系的强关系链交织,又有兴趣爱好、影响力、好友推荐等弱关系链的存在,这就为受众心理层面接受、信任并参与其中的传播行为提供了核心支撑。特别是在受众碎片化阅读的状态下,《我和我的祖国》快闪短视频更容易激发受众共鸣,借助多维交互空间实现了传播效果的最大化。

为此,主流媒体在未来短视频交互性传播中,一定要注意以下两点:首先,传统媒体转型打造短视频必须从镜头语言表述上进行适用性的改造,使得画面符合互联网传播特点——篇幅上更加短小,利于观看和分享;镜头转换节奏鲜明,避免一镜到底的沉闷等等。其次,在新闻语言上更加年轻化,使用符合互联网的语言,用年轻人更加喜欢的语言表达使内容更加生动有趣。同时,还要重视与受众的实时有效互动,倾听受众的声音,与他们互动评论和交流,让"翻牌"等互动行为成为凝聚传授双方的重要手段。

(四) 打造明星意见领袖,引领正能量粉丝文化

目前,短视频平台已经成为主流媒体传播主流价值观的全新路径。抖音平台曾与电影频道融媒体中心联手推出了"歌唱我的祖国"挑战,抖音邀请数十位影视明星演唱歌曲片段,并以"我和我的祖国"作为贴纸和背景音乐拍摄短视频,以话题"歌唱祖国"的形式进行发布。最后,相关视频播放量高达50亿次,马伊琍、杨紫、杨颖等当红影视明星纷纷参与其中,视频点赞数均在百万以上。

《我和我的祖国》短片选取的青年人物十分具有代表性,涉及了多个行业,包

括奥运冠军,青年导演、演员、艺术家等文艺工作者。不仅有代表行业顶级水平的艺术家,如李玉刚、萨顶顶,也有目前深受年轻人喜爱的年轻艺人,如杨幂、迪丽热巴等等。这些青年人物代表在自己的领域里拥有杰出的成绩,是很多年轻人的榜样和偶像,对于年轻人的价值观、人生观、世界观建设都有着非常积极的引导作用。所以,选取这些明星作为短片的主人公,不仅可以保证视频的正确价值导向,还可以通过这些明星的名人效应,借助名人的影响力和传播力加大短视频的传播范围和影响力。该系列短片得到了萨顶顶、何冲、李玉刚工作室等微博大V的转发,粉丝也纷纷在视频下方留言、互动,产生了非常好的社会影响。

因此,在未来主流媒体的短视频传播中,应当以"明星＋短视频"为切入点,借助明星意见领袖的感召力,激发受众自主参与的热情,在打破传统主流价值观传播刻板印象的基础上,全面引领正能量粉丝文化的健康发展。

四、 结语

总之,讲好中国故事,传播好中国声音,需要与时俱进。影像是中国故事的有效载体。视觉话语"作为一种特殊的话语形态,往往比抽象的语言更加具有直观性和表现性,更容易影响认识主体的思想、情感和行为"。[1]在视觉修辞、视觉传达日益发达的当下,图像化主导的观览已经达成了历史性的转换,"消费图像和商品多样性的自由成了自由本身"。[2]这种寻求"信息、意义和快感"方面的"自由",再辅之以传播的手段,将令中华文化国际传播更具效能。

作者简介:张恒军,大连外国语大学新闻与传播学院院长、教授、博士生导师,国际传播研究院院长,中华文化海外传播研究中心主任;宋宜效,大连外国语大学新闻与传播学院中华文化国际传播专业硕士研究生。

Three Faces of Imaging China: The Narrative Art of the Visual Era

Abstract: In today's world, supported by modern technology, we live in a visual era where people prefer to perceive the world through images, believing that "seeing is believing." This paper primarily studies the narrative art of

---

[1]　参见周宪:《视觉文化:从传统到现代》,《文学评论》,2003年第6期。
[2]　Susan Sontag, *On Photography*, New York: Farrar, Straus and Giroux, 1977, p.157.

three popular television programs in recent years, all centering on "China" and aiming to tell China's story from a perspective. Using these programs as examples can provide valuable insights for the future international promotion of Chinese culture.

Keywords: Imaging China; Visual Era; Narrative Art; Chinese Story

引导来华留学生讲好中国故事的
路径阐释*

胡清国[1]　王　馨[2]　雷　娇[3]

([1] 浙江越秀外国语学院　[2] 松江外国语学校　[3] 上海航空服务学校

绍兴　312000)

摘　要:来华留学生是中国故事的见证者,也是讲好中国故事的重要潜在力量。引导来华留学生讲好中国故事,有助于"知华、友华"国际专门人才培养目标的实现,有助于对外展示全面、立体、真实的中国,树立良好中国形象。基于来华留学生具有讲好中国故事的可能性与特定优势,可从第一课堂与第二课堂融合、发挥中国同龄人的示范作用、挖掘培养"意见领袖"、开发校友资源、打造来华留学生讲好中国故事的平台渠道等方面入手,引导来华留学生讲好中国故事。

关键词:来华留学生;讲好中国故事;国际传播;路径阐释

2013 年 8 月,习近平总书记在全国宣传思想工作会议上明确指出:"要着力推进国际传播能力建设,创新对外宣传方式,加强话语体系建设,着力打造融通中外的新概念新范畴新表述,讲好中国故事,传播好中国声音,增强在国际上的话语权。"

"讲好中国故事"的三个内核,即"谁来讲""讲什么""怎么讲"。来华留学生来自异国他乡,文化背景殊异,他们既是中国故事的接受对象,同时也是中华文化的体验者、中国故事的见证者,是讲述中国故事可能的潜在群体。"来华留学生兼具对外传播对象和对外传播主体双重属性,既是中国故事的传播对象,也是

---

* 基金项目:中国高教学会外国留学生教育管理分会课题"中国国情教育教学内容与方法研究——以留学生汉语言专业《中国概况》为例"(2016—2017Y027)。

中国故事的叙述主体。"①(卢鹏 2022)

一、 来华留学生"讲好中国故事"的实践意义

(一) 有助于来华留学生人才培养质量的提升

2018 年教育部《来华留学生教育质量规范(试行)》中明确提出,"对中国的认知和理解"是国际人才的培养目标之一,要求"来华留学生应当熟悉中国历史、地理、社会、经济等中国国情和文化基本知识,了解中国政治制度和外交政策,理解中国社会主流价值观和公共道德观念,形成良好的法治观念和道德意识"。引导来华留学生讲好中国故事,前提是要向其讲好中国故事,而中国故事的主体部分是中国国情中华文化知识。了解产生认知和理解,认知和理解生发认同,认同才会有情感,才会有对外传播中国声音、讲好中国故事的主动性、积极性。

(二) 有助于展示全面、真实、立体的中国,树立良好中国形象

尽管当今我国综合国力已经显著提升,国际舆论传播格局仍然是西强我弱,中国故事、中国声音传不出去或传之不远。来华留学生具有"他者"视角等优势,成为打破美西方国家对中国声音歪曲、遮蔽的一个有力渠道。2021 年 6 月,习近平总书记在给北京大学全体留学生的回信中,鼓励来华留学生"更加深入地了解真实的中国,同时把你们的想法和体会介绍给更多的人,为促进各国人民民心相通发挥积极作用"。②(习近平 2021)因此,引导来华留学生讲好中国故事,具有研究价值与现实意义。

二、 来华留学生"讲好中国故事"的可能性与优势

(一) 年轻人渴望社会交往的心理生理特点

来华留学生的年龄以 18—22 岁为主,这一阶段的年轻人渴望得到社会成员

---

① 卢鹏:《来华留学生向世界讲好中国故事的议题方略与实践路径》,《思想教育研究》,2022 年第 2 期。
② 《习近平给北京大学留学生们的回信》,新华网,http://www.xinhuanet.com/politics/2021-06-22/c_1127586707.htm【2023-02-12】。

或组织的认可,喜欢结交朋友,愿意交流与沟通,这往往会产生大量话题。来华留学生大部分处于这一年龄阶段,中国的各个方面成为其主要话题。此外,"留学生来华学习时正处于其个人成长的重要时期,向来华留学生讲好中国故事能够帮助他们树立正确的三观"。①(徐蓓佳 2022)

(二) 中国自然风貌、历史人文的多样性造成强烈刺激

中国自然风貌多样、复杂,历史悠久,人文资源丰富。相比于地理环境、气候条件单一,历史遗迹较少的中小型国家,具有很大差异。这些会激发来华留学生探寻、表达的冲动或欲望,成为促使来华留学生主动表达的外在因素。如TikTok 上,很多印度留学生拍摄的中国城市短视频,干净、整洁、繁华、现代颠覆了印度国内受众对中国的刻板印象。

(三) 西方新闻舆论带来现实反差

当今国际舆论传播格局下,西方新闻媒介掌握了世界舆论与传播的话语权、主导权,对中国极尽歪曲、抹黑之能事,"中国崩溃论""中国威胁论"四起。很多国家接受中国的基础设施援建及医疗、农业等国际援助,却出现"新殖民主义""债务陷阱论"等西方话语,导致留学生对中国产生负面刻板印象。然而在来到中国之后,现实与印象间的巨大落差,强烈冲击了来华留学生的刻板印象,他们更希望、更愿意将真实、全面的信息告诉自己的国人,在国际传媒上传递中国的真实形象。

(四) 来华留学生讲述中国故事的"他方视角"

"对于逐渐走上世界舞台中心、需要获得更多支持与认同的当代中国而言,讲好中国故事不仅要从'我方'视角出发,将中国观点进行国际化的表达,同时也要借助'他方'视角,借声说话,借筒传音。"②(王端、林左天 2021)相比于政府相关部门、新闻传媒、高校研究机构、文体部门等"讲好中国故事"的主力军,来华留学生讲述中国故事,是从"他方视角"讲述中国故事,传播中国声音。以近距离亲身体验中华文化,见证中国发展,感知普通中国人的喜怒哀乐,因此来华留学生

---

① 徐蓓佳:《国情教育视域下如何向来华留学生讲好中国故事》,《湖南广播电视大学学报》2022 年第 1 期。
② 王端、林左天:《借力来华留学生讲好中国故事研究》,《黑龙江教育(理论与实践)》2021 年第 9 期。

讲述的中国故事真实可信、情感真挚。"'他方'讲述的中国故事更易被理解和接受,是打破偏见、塑造真实中国形象的另一重要渠道。"①(哈嘉莹 2010)

三、 引导来华留学生"讲好中国故事"的路径阐释

据统计,2018 年中国已经拥有来华留学生 48.92 万人,来自世界 204 个国家和地区,在中国 1002 所大学学习。作为一个重要且特殊的群体,彼此间文化差异巨大,如何克服文化冲突,加深来华留学生对中国的认知与理解,培养他们的友华情结以及对中华文化价值观的理解和认同,提升他们"讲好中国故事"的意愿和能力,是一项必要且充满挑战的工作。

(一)第一课堂与第二课堂融合,知行合一

对来华留学生讲好中国故事,需要通过课堂教育和教学,将中国国情、中华文化等与不同课程内容相结合,奠定留学生的知识基础。作为主要平台、主要渠道的第一课堂,可以通过课堂教学的议题设置、话题导向,在平等、包容、彼此尊重的交流对话中合理客观地看待我国的政治制度与发展道路,理清其中的历史经纬与内在逻辑,让来华留学生全面了解中国、认识中国。

但在面对不同国家、不同文化背景的来华留学生面前,第一课堂教学容量有限,情境性不足,也难以在大脑中形成不可迁移的知识框架,课堂教育单纯的、过多的"说教"往往并不能达到最佳效果。"纸上得来终觉浅,绝知此事要躬行。"因此,应开辟形式多样、内容丰富的第二课堂,作为来华留学生进行学习实践、生活实践和社会实践的主渠道。只有在丰富的观摩、实习、考察和宣讲中,才能亲身体会、感知中华文化的魅力,并在实践中习得中华文化与中国智慧,并在以后的文化情境中提取出来,实现社会文化与校园文化对来华留学生国情教育、文化教育和思想教育的潜在的"载道"与"渗透"教育功能。

第二课堂既包括各类校园文化体育活动,但更应该强调的是走出校门的各类语言实践、文化实践和社会实践活动。如,赴农村田园、工厂矿山、弄堂里巷、慈善机构考察走访,观察、思考所学的国情知识、文化习俗、价值标准,做到知行合一。尽可能多地为来华留学生创造接近中国社会、接触中国人、感受中华文化

---

① 哈嘉莹:《来华留学生与中国国家形象的自我构建》,《山东社会科学》2010 年第 11 期。

的机会与场景,使其在与中国城市、社区的频繁接触与交流中体会中华文化,感受中国故事,了解中国社会。例如,东华大学组织来华留学生前往知名企业考察,到小学开展英文教学与母国文化讲座,开展公益服务等,这样的共同认知与理念正是"民心相通"的起点与基础。

综上可知,引导来华留学生"讲好中国故事"要围绕"理解中国""认同中国"与"传播中国"三个相互关联的环节下功夫。正如卢鹏(2022)所言:"'理解中国'是'传播中国'的前提,只有充分认识和了解中国,才能真实、全面、立体地把中国介绍给世界。'认同中国'是'传播中国'的动力之源,只有在认同中华文化的基础上,才能真正主动地向世界讲好中国故事。在'传播中国'的实践过程中,又进一步深化来华留学生对中国的理解。"[①]

(二) 发挥中国同龄人的示范作用,共同进步

心理学研究表明,同龄人之间的相互学习、相互影响在教育过程中发挥着巨大作用。因此,我们可充分发挥同龄的中国研究生、大学生对来华留学生的示范作用,使其潜移默化地在文化观念、价值判断上得到改变与重塑。

一是聘请优秀中国学生担任"学习辅导员"。来华留学生在中国学习的最大困难是学业困难,特别是理科、工科专业课程,成为留学生产生心理焦虑、挫折的主要原因。如未能妥善解决,留学生易对学校、教师产生负面情绪和认知,甚至抵触学业、攻击留学国文化。通过中国同龄大学生、研究生的及时帮助,可以使来华留学生走上学业正轨。在这一过程中,中国学生与来华留学生建立起平等、相互信任的关系,由学业方面的交流,扩展至更广阔更宽泛的领域,使观点输出、意见交换成为经常性的活动,中国优秀学生的素质与行为方式、认知方式与思想观念会对留学生产生感召力与引领作用。

二是创设各类交流平台,增加各国留学生与中国学生的来往与交流。例如,鼓励留学生与中国学生一起参加校园国际文化节、中国文化节、学术论坛、文艺汇演等,以及中华文化的纪念或仪式性活动、各种社会性演出、参观考察活动等。发挥同龄人的示范作用,在各类活动中拉近彼此感情,建立友谊,让来华留学生潜移默化地接受中国政治文化的熏陶,加深他们对中国的认知。这本质上也是在对来华留学生讲好中国故事。

---

① 卢鹏:《来华留学生向世界讲好中国故事的议题方略与实践路径》,《思想教育研究》2022 年第 2 期。

（三）挖掘培养"意见领袖"，发挥其正向影响力

根据传播学中的"意见领袖"理论，人们获取信息接受影响的主要来源并不是大众传播媒介，而是其他一些知晓事件来龙去脉、掌握充分信息资料的意见领袖。他们的分析方向与思考角度易主导公众，作为媒介信息和影响的中继和过滤环节，对大众传播效果产生了重大影响。[①]（马春燕 2017）如现在的网络大 V 一样，他们有时甚至超越大众传媒，成为事件的主导力量。

在学习与生活中，有一些留学生的语言表达能力强，性格外向，更愿意参加各类团队活动，在全校各国留学生中，会表现出特定的人格魅力与领导水平，受到留学生们的认可，这是来华留学生"意见领袖"的潜在来源，对此应倾注心血、侧重培养，使其在来华留学生群体中发挥积极的、正面的影响示范作用。

留学生"意见领袖"的挖掘与培养，需要官方与学校、教师形成合力。第一，重视并积极回应留学生"意见领袖"对学习、生活的意见和反映，以平等、尊重、合作的态度，及时解决困难，解答疑惑，如遇到无法解决的问题和困难以国家法规、校规校纪正面解释，注意沟通的方式与方法。第二，关注潜在留学生"意见领袖"的心理变化，及时提供心理支持。使其快速、顺利地跨越"文化休克"期，提高学习的动机和自觉性。而因此增强其对中国、对所在城市和学校的亲近感、尊重感，也能更加客观、全面、深入地看待中国和中华文化。第三，以"意见领袖"为骨干，建立留学生自主教育机制，营造良好班风学风。在班级管理中积极吸纳"意见领袖"成为班干部，建立留学生联谊会等自助组织，成立形式多样、富有吸引力的留学生社团组织，促进来华留学生自我管理、自我教育。第四，给潜在的留学生"意见领袖"以正向刺激。通过座谈、访谈、社会考察等多形式、多层面的沟通交流，提高其对中华文化和中国国情的理解水平与传播能力，并在价值观上给予必要引导。例如，党的十九大召开之后，中国传媒大学与学校的留学生代表深入交流党的十九大的会议精神，一位南苏丹留学生在学习了"一带一路"倡议、人类命运共同体理念之后，赞扬了中国在过去所取得的一系列辉煌成就，认为中国在帮助其他国家方面也作出了巨大贡献，尤其是"一带一路"倡议为沿线广大发展中国家提供了历史性机遇。[②]（张林华 2019）

① 马春燕：《来华留学生：中国故事讲述者与国家形象宣传员》，《社会科学论坛》2017 年第 12 期。
② 张林华：《国际学生思想政治教育的重要意义》，《外国留学生工作研究》2019 年第 3 期。

(四) 开发校友资源，将中国故事的传播延伸至校友所在国

来华留学生学成归国，多年以后，凭借其自身的知识技能与不懈努力，很多人成为企业家、政界精英、专家学者、文体明星，这是非常宝贵的人力资源与传播资源。一方面，他们对中国和所在大学具有深厚的感情，也熟悉、了解真实、立体、全面的中国，对西方对中国国家形象的歪曲、抹黑会有强烈的反感与抵触，有传播中国真实面貌、真实声音的愿望与动力。另一方面，他们作为本国社会精英，也是"意见领袖"，有广泛的群众基础与传播资源，其耳闻目睹、亲身经历转化成本国民众听得懂、听得进的中国故事，通过口口相传，使得中国故事深入人心。如泰国诗琳通公主从北京大学学成回国，推动了泰国皇宫官员汉语进修班、泰国移民局官员汉语进修班等高端汉语项目的开展，还通过对中国文学、艺术、哲学等的研究著述，将中国智慧传播到泰国社会各阶层，泰国汉语学习热潮经久不息。

开发校友资源，可以从以下三方面着手：第一，建立校友互动移动网络平台。移动互联网时代，网络交流便利了身处遥远两地的留学生与母校的联系，尤其是社交媒体或者学校官方 App，一方面可以及时向留学生校友发布各类信息，如学校发展近况、国际交流、招生信息、留学推介、科研合作等。另一方面为留学生校友提供联络交流平台，校友间可以通过平台联络感情、寻求帮助，高校也可了解到校友近况，加强人文关怀，保持留学生校友对学校的感情和对中国的肯定。第二，定期举办留学生校友返校交流活动。为加强留学生校友与母校的联系，学校或学院可依托一些重大节庆活动，为校友返校交流创造平台，如进行科研合作、举办学术研讨会、邀请杰出校友讲座等，使其重新置身于熟悉的语言与文化中，亲身体会中国人的善良与好客，感知中国日新月异的发展。第三，为留学生校友的事业发展提供助力。例如，东华大学连续多年举办"一带一路"国家纺织行业大会，将不同国家的纺织行业校友组织起来开展研讨，为留学生校友举办的企业与中国在其国家的企业牵线搭桥，开展合作，推荐毕业留学生前往校友公司、工厂实习就业。帮助其解决实际困难，助力其发展壮大，使留学生校友从心底友华、爱华，增强其对中国的认同。正如东华大学服装设计专业 2009 年越南毕业博士生杨氏金德所言："作为在中国留学回到越南工作的东华学人，我的身上必然也打上了或深或浅的中华文化的印记，我有责任有义务，将我眼中的当代中国、将我感知的中华文化、将我印象中的中国人民，传递、展现给越南人民，呈

现给他们一个立体、真实、全面的中国。我希望,我能厕身其间,为我的祖国与中国之间架起一座友谊之桥、合作之桥,为之付出我的努力与汗水。"①(姚卫新主编 2021)

(五) 支持并打造来华留学生"讲好中国故事"的平台或渠道

来华留学生在中国学习与生活,耳濡目染,成为"知华"者。其必然或多或少会受到中华文化的影响和熏染,进而在态度、情感上"友华"。因此从政府、媒体到学校、教师,都应积极打造传播中国故事与中国声音的渠道与平台,鼓励来华留学生进行表达。

当然,这种渠道平台也是多元的、分层次的。第一,丰富的课堂教学方式。教师应该充分利用各门课程,尤其是高级口语、中国文化课、写作课以及第二课堂的社会调研、演讲会、文化节等,重视理论与实践相结合,命题与自由发挥相结合,鼓励来华留学生围绕自身在中国的所见所闻、所思所想,进行表达与创作。第二,官方举办的各类大赛。政府相关部门也可以"照方抓药",大力支持与"讲好中国故事"相关的征文、视频、摄影、绘画大赛。如教育部连续多年举办《我与中国梦》《我与中国的美丽邂逅》等征文比赛。政府部门的参与,提高了比赛的专业性,不仅是对留学生学习成果的肯定,也成为其讲述、传播中国故事的动力。第三,大众媒体提供必要支持。尤其是具有对外传播任务的大众媒体,通过刊登、播报来华留学生的新闻报道、征文作品或艺术作品,也可在国际上赢得关注。例如,《人民日报(海外版)》《中国日报(海外版)》等,定期会有专栏刊登来华留学生的中国见闻、返乡日记、社会实践、实习体会等,在海外产生了很大影响。

四、 结语

移动互联网时代,网络成为师生学习、思想传播的重要载体,每一个人都成为具有影响力的"自媒体"。"信息化给我们带来了难得的机遇。我们要把握国际传播领域移动化、社交化、可视化的趋势,在构建对外传播话语体系上下功夫。"②(王亚轩 2022)鼓励、支持来华留学生充分有效地运用国内外的移动社交

---

① 姚卫新主编:《锦绣东华 花开世界——记 70 位杰出国际学生》,上海:东华大学出版社,2021。
② 王亚轩:《以短视频为媒介发挥来华留学生优势讲好中国故事》,《文化产业》2022 年第 13 期。

App，如微信、抖音、脸书、推特等，既可以介绍中国的壮美山河，也可以是讲述普通人的柴米油盐、平安喜乐，还可以是日新月异的时代画卷。例如，2012 年来到中国的厦门大学德国留学生吴雨翔，2018 年开始自媒体之旅，截至目前粉丝量为微博 240.8 万、B 站 29.2 万、抖音 54.8 万，发布的中国文化和社会风貌视频深受人们的喜爱。他的视频，传递了视听表达下的中式美学、人文关怀中的情感共鸣、比较融合下的意义共通。[1]（宋伟、梁路、杨彬 2022）"近年来，短视频和社交媒体持续发力吸引了一大批留学生群体，通过短视频他们分享在中国的所见所闻所感所得，为中国故事讲述打开了新的窗口，成为我国跨文化传播的桥梁和纽带。"[2]（宋伟、梁路、杨彬 2022）

参考文献

［1］《习近平给北京大学留学生们的回信》，新华网，http://www.xinhuanet.com/politics/2021-06-22/c_1127586707.htm。【2023-02-12】

［2］卢鹏：《来华留学生向世界讲好中国故事的议题方略与实践路径》，《思想教育研究》2022 年第 2 期。

［3］徐蓓佳：《国情教育视域下如何向来华留学生讲好中国故事》，《湖南广播电视大学学报》2022 年第 1 期。

［4］王端、林左天：《借力来华留学生讲好中国故事研究》，《黑龙江教育（理论与实践）》2021 年第 9 期。

［5］哈嘉莹：《来华留学生与中国国家形象的自我构建》，《山东社会科学》2010 年第 11 期。

［6］马春燕：《来华留学生：中国故事讲述者与国家形象宣传员》，《社会科学论坛》2017 年第 12 期。

［7］宋伟、梁路、杨彬：《来华留学生自媒体短视频讲好中国故事的传播路径研究——以"德国小伙吴雨翔"为例》，《新闻传播》2022 年第 12 期。

［8］王亚轩：《以短视频为媒介发挥来华留学生优势讲好中国故事》，《文化产业》2022 年第 13 期。

［9］姚卫新主编：《锦绣东华 花开世界——记 70 位杰出国际学生》，上海：

---

① ② 宋伟、梁路、杨彬：《来华留学生自媒体短视频讲好中国故事的传播路径研究——以"德国小伙吴雨翔"为例》，《新闻传播》2022 年第 12 期。

东华大学出版社,2021 年。

　　[10] 张林华:《国际学生思想政治教育的重要意义》,《外国留学生工作研究》2019 年第 3 期。

　　[11] 中共中央文献研究室:《习近平关于社会主义文化建设论述摘编》,北京:中央文献出版社,2017 年。

国际中文教学研究

主持人语

李　挺

　　习近平总书记号召我们"要立足中国大地,讲好中国故事,塑造更多为世界所认知的中华文化形象,努力展示一个生动、立体的中国"。在中文教育的同时进行中华文化教育,加强我国国际传播能力,增强中国在国际上的影响力。面对新时代中国际中文教育的新形势新要求,作为国际中文教育工作者,我们承担着满足世界大众学习中文迫切需求的任务,承担着讲好中国故事的责任,承担着展示生动、立体的中国形象的特殊历史使命。列宁曾说:"理论在变为实践的过程中,理论由实践赋予活力,由实践来修正,由实践来检验。"而国际中文教学正是我们践行"讲好中国故事"新理念的重要园地。

　　由此,本专栏本着求实、求真、求是的态度,从国际中文的教学实践入手,以专业的学术理论为指导,以前沿的研究方法为手段,多角度、多维度地对教学进行分析与研究,力求为国际中文教育工作者提供值得借鉴的教学建议,引发研究者更细致、深入的思考,从而使国际中文教学更高效、更丰满、更具活力。

　　本期专栏收录四篇文章。范立珂、伏凉凉、朴善姬《基于汉韩对比的韩国学习者"过来/过去"习得等级实证研究》针对韩国学习者偏误率极高的趋向补语"过来、过去",先从认知视角进行汉韩对比,获得细致的义项划分,再考察语料库中各义项的习得情况、调查使用相同教材的韩国学习者各义项的习得情况;进而使用"正确率排序、蕴含量表排序、相关性分析、聚类分析"的方法探求韩国留学生习得各义项的顺序与等级,探讨相关的影响因素;最后针对韩国学习者的教学顺序、教材编写给出了专业性的建议。赵莹《来华留学生医学汉语教材研究述评》聚焦国际中文教育"中文+医学"的研究,全面梳理了目前医学(西医)汉语教材的出版使用情况和学界对医学汉语教材的研究情况,总结出医学汉语教材研究现状的教材及研究数量偏少,研究的教材种类有限等问题。并针对性地提出了相关建议,以期为医学汉语教材的编写提供借鉴。杨娜、张长会的《针对来华预科及学历生跨文化教育实践思路》聚焦来华预科及学历生的跨文化教育,强调一线教师和留管干部应秉持包容性、实用性、适当性和渐进性相结合的原则,调整跨文化教育侧重点,采用多样化的教育手段向学生宣达实务性内容、传授知识性内容,鼓励其参与文化体验性活动,培养其跨文化交际意识。刘馨雨、刘禹冰《高级汉语教材中国现当代小说选篇干预研究》聚焦于目前主流的高级汉语教材,比较小说原文与编选入教材后的课文在语言形式、语言表达和文化认识上三方面的差异,对文学作品语言进入高级汉语教材时的规范化处理与文化教育导向以及教学倾向进行了探究。

本期本专栏的四篇文章,既有对国际中文教材细致的观察与深入的分析,也有跨文化视角下对国际中文教学的深度思考;还有对韩国汉语学习者的习得情况的深刻剖析以及对教学对策的探讨。国际中文教学是一个立体、丰满的实践园地,研究的宽度、维度和深度,还可挖掘。本专栏的四篇文章,希望学界同仁给予关注与评论,也希望更多的学者加入我们的研究探讨中来。

基于汉韩对比的韩国学习者"过来/过去"习得等级实证研究[①]

范立珂[1]　伏凉凉[2]　朴善姬[3]

([1, 3]上海外国语大学国际文化交流学院　上海 200083；

[2]无锡市新吴区教育局　无锡 214142)

摘　要：韩国学习者趋向补语"过来、过去"的偏误率极高，而针对韩国学习者的"过来、过去"的汉韩对比及习得研究尚未见有。本文先从认知视角进行深入的汉韩对比，获得细致的义项划分，即"过来"有 13 个义项，"过去"有 9 个义项；再结合义项划分考察语料库中各义项的习得情况、调查使用相同教材的韩国学习者各义项的习得情况；在此基础上使用"正确率排序、蕴含量表排序、相关性分析、聚类分析"之法探求韩国留学生习得趋向补语"过来/过去"各义项的习得顺序、习得等级；进而探讨影响习得等级的相关因素；最后求得针对韩国学习者的教学顺序、教材编写建议。

关键词：过来/过去；汉韩对比；习得顺序；习得等级

一、 引言

现代汉语补语类型丰富，趋向补语是其中频率最高的，达 38%[②]；国际中文教学中，趋向补语是甲级语法项目(刘英林 1996)[③]，汉语学习者趋向补语的习得

---

① 本文为国家社科基金后期资助项目"'起、起来'语义系统新解：事件表达、时空转换及汉外对比研究"（编号：22FYYB005）、上海市浦江人才计划项目"'起'类位移事件表达的汉、英、日、韩对比研究"（编号：2019PJC089）的阶段性成果。
② 赵淑华等：《现代汉语句型统计与研究》，北京语言学院语言教学研究所，1995。
③ 刘英林：《汉语水平等级标准和等级大纲》，国家对外汉语教学领导小组办公室汉语水平考试部，1996。

效果却一直差强人意，韩国学习者尤其突出，因为韩语语法中没有补语的概念。汉语中的"补语"指位于动词或形容词后的成分，而韩语中"보어（补语）"是补充谓语的句子成分，是二价谓语"되다（成）""아니다（不是）"所必需的句子成分。

"过来/过去"作补语的频率高于其作谓语的，且其作补语时受其前动词的影响而有丰富的语义分化。教学实践表明，韩国学习者偏误率高的趋向补语中，"V 过来/过去"是最明显的一个，表现为回避策略突出，引申义混用现象严重。其偏误原因，目前尚未得到较深入的探讨。

"过来/过去"在汉语学界的研究有两条脉络，一是在刘月华[①]基础上的补充和细化；一是侧重认知视角的描写解释，如周红、鲍莹玲[②]。总结汉语本体研究，"V 过来/过去"的义项由趋向义到结果义到状态义有一条虚化路线，遵循"具体到抽象、从易到难"的认知原则，那么外国学生习得"V 过来/过去"各义项时是否也遵循这条路线？尚需考察。

"自然顺序习得假说"（The Natural Order Hypothesis）主张成人在习得二语时遵循一定自然顺序[③]。韩国学习者习得"过来、过去"各义项的顺序跟汉语本体研究所得的各义项的难易顺序是否一致，是个未知数。目前针对韩国留学生"V 过来/过去"习得顺序的研究，尚无。

二语习得领域一直有个公认的观点：跨语言相似的项目较易掌握，二语者与母语者依赖相同的加工机制，二语独特的项目不易习得[④]。母语的正负迁移多大程度上影响韩国学习者"V 过来/过去"的习得顺序，值得探究。要解决这个问题，首先要进行深入细致的汉韩对比。结合汉外对比，能深入探讨韩国学习者习得表现的内在动因，有效解释影响习得顺序的语言内部原因。而"过来、过去"汉韩对比的研究，目前尚未见专门的文献。这也是本研究的一个意义所在。

因此，本文先深入进行"V 过来/过去"的汉韩对比；进而考察中国境内使用相同教材的韩国留学生习得趋向补语"过来/过去"的情况（下文简称"过来/过去"）；然后结合对比结果，使用"正确率排序、蕴含量表排序、相关性分析、聚类分析"之法，探求韩国学习者习得"过来/过去"各义项的习得顺序、习得等级；最后

① 刘月华：《趋向补语通释》，北京：北京语言大学出版社，2008，第 285—316 页。

② 周红、鲍莹玲：《复合趋向结构"V＋过来/过去"的对称与不对称》，《语言教学与研究》2012 年第 3 期。

③ Van Patten B. (2007) Input processing in second language acquisition. In Van Patten, B. & J. Williams (eds.). Theories in Second Language Acquisition[C]. Mahwah, NJ: Lawrence Eelbaum.

④ De Die-go Balaguer et al. 2005；Tokowicz & Mac Whinney 2005；Hahn et al. 2006；Basnight-Brown et al. 2007；Kotz, 2009.

求得针对韩国学习者的教学顺序、教学建议。

二、"过来、过去"汉韩对比研究相关成果

目前汉韩对比研究中关于"过来/过去"的细致对比几乎没有。较多的是宏观角度的韩汉语"V＋오다/가다"与"V＋来/去"的对比，以及根据位移形式不同对应的多种带有"V＋오다/가다"和"V＋来/去"的动词结构的对比①。结合这些成果，本文首先总结出"V＋过来/过去"与韩语"V＋오다/가다"的对应表达的两种类型：

1) 词汇形式。当表示"越过实在的'界限'"时，"过来/过去"可对应韩语表示"通过"义的"지나오다/가다"，二者都可以和其他的位移动词组合而成"V＋过来/过去"和"V＋어/아/야＋지나오다/가다"的形式，如：

从学校前面过来　　　　　　　学교 앞을 지나오다
从学校前面过去　　　　　　　학교 앞을 뛰어 지나가다

"V＋过来/过去"还可对应韩语不含"오다/가다"的单纯动词和含有"오다/가다"的合成动词（"V＋오다/가다"），②如：

单纯动词：明白过来 깨닫다　　　扔过去 던지다
合成动词：跑过来 뛰어오다　　　跑过去 뛰어가다

反过来，韩语的"V＋오다/가다"，表示"位移的主体越过'界限'向目标靠近"时，可对应汉语的"V＋过来/过去"，如：

合成动词：날아오다 飞过来　　　날아가다 飞过去

2) 短语形式。其语法功能与动词相当，韩语中"短语(구)"的概念和汉语相

---

① 《韩汉范畴表达对比》，北京：中国大百科全书出版社：211—252，2002。이윤정：한국인 학습자를 위한 중국어 방향보어 연구，《中國語教育과研究》2014 年第 15 期，第 163—168 页。
② 柳英绿：《韩汉翻译基础》，延吉：延边大学出版社，2009，第 162—188 页。

同，都是由两个或两个以上词语构成的，汉语"V＋过来/过去"可对应韩语不带"오다/가다"的动词短语，如：

动宾结构：昏过去 정신을 잃다　　 回过神来 정신을 차리다
状中结构：睡过去 영원히 잠들어버리다

三、 基于汉韩对比的"过来、过去"的义项划分

结合大量语料可知，基于相似的人类思维特点，以认知域为视点进行汉韩"过来、过去"的对比分析，能较清晰地梳理彼此的对应规律，更好地梳理有助于考察习得顺序的各个义项。为方便下文的计算，本研究每总结出一个对比义项，编一个序号。

(一) 空间域

空间是人们感知万物及关系中最先形成的最重要概念之一。"过来、过去"的本义是表物理空间的位移。空间域"过来、过去"的义项、用法基本对称[①]：

1) 物理的位移，如"拿/走/跑/飘＋过来/过去"等，本文记作义项"过来1、过去1"：

(1) 汉：青蛙排着队从大路上走过去。（余华《许三观卖血记》）
   韩：개구리가 큰 길에서 열을 지어 걸어간다.

   gaeguriga keun gireseo yeoreul jieo geoleoganda.

   青蛙　　大路　　队列　　走

(2) 汉：突然一转身朝那群孩子跑过来。（余华《在细雨中呼唤》）
   韩：갑자기 몸을 돌려 아이들 쪽으로 악을 쓰며 뛰어왔다.

   gapjagi momeul dollyeo aideul jjogeuro ageul sseumyeo ttwieowatda.

   突然　身体　转　孩子们　这边 力气　用　跑过来

---

① 齐沪扬：《空间位移中主观参照"来/去"的语用含义》，《世界汉语教学》1996 年第 4 期。

　　从位移概念上看,"走、跑"编码[运动＋方式]概念,"过来、过去"编码[运动＋路径]概念(汉语中尚保留动词义),韩语中"걷다，뛰다"编码[运动＋方式]概念,"가다/오다"表示动作的方向,作为补助动词,也编码出了[运动＋路径]概念,和汉语一致。

　　(3)汉:他把急救箱拿过去了。

　　　　韩:그가 응급 상자를 가져갔다.

　　　　geuga eunggeup sangjareul gajyeogassda.

　　　　他　 应急　 箱　 拿过去

　　(4)汉:南风从沙漠的草原那边吹过来了。(崔健 2002：214)

　　　　韩:풀밭을 스치며 마파람이 건들건들 불어왔다.

　　　　pulbateul seuchimyeo maparami geondeulgeondeul buleowassda.

　　　　草原　　 吹　 南风　　 洋洋洒洒　 吹过来

　　"拿、吹"编码[运动＋方式]概念,"过来、过去"编码[运动＋路径]概念,韩语中"가지다，불다"编码[运动＋方式]概念,"가다/오다"编码[运动＋路径]概念,若去掉表[运动＋方式]的动词,句子则不合法,汉韩相似。

　　总之,空间域中表物理位移时,"V＋过来/过去"对应韩语的"V＋오다/가다"形式,且"오다/가다"承担一定的趋向义。

　　2)动体(一般是身体/身体部位等)只改变方向,不产生位置的改变,如"转/回/扭＋过来/过去",记作义项"过来 2、过去 2",韩语中只有"돌리다(转、调'头'、回)"一个动词对应:

　　(5)汉:费了很大的事儿,他才把身子转过去。(老舍《四世同堂》)

　　　　韩:그는 한참 힘을 들이고 나서야 몸을 돌렸다.

　　　　geuneun hancham himeul deurigo naseoya geuneun momeul dollyeotda.

　　　　他　 好一阵　 力气　 花费　 站出来　 身体　 转动

　　(6)汉:他转过头来向东望去。(柳英绿 2009：217)

　　　　韩:그는 머리를 돌려 동쪽을 바라보았다.

　　　　geuneun meorireul dolryeo dongjjokeul baraboassda.

　　　　他　 头　　 转　 向东　　 眺望

3) 信息、知识等抽象的位移,如"传/学/打(电话)＋过来/过去"等,记作义项"过来3、过去3",与韩语的"V＋오다/가다"意义对应,相应动词都融合了"运动＋位移"概念:

(7) 汉:喜讯从四面八方传过来。(naver 词典)

　　韩:희소식이 도처에서 전해온다.

　　　　hisosigi docheoeseo jeonhaeonda.

　　　　好消息　　四处　　传来了

(8) 汉:从家里打过来了电话。(同上)

　　韩:집에서 전화가 걸려왔다.(略有改动)

　　　　jipeseo jeonhwaga geolryeowassda.

　　　　在家里　　电话　　打过来

4) 表达领有权的转移,如"夺/送/嫁/抢＋过来/过去"等,记作义项"过来4、过去4"。韩语中有"V＋오다/가다"对应,如"시집오다/가다(嫁过来/嫁过去)、가져오다/가다(拿过来/拿过去)、빼앗아오다/가다(抢过来/抢过去)"等:

(9) 汉:他把钱抢过来了。

　　韩:그는 돈을 빼앗아왔다.

　　　　Geuneun doneul ppaeasawassda.

　　　　他　钱　　抢过来

(10) 汉:我母亲嫁过来的时候,父亲正在大学念书。(曾卓《母亲》)

　　韩:어머니가 시집오실 때, 아버지는 대학에서 공부하고 계셨다.

　　　　eomeonineun sijibwasseul ttae, abeojineun daehageul gong-buhago gyesyeossda.

　　　　母亲　　嫁过来　时候　　　父亲　在大学里　学习　正在

(二) 状态域

意识的模糊与清醒,思维的正确与错误,身体状态的虚弱与正常之间的转换,这些状态域中"过来、过去"使用频率很高,对应的韩语表达一般是固有动词(고유어):

1) 意识的模糊与清醒

表达意识从无到有,从模糊到清醒,如"救/醒/活/清醒+过来",记作"过来5";意识从有到无,从清醒到模糊,如"晕/昏/死+过去",记作"过去5":

(11) 汉:他醒过来了。

韩:그가 깨어났다.

geuga kkaeeonatda.

他　醒过来

(12) 汉:病人昏过去了。

韩:환자가 의식을 잃었다.

hwanjaga uisigeul ireotda.

病人　意识　失去

"醒过来、救过来"等在韩语中对应"V+오다/가다"型合成动词"깨어나다、살아 나다"或主谓结构型"S+나다(出)/들다(进)"短语,如"정신이 나다/들다(清醒过来)";"昏过去、晕过去"则对应韩语中的动宾结构"O+V"型短语,如"의식을 잃다(昏过去)"。

2) 思维恢复正常状态

思维由错误转正确,由糊涂转清晰,如"明白/反应/觉悟/意识+过来"等记作"过来6":

(13) 汉:不少人觉悟过来了。

韩:많은 사람들이 각성하였다.

maneun saramdeuri gakseonghaetda.

许多　人们　　觉悟

(14) 汉:马林生一时没反应过来。(王朔《我是你爸爸》)

韩:馬林生은 잠시 반응하지 못했다.

马林生 eun jamsi baneunghaji anatda.

马林生　暂时 反应 没有

"反应过来、觉悟过来、明白过来、意识过来"等分别对应韩语中的固有动词

"반응하다、각성하다、깨닫다、의식하다"等。

3) 身体恢复

身体状态由虚弱转正常,如"休息/恢复/缓/喘(气)+过来"等,记作"过来 7":

(15) 汉:她被男友抛弃后创巨痛深,很长时间都没有恢复过来。
(naver 词典)

韩:그녀가 남자친구로부터 버림을 받은 후 큰 상처를 입고 오랫동안 회복되지 못했다.

geunyeoga namjachingurobuteo beorimeul bateun hu keun sangcheoreul ipgo oraesdongan hoebokdoeji moshaessda.

她　　男朋友　　　被抛弃　遭到后巨大的创伤　　很
长时间　恢复过来　不能

(16) 汉:孩子休息了两天总算是歇过来了。

韩:아이는 이틀 동안 쉬고 나서 마침내 정상으로 회복되었다.

aineun iteul dongan swigo naseo machimnae jeongsangeuro hoebokdoeeotda.

孩子　　两天　　　休息后　　终于　正常　　　恢复

"V+过来"表身体状态变化时,对应韩语"V+되다"形式,如"회복되다(恢复过来)"。

4) 事物所在状态的改变

Ⅰ. 事态由不正确/不适当转为正确/适当,如"调整/劝说/改正+过来",记作"过来 8":

(17) 汉:把坏习惯改过来了。

韩:나쁜 습관을 고쳤다.

nappeun seupgwaneul gochyeotda.

不好的　习惯　改正

Ⅱ. 旧状态向新状态的转变,如"演变/变化/进化+过来",记作"过来 9":

（18）汉：动物是经过几代进化过来的。（naver 词典）

　　韩：동물들은 여러 세대를 지나오면서 진화했다.

　　　　dongmuldeureun yeoreo sedaereul jinaomyeonseo jinhwa-
　　　　haetda.

　　　　动物　　许多　时代　经过　　　进化

（19）汉：不是从外来语演变过来的吗？

　　韩：외래어에서 변화 발전해서 온 거 아니에요?

　　　　oeraeeoeseo byeonhwa baljeonhaeseo on geo anieyo?

　　　　外语　　　　变化　发展　来 的　不是

　　Ⅲ. 语际间的相互翻译，如"翻译/直译/意译＋过来/过去"，义项、用法对称，分别记作"过来10"、"过去6"：

（20）汉：被翻译过来的书很多，但是要找到译得好的却很难。

　　韩：번역된 책은 많지만 명역을 찾기 힘들다.

　　　　beonyeokdoen chaegeun manchiman myeongyeogeul chatgi
　　　　himdeulda.

　　　　被翻译　书　多　　名家译注　寻找　很困难

　　Ⅳ. 表事态的实现能力，是用"V/Adj＋得/不＋过来"结构，记作义项"过来11"，如：

（21）汉：反正这里事情不多，你和马威足可以照应得过来了！（老舍《二马》）

　　韩：어쨌든 여기 일은 많지 않으니 너와 馬威가 충분히 돌볼 수 있다!

　　　　eojjaetdeun yeogi ireun manchi aneuni neowa mauiga chung-
　　　　bunhi dolbol su itda!

　　　　反正　　这里　事情多 不　　你和　马威　充分地 照应

　　状态域中"过来"的义项类别多于"过去"，如意识、思维、身体和事态四种，只有表意识转换时，"过来"和"过去"具有"对称性"。

韩语中对应"V＋过来"的一般是动词本身含有方向性的,如"고치다(改过来)",或者采用被动词结构"V＋되다"表示动作的反方向,如"번역되다(翻译过来)、진화되다(进化过来)",或者以方式加动词"来(오다)"的形式表达,如"V＋서＋오다"。

(三) 比较域

汉语中"过去"用于比较不很普遍,如"比/赛/胜＋过去"等,表示一方在实力、数量等方面胜超另一方,记作义项"过去7",多对应韩语"V＋내다(出)"形式的动词,如"胜过去(이겨내다)":

(22) 汉:然而,就是爱情也可以用坚强的意志胜过去。(老舍《二马》)

韩:그러나 사랑이라 할지라도 강한 의지로 이겨 낼 수 있다.

geureona sarangira haljirado ganghan uijiro igyeonael su itda.

然而　　爱情　即使　　　强大的 意志 战胜

(四) 时间域

时空转换是人类认知的普遍规律,语言的共性之一是用时间表达空间,用空间表达时间。物理空间的源点和终点即时间轴上的源点和终点。

1) 表度过艰难时期,如"挺/熬/坚持＋过来/过去"等,为义项"过来12""过去8"。

(23) 汉:尽管训练艰苦,国家队的队员们还是挺过来了。(naver 词典)

韩:대표팀 선수들은 훈련이 고되어도 잘 참고 견뎠다.

daepyotim seonsudeuleun hunryeoni godoeeodo jal chamgo gyeondyeossda.

代表队　　选手们　　训练　艰苦的　　　坚持　忍

(24) 汉:到现在我也不知道,当时我怎么没死,硬是熬过来了。(崔健 2002:237)

韩:천만 다행인 것은 내가 뜻밖에 견디어 왔다는 것이다.

cheonman dahaengin geoseun naega tteusbake gyeondieo

wassdaneun geosida.

十分 幸运的是 我 出人意料地 熬过来了

2) 表借助外力推动事情勉强通过,如"敷衍/糊弄/混＋过去"等,记作义项"过去9"[①]:

(25) 汉:他这反问一句,才把乌家两位小姐问的话搪塞过去。(张恨水《金粉世家》)

韩:그는 한마디의 반문으로 乌씨 두 아가씨의 질문을 얼버무렸다.

geuneun hanmadiui banmuneuro 乌 ssi du agassiui jilmuneul eolbeomuryeotda.

他 一句的 反问 乌姓家的 两 小姐的 问题 敷衍

(26) 汉:他觉着他的一生就窝窝囊囊地混过去了,连成个好拉车的也不用再想了。(老舍《骆驼祥子》)

韩:그는 자신의 일생이 구질구질하게 어물쩍 넘어갔다는 것을 깨달았다. 더 이상 좋은 인력거꾼이 되는 것조차도 생각할 필요 없다.

geuneun jasinui ilsaengi gujilgujilhage eomuljjeok neomeo-gassdaneun geoseul kkaedalsssda. deo isang joheun inryeok-geokkunl doeneun geojochado saenggakhal pilyo eobsda.

他 自己的 一生 随随便便 度过

明白。 再 好的 人力工 成为 也 想

需要 不

时间域中"过来/过去"对应的韩语表达可以是单纯动词,如"견디다(挺、熬),얼버무리다(搪塞)",也可以是"V＋오다/가다"形式的合成动词或动词短语,如"견디 어 오다(熬过来),어물쩍 넘어가다(混过去)"等。

(五) 固定用法

汉语中用"反过来＋看/说/想",表示换个角度的思维,记作义项"过来13":

---

① 이윤정:한국인 학습자를 위한 중국어 방향보어 연구,《中國語教育과研究》2014 年第 15 期,第 163—168 页。

(27) 汉语:反过来想想看!

韩语:반대로 생각해 봐!

bandaeryeo saenggakae bwabwa!

反过来　想

"反过来"对应的韩语是"名词'반대'＋方向格助词'로'构成的活用形'반대로'"。

综上,按照认知域的对应,我们探索汉韩条分缕析的有规律的对应,总结出"过来"的 13 条义项,"过去"的 9 条义项,如:

表 3-1　基于韩汉对比的"过来、过去"的义项划分

认知域	义　项	趋向补语"过来"	趋向补语"过去"
空间域	动体产生位移	过来 1:跑过来、凑过来、吹过来、端过来	过去 1:跑过去、凑过去、吹过去/端过去
	动体改变方向	过来 2:回过来、转过来、扭过来等	过去 2:回过去、转过去、扭过去
	抽象事物位移	过来 3:打(电话)过来、传过来、吸收过来	过去 3:打(电话)过去、传过去、吸收过去等
	领属关系转变	过来 4:抢过来、夺过来、嫁过来	过去 4:抢过去、夺过去、嫁过去
状态域	意识状态的转变	过来 5:从无到有,从模糊到清醒:醒过来、救过来、活过来	过去 5:从有到无,从清醒到模糊:昏过去、晕过去、死过去
	思维状态的转变	过来 6:从错误/糊涂,到正确/清晰:明白过来、反应过来	○
	身体状态的转变	过来 7:从虚弱到正常:恢复过来、缓过来、歇过来	○
	事态的转向	过来 8:由不正常到正常:改过来、劝过来、修正过来	○
	状态的新旧	过来 9:旧状态转向新状态:演变过来、进化过来	○
	语际间的相互翻译	过来 10:翻译过来、直译过来等	过去 6:翻译过去、直译过去
	事态的实现能力	过来 11:"V 得/不＋过来":管理得过来,管理不过来	○

续表

认知域	义 项	趋向补语"过来"	趋向补语"过去"
比较域	实力、数量胜超	○	过去7:比过去、超过去、赛过去
时间域	主体渡过难关	过来12:挺过来、挨过来、坚持过来	过去8:挺过去、挨过去、坚持过去
	借外力推动事情的通过、进展	○	过去9:应付过去、糊弄过去、混过去
固定用法	换个角度思考	过来13,如:反过来看、反过来说、反过来想	○

进一步归纳:

1) 空间域中,汉语"V过来/过去"表位移主体越过"界限"向目标靠近时,韩语以表趋向的辅助动词"오다(来)/가다(去)"附在主动词后即"V+오다/가다"来对应。如果"V+过来/过去"只表示动体的方向转变,韩语只有一个动词"돌리다(转过来/转过去)"可对应。

2) 当"过来/过去"引申到领属、状态、时间域时,韩语中不再有一致的对应形式,但分具体义项时,还有对应规律可循:表位移的起动时,与"V+오다/가다"对应;表动体以某种方式靠近或离开目标时,与"V+서+오다/가다"对应;动体位移的方向是由里向外或相反时,与"S+나다(出)/들다(进)"对应;意识发生转变,与"O+V"对应;表被动的位移,与"V+되다"对应;若表动体度过某种艰难时期,以单个动词的形式对应。

3) "反过来(想、看)"类固定用法,韩语以"반대로+V(생각하다,보다)"对应[①]。

四、 韩国学习者"过来/过去"各义项
习得顺序的实证研究

(一) 语料库考察

考察北京语言大学 HSK 动态作文语料库、暨南大学留学生书面语语料库

---

① 赵淑华等:《现代汉语句型统计与研究》,北京语言学院语言教学研究所,1995。

和复旦大学留学生语料库中韩国学生使用"V过来/过去"各义项的情况，总结如下：

1）空间域是学习者使用最频繁最熟练的，V的形式比较多样；

2）状态域中"意识域"使用频率仅次于空间域，其他下位域的使用频率并不高。

3）比较域、时间域的使用频率极低，数量极少。

有鉴于后两个域中较低的使用频率不能满足研究需求，我们设计调查问卷，以获得韩国学习者所有义项的使用情况。

（二）实验考察

1. 实验方案

通过问卷星尽可能广泛地调查在中国学习的韩国学习者"V过来/过去"各义项的习得情况。筛选条件是被试使用过以下五套教材中的任何一套（以上）：《发展汉语》（第二版）、《汉语教程》（第三版）、《登攀·中级汉语教程》、《成功之路》、《拾级汉语》。绝大部分被试来自上海外国语大学、复旦大学及上海其他高校。汉语水平等级的划分参考在中国学习汉语的时长。正式测试前选取一定数量初、中、高水平被试进行前测，根据结果调整题目和题量，最终测试时间控制在20分钟之内。回收有效问卷共141份，初级水平35份，中级水平46份，高级60份，被试所用教材情况如下：

表4-1　问卷对象学习水平及所用教材

学习汉语时长	人数	所用教材
不满一年	35	《汉语教程》
		《成功之路》
		《发展汉语》
一年到两年	46	《汉语教程》
		《登攀·中级汉语教程》
两年以上	60	《汉语教程》
		《拾级汉语》

2. 测试思路

趋向补语一直是汉语学习中的难点，为有效降低被试的畏难和厌烦情绪，全部采取客观选择题形式,并标注韩语翻译。"过来/过去"前的动词以甲级/乙级词为主,丙级词占少数。

表 4-2　动词在《汉语水平词汇与汉字等级大纲》的所属级别

	单音节	双音节
甲级词	走、买、干、放、改、跑、想、翻译×2、发、送、拿、打	休息、发展×2
乙级词	醒、超、转×2、抢、忍	明白
丙级词	昏、挺、反	应付

"过来"的 13 个义项,"过去"的 9 个义项,都分别对应一道题;加入 5 道干扰题(2、11、17、20、27),其中 2、11、17 考察空间义,20、27 考察引申义,共27 道。

表 4-3　测试卷中 27 道题目所考察的义项

题号	1	2	3	4	5	6	7	8	9
考察义项	过去 1	回来	过去 5	过来 5	过去 8 过去 12	过来 6	过去 11	过去 7	过去 9

题号	10	11	12	13	14	15	16	17	18
考察义项	过来 2	进去	过来 7	过去 8	过去 3	过去 4	过来 13	出来	过去 1

题号	19	20	21	22	23	24	25	26	27
考察义项	过去 9	下去	过来 10	过去 3	过去 4	过去 2	过去 6	过去 8	起来

(三)　习得顺序计算

1. 正确率排序

问卷调查能得到韩国学习者"过来/过去"各义项的正确与错误情况。我们运用"正确使用相对频率法"和"蕴含量表法"构拟出"正确使用相对频率法"[①]:

韩国学习者"过来/过去"的正确使用频率="过来/过去"某个义项的正确使用频次/"过来/过去"某个义项的频次之和(该水平韩国学习者的总人数),[②]如下表。

---

① 施家炜:《外国留学生 22 类现代汉语句式的习得顺序研究》,《世界汉语教学》1998 年第 4 期。

② 杨德峰:《朝鲜语母语学习者趋向补语习得情况分析》,《暨南大学华文学院学报》2003 年第 4 期。

表 4-4，4-5　初、中、高水平韩国学习者"过来、过去"各义项的正确率

题号	义 项	初 级		中 级		高 级		总 体	
		正确率(%)	排序	正确率(%)	排序	正确率(%)	排序	平均正确率(%)	排序
4	过来 5	46.67	8	40.41	10	58.56	8	48.54	8
5	过来 12	13.09	13	41.18	9	55.18	10	36.47	12
6	过来 6	53.33	6	53.94	7	59.65	7	55.64	7
7	过来 11	26.67	11	48.82	8	42.21	13	39.23	10
10	过来 2	67.04	2	76.47	2	85.56	3	76.36	2
12	过来 7	56.83	5	25.41	11	43.22	12	41.82	9
13	过来 8	63.54	3	64.71	3	67.78	6	64.16	4
14	过来 3	60.13	4	58.82	5	84.44	4	65.32	3
16	过来 13	33.33	10	54.94	6	88.89	2	59.03	6
18	过来 1	93.35	1	97.06	1	98.67	1	96.36	1
19	过来 9	20.00	12	20.32	13	50.00	11	30.08	13
21	过来 10	34.47	9	23.53	12	57.78	9	38.59	11
23	过来 4	52.71	7	63.47	4	72.22	5	63.56	5

题号	义 项	初 级		中 级		高 级		总 体	
		正确率(%)	排序	正确率(%)	排序	正确率(%)	排序	平均正确率(%)	排序
1	过去 1	66.67	1	94.12	1	91.11	7	83.97	1
3	过去 5	60.13	2	35.29	7	52.22	7	46.95	7
8	过去 7	26.67	7	23.53	8	35.56	8	28.59	8
9	过去 9	30.00	6	72.35	2	68.44	4	56.93	6
15	过去 4	50.00	3	57.06	6	64.44	6	57.16	5
22	过去 3	46.67	5	62.94	5	75.56	3	61.72	3
24	过去 2	66.67	1	64.71	3	78.89	1	70.09	2
25	过去 6	13.33	9	23.53	8	24.00	9	20.28	9
26	过去 8	47.06	4	63.21	4	64.78	5	58.35	4

　　结果显示：随着汉语水平的提升，"过来"各义项的正确率呈向好趋势，唯一例外是第 4 题"醒过来"，在中级水平正确率最低。（可能与题目选项中"起来"的干扰有关。）

"过去"各义项的情况大体也趋好,但第3题"昏过去"中级水平的正确率最低。

基于"正确率越高,越早习得"的假设,按平均正确率排序是(左边最早习得):

过来1>过来2>过来3>过来8>过来4>过来13>过来6>过来5>过来7>过来11>过来10>过来12>过来9

过去1>过去2>过去3>过去8>过去4>过去9>过去5>过去7>过去6

2. 蕴含量表排序

按照习得顺序研究的"转换数据、建立矩阵、划分界线、找出偏误、确定'边缘值'"(marginal)五步法,构建初、中、高三个水平习得"过来/过去"各义项的蕴含量表:

表4-6,4-7 初、中、高水平韩国学习者习得"过来、过去"各义项的蕴含量表

难 → 易

	过来12	过来11	过来10	过来9	过来7	过来6	过来5	过来13	过来3	过来4	过来8	过来2	过来1
高 级	0	0	0	0	0	0	0	1	1	1	1	1	1
中 级	0	0	0	0	0	0	0	0	0	1	1	1	1
初 级	0	0	0	0	0	0	0	1	0	1	1	1	1
偏 误	0	0	0	0	0	0	0	1	0	0	0	0	0
边缘值	30	30	30	30	30	30	30	21	21	12	03	03	03

难 → 易

	过去7	过去6	过去5	过去4	过去9	过去8	过去3	过去2	过去1
高 级	0	0	0	1	1	1	1	1	1
中 级	0	0	0	0	1	1	1	1	1
初 级	0	0	1	0	0	0	0	1	1
偏 误	0	0	1	0	0	0	0	0	0
边缘值	30	30	20	21	12	12	12	03	03

依据统计学原理,需要以下 4 个数据来检验蕴含量表是否有效[①]:

1) 再生系数(Coefficient of Reproducibility,缩写为 Crep),表示有多大把握根据矩阵中的位置或排列预测学生的习得表现,系数值应至少超过 0.90,越接近 1,预测把握越大。计算公式:Crep=1—偏误的数量/学生的数量×义项的数量。

Crep"过来"=1—1/3×13=0.973   Crep"过去"=1—1/3×9=0.936

2) 最小边缘再生系数(Minimum Marginal Reproducibility,缩写为 Mmrep),表示若不考虑矩阵中的偏误,可以多大程度预测学生的表现。该数值应小于第一步的再生系数,公式为:Mmrep=最大边缘值/学生数量×题目数量。

Mmrep"过来"=36/3×13=0.923   Mmrep"过去"=23/3×9=0.852

3) 再生提高百分比(Percent Improvement in Reproducibiliy),是"再生系数"(Coefficient of Reproducibility)和"最小边缘再生系数"(Minimum Marginal Reproducibility)的差,没有规定临界值,公式为:％improvement=Crep—MMrep。

％improvement"过来"=0.973—0.923=0.05

％improvement"过去"=0.936—0.852=0.084

4) 可测量性系数(Coefficient of Scalability),为证明由蕴含量表所建立的等级分级是否真实有效,规定必须超过 0.60,显示学生在习得"过来/过去"各义项过程中是否存在蕴含关系,具有一定预测性,公式为:Cscal=％improvement/1—MMrep。

Cscal"过来"=0.05/1—0.923=0.649   Cscal"过去"=0.084/1—0.852=0.567

"过去"的可测量性系数低于临界值 0.60,但仍较接近,也反映出韩国学习者对"过去"各义项的掌握不是很牢固,即使到了高级阶段,仍有遗忘现象。

以上 4 个相关系数能帮助证明"蕴含量表"的有效性,且根据所收数据,若不考虑偏误,本文有 92.3％的把握预测韩国学习者习得"过来"各义项的轨迹,有 85.2％的把握预测韩国学习者习得"过去"各义项的轨迹。

利用"蕴含量表法"最终得到的"过来/过去"各义项的习得顺序是:

过来 1＞过来 2＞过来 8＞过来 4＞过来 3＞过来 13＞过来 5＞过来 6＞过来 7＞过来 9＞过来 10＞过来 11＞过来 12

过去 1＞过去 2＞过去 3＞过去 8＞过去 9＞过去 4＞过去 5＞过去 6＞过去 7

---

① 张燕吟:《准确率标准和初现率标准略谈》,《世界汉语教学》2003 年第 3 期。

3. 相关性分析

韩国学习者的汉语水平和"过来/过去"的习得情况存在相关性吗？我们把计算出的多组数据录入 SPSS24.0 软件进行肯德尔（Kendall）等级相关分析，得出三个水平韩国学习者"过来"的 13 个义项之间和"过去"的 9 个义项之间的蕴涵关系排序的相关系数[①]，如下表：

表 4-8，4-9　三种水平被试习得"过来、过去"蕴含关系排序的等级相关分析

Correlations

			初　级	中　级	高　级
Kendall's tau_b	初级	Correlation Coefficient	1.000	.810**	.678*
		Sig.(2-tailed)	.	.002	.045
		N	13	13	13
	中级	Correlation Coefficient	.810**	1.000	.912**
		Sig.(2-tailed)	.002		.001
		N	13	13	13
	高级	Correlation Coefficient	.678*	.912**	1.000
		Sig.(2-tailed)	.045	.001	
		N	13	13	13

* Correlation is significant at the 0.05 level(2-tailed).

** Correlation is significant at the 0.01 level(2-tailed).

Correlations

			初　级	中　级	高　级
Kendall's tau_b	初级	Correlation Coefficient	1.000	.753**	.565*
		Sig.(2-tailed)		.004	.037
		N	9	9	9
	中级	Correlation Coefficient	.753**	1.000	.817**
		Sig.(2-tailed)	.004		.002
		N	9	9	9
	高级	Correlation Coefficient	.565*	.817**	1.000
		Sig.(2-tailed)	.037	.002	
		N	9	9	9

* Correlation is significant at the 0.05 level(2-tailed).

** Correlation is significant at the 0.01 level(2-tailed).

[①]　周红、鲍莹玲:《复合趋向结构"V+过来/过去"的对称与不对称》,《语言教学与研究》2012 年第 3 期。

如表,初级和中级,中级和高级的 Sig<0.01,说明初、中两级,中、高两级的蕴含关系排序的相关性十分显著,初级和高级的 0.01<Sig<0.05,说明初、高两级的蕴含关系排序的相关性显著,综合看,三个等级之间存在相关性,即三个等级的韩国学习者在"过来、过去"各义项的习得上遵循相似的发展轨迹。

4. 习得等级的获得

4.1 聚类分析

聚类分析是按照一定标准把相似事物归为一类,差异性大的事物则不能归为一类。我们将"过来/过去"每个义项对应的答对人数和平均正确率录入 SPSS24.0 软件进行系统聚类分析,得出两个"冰柱图(Icicle plots)",如图:

表4-10,4-11 韩国学习者"过来、过去"各义项习得顺序的聚类分析

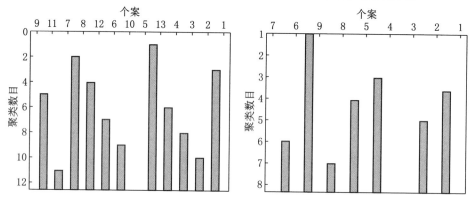

实验对象是初、中、高三级水平的学生,因此根据聚类分析的结果划分成三类:

"过来"的三类:"过来 1、过来 2、过来 3、过来 4、过来 13"为一类;

"过来 5、过来 6、过来 8、过来 10、过来 12"为一类;

"过来 7、过来 9、过来 11"为一类。

"过去"的三类:"过去 1、过去 2、过去 3、过去 4"为一类;

"过去 5、过去 8、过去 9"为一类;

"过去 6、过去 7"为一类。

4.2 习得等级

施家炜(1998)在"自然顺序假说"基础上提出"自然顺序变体假说",即"习得顺序并非严格的固定不变的线性顺序,而是具有一定的弹性",增加了"自然顺序变体、习得等级"两个概念。[①]自然顺序寓于自然顺序变体中,外界因素(语言环

---

① 施家炜:《外国留学生 22 类现代汉语句式的习得顺序研究》,《世界汉语教学》1998 年第 4 期。

境、母语背景、教学等)和学习者自身因素(认知方式、学习方法、性格等)影响着个体或群体之间的差异。这种差异基于自然顺序,纯粹理想化的自然顺序无法得出。在允许自然顺序变体有所调整的范围内,自然顺序变体进一步体现为一定的习得等级。习得等级概念更能包容和体现习得过程中的序列性与相互作用,相较于界限分明的习得顺序,既关注学习者的个体差异,又能反映出语言项目之间的关联。因为各语言项目既有序列性,也相互作用,而非孤立、割裂。

根据"正确使用相对频率法"和"蕴含量表法"所得出的习得顺序,再综合聚类分析的结果,我们可以划分出韩国学习者"过来/过去"各义项的习得等级,[①]如表:

表 4-12 韩国学习者"过来/过去"各义项的习得等级

	Ⅰ级	Ⅱ级	Ⅲ级
"过来"	过来 1、过来 2、过来 3、过来 4、过来 13	过来 5、过来 6、过来 8、过来 10、过来 12	过来 7、过来 9、过来 11
"过去"	过去 1、过去 2、过去 3、过去 4	过去 5、过去 8、过去 9	过去 6、过去 7

习得等级Ⅰ中,空间域和领属域,"过来"和"过去"的义项具有对称性,是优先习得、容易习得的;"反过来"因为形式固定,使用语境较为单一,也是最早习得的;同样具有对称性的"意识状态发生改变"的"过来/过去 5"位于习得等级Ⅱ。

总之,韩国学习者在习得"过来/过去"各义项时存在一定的顺序,不同义项在习得过程中存在蕴含关系,且进一步表现为一定的习得等级。

五、 影响习得顺序的因素分析

(一) 汉韩趋向动词的虚化进程不同

汉语和韩语都有表示位移的动词和短语,韩语中除了有专门位移动词,也会把位移动词如"가다(去)、오다(来)"等加在动词后作为辅助动词,用来明确位

---

① Susan Gas, Larry Selinker(2011)第二语言习得(第三版,赵杨译),北京:北京大学出版社,第316—320 页。

移方向,和汉语趋向补语的功能相似,이윤정①的实验可以证明:中国人、韩国人各20名,韩国人的汉语水平为HSK四级,收集被试看图说话的自然输出的语料。当涉及位移时,大部分韩国人能自主、正确地输出包含趋向补语的句子。

中国学生使用频率最高的短语有"突然倒下、摔倒、冲过来、跑过来",韩国学生则多用"摔倒(넘어지다,固有词)、摔倒在地上(땅에 넘어지다,短语)、跑过来(뛰어오다,其中오다表示趋向)",说明由"趋向动词"到"趋向补语"的虚化,汉韩有一定相似性。

然而,韩语中的虚化只走到了趋向义这一步,而汉语的又进一步虚化到可以表示时间、状态变化。

所以汉语中可以自由用"V+过来/过去"结构表达的引申义,韩语用固定词汇或"V+가다/오다",或意义相当的动词短语形式。我们对针对其他国别的同类研究表明,跨语言看,汉语的趋向补语是虚化程度最高的,走得最远的,有汉英、汉日、汉西的对比可以证明,篇幅所限,另立文讨论。

(二) 趋向补语不同义项的难度等级不同

我们问卷的每道题后都配有难度评价调查,请被试做完一道题目立即对其难度进行评价,即时反馈主观感受。②结合"难度等级模式",韩语中的"보어"(补语)属于三、四级的难度,如表:

表 5-1　结合"难度等级模式"的韩国学习者难度等级分析

零级	正迁移	L1、L2 相同	两种语言中的相同成分产生正迁移,没困难。 如:结构上,韩语语和汉语一样,都是修饰语在名词前;语义上,韩语"의"和汉语"的"都可以标志领属关系。
一级	合并	L1 两种	L2 一种	忽略差别,习惯L2。 如韩语"공부하다"和"배우다"在汉语中都有"学习"的意思。
二级	差异 不足	L1 有	L2 没有	初学者介入性干扰。 如韩语中有格助词,汉语中没有。
三级	再解释	L1 一种	L2 不等值	很容易产生偏误。母语中某个语言项目能在目的语中找到相对应的成分,但分布上有差异,在形式和意义上不是简单的多对一或一对多。 如:韩语中"动词+趋向义辅助动词"可对应汉语的趋向动词,但无法表示引申义。

---

① 이윤정:한국인 학습자를 위한 중국어 방향보어 연구,中國語教育과研究(15):163—168,2014。

② 이윤정:한국인 학습자를 위한 중국어 방향보어 연구,中國言語研究(第63輯):178—182,2016。

四级	超差异	L1 没有	L2 有	**无规则性对应规律,L2 往往被忽略**。如韩语中没有谓词后的补语成分。有时韩语的单个动词"과음하다"可对应汉语的动补结构"喝多"、合成动词"보내오다"可对应汉语的动补结构"寄来"、状中结构短语"다읽다"对应汉语的动补结构"看完"等。
五级	分化	L1 一种	L2 多种	**对 L2 分辨不清**。如韩语中的 도 可以译成"也"和"都";"그리고"可以翻译成"和""还有""而且""另外"等。需根据具体语境来选择,学习者因分不清对应词语之间的差异而容易产生偏误。

同样我们也对回收到的有效信息列表进行归纳,选择每道题目评价中所占百分比最多的选项作为该题目的评价结果,如下:

表 5-2　韩国学习者习得"过来"的主观难易度评价

	过来 1	过来 2	过来 3	过来 4	过来 5	过来 6	过来 7
初级	容易	容易	容易	容易	有点难	有点难	非常难
中级	容易	容易	容易	容易	容易	容易	有点难
高级	非常容易	容易	容易	容易	容易	容易	有点难

	过来 8	过来 9	过来 10	过来 11	过来 12	过来 13
初级	容易	非常难	有点难	有点难	有点难	容易
中级	容易	有点难	有点难	有点难	容易	容易
高级	容易	有点难	容易	有点难	容易	非常容易

表 5-3　韩国学习者习得"过去"的主观难易度评价

	过去 1	过去 2	过去 3	过去 4	过去 5	过去 6	过去 7	过去 8	过去 9
初级	容易	容易	容易	容易	有点难	非常难	非常难	非常难	非常难
中级	容易	容易	容易	容易	容易	有点难	有点难	有点难	有点难
高级	非常容易	容易	容易	容易	容易	有点难	有点难	有点难	有点难

如表所示,三种水平的被试不约而同地认为空间域中的义项容易习得;因位移而带来领属关系变化的义项,即"过来/过去 4",也被认为是较容易的,因为此义项仍保留了一定的空间属性;而脱离空间属性的义项,都被认为存在一定的难度。

"反过来"这一固定用法的习得顺序较为靠前,而难度评价方面,其反馈也是"容易"占大多数。这或许是因为固定用法的使用相对受限,能够适用的语境相对单一等,无形间减轻了学习难度,学习者更容易理解和记忆,所以偏误率不高。

"过来/过去"的选择使用还和所搭配的动词有关,除了动词本身的难度等级之外,动词和"过来/过去"相互选择、相互制约也有一定的难度等级。具体的选择与制约的条件,从汉语内部看,和汉语的义项划分有关;从汉韩对比角度看,和两种语言之间的互动有关,本文前面所做的详细的对比分析工作就是在揭示这种选择制约条件。

(三) 趋向补语不同义项的使用频率不同

趋向补语总体使用频率高,但义项的复杂度有相对性,每种义项的使用频率也有高低之分,我们提取CCL语料库中"V过来/过去"使用频率前十位的表达,分别是:

表 5-4，5-5　CCL 语料库中使用频次前十位的"V 过来"和"V 过去"

	认知域	用法（频次）		认知域	用法（频次）
V过来	空间域	走过来(2467)	V过去	空间域	走过去(2271)
	固定用法	反过来(2382)			跑过去(575)
	状态域	醒过来(796)			扑过去(355)
	空间域	跑过来(595)			冲过去(351)
		接过来(552)		状态域	昏过去(250)
		转过来(447)		空间域	接过去(248)
		拿过来(341)			递过去(236)
		翻过来(323)			转过去(218)
		倒过来(316)			看过去(212)
		扑过来(303)		状态域	晕过去(203)

统计显示:"过来/过去"的物理空间义是使用最频繁的,排第二的是状态域中表示意识从无到有的"醒过来"和从有到无的"昏过去"。按照公认的时空相互转换的隐喻思维模式,由空间域到时间域的转换应该很自然,本来预想学习者可能较容易掌握时间域的相关义项,然而调查结果却大大相反。可能的解释是,日常生活中状态域相关义项的使用频率远高于时间域相关义项的使用频率。

(四) 汉语教材编排的影响

教材作为学习的主要材料和依据,直接影响着教师的教和学生的学。教材中"过来/过去"各义项和用法的编排顺序是不可忽视的因素之一。考察本次被

试所使用的五套教材,穷尽性地排查五套教材中有关"过来/过去"的解释,如表:

表 5-6 五套系列教材中"V 过来/过去"的编排

教 材	篇 名	用 例	分 析
《发展汉语》	《初级综合》(Ⅱ)	走过来、跑过来、送过去、开过去	覆盖初、中、高三个等级,初、中级编排趋向义;引申义排在高级阶段,主要是"意识变化""抽象位移""事态由错误转正确"和"度过一段时间"等。全套教材没有完全涵盖"过来"的13个义项和"过去"的9个义项。
	《中级听力》(Ⅰ)	穿过去	
	《中级综合》(Ⅰ)	吹过来、开过来、拿过来	
	《高级综合》(Ⅰ)	吹过来、开过来、拿过来、开过来、走过来、拿过来、冲过来、奔过来、递过去、驶过去、(电话)打过去、昏过去、纠正过来	
	《高级综合》(Ⅱ)	走过来、翻译过来、改过来、熬过来	
《汉语教程》(第三版)	第二册(下)	走过来、拿过来、走过去、拿过去、跑过去、(邮件)发过去、寄过去	集中编排在第二册下,引申用法中有"起来、出来、下来、下去",但没有涉及"过来、过去"。
《登攀·中级汉语教程》	上、下两册	走过去、飞过去、走过来、围过来、投递过来、传递过来、昏过去、醒悟过来、奔过去、睡过去	衔接《汉语教程》第三册,"V 过来/过去"用例有所增加,义项范围也从趋向义扩展到了状态义。
《成功之路》	《顺利篇2》	坐过来、跑过来、搬过来、开过去	基本涵盖了"V 过来/过去"的所有义项,所搭配的动词也很多样,如空间域中表位移的有"坐、跑、伸、投"等,也涉及"反过来"这一固定用法。但"过来"表"完成"义出现得过早,且只讲了"V 得/不过来"结构。高级阶段《冲刺篇1》中出现的"敷衍过去"、"忽略过去"等时间域的义项缺少相应的分析。
	《进步篇2》	扑过去、走过去、跑过去、看过去	
	《提高篇1》	翻过来、醒过来、反应过来、恢复过来、发过去	
	《提高篇2》	要过来、跟过来、找过去、晕过去	
	《跨越篇1》	明白过来	
	《跨越篇2》	接过来	
	《冲刺篇1》	跑过来、昏厥过去、敷衍过去、忽略过去	
	《冲刺篇2》	改过来、走过去	
	《成功篇1》	围攻过来、伸过来、投过来、反过来、搬过去	
	《成功篇2》	修改过来、转移过来、清醒过来、转移过去	

续表

教　材	篇　名	用　例	分　析
《拾级汉语》	《综合课本2》	走过来、走过去	《综合2》首次出现"动趋";《综合3》汇总补语类型(结果、趋向、可能、情态和数量),但无"过来/过去"。《综合4》归纳了引申义。
	《综合课本3》		
	《综合课本4》	流过来、醒过来、明白过来	
	《精读课本5》	醒过来、明白过来	

显然,五套教材中"过来/过去"的编排和注解主要以趋向义和状态义为主,自然,学习者对这两义项的习得顺序都较为靠前。

六、 习得顺序对教材、教学的启示

(一) 教学策略建议

按照本研究所得,Ⅰ级是空间域中表示位移的义项和固定用法"反过来",汉韩有相通之处,韩语是"实义动词+辅助动词"①,"辅助动词"承担趋向义,教师可以借助图示一目了然,学习者可以对照记忆;抽象的位移,可结合语境,放进"对话框",帮助理解。"对称性"的习得效果较好,从趋向义开始教符合韩国学习者的认知方式,具有一定科学性。

Ⅱ级主要是状态域中各义项,类别较为丰富,其前所搭配的动词也较为复杂,可以先从常用的动词着手,如意识和思维的转变,对应的韩语基本是固有词汇或搭配;不同的"态",韩语中用不同的词尾、助词或词缀去表达,虽然学习难度有所增加,但若逐一建立联系,组成一个个语块,相信教学效果会有所改善。

Ⅲ级是时间域中的义项,需要学习者对"过来/过去"的引申义有了一定了解,接触到乙级或丙级词汇后再学习。

(二) 教材编排建议

第一,编排顺序。参考本研究得出的习得等级,时间域中的义项,所搭配的

---

① 주어와 서술어만으로는 뜻이 완전하지 못한 문장에서, 그 불완전한 곳을 보충하여 뜻을 완전하게 하는 수식어. 국어에서는 "되다", "아니다" 앞에 조사 "이", "가"를 취하여 나타나는 문장 성분을 말한다.(当句中只有主谓成分,表意不全时,补语作为修饰语,用来补充说明,一般是이/가)

动词相对较难,且使用频率也比不上状态域的,可安排在高级阶段。《发展汉语》《成功之路》《拾级汉语》中"过来/过去"的义项和用法贯穿初、中、高三个阶段,值得肯定。"对称性"的义项成对出现,方便教师对照讲解,也可深化学习者的认知。

第二,课本注释。五套教材中"过去"的解释明显存在不足或空缺,出现了"敷衍过去、忽略过去"这样难度等级较高的义项,却没有相应的注解,建议增添。可以与"过来"相呼应,"对称性"的义项和用法学习者理解和记忆起来也相对容易,例如表示趋向义、领属关系转变、语际翻译时,"过来"和"过去"区别只在于立足点的不同;又如意识状态有、无之间或清晰、模糊之间的转变,所搭配的动词相对固定、数量有限,且是反义的,学习者对照学习也是提高学习效率的一种方式。《成功之路》和《拾级汉语》有关引申义的解释仍有所欠缺,主要集中在状态变化方面,而课文中出现的一些用法则没有提及,如表领属关系转变的"要过来",事情勉强通过的"忽略过去、敷衍过去"等。

第三,练习设计。针对"过来/过去"的练习往往与课文中出现的义项并不匹配,建议增加和课文中出现义项相配套的练习。

七、 余论

随着我们对其他国别留学生相关动词的习得研究,我们发现,汉语学习者趋向补语的习得顺序因语种和国别而有所不同。比如针对趋向补语"起、起来"的研究中,西班牙语学习者"趋向义"的习得效果远弱于引申义"结果义、始续义、话题义",初、中、高级水平都表现如此(数据支持)。[1]初步考察到的原因是,西班牙语"路径、方向"概念一般融合在动词中表达,汉语中丰富的"方式动词+趋向动词"类结构,在西语中多对应编码"路径+方向"义的单纯动词,而且很多时候"方式义"丢失。又如汉语中的"抬起","提起","端起"等,西语中只对应动词"levantar",而面对这种汉西"多对一"的情况,西语学生往往会选错动词,造成搭配错误。又如,西语中"levantar+O"可以同时表示"抬起/提起/拿起/端起"某物,但汉语中,动词不同,使用语境和对象也不同。西语母语者往往随意将动词和

---

① Tokowicz, N. & B. MacWhinney. (2005) Implicit and explicit measures of sensitivity to violations in second language grammar: An event-related potential investigation. Studies in Second Language Acquisition: 173 - 204.

"起来"进行搭配,就会形成"*他把酒杯从桌上抬起来","*他把瓶子从地上提起来"类偏误。因此,针对不同母语类型者,趋向动词的习得顺序是不一样的,趋向动词习得顺序的国别研究,值得考察。

作者简介:

范立珂,上海外国语大学国际文化交流学院,副教授,博士,研究方向:句法学、语义学、认知语言学、语言类型学。

伏凉凉,江苏省无锡市新吴区坊前实验小学,教师。

朴善姬,上海外国语大学国际文化交流学院,讲师,博士,研究方向:汉韩语言对比,语言类型学,现代汉语句法。

The research on the acquisition sequence of directional complement "*guolai* 过来/*guoqu* 过去" based on Chinese-Korean comparison

Abstract: Korean students tend to have a very high error rate in the directional complement "*guolai*/*guoqu*", and the reasons behind this are worth exploring. There is no Chinese-Korean comparison and acquisition research on the "*guolai*/*guoqu*" of Korean learners. First, the paper systematically sorted out the semantic classification by an in-depth and detailed Chinese-Korean comparison from a cognitive perspective, and then obtained a detailed division of meanings, that is, "*guolai*" has 13 kinds of semantics and "*guoqu*" has 9 kinds of semantics; then surveyed the existing corpus in Korean learners using of "V *guolai*/*guoqu*" and investigated the acquisition of various meanings of Korean learners who use the same textbooks; On this basis, the method of "relative correct frequency ranking, implicational scale ranking, correlation analysis, and cluster analysis" was used to explore the acquisition sequence and acquisition hierarchy of directional complement of "*guolai*/*guoqu*" of Korean students; then, the related factors that affect acquisition are discussed in depth; finally, obtained suggestions for the teaching strategies and textbook compilation for Korean learners.

Keywords: "*guolai* 过来/*guoqu* 过去"; Chinese-Korean comparison; Acquisition sequence Acquisition hierarchy

来华留学生医学汉语教材研究述评*

赵　莹

摘　要:随着来华攻读医学专业留学生数量的增加,"中文十医学"的研究逐渐引起了学界的关注。教材是教师教学和学生学习所依据的材料,本文全面梳理了目前医学(西医)汉语教材的出版使用情况和学界对医学汉语教材的研究情况,总结出医学汉语教材研究的现状为:教材及研究数量偏少,研究的教材种类有限,研究的内容不全,研究成果产出年代较集中,研究者学历层次较高等。并指出了与纲领性文件相结合的研究以及注重医学汉语与通用汉语、医学汉语与医学专业、预科教育与本科教育的衔接问题等研究的新方法和新领域。以期为医学汉语教材的编写提供借鉴,为医学汉语教材的深入研究奠定文献和理论基础,从而促进医学汉语教学乃至专门用途汉语教学的进一步发展。

关键词:医学汉语;医学汉语教材;教材研究;专门用途汉语;中文十

近年来,来华留学生的专业选择有了较大变化。2017 年,外国人赴中国求学打破了以汉语为主的格局,医学、工学等成为最热学科①。2019 年,国际中文教育大会首次设立"中文十职业技能"专题论坛,医学汉语作为专门用途汉语的分支之一,也是"中文十"的重要研究范畴。我国对来华留学生的医学汉语教育起步较晚,相关经验不足,目前学界对于医学汉语的研究还不够充分。就医学汉语教材来讲,无论是教材的数量、种类,还是对教材研究的广度、深度,均存在严重不足,这就需要更多的一线教师和研究者关注并且重视医学汉语教材的相关研究以及编写工作。

---

* 本文为 2021 年国家语言文字推广基地(同济大学)双强项目"来华留学生预科教育医学汉语分级教材编写理论与实践"(项目编号:TJSQ22YB30)阶段性成果。

① 中国新闻网:《外国人来华留学不再只学"中国话",技能学习与实习需求激增》,2017 年 4 月 20 日。

一、 医学汉语教材的出版使用情况

随着来华医学留学生数量的不断增加,早期出版的医学汉语教材已不能满足当下的需求,多数教材现已断版。2007 年,教育部印发了《来华留学生医学本科教育(英语授课)质量控制标准暂行规定》,明确规定了招生学校制订的课程计划中应包括中国概况、汉语、医学汉语等,"汉语作为必修课程应贯穿教学全过程"。[①]自此,医学汉语教材的出版日渐繁荣。

目前常用的面向来华留学生的医学(西医)汉语教材主要有以下几部:北京大学出版社出版的《医学汉语·实习篇Ⅰ》(1995 年第一版,2020 年第二版),适用对象是汉语水平达到 HSK3 级左右的留学生,后来又相继出版了《医学汉语·实习篇Ⅱ》(2009)和《医学汉语·实习篇Ⅲ》(2012),这是最早的针对来华留学生的医学汉语教材之一。外语教学与研究出版社集国内近二十所大学医学汉语教学一线教师之力,自 2008 年起出版的《实用医学汉语》系列教材,分为"语言篇""基础篇"和"临床篇"三个部分,"语言篇"适合汉语为零起点的医学留学生;"基础篇"适合英文授课的一、二年级医学留学生和中文授课的医学留学生;"临床篇"依照西医临床专业的不同科室分类编写,这部教材在医学汉语领域有着重要的影响力。北京语言大学出版社出版的《西医汉语教程》,分为《西医汉语听说教程》(2013)和《西医汉语读写教程》(2014)两册,是为西医类本科来华留学生在预科阶段学习而编写的专门汉语教材,学习者应已掌握 1500—2000 个普通汉语词汇,汉语水平达到或接近新 HSK 四级水平,这部教材目前在承担中国政府奖学金医学类本科来华留学生预科教育培养工作的院校广泛使用。人民卫生出版社 2018 年出版的《医学汉语》,该教材是国家卫生健康委员会"十三五"英文版规划教材,供临床医学专业及来华留学生(MBBS)双语教学用。

此外,目前仍在流通使用中的医学汉语教材还有《医用汉语教程入门篇》(2009,高等教育出版社)、《来华留学生医用汉语教程(高阶)》(2015,北京大学医学出版社)、《医用汉语》(2015,西安交通大学出版社)、《专业基础医学汉语(解剖与组胚篇、细胞生物学篇)》(2017,北京大学出版社)、《初级医学汉语教程》(2018,中国纺织出版社)、《临床医学汉语教程》(2018,中国纺织出版社)和《医学

---

① 中华人民共和国教育部:教育部关于印发《来华留学生医学本科教育(英语授课)质量控制标准暂行规定》的通知,教外来〔2007〕39 号。

汉语》(2021,郑州大学出版社)等。

目前最新的医学汉语教材为北京语言大学出版社于 2022 年陆续出版的《我是医学生：基础医学汉语》，该部教材是在"中文＋医学"理念指导下，依据《新汉语水平考试大纲》《国际中文教育中文水平等级标准》《医学汉语水平考试(MCT)大纲》编写的综合性医学专用汉语教材，主要适用于来华学习基础医学专业的汉语零起点医学生。

可见，目前流通使用的面向来华留学生的医学(西医)汉语教材仅有十几部，大多出版于 2007 年以后。有面向汉语零起点留学生的教材，也有面向具备一定汉语基础的留学生的教材；有面向中文授课培养模式的教材，也有面向英文授课培养模式的教材。但相较于通用汉语或同属于专门用途汉语范畴的商务汉语，医学汉语教材的数量、种类均不算多，可选择性较少，被各院校广泛接受和使用的能称得上是"经典教材"的更是少之又少。下文我们将结合医学汉语教材的相关研究加以阐释。

二、 医学汉语教材的相关研究

截至 2024 年 6 月底，中国知网收录的主题为"医学汉语"的相关文献为 217 篇，主题为"医学汉语教材"的相关文献为 53 篇。经过筛选，与医学(西医)汉语教材直接相关的研究文献仅有 37 篇。相关研究数量较少，说明目前学界对医学汉语教材乃至医学汉语教学的关注度仍较低，没有引起足够的重视。我们拟对这 37 篇文献进行穷尽式研究，以期全面总结医学汉语教材研究的现状，为医学汉语教材的编写乃至医学汉语教学的深入发展奠定基础。

(一) 教材编写研究

许多医学汉语教学一线教师和相关研究者在教学实践基础上，总结教学经验和教材编写、使用经验，探索医学汉语教材的编写原则和编写建议。其中又可分为概括性理论研究、对某一部教材的编写分析研究和对两部或多部教材的编写对比研究三类。

1. 教材编写理论研究

一些研究者对医学汉语教材的编写原则和理念进行了概括性阐释，这类研究数量不多，一般为十年前的研究，如：

张曦(2009)①提出医学汉语教材的编写应从医科留学生的实际需要出发，紧扣医院住院部语境背景下的交际性原则，从词汇的选择、课文的编撰、练习的编写、注释与附录的添加等方面突出医学实用性的特点。姜安(2011)②建议编写一本以词汇为纲，以情景为主线，课文以常用句型为主，并综合各种练习方式的医学汉语教材。滕夏虹、肖强、周红霞、刘庆委(2012)③通过列举三版不同的遗传学内容在医学汉语教材中的编排案例，验证了刘娜、冯振卿、张曦(2008)④提出的医学汉语教材编写的实用性、交际性、趣味性和科学性原则。李凤云(2012)⑤提出在医学汉语教材编写时应考虑医学汉语课课时数的问题、医学汉语课与普通汉语课衔接的问题、教材内容的适用性和实用性问题。倪军红(2014)⑥提出了专业汉语教材编写的指导原则(适度性、层次性；以介绍专业词语为主，保持专业教材的语体风格为辅；专业教师的参与)和具体原则(针对性、实用性、科学性、趣味性)。

2. 单部教材编写研究

相较于对教材的编写原则和编写理念进行概括性理论阐释，多数学者的研究方法为选择一部或者几部医学汉语教材，在对教材的编写情况、整体内容及教学使用情况进行深入分析后，总结归纳教材的编写特点或优缺点，进而提炼出医学汉语教材的编写原则和编写建议。其中又以对单部教材的编写研究为主。

其中，早期的研究主要有洪材章(1990)⑦对《大学医用汉语教程》(1991，天津大学出版社，现已断版)编写特点的介绍，以及杨靖轩(1991)⑧对《医学汉语教程》(听说课本)功能项目情况的分析等。以上两部教材现均已断版，其中《医学汉语教程》的出版信息更是已不可考，但前辈先贤的研究为后人编写医学汉语教材提供了可供借鉴的思路，如杨靖轩(1991)⑨提出在进行功能项目选择时必须

① 张曦：《论医科留学生的医学汉语教材编撰》，《西北医学教育》，2009年第5期。
② 姜安：《浅议西医留学生汉语教材编写》，《现代医药卫生》，2011年第11期。
③ 滕夏虹、肖强、周红霞、刘庆委：《医学汉语教学选择教材的一些探讨》，《语文学刊》，2012年第5期。
④ 刘娜、冯振卿、张曦：《关于医学汉语教学的几点思考》，《西北医学教育》，2008年第2期。
⑤ 李凤云：《来华西医专业全英授课留学生医学汉语教材编写初探》，《吉林省教育学院学报》，2012年第11期。
⑥ 倪军红：《来华留学生专业汉语教材编写初探——以医学汉语教材为例》，《国际汉语学报》，2014年第5卷第2辑。
⑦ 洪材章：《〈大学医用汉语教程〉的特点》，《第三届国际汉语教学讨论会论文选》，北京：北京语言学院出版社，1990。
⑧⑨ 杨靖轩：《〈医学汉语教程〉功能项目的选择与安排》，《世界汉语教学》，1991年第3期。

遵循交际性和实践性原则；所选的功能项目应强调其针对性；选择功能项目时，必须结合语法点，充分体现汉语的特殊性；必须注意功能项目的实用性、常用性和急用性。

陈梅双、莫秀英（2012）①分析了采用汉语授课和英语授课两种不同培养模式的来华攻读医科（西医）专业留学生的特点与需求，并以《医学汉语·实习篇》为例指出应该根据两类学生的不同特点与需求分别编写适用的教材，在教材编写中要充分考虑其课程设置、生词选编、注释、练习设计及辅助语言等方面的差异。苏叶（2013）②从编排体例、功能项目、课文和词汇、练习设计等方面，对《实用医学汉语·语言篇》进行了仔细分析，指出医学汉语教材要兼顾循序渐进和实用先行的编写原则，既要遵循一般语言教材的编写规律，又要注重语言知识与专业知识的过渡与衔接。以上两篇研究均涉及了医学汉语与基础汉语或者医学专业的衔接问题。

贺燕（2015）③介绍了《医学汉语听说教程》（2014，西安交通大学出版社，现已断版）的编写背景、定位和特点、编写设计、具体编写思路等。邓淑兰、莫秀英（2018）④结合教材《专业基础医学汉语·细胞生物学篇》的编写经验，认为专业医学汉语教材要针对学习者的学习目的和需求等，在课文的选编、生词的选编、注释的选择、练习的设计四个方面凸显专业医学汉语教材的针对性、专业性和实用性的编写原则。

近五年的研究主要有：王导、徐瑞莉（2020）⑤以护理汉语校本教材的编写为例，指出选择医学汉语教材内容时要注重总体框架与培养目标对接、语篇范畴覆盖主要课程、呈现方式贴合实践需求，在结合语言知识与专业内容时要注重以MCT大纲为主、以 HSK 大纲为参考、以医学汉语词汇手册为辅助。李二米（2020）⑥对《实用医学汉语·语言篇》（1—4 册）的词汇、语法、课文、练习进行了比较全面的考察，对教材存在的问题给出了具体的完善建议。黄新杰（2021）⑦

① 陈梅双、莫秀英：《针对两种培养模式的医学汉语教材编写》，《国际汉语》，2012 年第 2 辑。
② 苏叶：《简析〈实用医学汉语·语言篇〉的编写思路》，《温州医学院学报》，2013 年第 5 期。
③ 贺燕：《简析〈医学汉语听说教程〉的编写思路》，《长春教育学院学报》，2015 年第 19 期。
④ 邓淑兰、莫秀英：《论专业医学汉语教材的编写原则——以〈专业基础医学汉语——细胞生物学篇〉为例》，《国际汉语》，2018 年第 4 辑。
⑤ 王导、徐瑞莉：《"一带一路"背景下的医学汉语教材编写研究》，《高教学刊》，2020 年第 36 期。
⑥ 李二米：《〈实用医学汉语——语言篇〉的编写情况与使用情况分析——以泰国兰实大学为例》，广东外语外贸大学硕士学位论文，2020。
⑦ 黄新杰：《基于 MCT 大纲的〈实用医学汉语——语言篇〉分析》，华中科技大学硕士学位论文，2021。

结合《医学汉语水平考试（MCT）大纲》，对《实用医学汉语·语言篇》的词汇、功能情景、话题、课后习题等方面进行分析。并提出相应的编写建议。以上研究均关注到了在教材研究中结合各类教育考试大纲的重要性。

李哲贤（2023）①基于《医学汉语·实习篇》，从文字、词汇、语法、语用四个方面论述了医学汉语与通用汉语的衔接方法，提出医学汉语的教学原则应该在通用汉语教学的总原则之下，医学汉语与通用汉语的衔接具有必要性与可行性，在医学汉语课堂上衔接通用汉语能起到较好的教学效果。

3. 教材编写对比研究

教材对比分析一直是教材研究中的重点内容，在对医学汉语教材的编写研究方面也是如此。除了对单部医学汉语教材进行深入研究以外，不少学者在进行教材编写研究时选择了两部或多部教材作为研究对象，对不同教材（或同一教材的不同版本）的编写特点及整体内容进行对比性研究。

倪军红（2011）②从生词、课文、语言点注释、练习、阅读课文等方面对比分析了《大学医用汉语教程》《实用医学汉语》和《医学汉语·实习篇》三部教材编写体例的异同。提出有必要结合医学专业教师的力量，编写新的教材。董东栋（2015）③对比研究了《医学汉语·实习篇》和《实用医学汉语·临床篇》的编写原则，包括交际性原则、实用性原则、科学性和系统性原则、趣味性原则。指出两部教材在每一部分的编写都有各自的特色和优势，也存在着一些问题，取长补短是有效的解决途径。冯丽（2016）④对《医学汉语·实习篇》和《实用医学汉语·临床篇》两部教材的整体编写、课文、词汇、练习等方面进行了比较研究，并结合实践对医学汉语教材的编写提出了注重教学需求与语料真实性，制定医学汉语词汇大纲以规范词汇选择，开发医学内容的图片、视频等教材辅助资源，练习设置要与医学留学生的培养需求相符及重视教材编写的规范性等建议。彭湃（2019）⑤在其博士论文中也涉及了教材对比的内容，研究将《医学汉语·实习篇》和《实用医学汉语·临床篇》从编写理念、编写体例、编写内容、练习系统、词汇选择等五个方面进行了对比分析。并指出教材的实用性是专门用途汉语教材

① 李哲贤：《试论基于教材的医学汉语与通用汉语之衔接》，《汉字文化》，2023年第1期。
② 倪军红：《我国医学院校医学（西医）专业留学生医学汉语教材述评》，《语言文字法制化、规范化、标准化、信息化建设——第七届全国语言文字应用学术研讨会论文集》，湖南：湘潭大学出版社，2011。
③ 董东栋：《关于两套临床医学汉语教材编写原则的比较分析》，《新西部（理论版）》，2015年第6期。
④ 冯丽：《〈医学汉语·实习篇〉与〈实用医学汉语·临床篇〉的比较研究》，广西大学硕士学位论文，2016。
⑤ 彭湃：《医学汉语词汇研究》，东北师范大学博士学位论文，2019。

的重要特点,语言技能的训练是教材编写的重要环节,医学学科的专业性、场景的实用性是医学汉语教材编写的重要原则。

近五年的研究主要有:毕丽娟(2020)①以《实用医学汉语·基础篇Ⅰ、Ⅱ》和《西医汉语教程》为研究对象,从整体、课文、生词、练习四个方面研究两套教材的特点和异同点,并结合对《西医汉语教程》使用情况的调查提出医学汉语教材的编写需要重视使用者的需求和课文材料的真实性;建立相关的医学汉语词汇大纲;充分运用多媒体资源,开发图片、视频、动画等教材辅助资源;重视教材编排的规范性。朱斯聪(2021)②分析了《实用医学汉语·临床篇》《医学汉语·实习篇》《初级医学汉语教程》三部医学汉语教材在宏观方面(编写理念与思路、编写目与针对人群、编写结构)和微观方面(课文、词汇、练习)的异同,对医学汉语教材提出了建立医学汉语教材词汇大纲和词汇库;丰富符合医学汉语内容特点的图片;充实课文内容中的真实医学场景;优化教材中各类练习题型的比例等编写建议。张楚迎(2022)③以《医学汉语》(2018,人民卫生出版社)与《实用医学汉语·临床篇》为研究对象,从教材概况、词汇、课文、练习等方面对比了两部医学汉语教材,并考察了教材词汇与 MCT 大纲词汇的匹配度。继而对医学汉语教材的编写提出了医学汉语内容设置、拓展文化及汉字教学、顺应线上教学潮流三个建议。

单琳(2022)④的研究有所不同,其研究从宏观、词汇、课文、练习四个方面对《医学汉语·实习篇Ⅰ》新旧两版教材进行对比,并结合 MCT 大纲和教师访谈,分析了教材修订的优缺点。并提出以下教材编写和修订建议:提高教材与 MCT 大纲的匹配度;明确学习目标和重难点;生词编排增加例句;创新题型,增加医学专业题型;增加写作范例;完善配套教学资源。

4. 小结

目前对医学汉语教材的研究以教材编写研究为主,其中又以对单本教材的编写研究为最多。总结上述学者的研究,可以发现,学者们的看法基本一致又各有侧重。医学汉语教材的编写除了应遵循一般语言教材的编写规律之外,还应结合医学专业教师的力量,注重将语言知识与医学知识相结合,重视学

---

① 毕丽娟:《来华留学生医学汉语教材对比研究——以〈实用医学汉语基础篇Ⅰ、Ⅱ〉与〈西医汉语教程〉为例》,山东大学硕士学位论文,2020。
② 朱斯聪:《医学类汉语教材编写研究》,西北大学硕士学位论文,2021。
③ 张楚迎:《〈医学汉语〉和〈实用医学汉语——临床篇〉教材对比分析》,吉林大学硕士学位论文,2022。
④ 单琳:《〈医学汉语——实习篇Ⅰ〉新旧两版教材对比研究》,吉林大学硕士学位论文,2022。

习者的需求。

据此，我们可以将医学汉语教材编写的总原则概括为：针对性、实用性、真实性、科学性、专业性、规范性、层次性、交际性和趣味性等。

在教材的具体编写过程中，编写者应参考 MCT 大纲和 HSK 大纲等纲领性文件，并注意以下问题：

（1）词汇方面：应建立医学汉语相关的词汇大纲和词汇库，注重专业医学词汇的选取、编排和注释，并为生词增加例句。

（2）课文方面：充实课文内容中的真实医学场景，在保持专业教材的语体风格的基础上适当丰富课文的体裁形式。

（3）语法方面：加强书面语体的语法讲解和训练。

（4）练习方面，练习设置与医学留学生的培养需求相符，可参照 MCT 大纲样题，优化教材中各类练习题型及其比例。

（5）注意汉字，文化，写作等现有医学汉语教材的薄弱环节。

（6）编写必要的教师参考材料，完善教学配套，开发图片、视频、动画等多媒体辅助资源。

（二）词汇研究

词汇是建构语言的材料，医学汉语词汇是医学汉语区别于通用汉语和商务汉语等其他专门用途汉语的标志。对医学汉语教材中的词汇研究是医学汉语教材内容要素研究的主要领域，除了在教材编写研究中涉及的词汇相关研究以外，不少学者选择对具有代表性的医学汉语教材进行专门的词汇研究，其中有对一部医学汉语教材中的词汇进行的研究，也有对两部或多部教材中的词汇进行的对比研究。

1. 单部教材词汇研究

对某一部医学汉语教材中的词汇进行的研究，以生词复现率的调查研究为主，此外还有词语分布研究、词汇选编研究以及对教材词语的指瑕研究等。

韦迪（2015）[1]通过对《医学汉语·实习篇》三册教材生词复现情况的调查统计，发现医学汉语教材存在生词复现率低的问题。提出教材编写者应明确思想意识并落实到编写教材的实际工作中去；在增加生词的复现率的同时要合理安

---

[1] 韦迪：《〈医学汉语——实习篇〉生词复现率调查研究》，广西大学硕士学位论文，2015。

排复现间隔;合理设计课后练习;在课堂上积极营造真实的语言交际情景。教材的使用者要根据教材的特点采取不同的方法去教学与学习。同样进行复现率研究的还有胡俊(2017)①,其研究总结了《实用医学汉语·语言篇》(Ⅰ、Ⅱ)中的生词复现情况及该教材在生词复现方面的优缺点,并据此提出了以下教学建议:在思想上提高对医学汉语教材生词复现问题的重视;为医学词做图文注解增加医学词的复现;提高课文中生词的复现率;科学设置练习题型提高生词复现率的编写建议。同时对教师教学提出了通过课前预习、课后听写和总结环节提高生词复现率;利用语义场理论提高生词复现率;加强学生听说力度提高生词复现率。

涂海强(2016)②在对《实用医学汉语·语言篇》中170个虚词的分布情况进行考察以及18个程度副词进行语义比较后,发现这些虚词在四册教材中的分布序列颠倒了初级阶段和中高级阶段虚词学习的规律,教材在虚词教学,尤其是程度副词的教学上,存在严重偏差。提出教材在虚词的安排上需要考虑语言习得的规律,遵循循序渐进的原则,虚词教学应注重语义比较法和语用分析。

韩雪(2023)③考察了《医学汉语·实习篇》三册教材的词汇收录与选编情况,分析了教材对MCT大纲词汇的覆盖率,并提出了词汇修订建议(词汇数量和词汇等级平稳提升;词汇选择契合医学语境;从词汇专业性完善修订教材中的词汇;结合真实医疗情景选择词汇)和词汇教学建议。

向德珍、郭韵言(2023)④指出了《专业基础医学汉语·解剖与组胚篇》一书在词汇的注音、词性标注和释义等方面存在的几十处错误或不准确之处,并对每一个问题给出了具体的修改方法。

2. 词汇对比研究

在教材对比分析领域,除了可以对两部或多部医学汉语教材的编写特点及整体内容进行对比性研究以外,也有部分学者选择对医学汉语教材中的词汇进行对比分析研究。

① 胡俊:《〈实用医学汉语·语言篇〉生词复现率的调查及研究》,西安外国语大学硕士学位论文,2017。

② 涂海强:《〈实用医学汉语·语言篇〉虚词分布及程度副词语义分析》,山东理工大学学报(社会科学版),2016年第1期。

③ 韩雪:《〈医学汉语——实习篇〉词汇选编研究》,吉林大学硕士学位论文,2023。

④ 向德珍、郭韵言:《医学汉语教材〈专业基础医学汉语·解剖与组胚篇〉指瑕》,《2023教育理论与管理第三届"创新教育与精准管理高峰论坛"论文集(专题2)》,北京:华教创新(北京)文化传媒有限公司、中国环球文化出版社,2023。

邬湘涛、杜娟(2012)①通过对《新编医用汉语》(2006年第三版,新疆教育出版社,现已断版)、《医学汉语·实习篇》《实用医学汉语》三部医学汉语教材的分析比较,发现三部教材在词语选择方面有以下规律:从医学文章、医学交际场景中选择词语逐渐成为基本原则;专有词语选择越来越重视体系化;词语选择逐渐重视层次化、可取舍性(或可组合性)。特别指出,《实用医学汉语》的词语选择范围较广,词语选择取其他两部教材之所长。同时提出,在医学汉语教学中,不一定必须掌握《汉语水平词汇大纲》中的高级别词语,可以教授通用语言学习与医学学习所共有的基础词语。并指出,将来有可能会解决目前医学汉语教学中的以下两个问题:对专有词语的选择缺乏统计学的分析等更深层次的研究;缺乏科学的专有词语大纲。董东栋(2015)②从医学汉语词汇量、词汇重现率、生词注释、医学专用词汇等方面对《医学汉语·实习篇》和《实用医学汉语·临床篇》两部教材的词汇进行了比较,呼吁建立医学汉语词汇等级大纲或医学汉语词汇语料库,为医学汉语教材编写时选择和控制医学专用词汇,乃至整个医学汉语教材的编写提供助益。可见,在MCT大纲等纲领性文件出台之前,专家学者在教材词汇编选和研究时深感不便,紧迫需要相关规范出台。

少数学者关注了中医医学汉语教材和西医医学汉语教材的对比研究或结合研究问题。刘静妍(2017)③对《中医汉语综合教程》和《实用医学汉语·语言篇Ⅳ》两本教材进行了医学术语复现率和释义对比分析,提出在教材编写时要注意医学词汇的复现率,同时在生词释义时要避免单调乏味,尽量采用多种释义模式。龚鑫(2020)④对《医学汉语·实习篇》《实用医学汉语·基础篇》《实用医学汉语·临床篇》《实用中医汉语》《中医汉语》多部中西医汉语教材共计6627个词汇进行语体分析,总结了医学汉语教材中的医学汉语外围词语、医学汉语中圈语体词和医学汉语核心语体词的构成及特点。从语体角度分析医学汉语教材的词汇构成是一个比较新颖的角度,其研究对医学汉语教材的选词和医学语体词的研究具有一定的理论和实践意义。

---

① 邬湘涛、杜娟:《医学汉语教材中的词语选择》,《卫生职业教育》,2012年第1期。
② 董东栋:《关于两套医学汉语教材中词汇的比较研究》,《海南广播电视大学学报》,2015年第2期。
③ 刘静妍:《〈中医汉语综合教程〉与〈实用医学汉语〉医学词汇对比分析》,《现代语文(语言研究版)》,2017年第10期。
④ 龚鑫:《医学汉语教材词汇的语体分析》,暨南大学硕士学位论文,2020。

陈蒙、甄珍(2023)①的研究有所不同,其研究探讨了预科医学汉语教材与本科医学专业教材的词汇衔接度问题。首先将两部四册医学汉语教材(《西医汉语听说教程》《西医汉语读写教程》《专业基础医学汉语·解剖与组胚篇》《专业基础医学汉语·细胞生物学篇》)的生词表数据化,建立预科医学汉语教材词汇数据库。然后将一年级临床医学专业开设的四门较难的医学基础课程(医用生物学、细胞生物学、组织学与胚胎学、解剖学)的教材数据化,形成本科医学基础教材文本数据库。通过对两个数据库的词汇与《国际中文教育中文水平等级标准》和《中国政府奖学金本科来华留学生预科教育结业考试基础汉语常用词汇表》进行对比和量化统计分析后发现:预科医学汉语教材的词汇以医学专业基础词汇和中高等的书面语体通用词汇为主体,对预科生来说词汇级别高、难度大;预科医学汉语教材与本科医学基础教材具有较高的词汇特征相似度;受教材体量所限,预科医学汉语教材所覆盖的本科医学基础教材词汇量不足,词汇衔接度较低。最后总结出预科医学汉语教材编写的通用词汇理想词表及2163个理想目标词汇,为教材编写提供科学依据。

同样涉及医学汉语与专业汉语衔接研究的还有任畅、夏萌萌(2023)②,其研究以医学留学生基础学习阶段的10册《实用医学汉语》(语言篇第1—4册、基础篇第1—4册、临床篇中的内、外科)和本科医学专业学习阶段的《系统解剖学》中的解剖学词汇为研究对象,对两类教材中的解剖学词汇进行整体统计,对《实用医学汉语》系列教材进行解剖学词汇覆盖率统计,并对两类教材中的解剖学词汇进行高频字分析。提出了细化留学生人才培养方案的针对性,提升三阶段课程之间的衔接性;优化留学生基础教材的选用或编写,提高基础医学词汇整体占有率;具化留学生基础阶段课程教学定位,增强教与学的科学性与实效性等建议。

3. 小结

相较于通用汉语词汇研究,医学汉语教材词汇研究成果较少,研究有待深入。现有的研究主要集中在以下方面:

(1)词汇对比研究。关于医学汉语词汇的大部分研究为词汇对比研究。

(2)生词复现率研究。无论是对单部教材词汇研究还是在词汇对比研究

① 陈蒙、甄珍:《来华预科生医学汉语教材与本科生医学专业教材的词汇衔接度研究》,《医学教育研究与实践》,2023年第2期。
② 任畅、夏萌萌:《基于两类教材对比的留学生系统解剖学词汇分析》,《解剖学杂志》,2023年第1期。

中,学者们都比较关注生词复现率问题。

（3）词汇选择的标准和规范性问题。在《医学汉语水平考试(MCT)大纲》出版之前,医学汉语教材选词的标准、范围和规范性一直是学者关注的问题,不少学者呼吁早日出版纲领性文件。在 MCT 大纲出版之后,出现了教材词汇对 MCT 大纲词汇的覆盖率研究。

（4）最新的研究关注了医学汉语教材词汇与医学专业词汇的衔接问题。

（5）一些研究也涉及了中西医医学汉语教材词汇的比较研究,或将中西医医学汉语教材词汇加以整合,进行综合研究。

(三) 其他内容要素研究

词汇研究是医学汉语教材内容要素研究的主要领域,除词汇研究以外,关于其他医学汉语教材内容要素的研究方面,我们只找到了 1 篇对课文的研究和 1 篇对练习的研究文献。

黄茗湘(2017)[①]以《医学汉语·实习篇》和《实用医学汉语》两本医学汉语教材的课文为研究对象,从体裁、题材和难易度等方面概括归纳了两本医学汉语教材课文的异同点。同时,通过对比通用汉语课文和医学汉语课文分析了医学汉语教材课文的特殊性。对医学汉语教材课文提出了明确各体裁课文编写重点;明确各题材课文编写重点;明确课文难易度标准的编写建议。

陈影(2012)[②]以《医学汉语·实习篇Ⅰ、Ⅱ》的练习部分为研究对象,从练习题量、练习题型和练习类型等多个方面进行统计分析,并提出教材练习编写建议:合理安排每学时平均练习题量和各课、各册间题量的分布;在借鉴通用教材经典题型的基础上发展突出医学汉语特点独有的针对性题型;注重知识的重现归纳;营造真实的交际情境;编写练习前要做好问卷调查。

(四) 其他研究

除了上述研究之外,我们也发现了 1 篇比较新颖的研究。

鲜于景珂(2014)[③]统计、对比、分析了《西医汉语读写教程》与《科技汉语读

---

① 黄茗湘:《医学汉语教材课文内容设置研究》,湖南师范大学硕士学位论文,2017。

② 陈影:《〈医学汉语——实习篇〉教材练习研究》,中山大学硕士学位论文,2012。

③ 鲜于景珂:《〈西医汉语读写教程〉与〈科技汉语读写教程〉插图比较研究》,华中师范大学硕士学位论文,2014。

写教程》中插图的共性与差异,通过对教材插图这一未被学界重视的领域的研究,指出了现有教材中插图设计与编排的不足,提出了重视能够促进学习效果的助学类插图的制作与配置;丰富插图的形式,配合课本内容选择适当的插图材料与展现方式等切实可行的改进建议。

三、 医学汉语教材研究的现状

通过对中国知网上检索到的 37 篇医学汉语教材研究文献的总结分析,我们发现医学汉语教材研究的现状可以从以下几个方面加以阐释:

(一) 教材及研究数量偏少

我国的医学汉语教材数量、种类偏少,编写起步晚,结合新大纲(MCT 大纲)编写的教材较少。目前流通使用中的教材仅有十几部,而且大多为 2007 年教育部印发《来华留学生医学本科教育(英语授课)质量控制标准暂行规定》以后到2020 年《医学汉语水平考试(MCT)大纲》正式出版以前的教材。我们目前找到的出版于 2020 年之后的教材仅有《医学汉语》(2021,郑州大学出版社)及《我是医学生:基础医学汉语》(2022,北京语言大学出版社)两部。另外,作为出版最早、也是最经典的医学汉语教材之一,《医学汉语·实习篇Ⅰ》(1995,北京大学出版社)也经修订后,于 2020 年推出了第二版。

与医学汉语教材数量、种类缺乏相应的是有关医学汉语教材研究的匮乏。我们在对中国知网进行了穷尽式检索后,也仅找到了 37 篇与医学(西医)汉语教材研究直接相关的文献。相关研究数量少,说明目前学界对医学汉语教材乃至医学汉语教学的关注度仍较低,没有引起足够的重视,对医学汉语教材的研究仍处于探索阶段。

(二) 研究的教材种类有限

目前对医学汉语教材的研究绝大多数集中于《医学汉语·实习篇》及《实用医学汉语》系列教材上,对其他医学汉语教材的研究仅有零星几篇,有些教材的研究甚至为零。教材的分析和研究远远未能覆盖现行的所有教材。

具体来看,在单部教材编写研究类的 10 篇文章中,研究《医学汉语·实习篇》和《实用医学汉语》系列教材的文章有 5 篇,占比 50%;在教材编写对比研究类的 8 篇文章中,全部涉及了《医学汉语·实习篇》和《实用医学汉语》两部教材中的一部或者两部,占比 100%;在单部教材词汇研究类的 5 篇文章中,研究《医学汉语·实习篇》和《实用医学汉语》系列教材的文章有 4 篇,占比 80%;在词汇对比研究类的 6 篇文章中,涉及《医学汉语·实习篇》和《实用医学汉语》两部教材中的一部或者两部的文章有 5 篇,占比约 83%;教材课文研究类仅有的 1 篇文章研究的就是这两部教材的课文对比,教材练习研究仅有的 1 篇文章研究的也是《医学汉语·实习篇》,占比均为 100%。

除以上两部教材外,医学汉语教材研究中涉及的其他医学汉语教材非常少,除现已断版的四部教材外,仅有对《专业基础医学汉语》(细胞生物学篇、解剖与组胚篇)、《西医汉语教程》(读写教程、听说教程)、《初级医学汉语教程》以及《医学汉语》(2018,人民卫生出版社)四部教材的研究。其中对《专业基础医学汉语》和《西医汉语教程》两部教材的研究相对较多,各为 3 篇;对《初级医学汉语教程》和《医学汉语》的研究仅各有 1 篇。

以上情况说明了《医学汉语·实习篇》和《实用医学汉语》两部教材的使用范围和影响较广,其质量和教学效果得到了较大程度的认可。但这也导致了对医学汉语教材的研究不充分、不全面,从而影响了医学汉语教材研究的广度和深度,不利于后续教材的研发出版工作。

(三) 研究的内容不全

目前医学汉语教材的研究存在不均衡、不全面现象,其研究还有不少欠缺。

具体来说,在全部 37 篇医学汉语教材研究文献中,教材编写研究最多,为 23 篇,约占 62.1%;词汇研究为 11 篇,约占 30%;课文研究、练习研究以及其他研究各 1 篇,占比各约 3%。在教材编写研究的 23 篇文献中,理论研究为 5 篇,约占 22%;单部教材编写研究为 10 篇,约占 43%;教材编写对比研究为 8 篇,约占 35%。在词汇研究的 11 篇文献中,单部教材词汇研究为 5 篇,约占 45%;词汇对比研究为 6 篇,约占 55%。

由此可见,医学汉语教材研究不均衡,其研究集中于教材编写研究和词汇研究方面。在教材编写研究中,又以对单部教材的编写研究为主,教材编写对比研究相对不足。在对教材具体内容要素的研究方面,绝大多数研究关注的是医学汉语词汇,而对课文和练习的关注极少,而对其他内容要素,如语法、文化、汉字等方面的研究几乎为零。

此外,对医学汉语教材的应用研究,如实际使用情况研究等也几乎空白。

(四) 研究成果产出年代较集中

在对相关研究文章发表年代的考察上,我们仍以 2007 年教育部印发《来华留学生医学本科教育(英语授课)质量控制标准暂行规定》和 2020 年《医学汉语水平考试(MCT)大纲》的正式出版为标志性时间节点。

经考据发现,与教材的出版情况相似,在我们所研究的 37 篇文章中,发表于2007 年之前的仅有 2 篇。但与教材出版情况不同的是,发表于 2020 年及以后的文章有 13 篇,也就是说,高达 35% 的医学汉语教材研究类文献发表于近 5年。这说明,近年来,学界越来越重视医学汉语相关领域的研究,医学汉语研究虽然起步晚,但近年来发展迅速。

(五) 研究者学历层次较高

在对所搜集到的文献性质进行分析后,我们发现在全部 37 篇文章中,硕士、博士毕业论文共计 15 篇,占比约 41%,其中硕士论文 14 篇,博士论文 1 篇;在这15 篇硕士、博士毕业论文中,有 8 篇发表于 2020 年之后,占比约 53%。这说明,医学汉语教材相关研究者的学历层次较高,年龄可能也较轻。

越来越多的高水平青年学者积极投身于医学汉语教材研究乃至医学汉语教学实践和研究中,这必将为医学汉语教材的研究和编写注入年轻的新鲜的血液,也必将促进整个医学汉语教学乃至专门用途汉语教学的发展。

(六) 研究的新方法和新领域

近年来,随着专门用途汉语的发展和"中文+"的提出,医学汉语相关研究也越来越规范,越来越深入。一些较新的研究方法和研究领域引起了部分专家学者的关注,虽然其研究尚在起步阶段,但这也为我们对医学汉语教材的进一步研究提供了启示和方向。

1. 与纲领性文件相结合的研究

2020 年,《医学汉语水平考试(MCT)大纲》(以下简称 MCT 大纲)正式出版,对医学汉语水平考试进行了全面介绍,对医学汉语水平考试等级标准、医学汉语水平考试大纲(话题大纲、任务大纲、医学专业词汇大纲)等进行了规范。

我们发现目前已有学者关注到了 MCT 大纲与医学汉语教材研究相结合的

问题,但总体数量还很少,目前仅有黄新杰(2021)①1 篇为专门研究。除专门研究外,王导、徐瑞莉(2020)②、张楚迎(2022)③、单琳(2022)④、韩雪(2023)⑤的研究也结合或涉及了 MCT 大纲。

此外,李二米(2020)⑥的研究参考了《汉语水平标准与语法等级大纲》;陈蒙、甄珍(2023)⑦的研究结合了《国际中文教育中文水平等级标准》和《中国政府奖学金本科来华留学生预科教育结业考试基础汉语常用词汇表》。

在进行医学汉语教材编写和研究时,注意与各类教学考试大纲等纲领性文件进行科学衔接,有助于教材编写和研究的科学性、严谨性和规范性。目前该类研究还远远不够,同时各类纲领性文件也需要研究完善,如 MCT 大纲中的词汇大纲缺乏对医学汉语词汇的难度等级划分等,这些都有待于专家学者们进一步深化研究。

2. 衔接研究

医学汉语教材作为专门用途汉语教材,需要注重语言知识与专业知识的过渡与衔接。近年来,随着来华留学生预科教育的发展,西医类留学生人数的增加,预科医学汉语教材与本科医学专业教材的衔接也同样需要引起重视。我们欣喜地发现,近年来,相关衔接研究逐渐引起了学者的关注。

关于医学汉语与通用汉语的衔接问题,早在十几年前,李夙云(2012)⑧、苏叶(2013)⑨等少数学者的研究中已有提及,但未做出深入的专门的研究。直到李哲贤(2023)⑩以具体教材为例,较详细地论述了医学汉语与通用汉语的衔接方法。

---

① 黄新杰:《基于 MCT 大纲的〈实用医学汉语·语言篇〉分析》,华中科技大学硕士学位论文,2021。

② 王导、徐瑞莉:《"一带一路"背景下的医学汉语教材编写研究》,《高教学刊》,2020 年第 36 期。

③ 张楚迎:《〈医学汉语〉和〈实用医学汉语——临床篇〉教材对比分析》,吉林大学硕士学位论文,2022。

④ 单琳:《〈医学汉语——实习篇Ⅰ〉新旧两版教材对比研究》,吉林大学硕士学位论文,2022。

⑤ 韩雪:《〈医学汉语·实习篇〉词汇选编研究》,吉林大学硕士学位论文,2023。

⑥ 李二米:《〈实用医学汉语——语言篇〉的编写情况与使用情况分析——以泰国兰实大学为例》,广东外语外贸大学硕士学位论文,2020。

⑦ 陈蒙、甄珍:《来华预科生医学汉语教材与本科生医学专业教材的词汇衔接度研究》,《医学教育研究与实践》,2023 年第 2 期。

⑧ 李夙云:《来华西医专业全英授课留学生医学汉语教材编写初探》,《吉林省教育学院学报》2012 年第 11 期。

⑨ 苏叶:《简析〈实用医学汉语·语言篇〉的编写思路》,《温州医学院学报》,2013 年第 5 期。

⑩ 李哲贤:《试论基于教材的医学汉语与通用汉语之衔接》,《汉字文化》,2023 年第 1 期。

在医学汉语与医学专业的衔接方面,早期的研究只有陈梅双、莫秀英(2012)①指出对汉语授课的留学生的医学汉语教材设计应与其专业课程接轨。最近几年,任畅、夏萌萌(2023)②、陈蒙、甄珍(2023)③等学者开始重视这一问题。尤其是陈蒙、甄珍(2023)④关注了预科医学汉语教材与本科医学专业教材的词汇衔接度问题,这对我国来华留学生预科教育的深化改革和发展大有裨益。

我们预测,与纲领性文件相结合的研究以及医学汉语与通用汉语、医学汉语与医学专业、预科教学与本科教学等衔接研究,或将成为未来重要的研究方向。

综上所述,我国面向来华留学生的医学汉语教材发展起步晚、出版数量少,目前对医学汉语教材的研究工作还处于摸索阶段,取得了一些成果,也存在着一些不足。

医学汉语教材的编写和研究是整个医学汉语教学工作的第一步。医学汉语的教学还需要大量有对外汉语教学经验的教师,在汉语教学的基础上,努力丰富自身的医学专业知识,提高医学汉语教学能力,完善教学方法,积极投身于医学汉语教学和研究中去。这不仅关乎医学汉语教学的发展,也关乎专门用途汉语教学的完善,对整个来华留学生培养工作有着至关重要的意义。

作者简介:赵莹,女,1982 年出生于黑龙江佳木斯。同济大学国际文化交流学院讲师,硕士。主要研究方向为对外汉语语法教学研究、医学汉语教学研究、HSK 研究以及孔子学院相关研究等。参与编写《HSK 词汇宝典·1~4 级》(2013 年第 1 版,2016 年第 2 版),《中华文化之旅》(汉语国际教育硕士系列教材;中华文化国际传播系列丛书,2016 年 1 月第 1 版,2020 年 5 月精编版)。主持或参与国家留学基金管理委员会预科教育专项课题、上海市语委"十二五"科研课题、国家语言文字推广基地(同济大学)"双强项目""同济大学青年女教师成才资助金"项目、同济大学国际文化交流学院预科教学改革研究与建设项目等多

① 陈梅双、莫秀英:《针对两种培养模式的医学汉语教材编写》,《国际汉语》,2012 年第 2 辑。
② 任畅、夏萌萌:《基于两类教材对比的留学生系统解剖学词汇分析》,《解剖学杂志》,2023 年第 1 期。
③ 陈蒙、甄珍:《来华预科生医学汉语教材与本科生医学专业教材的词汇衔接度研究》,《医学教育研究与实践》,2023 年第 2 期。
④ 陈蒙、甄珍:《来华预科生医学汉语教材与本科生医学专业教材的词汇衔接度研究》,《医学教育研究与实践》,2023 年第 2 期。

项课题。

A Review of the Research on Medical Chinese Textbooks for International Students in China

Abstract: With the increase in the number of international students studying medicine in China, the research of "Chinese + medicine" has gradually attracted the attention of the academic community. This paper comprehensively reviews the current publication and use of medical (Western) Chinese textbooks and the research on medical Chinese textbooks, and summarizes the current situation of medical Chinese textbook research: the number of textbooks and research is small, the types of research textbooks are limited, the research content is incomplete, the research results are concentrated in the production age, and the researchers have a high level of academic qualifications. It also points out new methods and new fields of research that are combined with programmatic documents, and focus on the connection between medical Chinese and general Chinese, medical Chinese and medical majors, and preparatory education and undergraduate education. In order to provide reference for the compilation of medical Chinese textbooks, lay a literature and theoretical foundation for the in-depth study of medical Chinese textbooks, and promote the further development of medical Chinese teaching and even Chinese teaching for special purposes.

Keywords: Medical Chinese; Medical Chinese textbooks; Textbook research; Chinese for specific purposes; Chinese +

针对来华预科及学历生跨文化教育实践思路①

杨　娜¹　张长会²

(¹,² 天津大学　国际教育学院，天津 300072)

摘　要:来华留学生习得汉语的过程不仅仅是学习汉语语音、词汇和语法，也是不断体验与认识中国文化、进行跨文化交际的过程。作为主要施教者的一线教师和留管干部，应该秉持包容性、实用性、适当性和渐进性相结合的原则，针对来华预科及学历生群体调整跨文化教育侧重点，采用多样化的跨文化教育手段向学生宣达实务性内容、传授知识性内容，并鼓励其参与文化体验性活动，培养其跨文化交际意识与他人顺利无碍地进行交流。

关键词:跨文化教育;预科生;学历生;语言;文化

一、 引言

"语言是文化的载体，文化是语言的内涵。"②如果不了解一个民族的文化，仅仅习得它的语音、词汇、语法是无法真正掌握一个民族的语言的，也无法顺畅地与他人进行交际。只有对语言背后的文化有所了解，才能根据不同话题和语境恰当地运用语言。其实汉语学习的过程就是"不断体验与认识中国文化的过程，自然也是跨文化交际过程"[1]，因此针对来华留学生进行的汉语教学不应只停留在语言技能的培养上，国际汉语教师更要强化跨文化教育意识，有机融合语

---

① 基金项目:2021年国家语言文字推广基地(同济大学)双强项目，项目编号:TJSQ22YB21。作者简介:杨娜(1979—　)，女，河北秦皇岛人，副教授，硕士，研究方向为留学预科教育、语言类型学研究，Email: nancylhl409@163.com。张长会(1979—　)，男，吉林长春人，讲师，硕士，研究方向为跨文化教育、汉语国际教育研究，Email: zhangheyihuizi@163.com。
② 赵金铭:《国际汉语教育中的跨文化思考》，《语言教学与研究》，2014年第6期。

言教学和文化教学。

1992 年联合国教科文组织首次提出"跨文化教育"一词,认为:"跨文化教育是面向全体学生和公民设计的,旨在促进对文化多样性的相互尊重与理解,从学校、家庭、社区等多方入手促进学生融入多元文化,获得学业成功,增进国际理解,涉及教学方法、教学内容、语言学习、学校生活、教师培训、学校与社会的互动等方面。"①国际汉语教学本身是在跨文化交际基础上进行的语言教育活动,国际汉语教学中的"汉语"既是一种交际语言,也是中国文化中的语言。教师应该把语言教学与跨文化教育相结合,扩大学生知识面,使学生不但习得语言技能,而且了解中华文化,具有跨文化意识。

目前来华就读预科及入专业学习的学历留学生与日俱增,教学课堂成为中外语言文化接触和碰撞的场所,不同国家的语言文化差异都呈现在此。教师要帮助学生认识到自身文化和他国文化的差异,克服文化定势,摒弃文化偏见,养成客观的跨文化意识,从而使得不同文化背景的学习者能够排除文化冲突和文化误解,以开放、宽容的心态对待彼此的文化,在跨文化交际过程中顺利无碍地交流。

二、 针对不同留学生群体进行跨文化教育的具体内容

"因材施教"是教育教学的一条基本原则。为了高效且有针对性地实施跨文化教育,我们有必要对施教对象进行分类。本课题主要研究来华预科留学生和入专业留学生的跨文化教育问题,目前我们预科学制基本为一年,预科学生初到华不久,他们不但要学习语言而且要学会适应中国的大学生活,预科正是为日后在中国大学就读专业的准备。

(一) 预科留学生

这部分留学生群体会经历文化初适应期,具体可分为"文化兴奋期"和"文化休克期"。

学生初到中国,置身于完全陌生的环境,饮食、语言、气候、交际方式等等都有别于他们曾经熟悉的。他们置身中华文化,最初会对周遭事物倍感新鲜

---

① 赵中建(主译):《全球教育发展的历史轨迹:国际教育大会 60 年建议书》,北京:教育科学出版社,1999。

好奇,生活中充满不尽的发现和惊喜。但当这种文化新鲜感带给他们的兴奋逐渐减弱后,文化差异对其心理造成的负面影响就逐渐显露出来。这一阶段称之为"文化休克期"。"文化休克"又叫"文化震荡""文化冲击",主要指一个人初次进入异文化环境后,由于失去熟悉的社会交往信号,对于对方社会交往信号不熟悉而出现的各种心理和生理上的不适应。①这有可能会表现为内在的孤独、思乡、挫败等情绪感受,也有可能会表现为外在的易怒、自我封闭等行为症候。

针对处于"文化休克期"的留学生,跨文化教育的工作重点应该放在心理教育上,帮助留学生进行自我文化调整,消除其以自我文化为中心的倾向。初入华留学生刚刚接触异国文化,会不自主地以自己国家的文化作为标准来判断异文化。只有通过培养留学生的跨文化意识,让其认识并了解不同文化间的差异,理解并尊重其他个体,才能使他们逐渐适应在多元文化环境下的学习与生活。我们要以寻求理解为出发点,重点传授中华文化的精髓,激发其深入了解中华文化的兴趣,以及与汉语母语者交往的愿望。

除了心理教育以外,汉语教学更是这一阶段的重中之重,因为来华留学生跨文化适应的程度依赖于其汉语运用能力的大小。对于初级水平的留学生而言,语言表达不畅及语言学习中的困难使其跨文化适应的难度增大。留学生纠缠于母语文化和汉语文化的交际规则、思维方式,这时作为施教者的汉语教师就应适时引导留学生保有学好汉语的积极性和兴奋点,使其能顺利度过这一困难期。为了激发学习者进一步学好汉语的兴趣,汉语教师可以"词汇教学"为着力点进行跨文化教育实践。词汇是语言学习的第一步,也是文化教学的第一步。词汇是语言系统中最为活跃的,它包含的文化含义也非常丰富,一个社会的文化特征最先从词汇中体现出来。留学生对于词汇的学习是最为有感的,他们也乐于习得词汇背后彰显的文化因子。对于初级水平学习者,我们除了要讲清词语的本义以外,也要根据情况适当地浅析其涉及的文化因素,以此提高其学习汉语的动力和兴趣。霍尔将世界文化分为"高语境文化"和"低语境文化"②,中国属于高语境文化,交际方式婉转含蓄。教师要在语言教学的同时,传授基本生活用语的常识性文化背景知识,学习者才能习得所学语言的内涵和应遵循的文化规约,顺利与中国人进行交际。

---

① Oberg. K. (1960) Culture shock: adjustment to new cultural environments. Practical Anthropology.
② Hall. Edward. T(1976) Beyong Culture. New York: Doubleday & Company.

（二）专业学历留学生

来华预科学生在经历了"文化兴奋期"和"文化休克期"以后，就过渡到"深度调整期"和"基本（完全）适应期"。这是一个缓慢起伏的恢复阶段，也是一个渐入佳境的"归化"阶段。这一阶段跨文化教育实践的重点落在了增扩文化内容和深化文化意识这两个方面。

经历过预科一年培训之后，入专业学历生的汉语水平已经或正在步入中高级阶段，这一阶段的跨文化教育实践也要因应此变化，因为文化因素的教学与学习者的水平相关联，同样具有层级性。到了中高级阶段，学习者业已习得汉语的基本语法规则，词汇量不断扩大，交际能力也随之提高，对汉语的认识由表及里，对中华文化的理解逐渐深入。汉语教师可以根据实际情况加以引导，在课程结构的安排上设置不同类型、不同程度的跨文化教学内容。目前，中国的大部分专业院校都为留学生专门开设了中国概况、中国文化概论、高级汉语等语言文化类课程。这些语言文化类课程的设置本身就是一种显性的跨文化教育方式，这种方式有助于学生突破母语的思维定式，强化学生的跨文化意识，在刻意营造的环境中使学生更准确地理解中华文化。

除了直接增扩文化教育内容以外，潜移默化的隐性跨文化教育实践更要重点关注。根据教育部近年来的统计，目前外国人来华学习涉及的专业领域除了传统热门的汉语、文学、中西医以外，还有新兴的管理、经济、工科类等学科。在我国大部分专业院校采用趋同管理模式，平等对待专业学历留学生和中国学生，这些入专业的留学生与中国学生在同一课堂一起学习，使他们完全沉浸在中国交际文化圈内，对于他们来说，这就是活生生的跨文化交际课堂。留学生与中国师生相处的时间里，不但是专业内容的学习，更是中国文化的身临其境，能努力做到入乡随俗，能有效与他人互动。康健（2009）将文化教学分为一般表层的物质文化教学和深层的精神文化教学①。我们认为通过理想的跨文化教育，可以最终让学习者体会到中华儿女的深层精神文化，它包括中国人的思维方式、审美趣味、道德文化，以及情感和价值观等等。

---

① 康健：《全球化语境下对外汉语教学中的跨文化教育》，《西华师范大学学报》，2009 年第 1 期。

三、 跨文化教育内容及实践渠道

2003 年联合国教科文组织指出,跨文化教育不能简单地被看作是一种附加在常规教育之上的教育,而应同时关注学习环境、学习群体及学习过程,整个跨文化教育过程的设计必须是多层面、多角度的①。我们也认为跨文化教育的实践渠道应是多方位、多角度的,可以有实施者的多元化,像一线授课教师、办公室管理人员,留学生身边的中国学生甚至留学生的他国好友;也可以有实施场景的多样化,包括着力打造的课上、课下以及无形的日常生活等。跨文化教育实践是不同的实施者在不同的实施场景进行的各类跨文化教育活动,它不但要通过传统课堂教学的手段,而且更要依靠课外文化交流活动和日常学生管理。我们根据跨文化教育的实施内容对其进行分类,一方面可以融合实施者和实施场景,另一方面也可以清晰理出不同的实施渠道。

(一) 实务性内容的宣达

这类跨文化教育实践活动贯穿留学生在华留学的始终,既包括入学教育,也包括平时的日常学生管理。其中,管理干部应该发挥其主要作用。他们应该以包容的心态服务好学生,切实从学生角度出发,强化服务意识,以解决好问题为管理导向,给予学生更多的人文关怀,倾听他们的声音,尊重差异,及时帮助学生解决在学习、饮食、住宿等方面遇到的问题,做好其思想和心理健康工作。根据管理经验,在留学生就读的不同阶段有预见性地提前做好服务,比如在来华留学生入学之初,可以发放中英文学习生活指南,介绍交通、购物、就医、安全等方面的情况,安排中国学生陪同他们熟悉周边环境、购买生活必需品、办理入学手续。当其生活安排妥当、对一切抱有新鲜感的时候,给学生科普"文化休克"的相关知识,让学生有一定的心理准备,以便顺利度过日后的文化适应期。

(二) 知识性内容的传授

学习是留学生在华生活的主要安排,在课堂教学环节进行中国传统文化传

---

① UNESCO(2003) Education in a Multilingual World UNESCO Education Position Paper. Paris: United Nations Educational, Scientific and Cultural Organization.

播是实现跨文化教育中知识性内容传授的主要手段,一线任课教师为主要实施者。语言离不开文化,它是文化的载体,语言学习无法独立于文化学习之外,文化为语言学习创造了一个真实而丰富的环境。教师在传授语言知识的同时,也不能忽略对学生跨文化交际能力的培养,只有通过了解文化知识,学生才能掌握活生生的语言,才能真正理解一个词语或是一句话的含义。汉语课堂要求汉语教师增强跨文化教育意识,重视中华文化知识传播,避免学生在实际交际中因为文化障碍造成语用失误和文化误解。除了可以通过"隐性路径"——伴随语言学习过程,渗透与语言学习紧密联系的中华文化知识以外,还可以通过"显性路径"——在语言课程之外开设中国概况、中国文学、中华才艺技能等通识类、鉴赏类文化课程,专门介绍中华文化。"显性路径"和"隐形路径"是董晓波(2006)提出的跨文化教育两条路径①,我们认为在传授跨文化教育知识性内容时可以穿插进行。

(三) 体验性内容的参与

这类实践既包括仿真的课堂展演,也包括丰富的课外活动,目的是让留学生通过亲身参与来感知和深化中国文化。留学生在生活中通过表层接触或者在课堂上了解中华传统文化、风俗习惯、道德意识等,大体上都是比较粗浅的,缺乏深入感受。我们可以延展教学场地,从课堂内延伸到课堂外,采用多种活动形式让留学生来亲身体验中华文化,如游览名胜古迹、观看传统文艺演出、参观博物院、组织新年联欢会、参加学生社团等等。语言学习过程是情感与认知融为一体的过程,是学习者亲自实践和感知的过程。中华文化包罗万象,除了课上传授,课后提供给学生文化体验和文化实践的机会,能让他们更直接、更感性地浸润在中华文化之中,从而增进其理解,增强其认同感。同时,多样的课外文化生活对初入华学生而言,不仅可以丰富其生活,而且能分散其注意力、克服心里孤独感、减轻思乡之苦,助其更快度过"文化休克期"。很多初入华留学生虽有结交中国人的愿望,却缺乏勇气和行动,我们搭建中外学生间的交流互动平台,可以让留学生有更多机会加入中国学生交际圈,中国高校校园文化的感染力和亲和力会让留学生切身体验到中华优秀传统文化。

---

① 董晓波:《以跨文化教育为主导的大学英语教学》,《黑龙江高教研究》,2006 年第 1 期。

四、 跨文化教育实践应遵循的原则

无论针对来华预科生还是入专业的学历留学生,也无论采取哪种渠道实施跨文化教育内容,教育实施者都要建立并提高跨文化意识,在帮助留学生从文化冲击阶段过渡到恢复适应阶段时,秉持以下原则,有的放矢地实施跨文化教育。

(一) 包容性原则

不同文化背景中的人们被自己从小所受的文化教育和文化熏染影响,在跨文化交际中必然会不自觉地将自己的文化价值观作为衡量标准来理解或评价异文化。要帮助留学生建立多元文化观和平等的跨文化交际态度,我们一线教师和留管干部自身就需要先具备这一素质,以宽广的胸怀尊重和接受差异,以包容的心态帮助留学生逐步适应。

(二) 实用性原则

来华留学生生活在中国,沉浸在汉语文化氛围当中,教授给他们的文化内容应该与学生所学的语言内容密切相关、与学生的日常生活紧密相连,能涉及平日交际的主要方面,让学生在与中国人直接接触时有机会能用得到。针对学生在交际过程中可能遇到的实际问题,帮助他们学会运用跨文化交际策略有效地与中国人进行交流。学生逐渐积累跨文化交际经验、磨炼交际能力,从而激发学习语言和文化更浓厚的兴趣。

(三) 适当性原则

中华文化博大精深,知识浩如烟海,国际汉语教学中的跨文化教育不可能面面俱到,教师要有所选择,不能随意讲授,也无须全盘托出。不同类别的学习者对文化知识的需求不尽相同,教师要根据学生的汉语水平、接受能力、学习目的、理解能力等来确定跨文化教育内容,如果过多、过细地导入文化教学的内容,非但不能促进语言教学,反而会给学生造成不必要的学习负担和阻力。

(四) 渐进性原则

跨文化教育要与语言不同教学阶段相匹配,教育内容随着学生语言水平的提高不断扩充，二者齐头并进、同步展开。秉持由浅到深、由简单到复杂、由表层现象到本质内涵的顺序，以循序渐进、逐渐加深的方式进行跨文化教育。从学习者的角度而言，对异文化的理解不是一朝一夕间的，也有一个不断深化的过程。

五、 结论

汉语教学的目标是要培养知华、友华的高素质来华留学生。在实际汉语教学中，要注重跨文化教育，增强学生对不同文化的认同感和包容性，才能更好地促进不同语言和文化之间的交流和沟通。对来华留学生的跨文化教育不是一门单独开设的课程，它应该渗透到教学和管理的各个方面，贯穿于每门课程和每项文化活动当中。一线教师和留管干部应该具有充分、自觉的跨文化教育意识，针对留学生留学的不同阶段调整跨文化教育侧重点，秉持包容性、实用性、适当性和渐进性的原则，向学生宣达实务性内容，传授知识性内容，鼓励其参与体验性内容，并做到以下几个结合：（一）文化教学与语言教学相结合。汉语的语音、文字、词汇、语法等无不携带汉民族文化信息，教学中应将其放在文化背景下。单纯的语言学习如果没有文化作为背景，在实际运用中只会障碍重重。（二）课内教学与课外活动相结合。课外活动是课内教学的延续，它不但让学生学以致用，培养其听说能力，而且可以增加学生的文化体验，培养对文化差异的敏感意识和对异文化的宽容度，接受中华传统文化的熏陶，进而增进对中华传统文化的理解，并在真实的跨文化交际互动中渐渐学会恰当、有效、得体地与中国人进行交际。（三）教学与管理相结合。不能仅靠任课教师在语言课堂上穿插的文化知识以及为数有限的基础文化课程来培养学生的跨文化交际能力，还应培养管理干部的跨文化教育理念，将这种意识融入学生管理工作当中，时时以身示范并要求学生遵守相应的规章制度、行事规范。

作者简介：杨娜，天津大学国际教育学院副教授，研究方向为留学预科教育、语言类型学研究；张长会，天津大学国际教育学院讲师，研究方向为跨文化教育、汉语国际教育研究。

Practice of Cross-culture Education for Overseas Preparatory Students and Academic Students in China

Abstract： The process of acquiring Chinese by foreign students in China is not only to learn Chinese phonetics, vocabulary and grammar, but also to continuously experience and acknowledge Chinese culture and conduct intercultural communication. The first-line teachers and cadres should adjust the emphasis of intercultural education for different groups of students, and adopt diversified means of cross-cultural education to teach transactional and informative contents with the principle of inclusive, practical, combing, applicability and asymptotic property. They also should encourage the students to join in the cultural experiential activities, and cultivate their cross-cultural communication consciousness to communicate with others smoothly and without hindrance.

Keywords： Cross-culture Education; Preparatory students; Academic students; Language; Culture

高级汉语教材中国现当代小说选篇干预研究

刘馨雨　刘禹冰

摘　要:高级汉语教材中有大量的中国现当代文学选篇,其中小说体裁选篇相较于其他体裁文本叙述故事化、社会化,更有助于高等汉语学习者在汉语语境中掌握地道的汉语词法、句法和文化。但小说原文普遍经干预后方编选入高级汉语教材,但干预的形式和内容尚无统一标准。本文聚焦6本目前主流的高级汉语教材,比较小说原文与编选入教材后的课文在语言形式、语言表达和文化认识上三方面的差异,以呈现小说选篇的基本面貌与干预现状,发现在国际中文教育中文学作品语言进入教材时的规范化处理与文化教育导向,也呈现了高级汉语教材对文学作品语言与规范语言的教学倾向。

关键词:高级汉语教材;中国现当代小说;干预

引　言

历年来,对外汉语教材编选研究对初、中、高级教材皆有涉及,研究角度涉及编选理念、文化内容和话题构建等方面,研究内容主要围绕选篇的体裁、题材、语料展开,但就文学体裁本身的干预方式的考察研究较少。就干预而言主要有认为干预有所必要和提倡原文阅读两种对立观点,且研究对象主要是语文教材,对外汉语教材的选篇干预研究有待继续深入。

何为干预? 胡范铸(2018)指出语篇意义是由文本单元自组织互动加之一定量的主体控制因素综合生成。这当中的主体控制因素,即对语篇意义生成过程的干预,体现为对文本单元的表征、排列、连缀、加工、明示意义核心等几方面的内容。在国际中文教育领域,高等汉语学习者掌握了初中级的基本语言本体知识后需要在汉语教师的引领下迈入汉语语篇阅读和中国文学作品欣赏领域,这一"引领"即"干预"。

一、 高级汉语教材中国现当代小说选篇干预情况

本文选取目前主流的六本高级汉语教材为研究对象,包括高级综合教材《博雅汉语·高级飞翔篇》系列、《发展汉语·高级综合》系列和高级阅读教材《中国现当代文学精典导读》①。其中《博雅汉语·高级飞翔篇3》选篇均为议论文,不属于本论文讨论范畴,此外疑似自编课文、出处较多拼凑成文、原文与教材差异甚大、来源非著作的选篇亦不做讨论。

(一) 高级汉语教材中国现当代小说选篇情况

本文依据"汉语阅读分级指难针",选取文本难度值大于 3 小于等于 4 的教材选篇为研究对象②。"汉语阅读分级指难针"中文本难度值大于 3 小于等于 4 对应《汉语国际教育用音节汉字词汇等级划分》中的高等标准,文本难度值大于 3 小于等于 3.5((3.00—3.50])与大于 3.5 小于等于 4((3.50—4.00])分别对应《国际汉语教学通用课程大纲》③五级和六级④。

表 1.1　小说选篇数量统计

文本难度	教　　材	小说选篇数量
高等五级	《博雅汉语·高级飞翔》系列	1
	《发展汉语·高级综合》系列	4
	《中国现当代文学精典导读》	2
	合　　计	7

① 徐巍、孙冰主编:《中国现当代文学精典导读》,上海:学林出版社,2011。
② 六册教材同属 21 世纪初的产物,所遵循的大纲也应是同时代的通行本,本文借用的文本难度定级工具"汉语阅读分级指难针"中的计算参数的依据是《汉语国际教育用音节汉字词汇等级划分》(2010)和《国际汉语教学通用课程大纲》(2008)两套 21 世纪初的大纲蓝本,两相对应。
③ 国家汉办发布孔子学院总部:《国际汉语教学通用课程大纲》,北京:北京语言大学出版社,2014。
④ 因"汉语阅读分级指难针"文本框可分析文本上限是 5000 字,故 6 册教材中部分文本长度超过 5000 字的选篇采取分段计算取平均值的方法测算。

续表

文本难度	教　　材	小说选篇数量
高等六级	《博雅汉语·高级飞翔》系列	2
	《发展汉语·高级综合》系列	1
	《中国现当代文学精典导读》	7
	合　　计	10
合　　计		17

　　统计可见，本文的研究对象共 17 篇。高等五级选篇共 7 篇，占所有选篇的 41%，高等六级选篇共 10 篇，占所有选篇的 59%，整体文本难度较高。所选篇目具体信息如下：

表 1.2　小说选篇信息

作品年代	教　材	作者	课　题	出　处
现代	《中国现当代文学精典导读》	鲁　迅	《孔乙己》	《新青年》
		沈从文	《边城》	《边城》
		老　舍	《骆驼祥子》	《骆驼祥子》
		张爱玲	《倾城之恋》	《倾城之恋》
当代	《博雅汉语·高级飞翔篇1》	亦　舒	请按……	《广州文艺》
		蔡雨玲	人	《新概念作文大赛获奖作品》
	《博雅汉语·高级飞翔篇2》	张　蕾	那年那月那狗	《人与动物的故事》
	《发展汉语·高级综合1》	彭学军	一辆自行车	《微型小说》
		朱海燕	跨越时空的相见	《读者》
	《发展汉语·高级综合2》	朱　鸿	三个丽友	《赤橙黄绿青蓝紫》
		龙微微	看不见"邮"戏规则	《现代计算机》
		聂鑫森	居贤遗作	《风雅人物》
	《中国现当代文学精典导读》	金　庸	《天龙八部》	《明报》
		汪曾祺	《陈小手》	《人民文学》
		王安忆	《小鲍庄》	《中国作家》
		阿　城	《棋王》	《上海文学》
		韩少功	《马桥词典》	《马桥词典》

(二) 高级汉语教材中国现当代小说选篇的干预方式

文本考察的选篇皆为干预呈现形式,干预呈现形式分为间接干预呈现和直接干预呈现两种①。前者是在课文选篇后附加各种教学手段,如练习题、拓展阅读等,此类非本文的讨论重点;后者即直接干预选篇,本文主要探讨语句变更和字句改动两种直接干预形式。

语句变更即以句、段、节为单位的整句、段、节的文本增删,无其他干预项目。如沈从文所作《边城》原文选句"小溪既为川湘来往孔道,水常有涨落,限于财力不能搭桥,就安排了一只方头渡船。"编入《中国现当代文学精典导读》后"水常有涨落"被删减,第二、五、六、八、九、十等章节也被删减。

字句改动即对原文字词句的替换、增删。其中的"增删"区别于"语句变更",是以字、词为单位的增删,所增删的字、词所属的句段可以存在替换等其他的干预项目。如韩少功所作《马桥词典》原文选句"这个渡有个特别的规矩,碰到风大水急的时候,不丑的婆娘不可过渡,漂亮的姑娘甚至不可靠近河岸。"编选入《中国现当代文学精典导读》后删去了"漂亮的姑娘甚至不可靠近河岸","渡"替换为"渡口"。

表1.3　选篇直接干预类型数量

	干预数量	干预类型数量占比
语句变更	62	9%
字句改动	652	91%
合　计	714	

17篇选篇的干预形式中,语句变更共62处,占比9%,包括55处删减与7处增加的文本内容,字句改动共652处,占比91%。

二、 高级汉语教材中国现当代小说选篇干预分析

本文从用词用句的语言规范、篇章中的语言表达和文化认识三个角度探讨小说选篇的干预形式。后文举用例分析时,以教材选篇文本为标准,形式表达上

用圆括号表删去,方括号表改为①。具体分析中的字词解释依照《现代汉语词典(第七版)》②和《新编现代汉语词典》③。同时,当同一选句中有多处干预的,举例时会完全呈现,但在分析时则着重分析其中一处或几处干预部分,以求有的放矢。换言之,受篇幅、用例典型所限,将不会对所有干预部分做逐一分析。

(一) 语言规范

国家语言文字委员会出台的语言文字规范文件涉及各语言要素的等级划分与用例规范。在本文所研究的选篇干预项目中,涉及以下几个方面:

1. 历时演变的字词

现当代文学作品中的字词演变显著体现于自晚清开始的中国文学语言变革,而后,当代文学作品的语言呈现出多样的形态——有正统雅致的古文、浅近文言文、半文半白的过渡汉语和文言化的白话。小说选篇需干预以呈现现今词汇正确规范的表现形式,分析发现,此类干预主要通过"字句改动"手段实现,涉及实词、虚词两方面。

1.1 实词

选篇中多动词"做"与"作"的合用、混用例,如:

> (1) 她总是提心吊胆,怕他突然摘下假面具,对她(作)[做]冷不防的袭击……——张爱玲《倾城之恋》
>
> (2) 流苏不(做)[作]声。——张爱玲《倾城之恋》
>
> (3) 她又学会了(作)[做]油炸"沙袋"咖喱鱼,……——张爱玲《倾城之恋》
>
> (4) 表示他完全把她(当做)[当作]自家人看待。——张爱玲《倾城之恋》
>
> (5) 我会尽快(覆)[答复]你。——亦舒《请按……》

选篇《倾城之恋》中出现了四处"做"与"作"的合用、混用例——第一和第二处涉及"做"与"作"的本义问题,据《说文解字》:"作,起也。从人,从乍。"本义兴

---

① 如选篇《边城》选句将原文"祖父笑着不说什么,只偏着个白发盈颠的头看着翠翠,看了许久。"干预为"祖父笑着不说什么,只看翠翠,看了许久。"本文写作:"祖父笑着不说什么,(只偏着个白发盈颠的头看着)[只看]翠翠,看了许久。"即删去"只偏着个白发盈颠的头看着",改为"只看"。

② 中国社会科学院语言研究所词典编辑室编:《现代汉语词典》第 7 版,北京:商务印书馆,2016。

③ 字词语辞书编研组编:《新编现代汉语词典》,长沙:湖南教育出版社,2016。

起;教材选词"做"为后起字,本义指从事某种工作或活动。选句(1)中"冷不防的袭击"是具体的活动,应用"做",而选句(2)中"作声"含兴起意,应用"作";第三处选句(3)中表意为制作咖喱鱼,"做"与"作"在制作义上是古今字,教材选词应用今字"做";第四处选句(4)中,"当作"意上多写为"当作"。除此之外还有选句(5)中,"覆"有"回报、答复"意,多用于古旧书面语,现多用本义"翻转、倾覆",此处干预为"答复"更符合现今使用规范。

另一干预典型是将动词"象"干预为"像",如:

(6) 河面已朦朦胧胧,看去(好象)[好像]只有一只白鸭在潭中浮着······——沈从文《边城》

(7) 他确乎有点(象)[像]一棵树,坚壮,沉默,而又有生气。——老舍《骆驼祥子》

(8) 风停了下来,(象)[像]三条灰色的龙。——张爱玲《倾城之恋》

(9) 蒙在雾里似的,(象)[像]是很远,又(象)[像]是很近。——王安忆《小鲍庄》

选篇《边城》中有十一处干预用例,如选句(6)。选篇《骆驼祥子》中有十三处,如选句(7)。选篇《倾城之恋》中有二十二处,如选句(8)。选篇《小鲍庄》[①]中有二十一处,如选句(9)。副词中,也不乏字词历时演变的痕迹。如选篇《请按……》选句"(恰才)[刚才]问题涉及(私隐)[隐私]"中"恰才"出自《水浒传》表"刚才"意,现多直接用"刚才"。

值得一提的还有词汇双音节化现象。经时间流变,汉语词汇量渐趋增多,词义分化加之对明确的语言表达的追求,古汉语中占多数的单音节词应词汇系统内部变化要求,在现代汉语中逐渐双音节化。为减少语言交际歧义,汉语学习者需要学习现行通用的双音节词汇。例如:

(10) 这个(渡)[渡口]有个特别的规矩。——韩少功《马桥词典》

(11) 一块美玉和氏璧(曾)[曾经]引起赵国与秦国大动干戈。——韩少功《马桥词典》

---

① 王安忆著:《小鲍庄》,上海:上海文艺出版社,1986。

(12)那些炸弹是由凝固汽油弹制成的(霰弹),一(触)[接触](到地面立刻就飞溅开来四处开花,并)[地面就立刻溅开]燃起猛烈的火焰。——朱海燕《跨越时空的相见》

选句(10)中"渡"干预为双音节词"渡口",《说文解字注》言:"渡,济也"即"过河"意,后延伸出跨越、转手、过河的地方等意,"渡口"即取最后一意,表船或筏子摆渡的地方。选句(11)中,"曾"干预为双音节词"曾经",《说文解字注》言:"曾,词之舒也。"是表示舒缓语气的助词,为虚词。而后分化为 zēng 和 céng 两个读音,念作 céng 时,可用为形容词表重叠意,同"层",更多用为副词"曾经",表示从前有过某种行为或状况。选句(12)中"触"干预为双音节词"接触",《说文解字注》言:"触,抵也",即兽类用犄角抵物意,后延伸出感动、冒犯、碰撞等意,选句中的"接触"即表挨近、碰着意。

1.2　虚词

虚词的历时演变中主要涉及助词,选篇中普遍存在由一个助词替代其他同类助词的使用情况,较显著的是结构助词"的"替代"地"的使用①,也有助词本身的用字演变情况。如:

(13)只是静静(的)[地]很忠实(的)[地]在那里活下去。——沈从文《边城》

(14)后来总还是结婚、找房子,置家具,雇佣人一那些事上,女人可比男人在行(的)[得]多。——张爱玲《倾城之恋》

(15)二层楼上歪歪斜斜大张口躺着她新置的箱笼,也有两只(顺著)[顺着]楼梯滚了下来。——张爱玲《倾城之恋》

选句(13)中"静静地""很忠实地"多层状语修饰谓词性中心语"活",应用"地"。同此类,选篇中还有将"很敏捷""汪汪""唰唰""娇娇""轻轻""快乐""重重""沙啦啦""呼啦"作状语分别修饰谓词性中心语"替""叫""摇着""问""跳""说""捆""响""围"的结构助词"的"干预为"地"。再者选句(14)中"得"为补语标志,放在补语"多"前修饰述语"在行"。其他选篇也有此例,将"真有趣""更远""不

---

① 此例同上文动词"做"与"作"混用例,也存在疑似干预失当的选句。词类用例如《公寓生活记趣》选篇中助词用例:"为什么我们不向彼此的私生活里偷偷(地)[的]看一眼呢?"状语"偷偷"后应用"地"。

值"作补语分别修饰谓词性中心语"梦""丢""死"的结构助词"的"干预为"得";后者如选句(15)中"著"念 zhe 时,旧同"着",选句中跟在"顺"后面,构成介词。

2. 共时并用的异形词

本文依据《第一批异形词整理表》和《第二批异形词整理表(草案)》将选篇对异形词的干预统计如下,并将正确规范异形词的干预用例称为"积极干预",不当的干预用例称为"消极干预"。

表2.1　异形词干预·积极干预

教材名称	选篇名称	课文	原文
《中国现当代文学精典导读》	《骆驼祥子》	愣头磕脑	楞头磕脑
		成分	成份
	《倾城之恋》	坐落	座落
	《小鲍庄》	劈劈啪啪	劈劈拍拍
		咯噔	格登
		缘分	缘份
		反复	反覆
	《棋王》	姿势	姿式
		分量	份量

表2.2　异形词干预·消极干预

教材名	选篇名	课文	原文
《中国现当代文学精典导读》	《倾城之恋》	惟恐	唯恐
		叮唥	叮当
		发楞	发愣
		成份	成分

由上表可知,选篇中共 9 处将异形词干预为标准字形,占比 69.2%,同时也有 4 处将原文中本是标准字形的词语干预为异形词,占比 30.8%。值得一提的是,两套教材的同一选篇《倾城之恋》中出现了"成分"和"成份"这组异形词的正确和错误的使用形式。

3. 方言词

标准普通话和方言表现着汉语的统一与分歧①,前者是首要学习的,基本的;后者是可选择的拓展内容,教材中宜加以规范,如:

---

① 张振兴:《方言研究与对外汉语教学》,《语言教学与研究》,1999 年第 4 期,第 43 页。

(16) 但对(煮菜)[做菜]却是十分有兴趣,几只洋葱,几片肉,一炒变出一个菜来,我很欣赏这种艺术。——三毛《沙漠中的饭店》

选句(16)中"煮菜"为动宾结构,侧重"煮","煮"是动词,意即把食物或其他东西放在有水的锅里烧;而"做菜"同为动宾结构侧重"做","做"作动词表示从事某种工作或活动。一般意义上,"做菜"包含了"煮菜""炒菜"等多种烹饪方法。本句后一分句提及"几只洋葱,几片肉,一炒变出一个菜来,"可知是"炒菜",作者"欣赏"和"有兴趣"的"艺术"不仅限于"煮菜"这一种烹饪方式,而是"做菜"这件事。另外,从方言角度来看,三毛5岁起随父母移居台湾,台湾地区存在闽方言、客家方言和方言混合地带,"煮菜"一词在客家方言和闽方言中都可用以表达普通话"做菜"意。

4. 外来词、词类活用

教材选篇中所呈现的外来词不同于其他应用场合的外来词,应突破"柔性"(史有为,2000)规范而采用统一的汉字书写形式,如:

(17) 你有许多小动作,有一种(罗曼谛克)[罗曼蒂克]的气氛,……——张爱玲《倾城之恋》

(18) (Kevin)[凯文]在客户那儿总讨不到什么好……——龙微微《看不见"邮"戏规则》

选句(17)中外来词 romantic 应采用此选句的原文选词,也即通用式"罗曼蒂克"。除此之外,教材选篇中将英语人名换为汉语谐音表达以保证汉字输入量,且常见的英文名应统一汉字书写形式,选句(18)将人名 Kevin 换为"凯文",该选篇前文还有将 Jack 换为"阿杰"。

词类活用现象的干预缘由同样涉及汉语与外族语言的关联。缺乏词形变化的汉语属于孤立语,区别于有丰富词形变化的属于屈折语的英语,汉语以语法功能作为主要的词类划分依据,因此,汉语中词类与句法成分不同于英语,不存在一一对应的关系。但语言的确相通,汉语的词类与句法间的关系也是词类的本用与活用的全部表现,英语词的功能大致对应汉语词的主要功能,即汉语词类的本用①,

---

① 图5右图"汉语词的功能"的实线。

其他"别致"(吕叔湘,1990:25)的用法即活用①。

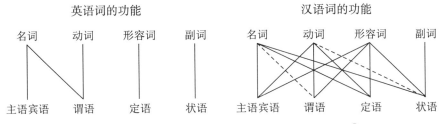

图 2.1　英语和汉语的词类同句法成分的对应关系②

古代汉语中多用词类活用,但现代汉语中词类界限渐趋分明,词类活用现象减少,且考虑到高等汉语学习者掌握词类活用现象较为困难,且容易过度泛化,为避免日常交际中的基本错误,词类活用现象要么作还原词类本用处理,要么需要汉语教师加以强调解释。本文选篇中不乏此例:

　　(19)一蓬蓬一蓬蓬的小花……把那紫蓝的天也(薰)[熏]红了。——张爱玲《倾城之恋》

选句(19)在表达"小花"使"紫蓝的天"变颜色这件事,原文选词"薰"常用为名词表示香草意,教材选篇将之干预为常作动词的"熏",使全句的谓语中心语位置还原为动词。

5. 大纲标准用例

高级汉语教材服务的是高等汉语学习者,除了考量汉语自身的规范情况外还应以学习者为中心,综合考虑学习者的内在大纲、文学作品选篇的自身系统和教材本身的组合系统三者之间的关系,教材选篇依据《标准》斟酌选篇的语言要素,在词汇和语法层面做出相应干预,使选篇内容符合高级汉语阶段学习要求,同时最大可能适配高等汉语学习者的程序化语言学习序列。如:

　　(20)这好的,这妙的,味道蛮好,送人也(合式)[合适]!——沈从文《边城》
　　(21)中秋(之后)[过后],秋风是一天凉比一天,……——鲁迅《孔乙己》

---

① 图 5 右图"汉语词的功能"的虚线。
② 黄伯荣、廖序东主编:《现代汉语下》增订 6 版,北京:高等教育出版社,2017.06.35。

（22）柳原听了这话，倒（有些）[有点]黯然，……——张爱玲《倾城之恋》

（23）小林[从]毕业（就）[起]进入一家货运公司，一干就是五年。——龙微微《看不见"邮"戏规则》

（24）他唯一的朋友（为）[是]一只渡船与一只黄狗。——沈从文《边城》

（25）我曾劝过他，要保重身体，（除必要的喝酒之外，）[除非必要]还是少喝为好。——聂鑫森《居贤遗作》

（26）下刀之前，（将）[把]橄榄核含在口中，让核儿从外（自）[到]里渗入人气和酒气……——聂鑫森《居贤遗作》

　　教材选词依据《标准》，选句（20）讲述了"管渡船的"给"过渡人"推荐适宜送人的草烟，教材选篇将超纲词"合式"干预为二级词"合适"，且选词应为"符合实际情况或客观要求。"这一义项，此义项现多写作"合适"。教材用句涉及语法选择。选句（21）将中等四级名词"之后"干预为中等六级名词"过后"，同此例的还有将"划拳"换为"猜拳"其中"划"为四级词而"猜"为五级词。选句（22）中将一级词汇"有些"换为二级词汇"有点"，且大纲中只要求掌握"有些"的代词用法。类似的还有分别将超纲词"弄不好""盘桓""重温鸳梦""啜""独独"分别换为副词为二级词汇的"经常"、一级词汇"过"、三级词汇"结婚"、一级动词"喝"和高等词汇"唯独"。但选篇《倾城之恋》选句"石（栏杆）[阑干]外生着高大的棕榈树"中"阑干"即纵水为阑，横术为干，是高等七到九级词"栏杆"的古称，且"阑干"为超纲词，该干预用例不符合选词的当下原则和大纲原则。

　　语法部分，选句（23）中将原文的超纲语法点，即副词"就"用在动词"进入"前，表示短时间以内即将发生，换为三级语法点"从……起"。选句（24）为判断句，判断句可以表示主语即本句中的"唯一的朋友"与谓语即本句中的"一只渡船与一只黄狗"所指是同一物。主谓之间需要系词连接，"为"字从表示行为的"做"意分化出"是"意，是准系词表示准判断，较少用，现多用纯系词"是"作为判断动词。且"是"字句表等同、类属是一级语法点。《标准》中无"为"字句掌握要求。选句（25）中，教材所用"除非"属于五级词汇，强调后面所说的条件是唯一的，即"必要"的喝酒场合；而原文所用的三级语法点"除（了）……之外"的"除"表不计算在内，即"必要的喝酒"场合不计算在内，别的喝酒场合要少喝。选句（26）中涉及"把"字句，根据《标准》"主语＋把＋宾语＋动词＋在/到＋处所"表示处置意的"把"字句属于三级语法，回到教材"把橄榄核含在口中"，该句主语可由上一句群语境给出,为居家做核雕的"雕手"。而原文的"将"作介词引出受事"橄榄核"的用法(后称为"将"字句)属于五级语法点。此选句同表处置意的课文中的"把"字句与原文中的"将"字句的差别实际是"把"与"将"这对汉语骈词的差别,同时存在的一对骈词必然有所区别,否则,按照词汇发展的替代原则其中一个将被取代。此处借鉴崔希亮的发现,崔希亮(2016)选用了能大致代表金元明清 600 余年北方汉语历史面貌的七种文学作品中的"把"字句和"将"字句,研究发现两者在表达功能等方面均存在差异,当表达叙述意义时,与"将"字句相比,"把"字句占优势,此文即陈述核雕者下刀雕刻之前的准备步骤,宜用干预后的"把"字。但选篇《看不见"邮"戏规则》中的两个选句"(为什么? 因为)他懂得了一个道理"、"这封邮件如果被人转发给[了]那位客户,(你的下场是什么? 告诉你,)[结果是]你一定会被换掉。"皆同样地将设问句改为陈述句,在《标准》中,句类是一级语法点,且只要求汉语学习者掌握陈述句、祈使句、疑问句和感叹句四种句类。其中,疑问句按照提问的手段与语义情况分为是非问句、特指问句、选择问句和正反问句四类。但并未将疑问句从交际角度区分的反问句和设问句单独列项。故设问句的教学在本文的可分析层面存疑。

(二) 语言表达

语言表达涉及语料的难度测算,西方研究中称之为"易读性研究"。本文利用"汉语阅读指难针"测量选篇难度值,结果如下:

表2.3　小说选篇难度指标报告表

文本难度	文本长度	词汇难度	平均句长	最长句长
3.58	4350	0.39	24	125

经干预后的教材选篇经测算文本难度值属于高等六级水平,基于此,应高等汉语学习者的学习之需,鉴于他们仍处于语言学习的基础阶段(高增霞 2012),选编入高级汉语教材的文学作品选篇的语料难度应加以控制。高级汉语教材在语言表达上,需要平衡汉语语言节奏、疏通篇章文意、减少修辞手法、简略文本以达到对高级汉语教材选篇语料难度的良好控制,使教材更易读。

1. 语言节奏

文学作品的语言是作者情感的外化,如此"心物交感"(李荣启,2004:125)复杂的情感通过语篇中多样的音节、节拍、声调、韵律等形式组织完成表达,这一系列的表达即"节奏"。高等汉语学习者需要了解中文文章的思维与表达习惯,干预能保证选篇中呈现出匀称平衡的音节、组织有致的句子和顿歇有秩的节拍,使对立的非规则并列的语言内容秩序化,并营造出和谐统一的审美氛围与语言效果,从而展现出以整齐对称为主,以参差错落为辅的汉民族审美观,这也是中文语词特有的法度与自由的平衡(余霞 2019)。

选篇中多用组织有致的句子,尤以句子紧凑的组织形式,即紧句较多。如:

(27)小溪既为川湘来往孔道,(水常有涨落,)限于财力不能搭桥,就安排了一只方头渡船。——沈从文《边城》

(28)那里河边还有许多上行船,(百十船夫忙着起卸百货。)这种船只比起渡船来大得多,有趣味得多,翠翠也不容易忘记。——沈从文《边城》

(29)(居家核雕起于哪一位先祖,也不可考了。可考的是,)[居家从哪一代开始做核雕,谁也不知道,但是,大家都知道,]居家的手艺与酒密不可分。——聂鑫森《居贤遗作》

(30)自那以后,丑女阴魂不散,只要见到船上有标致女人,就要妒忌(得)[,就要]兴风作浪,屡屡造成船毁人亡的事故。——韩少功《马桥词典》

选句(27)和(28)中"水常有涨落"和"百十船夫忙着起卸百货"与前后分句关联不大,删去可紧束小说语言节奏。再如选句(29)中将两个单句化为一个"但是"引导的转折复句,达到紧句目的。选句(30)中补足原主语后的教材选句为"只要见到船上有标致女人,(丑女)[1]就要妒忌,就要兴风作浪。"属于有两个层次的多重复句。"只要见到船上有标致女人"与后面两个分句是条件关系,后两个分句间是顺承关系。多重复句组织严密,字句有节奏的顿挫更展现出了落水丑女在马桥人心中的可怕,原文选句为"只要见到船上有标致女人,(丑女)就要妒忌得兴风作浪。"其中"只要……就……"是充足条件关联词引导的一重条件复句,表示在具备"见到船上有标致女人"这种条件下就能产生"妒忌得兴风作浪"这一相应的结果,语气和缓。

2. 语篇文意

区别于初中级的对话体课文,叙述体语篇关涉语言整体的搭建与逻辑推演,

---

① 此处括号用以表示句中未呈现的暗含主语,而非干预标识。

是锻炼汉语学习者的汉语语言思维的良好素材。基于此,高级汉语教材选篇在
用词和用句层面应符合通行的语言用例以及上下文事理。小说选篇中的选词需
确保上下文指代一致,如:

(31) 掠过门洞[子]里的黄色的阳光,飞了出去。——张爱玲《倾城之恋》

(32) 那时还有个翠翠。如今假若翠翠又同妈妈一样,老船夫的年龄,
还能把小雏儿再育下去吗? 人愿意神却不同意! 人太老了,应当休息了,凡
是一个良善的乡下人,所应得到的劳苦与不幸,全得到了。假若另外高处有
一个上帝,这上帝且有一双手支配一切,很明显的事,十分公道的办法,是应
把祖父先收回去,再来让那个年青的在新的生活上得到应分接受(那幸或不
幸,才合道理)[那一份的]。——沈从文《边城》

(33) 溪岸两端(水槽)[水面]牵了一段废缆,……——沈从文《边城》

(34) 一跑(起来)[进来],太爷爷才发现,(她)[它]的一条后腿残废
了,……——张蕾《那年那月那狗》

(35) 虽然她(的确)[确实]萌生去意,……——龙微微《看不见"邮"戏
规则》

(36) 因为他和人(打仗)[打架],把人门牙敲掉了。——王安忆《小鲍庄》

(37) 一船人的命,出了事我担待不起(呵)[啊]。——韩少功《马桥词典》

选句(31)的前文有"阿栗紧紧搂着孩子,垂着头,把额角抵在门洞子里的水
泥墙上,"和"人向前一扑,把头磕在门洞子里的水泥墙上。"为保证前后文一致,
应统一使用"门洞子里"。选句(32)中,教材选词"一份"即指前文的"劳苦与不
幸";而原文用词"那幸或不幸"有正反两意与"劳苦与不幸"仅反一意,造成句子
失衡。且"才合道理"与"十分公道的办法""应"等表示肯定意的语词重复。除此
之外,教材选篇用词需关注本句以及文意推进逻辑。如选句(33)中教材选篇用
词"水面"意为水的表面或水域的面积,而原文用词"水槽"意为盛水的方形容具,
与选句表意不符。再如选句(34)中根据前文"它轻车熟路地跑进屋向每一个家
庭成员打招呼。"可知,小狮子已经进院门了,不应该是"进来"而是"起来"。还有
选句(35)教材选用三级词汇"确实"在这里作副词修饰谓语动词"萌生"时表示对
客观情况即她打算跳槽这件事的真实性表示肯定。而原文选用四级词汇"的确"
在这里作副词放在谓语动词"萌生"前表示十分肯定。"的确"的肯定色彩强于

"确实"但选句只是陈述小林存在跳槽想法这件事,但并未带有相当强烈的情绪色彩,用"确实"更适宜。选句(36)中教材用词"打架"意为互相争斗殴打;比喻有矛盾,不协调;而原文用词"打仗"表意为进行战争、战斗,文中讲学生间的小矛盾"把人门牙敲掉了",应为"打架"。还有选句(37)中教材用词"啊"用于此陈述句句末,有提醒对方意,即船家只负责过渡,担待不了一船人的性命。而原文用词"呵"同"嗬"表示惊讶,选句无此意。

3. 修辞手法

修辞手法包含语言文化意蕴,对汉语学习者的语言功底要求较高。高级汉语教材选篇皆经由干预呈现适切的修辞——少用、不用或换用表意更为直接修辞手法,使文句读起来更符合事理,易于汉语学习者理解。例如:

> (38) 这样的情况终日不绝。(我开始感叹"窈窕淑女君子好逑")。太爷爷(则)开始厌恶小狮子,……——张蕾《那年那月那狗》
>
> (39) 一辈子行医行善的太爷爷想出了最为残酷的惩罚小狮子的办法,那就是把(她)[它]远远地扔掉,让(她)[它]找不到家门。(我又在想,是不是"自古红颜多薄命"是条铁律呢?)——张蕾《那年那月那狗》

选句(38)中教材选篇删去了选自《诗经·关雎》中的第一、二句"窈窕淑女君子好逑",此处原文是将"小狮子"拟人化为"窈窕淑女",用该句呈现出村内雄性土狗接二连三朝太爷爷家跑的情状。同样选句(39)中删去了出自马致远的元曲《汉宫秋》的片段"自古红颜多薄命",该诗句是将"小狮子"拟人化为"红颜",反映了"小狮子"屡被抛弃的悲惨命运。

4. 简略文本

语句变更的干预方式在小说选篇中有 62 处,多是为了简略文本。

选篇中的文本删减多涉及"课文相关性",即文本内容与编者欲表达的课文主题的关联程度(杨洁 2021)。选篇《边城》较为特殊,有通过字句改动的干预方式达到简略文本的目的,也有大量的语句变更用例。其中,字句改动的干预方式涉及词、句两个层面。如:

> (40) 反而使一切更寂静(一些了)。
>
> (41) 但不成,(凡事求个心安理得,出气力不受酬谁好意思,)不管如何

还是有人[要]把钱的。

选句(40)以动写静,删"一些了""一些"置于形容词"寂静"后作补语表示"稍微"意,与"更"重复。除字词的删减外,还有对语句的删减,选句(41)中教材选篇删去了"凡事求个心安理得,出气力不受酬谁好意思,"此重复信息,简洁课文。除此之外,选篇《倾城之恋》中删除了流苏与柳原冷战与斗嘴,以流苏视角看柳原的行径,以及自己装病的冷战态度,以及斗嘴间俏皮地重归于好的情节。选篇《马桥词典》删去了铁香嫁给本义的经历的情节。选篇《天龙八部》共有语句变更干预四处,其中增加了一处对群雄善恶兼有的文字描述。其余三处删减皆是与选节主题,即武林各派围攻萧峰相关性不强的内容,分别是关于少林寺玄慈与萧峰误会化解的内容,以及文末段誉救萧峰于困境的内容。

选篇《小鲍庄》删减了"引子"和"还是引子"两部分,"引子"部分是环境背景交代——连续下了七天雨的小鲍庄;"还是引子"部分讲述了小鲍庄的传说。且另外删减了二十八处与课文主要人物相关性不大的内容。分别是第二节讲述小冯村的"大姑"与养侄"拾来"的故事;第三节讲述"文革"时期,鲍仁文坚持就鲍彦荣的革命故事写《鲍山儿女英雄传》的文学思想;第六节讲述鲍秉德家的疯病与鲍秉德的处境;第七节讲述在成长的"拾来"的心境变化与"大姑"给"拾来"买凉床的故事;第八节讲述小翠子与文化子挑水的故事;第十节交代小说背后的政治社会背景;第十一节讲述大姑给拾来介绍媳妇并送拾来离家;第十二节讲述鲍仁文投稿;第十三节讲述大姑怀念拾来;第十四节讲述文化子给小翠子讲了些学堂的知识,小翠子回赠了一支自己也不理解的曲子;第十六节讲述大姑仍然在思念拾来;第十七节讲述鲍仁文等待编辑部回信,路遇拾来返乡;第十八节讲述十六岁的小翠子为自己命运的抗争;第十九节讲述鲍秉德家的自尽未遂,抢救回来后仿佛失忆了等故事。

选篇《那年那月那狗》删节处较多,首先,教材选篇专注于呈现名唤"小狮子"的小狗的故事,删去了很多相关度不大的故事情节,如删去了作者自述引出回忆的部分,直入主题讲述小狗的故事;还删去了作者对太爷爷含饴弄孙的晚年故事的回忆,也属于非直接描述小狗的情节,同时,选篇对删去后的存在的选篇情节之间的连贯也作了考虑——在选句"(这一切都缘自小狮子是条雌性犬。)当谷物成熟的秋天到来时,小狮子长大了。[小狮子是条雌性犬]村子里远远近近的雄性土狗就开始接二连三地往太爷爷家跑。"中"这一切都缘自"承接删节部分即太爷爷含饴弄孙的晚年故事，与删节段一同删去。保留"狮子是条雌性犬"为后文"村子里远远近近的雄性土狗开始接二连三地往太爷爷家跑。"作出解释。其次，也删去了一处环境描写和四处心理描写等相关的侧面描写内容——如环境描写部分，教材选篇删去了分别用于正衬和反衬小狗悲惨境况的对寒冷的华北平原和村里的过年气氛的环境描写内容；再如心理描写部分删去原文选句"她一定以为，这辈子再也见不到主人了，没想到，又是在快要过年的时候和主人团圆了，又能回到那个熟悉的小院子了！她变成了这个世界上最幸福的小狗。"是基于小狮子再次回家后作者的移情拟人心理描写。最后，删去了原文文末的中心表达部分即"此后，小狮子带有传奇色彩的故事……她的名字叫头头。"论述生命平等的关系且交代了前文将人称代词"她"用于指代"小狮子"的原因——"我一直认为，所有的生命都是平等的。故教材选篇中用于小狮子的人称代词与人类等同。"因教材选篇未使用拟人化的人称代词，删去解释语句更显合理。同样删去心理描写内容的还有选篇《一辆自行车》有两处增节，皆是为推进故事而进行的语句变更。第一处是在主人公陈其偷车和发生事故之间增加文本内容"既然不算偷，那么，办完事骑回来放在这里就行了。他就这样犹犹豫豫地把车骑走了。也许老天爷存心要捉弄一下陈其。"起到承上启下的过渡效果。第二处是对自己受伤但"他反倒觉得很好"加以解释——"之所以这样，是因为他觉得这是自己应得的惩罚，谁让自己这么做呢！"选篇《跨越时空相见》有四处语句变更的干预用例。第一例是开篇删减书中角色阮金梅的心理描写"在她的记忆里从来没有游戏，没有学校，也没有宁静。"第二处和第三处是在讲述军官柏拉默的故事中，分别删减了插入其中的阮金梅人生理想和学习生活的描述。第四处，删减了"后记"将故事即正文收尾。

选篇《三个丽友》中删去"赤""绿""青"三个善良女孩的死亡结局和"橙"（给乞丐带肉夹馍的善良女孩）、"黄"（爱护有缺陷同学的善良女孩）、"蓝"（与丈夫彼此信任的故事）、"紫"（丧夫照顾婆婆的善良女子）的故事，在虚构作品选篇纳入时，尽量给予汉语学习者非血腥的故事输入，保证汉语学习者的心理健康和正向的人生观，同时删去"橙"等四个女孩的故事，简短了教材选篇篇幅，降低汉语学习者的学习压力。

选篇《看不见"邮"戏规则》删去开头直陈的心理描写，即"很难想象，没有电子邮件的职场江湖该如何快速高效运转。要知道，……"此教材选篇还有增加句段的干预情况，在小节段落末尾增加过渡句，即"当你启用一个电子邮箱时，那些看不见的'邮'戏规则也随之在你的周围延展开来。"达到了点题,承上启下的效果。除此之外,选篇《看不见"邮"戏规则》还省略了小林对公司的情感的心理描写、阿杰对公司邮件文化不适应的心理描写、人事总监质疑小林的话语、"小茜"与电邮的故事等七处内容。与此同时,教材选篇《看不见"邮"戏规则》还有两处增节内容:增加了一起公司监控员工电子邮件的案例,帮助汉语学习者理解公司为什么知道小林通过公司电子邮件找新工作这件事;论述电子邮件文化的道理所在,助于汉语学习者理解公司里的邮件文化。选篇《居贤遗作》中同样有多处删节,有三处对文化例证的省略,分别是核雕起源与文本例证、核雕题材文章常与舟船有关的文本例证和核雕步骤。除此之外,还有对核雕作品的具体描述、对去找居贤细节的描述、作者对居贤与庄大夫的重逢的感慨的心理描写等四处删节。

(三) 文化认识

小说选篇篇幅较长,较其他文学体裁更能完整而广阔地描摹出社会生活图景(童庆炳,1995:131),借人物活动、情节推进与环境描摹传达出当时当地的语言表达特色与文化内容。高等汉语学习者需要接触一定量的同语言理解、语言表达相关联的中国文化内容以更好地达到学习目标。

1. 文化适应

舒曼(J. Schumann)提出"文化适应假说"(The Acculturation Theory),强调了目的语学习与适应目的语文化间的决定性关系。高级汉语教材小说选篇中不乏多样化的文化内容,应及时加以干预,缩短汉语学习者与汉语语言社团的心理距离,以收到良好的教学反馈。小说选篇中皆为字句改动用例,如:

> (42) 该是腊月二十八吧,满村飘荡着(腊八粥)[年食]的甜香。——张蕾《那年那月那狗》
>
> (43) 肯定······在医院门口右边(短街)[街]上的一家小(酒店)[酒馆]里喝酒哩。——聂鑫森《居贤遗作》

特定文化知识的储备量也会影响文化适应效果,小说选篇中,字句间的文化内容应是正确的以确保汉语学习者所学与所用最大可能匹配。如选句(42)中,提及两个不同的民俗文化载体——年食和腊八粥。经查阅,腊八(农历十二月初八)吃腊八粥,腊月二十后准备年食的习俗,教材选词是严格遵照对应了民俗文化特色。教材中的文化内容涉及也需适量且保证时效,如选句(43)中原文选词"短街"文化含义浓厚,常说"短街窄巷"多指很短,一眼可以望到尽头的街道。该词、该文化现象现少用少见。

但仍有部分干预用例存疑,如选篇《边城》选句"小溪流下去,绕山岨流,约三里便汇入茶峒(的)大河。"教材呈现为"茶峒大河",即有一条河,名唤"茶峒";而原文呈现为"茶峒的大河"即"茶峒"这个地方有一条大河。经查阅,茶峒这个地方有一条沅水的支流,唤作"酉水",其中一段可常年通航,流域幅员大。选篇中所指的"大河"应与原文"茶峒的大河"相一致。

2. 正向引导

高级汉语教材也应将汉语学习者视为平等对话者,有选择地呈现中国现当代文学中的文化元素原貌,对其中包含的部分非主流文化内容不加隐藏,但需给予学习者以正向的价值观与文化观引导。小说选篇中,着重凸显现时文化观念,同时呈现出有深度的学习内容,给予汉语学习者充分的预设自信。前者如:

> (44)(这种规定的理由是:)[传说]很久以前这里有个丑女,怎么也嫁不出去,最后就在这个渡口投江而亡。——韩少功《马桥字典》

选句(44)中原文所用"这种规定的理由是"带有公文语体色彩,教材换用带有文艺语体色彩的"传说",诱导出了引人想象的情感性,用附有历史和想象色彩的神话来解释漂亮姑娘不可过渡的原因。在这里,落水丑女兴风作浪的神话传说正是证明马桥人过渡原则合乎实际的保状、证书和向导。"传说"一词也印证了作者韩少功在《马桥词典·编撰者序》中所言:"任何特定的人生,总有特定的语言表现。"《马桥词典》本就是作者虚构的中国南方一个小村寨地方流行语的合集,此处借用神话的笔调戏剧性地表现了"马桥人"隐藏最深的本能生活和原始认识。

三、 结语

对编选入教材的小说选篇实施干预,体现了在国际中文教育中文学作品语言进入教材时的规范化处理与文化教育导向,也呈现了高级汉语教材对文学作品语言与规范语言的教学倾向。具体而言,其一,国际中文教育中是将规范字句、语段呈现为根本,让汉语学习者读懂文本为先;其二,区别于初中级阅读,高等汉语学习者是以小说构造的基本社会语境为依托以语篇阅读为基本单元;其三,干预手段对小说选篇的调控也为高等汉语学习者步入长篇阅读阶段树立信心;其四,高级汉语教材也以阅读经典小说原文选入教材为引,引导高等汉语学习者阅读原文的意识。

作者简介:第一作者
刘馨雨,四川传媒学院中华优秀传统文化传播学院讲师。
第二作者
刘禹冰,深圳市罗湖外语初中学校教师。

Intervention Study on Selected Modern and Contemporary Chinese Novels in Advanced Chinese Textbooks

Abstract: Advanced Chinese textbooks contain a vast selection of modern and contemporary Chinese literature, particularly in the genre of novels. Compared to other genres, novel excerpts in these textbooks offer a more narrative and societal perspective, aiding advanced learners of Chinese in grasping authentic lexical, syntactical, and cultural aspects of the language. However, the original novel texts are typically modified before being included in the advanced Chinese language textbooks, yet there is no standardized approach regarding the nature and content of these modifications. This article focuses on six mainstream advanced Chinese language textbooks, comparing the differences in language form, expression, and cultural understanding between the original novel texts and the adapted versions in the textbooks. By exploring the fundamental characteristics and intervention practices surrounding novel selections, it sheds light on the standardization of literary language and cultural education in international Chinese language education. Furthermore, it reveals the teaching tendencies of advanced Chinese language textbooks towards both the language of literary works and normative language usage.

Keywords: Advanced Chinese Textbook; Modern and Contemporary Chinese Novels; Intervention

中外人文交流研究

主持人语

朱希祥

在人文和社会的科学中，无论哪一项研究，基本不外于通过和运用宏观与微观、纵向与横向或有侧重或相结合的途径与方法，对中外文化交流、沟通、互鉴进行较为深入的探究。

这样的途径和方法，既体现与揭示出某种时间性与历史性的叙事和议论的宏大意义和价值，又不乏有空间性与区域性的具体和现实的民族和民俗的内涵和意蕴。

本专栏选取的两篇论文基本就是如此，我们从论文的标题即可看出。

《丝绸之路视域下中华民族的多元文化交流》一文，以多元文化交流为中心，以丝绸之路为视域，有条不紊地梳理了两者的历史演进和发展的线索，进而较为全面地论证中华民族文化形成的内外因素和其中文化交流的重要作用、功能和意义。论文以先秦时期中外文化交流的萌生和发展作为开端（与丝绸之路的关系论证了弱点），又采用较为具体切实的史料：张骞的多次出使、汉代文化形态、魏晋南北朝时期的文化融合、隋唐的文化形态等，阐释丝绸之路与汉唐盛世多元文化的形成。随后再以全面开通横贯亚欧大陆的东西大道、汉朝和西域建立直接而且稳定的官方关系等内容，进一步证实丝绸之路与中华民族多元文化氛围的形成的密切关联。论文最后将上述历史演进与发展规律和本质，归结于抽象为中华民族对外开放应有丝路精神，拓展和深化了论题的意义与价值。

《多重视域下的中外食文化交流的理论与实践》一文，则基本采用微观和横向论述的途径和方法，即以形而下、民俗性更强的食文化，以多重的视域，论证中外食文化交流的基础理论，展示中外食文化交流的实践个案。文中的文化交流学的系统观及各系列的简论，既提升中外文化交流研究的深广度和学术度，又为后续的相关的理论研讨、大赛展览、学校教学、文案策划等系列个案性的实例展示与简析，凸显了理念引导的基础和实践操作相融合的业绩与效果。

作者介绍说，该文是在作者主持的华东师范大学 2009 年"985 资助研究成果《汉语国际推广下的中国文化传播研究》"基础上加工修改和补充而成的。眼下再回首看看其中的中国文化传播中的地域资源利用、海外华人教育与中国文化传播、孔子学院与中国国家形象的柔性塑造、中国文学的国际传播、中国艺术的国际传播、从"中学西渐"看中国文化的国际传播、中国对外文化传播与交流的市场化运作等内容，就觉得中外文化交流研究的领域非常广泛和深入，同济大学《中华文化国际传播》（辑刊）的创办，顺应时势，前程广阔，定会给中国形象的塑造和中国文化的传播赋予更大、更强的助力！

作者简历

朱希祥，男，1948 年生，浙江诸暨人。华东师范大学国际汉语文化学院教授、博士生导师。研究专业：文艺学（比较美学、写作学、文化学）和教育学。出版《中西美学比较》《中西旅游文化审美比较》《文化产业发展与文化市场管理》《当代文化的哲学阐释》《中国文艺民俗审美》等专著及各类著作、教材、编著 30 余本。发表学术论文和各类文章 300 余篇。曾获上海市普通高校优秀教材二等奖、上海市高校教学成果三等奖、学术专著二等奖和全国宝钢优秀教师等奖项。主持完成教育部"九五"专项任务项目和全国教育科学"十五"规划课题、上海教委课题及企事业合作等 10 余项科研项目。

多重视域下的中外食文化交流的理论与实践

朱希祥

摘　要：本文遵循习近平总书记关于加强中外文化交流的指示精神，以中国文化交流研究的系统观简析文化交流的要素、含义、现象等理性特质，并结合上海食文化研究会（以下简称"食研会"）的各项活动，多视域地论述和展示相关的理论研讨及大赛展览、学校教学、文案策划等系列的中外食文化交流的实践。

关键词：多重视域；中外食文化；交流；理论与实践

一、 问题提出：中外文化交流是时代发展和 民族进步的需要

习近平总书记近年来一再强调，中国将以更加开放的胸襟、更加包容的心态、更加宽广的视角，大力开展中外文化交流，在学习互鉴中，为推动人类文明进步作出应有的贡献。

中外食文化的交流、合作是其中历史最悠久、内容最丰富、形式最多样、渠道最畅通的民间与政府共同开展的项目之一。所以有必要进行相关的理论与实践的研究与探讨。

在研讨中，习近平总书记有关中外文化交流的三次重要讲话，首先值得我们学习与贯彻：

"文化就像一个绵延不断的河流，源头来自远古，又由许多支流、干流汇合而成。文化交流是民心工程、未来工程，潜移默化、润物无声。"（2013 年 3 月 23日，在莫斯科同俄罗斯汉学家、学习汉语的学生和媒体代表的会见时的演说）

"中华文明在 5000 多年不间断的历史传承中兼容并蓄、创新升华。中华人

民共和国成立 70 年来，中国坚持保护和传承中华优秀传统文化，推动中外文明交流互鉴，为人类文明进步作出了积极贡献。"（2019 年 5 月 15 日，习近平在亚洲文明对话大会上的讲话）

"一切生命有机体都需要新陈代谢，否则生命就会停止。文明也是一样，如果长期自我封闭，必将走向衰落。交流互鉴是文明发展的本质要求。只有同其他文明交流互鉴、取长补短，才能保持旺盛生命活力。"（2020 年 12 月 17 日，习近平总书记在一次会议上的讲话）

由此可见，习近平总书记强调的重点：文化交流是一项民心工程、未来工程，它的作用是潜移默化的，我们只有坚持文化交流，才能保持发展和前进的活力。

因而，我们以《多重视域下的中外食文化交流的理论与实践》为题，既深入贯彻习近平总书记的讲话精神，又总结、归纳与概括相关的理论与实践，并在此基础上，依据上海食文化研究会（笔者担任该研究会多年的副会长、高级顾问、课题研究负责等职务）的理论研究和实际操作的各项特色和优势，将中外食文化交流活动的学术意义阐释清楚，把相关的活动持续、广泛、有效地开展下去。

二、 理论依据：中国文化交流研究的系统观

（一）文化交流讯息的丰厚含义

作为系统中的（文化交流）讯息，我们可以根据中国文化的基本特征和样式，并依据交流学上的讯息界定和探索，对文化交流讯息的丰厚含义作比较全面和完整的分析和解释。

这样的特征、特质和相互间关系的区分，在中外文化的交流和交流中表达和表现得最为鲜明和突出。例如，代表中国形象、中国文化的中华龙，如何向外交流，如何让世界认识和理解它？因为作为交流讯息的龙本身，就兼有信息、符号、含义等多项能指与所指的内涵及其相互间的转换，但因中外语言、文化和翻译理解的问题，所以译为"dragon"或译为"loong"，意义与效果就大不相同。因为"dragon"会被西方人看作是邪恶和祸祟，而"loong"则是基本用中国的汉语拼音英译的，体现的是中国文化的风采。类似的例子还有将北京的国际译名"Peking"改为"Beijing"，将 2008 年北京奥运吉祥物福娃的国际译名"Friendlies"改为"Fuwa"，以及用汉语拼音直译中国的地名、人名、菜单等等。以饮食文化为

例,虽然口味有国界,但对文化的认同没有国界,何况越来越多热爱中国历史文化的外国友人正对中国的民族文化资源表现出极大的兴趣。既然中国人能接受麦当劳、肯德基,那他们接受豆汁和火烧也一定没有问题。我们为何不对传统、对自己的文化多一点敬重和自信?①这说的基本是我们要研究的多重视域下的中国食文化交流问题,只不过这里强调的是交流的内容及其表达。

(二) 复杂的文化接受现象和特质

从交流学的概括意义上看,受传者(接受者)的子系统内容与传者(交流者)没什么区别,都是由自我形象、个性结构和社会环境三个要素构成。这基本是对的。当然,交流学上对接收者的三个要素的解释是不同的。

先让我们看看我们作为交流者和接受者对文化交流观念和具体的交流内容的一些实际差异。

1. 在文化观念上的差异。有着多年国际交流经验的中国前驻法大使吴建民在接受媒体采访时说:"中国人对文化有一个狭隘的理解,总以为文化就是唱歌、跳舞、搞点文艺活动。法国人理解的文化是大文化。而这个大文化层面上的互动,带给对方的影响是深远的。"②大文化的理解可以说是国外民众当今的基本观念,我们自然应该适应这样的观念。所以本课题研究的中国文化交流中的饮食文化,也应作如是观。

2. 对文化节目的重要程度认识的差异。如新浪网与法国的著名瓦纳多网(www.wanadoo.fr)对相关活动的调查结果表明,中国人认为,历史文物展览、民间民俗展示、传统戏曲演出、时尚设计、文化讲座是法国人比较欢迎的;法国人依次喜欢饮食、茶、酒文化、历史文物展览、民间民俗展示、文化讲座、时尚设计。③这也是法国人的大文化观念的具体表现,他们是将当下的最基本的生存和生活文化放在首位,其次再是历史的经典文化。这又可以给我们的文化交流以新的启示。

3. 在中国文化的象征理解上的差异。中国外文局对外交流研究中心在2006年4—10月期间,开展了"中国国家形象境外公众调查"。其中,在"最能代表中国文化的象征"这一问题中,共设置了"孔子与儒家思想""道教""汉字与书

① 转引自曹晔:《以自信心态诠释传统文化》,《社会科学报》,2008年8月21日。
② 赵灵敏:《对外文化交流:喧嚣背后的思考》,《南风窗》,2005年2月24日。
③ 周明伟主编:《国家形象交流研究论丛》,外文出版社,2008,第203—204页。

法""京剧""饮食文化""武术""中医""中国画""科技发明""其他"等 10 个选项。在收到的 1159 份有效答卷中,"中医""汉字与书法""饮食文化"的被选率最高,比例也较为接近,分别为 39.60%、39.26%、37.36%;其次依序为"孔子与儒家思想"(33.22%)、"武术"(23.81%)、"科技发明"(21.2%)、"中国画"(18.45%)、"道教"(15.01%)、"京剧"(14.68%)。①这里虽然没有对中国人相同问题的调查,但在我们一般中国人的心目中或猜测中,其被选率的次序一定会与境外公众所选有较大的差距。

曾任国务院新闻办公室主任的赵启正所著的《向世界说明中国》一书中,记载的赵启正 2004 年 11 月 4 日《中巴合作前程似锦——"感知中国"文化周之际写给巴西朋友》那样的一种交流法:

> 让我仍以"茶"和"咖啡"的话题来结束本文。一位巴西咖啡商曾说过,只要中国人每人每天喝一小杯巴西咖啡,巴西就要发大财。这种期望是有道理的。要是能让 13 亿中国人中的十分之一一边喝巴西咖啡,一边欣赏巴西足球和桑巴舞,会是什么样的美妙情景!当然,我们也希望有朝一日,巴西人民能一边喝中国茶,一边欣赏中国的武术和京剧。为了让美梦成真,让我们共同努力吧!

(三) 文化交流渠道的分发系统

在我们的文化交流系统图中,渠道是用箭头来象征和显示传者、讯息和受传者的关系。但它虽能显示出项目和方向的维度,却难以表述出多方的、多样的、多管的途径与门路的含义来。因为它本身也是一个复杂的子系统。如交流学上所说,交流渠道不仅只是由社会关系、表达工具和感受器官所组成,而且是包括大规模的、以先进技术为基础的分发设备和分发系统。这些系统仍然含有社会因素,因为它们依赖于法规、习俗和期望。自然,文化的交流渠道更突出后面所说的社会因素,应该说是诸多社会因素构成了文化交流渠道的子系统。

我们这里主要论述的是政府、学校、市场和民间 4 条渠道。

政府(包括各级党组织)渠道一直是其中的重中之重,也是其他几个渠道的领导和主导。因为涉及国家形象和国家文化安全、国家意识形态等重要问题,所

---

① 周明伟主编:《国家形象交流研究论丛》,外文出版社,2008,第 482 页。

以，国家渠道一般以政府的对外宣传、对外关系等形式出现。当然，政府也在引导其他方方面面的渠道一起，开展全方位的、多层次的对外宣传、交流和交流活动。

学校（包括各类教育单位与部门，主要是指招收外国留学生的各类学校）是直接面向外国人传授和交流中国语言和文化的教育单位，也包括向到中国学习其他专业的学生间接传授中国文化的学校。如各个大中小学的对外汉语专业、国际交流中心、国际部、国际学校、中外合作办学等。有关这方面的研究已是比较成熟和全面的了，现在仍在继续。

从交流渠道和最新的中国文化交流动态看，我国在国外兴办的孔子学院是值得我们特别关注的。

2019 年，食研会协助意大利都灵孔子学院举办的上海绿波廊集团赴意的中意食文化交流活动的成功举办，也是其中一个经典的案例。

下面再谈谈市场的文化交流渠道。除我们后面要进行的专题研究外，这里只是强调一下它的重要性和主要特征。

在经济学上，我们常常将政府主导的计划经济手段，形容为"看得见的手"，而将市场操作形容为"看不见的手"。文化交流和交流中的情况实际也是相同的，因为我们目前讲得最多的全球化问题，主要是基于经济一体化和世界市场的形成。从理论上说，市场是一个既包括场所的空间概念，又体现关系、机制和方法的经济概念在内的系统概念和范畴。它基本涉及四大要素和推销、营销观念等问题。所谓四大要素，其英语的开头字母都是 P，所以四大要素又简称为"4 P"，也就是产品（product）、价格（price）、推销（promote）、分布地区（place）。

而所谓民间渠道，指的是更带有本土性、民俗性、民众性的文化交流和交流途径。我国福建地区有这么一句俚语："官不通，民通；民不通，妈祖通。"原意说的是大陆与台湾的交流和沟通的三个渠道（台湾地区通常讲"管道"），民通和妈祖（我国东南沿海地区传说中的海上女神，是更为底层的民众性的民俗信仰）通基本是一回事，就是我们这里统称的民间渠道。这样的情形在更大规模的国家或地区的关系中也是存在的。因为无论是哪两个国家或地区，他们之间的官方关系无论多么紧张，国家的意识形态差异无论多么巨大，其间的老百姓总有着因民族、民俗构成的五种缘（亲缘、地缘、神缘、业缘、物缘）的千丝万缕的关系和联系而有意无意地进行着各种的交往和交际，除政治外，几乎什么都有往来，文化自然是其中重要内容。

这里,我们还需补充一个以往被人忽视的一个中外交流和联系的渠道——学术研究渠道。从宏观上看,它也可以归入民间的大渠道,因为主要从事这一工作的也是民间的学术团体和个人。这一现象,我们除了可以从近期的大量的对外汉语的中国文化教材的出版觉察出外,还应关注一下学术界的相关活动和研究动态。

以上只是从系统论观念,结合交流学的基本理论,对中国文化交流作了一个粗略的概述。下面我们要展开的笔者亲自参与和采访的上海食文化研究会所开展过和策划过的中外食文化交流的各专题研究和个案展示(不一一注明出处),仍然需要坚持这些原则,并将这些原则渗透进具体的内容阐述和阐释之中。

三、 实践系列:多领域、多形式的中外食文化交流活动与操作

该食研会成立后,特别是近年来,持续开展了形式多样、特色鲜明的各类中外食文化交流活动,从实际与实践上贯彻与落实以上的文化交流的指导思想和观念理论,并具有系统性的系列特点。因此,这里就以实践系列与个案展示的方式胪列与陈述。

(一) 研讨会系列

这是食研会的常态和主体活动,即定期或不定期地开展相关的理论与实践的研究与讨论会议。这里展示其中的两次该食研会主办的研讨会。

1.“迎世博弘扬中国优秀食文化”学术研讨会

自上海申办世博会成功后,食研会已多次举办过世博会与中国(上海)食文化发展相关的学术研讨会。2009 年 11 月 26 日,食研会又一次主办“迎世博弘扬中国优秀食文化”学术研讨会。上海社联和食研会的 70 余名领导与会员出席该次研讨会。会上由 4 位学者作了发言,主题分别是:“世博会与上海食文化”“迎世博弘扬中国优秀食文化”“以人为本创建食文化企业”“展示智慧,弘扬中华食文化”。

因此,以下四个方面的问题值得深入探讨和实践:

(1) 如何使上海本帮食品根深叶茂、活力四射。

(2) 在坚持地方风味的前提下,博采众长。

（3）因时而改，适时而变。

（4）敢于面向世界，敢于顺势而上。

2. 中国食文化国外传播的崭新尝试——《舌尖上的中国》所引发的研讨

在 2012 年 10 月 21 日的这次的研讨会上，食研会副会长朱希祥教授结合系列纪录片《舌尖上的中国》的成功运作，作了主题发言。他有理有据地阐述说：

> 在中国国力日渐强盛的今天，世界对中国的关注也日益强烈。"中学西传（渐）"连同中国整体文化的国外传播，又被人重新提起并与"西学东渐"和向西方学习的潮流并驾齐驱，它对中国人自信心的提升，对中国重振民族精神、重树民族形象，甚而至于对世界的贡献，都有着无可估量的意义与价值。

> 倘若我们紧密地结合现实和实践，有主有次，突出重点和特色，那定会使由《舌尖上的中国》所引发的中国食文化国外传播的思考和研究更加细致与深入。

（二）交流与竞赛活动系列

该食研会参与、主办和协办过多次的中外食文化交流与竞赛活动，这里仅举几例。

1. 中国烹饪世界大赛

中国烹饪协会自 1988 年加入世界厨师联合会成为第 40 个国家级会员单位以来，与世界上 60 多个国家和地区的餐饮与厨师组织建立了广泛的联系和良好的合作。协会每年组织国内餐饮企业相关人员到餐饮业发达国家考察交流，引进国外先进的餐饮管理经验与烹饪技术，提高国内餐饮企业的竞争力。同时，协会还与世界各地的中餐行业组织保持密切的联系，通过组织各种形式的行业交流和技术交流，不断弘扬中华烹饪文化，提高中餐在世界的地位和影响，为中国餐饮业的国际化和现代化进程而努力。

该食研会也积极主动地参与了其中的一些活动。下面是中国烹饪世界大赛及食研会参与其中的基本资料：

中国烹饪世界大赛是世界最高水平的中餐比赛，素有"中餐奥林匹克"之称，是规模最大、覆盖范围最广、最具影响力的大赛。烹饪世界大赛由世界中国烹饪联合会主办，通常四年一届轮流在各国举行。参加每届中国烹饪世界大赛的参赛团队和厨师由各国中餐烹饪协会选拔，均是代表各国和地区的最高烹饪水平的大师。此前,中国烹饪世界大赛在中国、日本、马来西亚已经举行了六届比赛,极大地促进了中国烹饪文化和技术的交流与提升,对中餐业的发展产生了重要影响。

上海食文化研究会的副秘书长张桂生大师介绍说,卢森堡第八届世界杯烹饪大赛时,他就是国家队技术总监兼队员。首届中国烹饪世界大赛,他是上海队的参赛队员。首届在泰国举办的亚洲烹饪大赛,他是江苏无锡烤鸭馆代表队的教练,第十届台北国际烹饪大赛国家队团体赛,他是中国烹饪世界联合会队的队员。他也去加拿大温哥华参加过世界厨联举办的烹饪大赛,去过澳大利亚、新西兰等与民间的华人餐厅交流等。

2. 中德法国际美食文化交流大赛

2018年9月参与在上海主办中德法国际美食文化交流大赛的食研会理事阮磊,深有感触地介绍了大赛的筹备经过、工作总结和提议。他说:

> 在一切主要问题解决之后,我们组委会立马和黄才根大师商酌大赛中事宜,黄大师建议,正好借此名义成立中外名厨专业委员会,我们导入了食文化研究会为大赛督导,让大赛有一个半官方的背景,更有说服力,也会更有前瞻性,有了上海食文化研究会的支持,我们组委会信心大增,之后和张文虎秘书长的接洽中,也得到张会长的首肯,使我们更加坚定此次中外食文化大赛必须成功的决心。

(三) 教学活动系列

该食研会成员中不少是来自上海各高校的教师,他们利用有留学生的优势与资源,顺势开展了中外食文化交流的一些教育与教学活动。其中,长期担任留学生教学和科研工作的食研会副会长(现为高级顾问)的朱希祥教授,在他任教的华东师范大学国际汉语文化学院(原对外汉语学院)进行过多项的具有文化交流性质的教学与科研活动。他介绍说——

> 我所教过的本科和研究生留学生,来自十几个国家,除人数最多的韩国、日本外,还有美国、越南、蒙古、哈萨克斯坦、白俄罗斯、保加利亚、丹麦、芬兰、加拿大、几内亚(比绍)、孟加拉、阿根廷、西班牙、沙特阿拉伯等国的各类学生。他们中除一般的学生外,还有一些是随先生来的太太和公司职员、

老板等。文化多元,经历各异。

我在与他们吃饭时偶遇间,随意地问起他们对中国食品的看法。他们说,原先以为中国饭菜不好吃,太贵、太咸、太油,不卫生、不干净,但真正尝试后,觉得不完全是这样的,我们爱吃的饭菜,他们也能接受了。一些菜肴和点心、面食还很好吃。这样大家口口相传、纷纷实践后,中国的学生餐厅自然就多了许多洋面孔,洋溢起了一些较生硬的汉语口音……

因此,我给上留学生汉语写作课,就让留学生写眼中的上海美食,他们很兴奋,又翻字典,又交头接耳,于是,黑板上写满了各种食品的名称,最多的还是小馄饨、小笼包、小龙虾,川菜、广东菜、东北菜等,他们都有所了解。结果写成和发表在上海《食品与生活》杂志上的就有保加利亚留学生写的《上海的酸奶不酸,臭豆腐不臭》,韩国公司董事长兼留学生写的《我喜欢的中国美食——亿方砂锅公鸡粥》,芬兰留学生的《小笼包,最好吃的点心》,韩国一位女留学生写的也是《上海的料理——小笼包》,另一位中年韩国留学生写的是《色香味俱全的上海馄饨》,加拿大学生写的是《上海的"虾"天》,越南一对在中国留学时成婚的留学生写《"迷人"的重庆鸡公煲》和《川菜的独特》等等。

(四) 境外活动系列

改革开放后,中国的经济和文化建设日趋繁荣与强盛,民众各类出国旅游、出境工作、考察学习等的机会非常多,直接或间接地接触海外文化的机会也随之增多。食文化则是其中最突出的一个体验、交流的项目,如旅游学中说的"吃住行游购娱"六大因素中的首当其冲的排位一样。我们食研会的成员,更是在中外食文化交流中,展示了这种活动的活力与魅力。这里仅举其中的两个内容。

1. 在国外从事食文化传播和交流的实践

食研会的副秘书长沈林安烹饪大师,长期在国外从事食文化传播和交流的实践工作,有丰富与丰厚的经历与感受。先看他的相关经历:

国家外事活动(国际厨艺交流)。

前后十五年借调中国外交部驻外大使馆厨师工作,曾为江泽民、李鹏、胡锦涛、吴邦国等国家领导人外事出访专人厨师。

并为有些当地机构做厨师厨艺培训工作,传播、发扬了中国食文化的精湛技艺。

驻法国大使馆期间,获得在巴黎代表中国驻法国大使馆担任 2008 北京奥运火炬手的荣誉。

1993—1995 年期间,沈大师作为分伙改革试点馆厨师,还为馆员进行家常厨艺培训。他除多次在加蓬总统府、马里总统府做家宴外,又在科特迪瓦、突尼斯、朝鲜、法国、奥地利等多家高端宾馆与外国大厨切磋、交流厨艺。

2. 境外旅游的食文化体验与交流的实践

食研会的成员出境旅游后留下的相关游记,都有在异国他乡饮食的内容描述,其中既有一般的品尝与鉴赏,也有中外食文化的比较与交流的感受与思考。

(五) 交流策划系列

食研会的专家、学者还前瞻性、创新性地对中外食文化的交流提出过不少建言、建议,并较为具体地策划过一些相关的研讨项目,进而成为中外食文化交流策划系列。其中,比较有代表性的是以下几个项目:

1. 世博后,再谈创办食博会

食研会的一位高级顾问就此说:上海食博会筹办的基本思路是联动策划与系统操作,具体可化解为八项内容与形式:

一、中外结合与联动

二、时空结合与联动

三、行业结合与联动

四、新旧结合与联动

五、文化结合与联动

六、动静结合与联动

七、普特结合与联动

八、用验结合与联动

2. "一带一路"下的中外食文化交流与合作

这是食研会一位专家的提议,有关食文化交流的系列议题可以是——

"一带一路"中各国特色餐饮的交流与共享

"一带一路"中各国美食的申遗、交流与共享

"一带一路"中风味小吃的交流与合作

"一带一路"中节时令餐饮的交流与共享

"一带一路"视野下的食疗养生

"一带一路"下的海派饮食

"一带一路"中食品制造的交流与合作

"一带一路"中餐饮服务业的交流与合作

3. 树立"食育"理念，拓展食文化研究领域

这是食研会多位专家、学者的提议。他们学习与体验了日本的"食育"理念后，结合中国的国情特点，提出了一些较有价值又具操作性的建议。这样，中外食文化的交流就不只是单向性的中国向国外传播，而是中外互相双向性的真正的交流与学习了：

一是食品安全教育

二是食品环保教育

三是食品感恩教育

四是食品节省教育

就以上这些内容而言，我国的相关教育也有所涉及，如安全、爱惜等观念和内容。但我们所欠缺的一是没有明确提出"食育"的理念，因此不能形成较为全面、系统和深入的相关教育与教学；二是缺乏细致、具体、可行的操作方法与实施途径，没有让孩子们乐于参与并获益匪浅的活动与课程。

结合中国食文化的特点和现状，以食育的观念来理解《史记·郦食其列传》所说的那段名言："国以民为本，民以食为天，食以安为先，安以质为本，质以诚为根"，我们在日本食品教育的基础上，可丰富与完善食育的内涵与外延，进一步地深入与深化、扩大与拓展食文化研究领域。

近年来，在我国的大中小学开展了不少美育的活动与课程，主要是让学生接触多元文化，能发现和感受生活中的美，萌发审美情趣。就食品而言，上述的《舌尖上的中国》系列，就是一个极佳的食品审美宣教的典范。

食研类似以上的活动与研讨论文和文章不胜枚举，限于篇幅，不能一一介绍与展示，也没有个案的附录。但从以上内容和资讯，还是能够看出本课题研究主题——多重视域下的中外食文化交流的理论与实践的基本表达和展现，这既是以往事迹的记录与重现，也是现在与未来仍需要努力研究和实施的理论与实践。

作者简历

朱希祥，男，1948年生，浙江诸暨人。华东师范大学国际汉语文化学院教

授、博士生导师。研究专业:文艺学(比较美学、写作学、文化学)和教育学。出版《中西美学比较》《中西旅游文化审美比较》《文化产业发展与文化市场管理》《当代文化的哲学阐释》《中国文艺民俗审美》等专著及各类著作、教材、编著30余本。发表学术论文和各类文章300余篇。曾获上海市普通高校优秀教材二等奖、上海市高校教学成果三等奖、学术专著二等奖和全国宝钢优秀教师等奖项。主持完成教育部"九五"专项任务项目和全国教育科学"十五"规划课题、上海教委课题及企事业合作等10余项科研项目。

The Theory and Practice of Food Culture Exchange Between China and Foreign Countries from Multiple Perspectives

Abstract: This paper follows the directive spirit of of Xi Jinping about strengthening cultural exchanges between China and foreign countries. It provides a systematic view of the elements, meanings, and phenomena of cultural exchange from the perspective of Chinese cultural exchange studies, and analyzes related theoretical discussions and exhibition competitions, school teaching, and case planning practices in cross-cultural food exchange, combining them with the activities of the Shanghai Food Culture Research Association (hereinafter referred to as "the Food Research Association").

Keywords: Multiple perspectives; Chinese and foreign food culture; Communication; Theory and practice

丝绸之路视域下的中华民族多元文化①

陈光军　周裕兰

　　摘　要:重提丝绸之路是具有远见卓识的高明之举,在经济交流、发展的同时我们必须同等地重视丝绸之路的文化交流作用。回顾丝绸之路的历史就可以领略到丝绸之路对中华民族文化形成、发展的重要作用。在当今世界上各种文化形态此消彼长的激烈角逐中,中华民族古老的优秀传统文化必须在同世界各种文化的交流融合中延续。人类社会发展的历史表明,一个优秀民族或国家都当以博大的胸怀对待与外来文化的交流。在中华文明五千年的历史长河中,几乎每一个时期都没有中断与外国文化的交流。因此,中华民族传统文化在同外来文化交流的每一个时期都会形成其具有独特时代风貌的文化形态。

　　关键词:丝绸之路;中华民族;西域;文化交流;多元文化

引　言

　　2013 年 9 月,习近平主席在哈萨克斯坦纳扎尔巴耶夫大学发表演讲,首次倡议欧亚各国用"创新的合作模式,共同建设'丝绸之路经济带'"。十八届三中全会审议通过的《中共中央关于全面深化改革若干重大问题的决定》也明确指出"推进丝绸之路经济带和海上丝绸之路建设"②。党的十九大报告指出:"中国开放的大门不会关闭,只会越开越大。要以'一带一路'建设为重点,坚持引进来和走出去并重,遵循共商共建共享原则,加强创新能力开放合作,形成陆海内外联

---

①　国家民委及四川民族学院教学改革项目"民族地区青少年爱国主义教育与铸牢中华民族共同体意识教育有效结合研究"(23077、X-JG202334)。
②　薛伟贤:《丝绸之路经济带核心城市建设研究》,西安:西安交通大学出版社,2017,第 5 页。

动、东西双向互济的开放格局。"①党的二十大报告提到,共建"一带一路"成为深受欢迎的国际公共产品和国际合作平台,要推动共建"一带一路"高质量发展。②中国再推"新丝绸之路经济带"具有重大意义,首先是对营造良好的周边环境,加强同亚洲国家建立良好的国际关系有促进作用。其次,对中国同区域内国家地区之间经济建设、发展,包括基础设施在内的全方位互联互通,推进区域合作水平等方面具有战略性意义。

笔者认为,重提丝绸之路是具有远见卓识的高明之举,在经济交流、发展的同时,我们必须同等地重视丝绸之路的文化交流作用。回顾丝绸之路的历史我们就可以领略到丝绸之路对中华民族文化之形成、发展的重要作用。在当今世界上各种文化形态此消彼长的激烈角逐中,中华民族古老的优秀传统文化必须在同世界各种文化的交流融合中延续。本文追溯陆上丝绸之路的发展历程,回顾中外文化的历史交流,研究丝绸之路的文化价值,论证新丝绸之路对中华民族文化发展的现实意义。

人类社会发展的历史表明,一个优秀民族或国家都当以博大的胸怀对待与外来文化的交流。在中华文明五千年的历史长河中,几乎每一个时期都没有中断与外国文化的交流。因此,中华民族传统文化在同外来文化交流的每一个时期都会形成其具有独特时代风貌的文化形态。

一、 先秦时期中外文化交流的萌生和发展

夏商时期中原文化就与外国文化有了联系。公元前 21 世纪,中国第一个奴隶制政权——夏王朝建立。《虞尚书·大禹谟》中说"无怠无荒,四夷来王",说的是居于夏族四方的夷人部落认同了夏王朝的统治③。这说明在夏朝时中原与外部部落已有了一定的政治关系。商王朝建立以前,其先民以善经商为特点,活动范围很广。在商王朝建立以后其民族活动范围得到进一步扩大,据《商书·伊尹》记载,成汤时四方民族都来朝献,同时也把商文化向各地传播远至贝加尔湖。

---

① 习近平:《决胜全面建成小康社会夺取新时代中国特色社会主义伟大胜利——在中国共产党第十九次全国代表大会上的报告》,北京:人民出版社,2017,第 11 页。
② 习近平:《高举中国特色社会主义伟大旗帜 为全面建设社会主义现代化国家而团结奋斗——在中国共产党第二十次全国代表大会上的报告(2022 年 10 月 16 日)》,北京:人民出版社,2022,第 10 页。
③ 晁中辰:《中外文化的冲突与融合》,济南:山东大学出版社,2010,第 4 页。

商文化通过游牧民族的往来传播,向北、西北传至叶尼塞河、阿尔泰山和吐鲁番盆地。在西伯利亚西部地区最早接触到了中亚的娜马兹加文化、欧洲的塞伊玛文化。①这一条西北民族的迁移路线成为早期中华民族与西方来往的通道之一,为中外文化交流做出了贡献。②在今天史料记载中最为著名的当数周穆王西巡这一典故。当今被称为玉石之路的文化交流之路就应该起于此时。周王朝建立后,一些处于"荒服"地区的戎狄"以其职来王",即携带当地宝物来朝见周王。在《穆天子传》中记载:"甲午,乃绝俞之关隥。"③以后周穆王又进行了一系列的活动,有"观春山之宝"、观黄帝之宫、持木华之种归种、酬西王母等农商外交活动。

在先秦时期不仅仅有中原文化的外传而且还有外来文化的进入,如斯基泰文化的传入。史料证明商代晚期"斯基泰艺术"已经影响到了中国北方民族的艺术创造。到春秋战国时期,中国北方地区的器物纹饰明显地吸收了"斯基泰艺术"野兽题材。

二、 丝绸之路与汉唐盛世多元文化的形成

(一) 张骞其人与丝绸之路的开辟

张骞是西汉著名的外交使节,中国历史上第一个中亚地理探险家,汉中城固人,今陕西汉中城固博望镇有其墓。前些年笔者参加了学校组织的暑期教学实践活动,有幸参观张骞遗迹,笔者更加深刻地体会到这位历史老人的高尚情操。张骞早年事迹,史无明载。他应召时身份是"郎",也就是宫廷侍从。出使西域成功后,荣升为"太中大夫",后来封为"博望侯"。张骞的官场生涯不太顺利,随李广出征匈奴时兵败犯下死罪,将功折罪,赎为庶人。不久,汉武帝派他第二次出使西域,再获成功,官拜"大行",列入九卿。④张骞似乎无缘享受高官厚禄,从西域回来仅一年多(前114年)便与世长辞。司马迁对张骞出使西域给予极高的评价,誉为"张骞凿空"⑤。

---

① 沈福伟:《中西文化交流史》,上海:上海人民出版社,2017,第11页。
② 林红、王镇富:《中外文化的冲突与融合》,济南:山东大学出版社,2010,第118页。
③ 李喜所、陈尚胜:《五千年中外文化交流史》,北京:世界知识出版社,2002,第1页。
④ 胡峰:《新编上下五千年 中国文化艺术卷:上》,呼和浩特:内蒙古人民出版社,2000,第2页。
⑤ 林红、王镇富:《中外文化的冲突与融合》,济南:山东大学出版社,2010,第139页。

汉武帝建元三年(前138年),张骞率领百余人的庞大使团从长安出发,取道陇西,踏上通往遥远的中亚阿姆河的征程。①河西走廊和塔里木盆地当时在北方草原匈奴的控制之下,张骞一行被匈奴人扣留。匈奴王给他优厚的待遇,许配胡女予他为妻,但张骞还一直保留着汉朝使节的身份。在匈奴人的监视下,张骞过了13年的囚禁生活,终于有机会逃脱,西行数十日来到费尔干纳盆地的大宛国。张骞第一次出使西域取道天山南麓,也就是后来丝绸之路中道。《史记·大宛列传》中提到罗布泊西岸的楼兰和塔里木盆地北部库车东边的仑头(今新疆轮台),但是没有提到喀什喀尔河的疏勒。故知张骞是从楼兰、途经今天库车、阿克苏、温宿等地,在别迭里山口越天山到纳伦河,然后南行费尔干纳盆地的大宛国。大宛国王早就听说汉帝国富庶广阔,当他得知张骞要出使大月氏后,便派翻译和向导护送张骞取道康居到大月氏②。

张骞第一次出使西域的一个重要使命就是说服当时征服大夏国的大月氏人攻打当时阻断东西通行的匈奴以保持当时各国的安定。虽然他并没有取得成功,但是他的中亚之行使得中国人了解到帕米尔高原以西还有另一个文明世界。张骞详细地介绍了帕米尔高原以西的大宛、康居、大月氏、大夏等中亚国家的风土人情。他还了解到汉帝国南边是身毒国(今印度)。身毒国和四川、云南已有民间往来,四川的"蜀布"和"邛竹杠"运到身毒国后又转运大夏。张骞对中亚诸国描述十分详细,司马迁的《史记·大宛列传》和班固的《汉书·西域传》就是根据张骞的报告撰写的。

张骞未能说服大月氏与汉结盟,又向汉武帝献计派使团和伊犁河流域的孙乌联盟,得到汉武帝的支持。汉武帝元鼎元年(前116年),张骞率领一个由三百人组成的使团出访伊犁河流域的孙乌。此前霍去病和卫青率汉军大败匈奴军队,匈奴人逃亡蒙古草原以北地区。天山南北通往西域之路已不存在匈奴的威胁,所以张骞出访西域取道天山北麓,即丝绸之路北道。这条路从长安出发,经敦煌和楼兰,向北到吐鲁番盆地,然后沿天山北麓西行,经伊犁河谷、昭苏草原,最后到达孙乌国首都——赤谷城。这座古城目前尚不存在,但孙乌王墓在伊犁河流域发现。

张骞第二次出使西域,最远到达孙乌,但是张骞的副使分别访问了大宛、康居、大月氏、大夏、安息、条支、奄蔡、身毒、于田、扜弥等西方国家。张骞第一次出

---

① 于博:《张骞出使西域与丝绸之路的开辟——从敦煌壁画谈起》,《文史知识》,2015年第8期。
② 林梅村:《丝绸之路考古十五讲》,北京:北京大学出版社,2006,第8页。

访西域了解到中亚诸国"其地无漆、丝",所以他第二次出使带给诸王的礼品包括"牛羊以万数,赍金币帛直数千万,多持节副使,道可便遣之旁国"。(《汉书·西域传》)丝绸就这样被大批运往中亚和西亚各国,这也是丝绸之路西传,有案可稽的第一批中国丝绸。张骞也从西域引进优良的马饲料苜蓿和优良的马种大宛马,这无疑将为加强中国骑兵的作战能力起到革命性作用。

(二) 丝绸之路与汉代文化形态

中华民族文化经过汉唐两代盛世已经初步具有多元的形态,而这种多元化形态的形成与汉唐两代开放的政治文化战略有着不可分割的关系。在汉代我们首先要看张骞的西行——丝绸之路的开辟。当时张骞的出使虽然是以政治外交为目的,但是张骞两次西域之行所开通的联通中国与西域乃至欧洲的交通道路对中华民族文化、经济的繁荣有着重要作用。在今天我们应当看到丝绸之路对历史上的中华民族乃至世界文明的巨大推动作用。

首先就汉朝来说,张骞的西域之行第一是达到了预期的政治目的。其次为当时的中国引入了丰富物产。最主要的莫过于对当时汉代文化起到了重要的促进作用。在当时科学技术极度落后的封建社会里,丝绸之路上的新事物传入无疑扩大了国人的眼界,突破了当时人们对世界的认知界线。尤其是后来佛教的西入对中华民族文化影响最深,我们知道佛教最早传入中国是在公元前 6 世纪左右,但是当时佛教与中国的儒家学说有所冲突,所以在传入之始还不具有影响力,直到东汉以后佛教才为大众所接受。佛教还对文学有一定的影响,东汉时期的文学在譬喻的应用,隐含哲思方面有所突破,如曹操"譬如朝露,去日苦多"(《短歌行》)等。在音乐舞蹈等艺术方面,新的乐器如琵琶的传入,新的舞蹈如西汉末期赵飞燕所舞《归风送远曲》,以及雕塑绘画等已经具有西域风格。

(三) 魏晋南北朝时期的文化融合

魏晋南北朝中原与少数民族的大融合为隋唐文化鼎盛繁荣作了铺垫。魏晋南北朝的佛教文化在中华民族历史上是最为繁盛的,佛教文化不但以其深奥的宗教理论和独特的思辨方式影响到中国传统哲学思想的发展,而且随着佛教的进入,佛教艺术也被中国社会广泛接受,极大地丰富了中华民族古代文化宝藏。此外,佛教对中国人民的生活、风俗习惯有着很大的影响,今天,这种影响仍旧存在。佛教文化是传入中国最早的外来文化,它一旦进入中国,很快就被中华民族固有的文化吸收和转变,并成为中华民族文化的一部分,如形成中国的禅宗文化①。今天我们看到的佛教的传入与传播大都是在张骞所开辟的陆上丝绸之路上展开的。不仅如此,在魏晋南北朝时,西域的游牧民族也通过丝绸之路与中原文化有了大规模的接触,相互影响、融合。

(四) 丝绸之路与隋唐文化形态

隋唐时期社会环境相对安定,陆上丝绸之路在南北朝战乱时期的相对衰落之后又有了新的发展机遇。

从中华帝国的长安到罗马的君士坦丁堡这条西北丝绸之路长约 11000 公里。至唐代进入了繁盛期,它的特点在于对丝绸之路的贸易由中原地区政府的支持鼓励变为由中央政府直接经营管理②。唐王朝在从河西走廊的凉州直到天山西北各条大道上都建立了驿站来确保丝绸之路的畅通。西北丝绸之路的起点长安城是当时的国际性大都市,中外文化交流的中心,在长安聚集着世界各国的大量人口,其中有商人、使节、探险者等各种职业的人员,这为唐朝都城乃至唐整个国家的文明进步起到了至关重要的作用。这样的环境无疑对文化创造、科技交流有积极的作用。

首先,西域的多种农产品传入中国,如棉花、石榴、大蒜等。先进的农业技术也得到了输出。其次,中国的手工业技术如冶铁、造纸、丝织、陶瓷等技术也得到外传。西域的药方等先进的技术也通过丝绸之路传入中国。第三,乐舞等艺术的彼此融合形成了新的艺术形态。隋九部乐,以龟兹乐为主,唐十部乐,仍以西域乐为主。第四,宗教思想方面,随着西北陆上丝绸之路的繁盛,袄教、景教、摩尼教、伊斯兰教等外来宗教也在唐时相继传入中国,丰富了中华民族宗教文化。最后,天文历算方面,唐代西行求法形成高潮。这时期印度僧人把阿拉伯数字首次传入中国,印度的笔算法和三角函数也于此时传入中国。唐高僧科学家一行所造新历《大衍历》明显受印度天文历算的影响。

在这个时期,西域文化的传入对该时期的文学形态的形成有重要意义。在唐代,立国者这种华夷如一的思想,是有其渊源的。这个家族虽是汉族但也有鲜卑血统,加之长期在北边居住,受胡族文化的深刻影响。唐代加速了汉胡文化的融合过程,直到安史之乱才发生变化,防止胡族影响的思想,在主张儒家思想的

---

① 刘敏、岳亮:《丝绸之路与中西文明交流》,《文史天地》,2016 年第 8 期。
② 张大生:《话说中国文明史　第 4 卷》,天津:天津古籍出版社,2007,第 10 页。

韩愈那里有所上升。但道统论的主张,对于宋代以后再形成的正统的意识形态和内向的心态可能起着主导作用,而对于唐代社会生活却没有影响。中外文化的交融并没有被切割,在整个唐代,外来文化的影响被广泛接受。从文学艺术到生活品位与风俗,由于大量的外来移民、商业往来、宗教、风俗和文化的传播,西方人民和世界各国也广泛影响长安、洛阳、扬州等大都市,丝绸之路沿线的北部和南部,如广州这样重要的交通城市。从饮食、服饰、音乐和舞蹈到生活习惯等方面,都体现出中西文化的融合。唐人婚俗里也有鲜卑风俗的元素。在敦煌发现的写本书仪残卷,主要记录了在女家举行的唐代民间婚礼仪式,这不同于中原的固有风俗。值得注意的是,唐代妇女有较高的社会地位,男人和女人更平等,女人不一定会受行为约束。中华民族文化与外国文化交流所形成的这种更为开放的氛围,这对于文学作品的外延延伸,文学趣味、文学风格的多元化,都是有重要价值的。①

三、 丝绸之路与中华民族多元文化氛围的形成

世界历史已经证明,一个民族如果善于吸收他民族的优秀文化,那么它本身的文化必然具有先进性且丰富多彩,汉唐文明有力地证明了这一点。而丝绸之路为中华文化成功吸收融合外来文化提供了必要条件。

在汉代,自张骞两次出使西域之后,陆上丝绸之路大畅,中国与中亚以至与罗马帝国的经济文化交流达到了前所未有的高度。与此同时,汉王朝与东南亚和南亚的交流也发展起来②。从历史上来看,文化交流与经济交流联系在一起。在中国与西域各国繁盛的贸易往来的同时中华民族的文化与西域各国的文化也潜移默化地相互交融,于是就形成了中华民族独特的文化形态。就拿陆上丝绸之路来说,丝绸之路在中华民族乃至整个世界历史上有着极其重要的意义。

首先,全面开通了横贯亚欧大陆的东西大道。中原王朝同中亚、印度地区多个国家建立了直接的官方联系,双方之间的各种往来能够得到当局的支持和保护,从而使东西方之间经济文化交流的规模和范围不断扩大,而且能使丝绸之路长时间保持畅通。

其次,汉朝和西域建立直接而且稳定的官方关系使得千古隔绝的东西方文

---

① 袁行霈:《中国文学史》,北京:高等教育出版社,2005,第168页。
② 晁中辰:《中外文化的冲突与融合》,济南:山东大学出版社,2010,第4页。

明开始进行全面的接触与交汇。张骞出使西域之前,波斯人和希腊人通过武力征服把自己的文明带到了中亚,并且进一步沟通了印度文明,就是与中国文明天各一方。张骞通西域以后,古老而独特的中国文明基本上是以和平的方式流布到广大的中亚地区,并在那里与波斯文明、希腊文明、印度文明实现了对接,因而丝绸之路成了连接世界各大文明的主要纽带和各文明相互交融的重要平台①。

再次,丝绸之路扩大了中华文明在世界上的影响力,使中华民族的优秀文明成果得以在世界上流传。不仅如此,丝绸之路的开辟也加强了中华文明对世界文明成果的吸收,伟大的汉唐盛世能有如此的盛世情怀与丝绸之路的开通有着必然的联系。

最后,张骞通西域冲破了中国传统地理观念的束缚,一举打开了国人的眼界,拓宽了世人的视野,从而引发了一场思想认识上的革命。张骞不仅带回了西域的物产,还带回了与西域的风土人情有关的大量信息。中国古人看到了华夏地区以外的世界,人们的思想更加开放,意识的包容性也更加增强。

四、 中华民族对外开放应有丝路精神

丝绸之路的开辟以及其世代相传的中外往来传统是中华民族历史上对外开放的象征之一。而什么是丝路精神呢?笔者认为就是其历代的开放包容的文化交流心态,并且积极地推动这种交流。汉唐盛世就是这种精神的很好证明。

季羡林先生说过:"随着人类的不断进化,文化交流的范围就越来越广。完全可以这么说,如果没有文化交流,人类社会就无法进步。"②文化交流促进人类社会的进步是一个不争的事实,任何时代都需要一个博大的胸怀来面对日益多元的人类文明,并积极地同各种文明成果进行接触、融合。这样才有可能做到与时俱进地发扬本民族的传统文化。

在我们今天大力促进"新丝绸之路经济带"建设的同时,同样要以一种积极博大的胸怀去促进文化的交融与发展。通过上文的论述我们清楚地领略到:在我国历史,凡是以开放心态面对外来优秀文明成果的朝代,都取得了文化上的兴盛,经济上的繁荣。同样,今天我们促进经济繁荣的同时要把文化交流也放在同

---

① 丁笃本:《丝绸之路 古道研究》,乌鲁木齐:新疆人民出版社,2010,第12页。
② 季羡林:《我从东方来》,北京:中国纺织出版社,2020,第8页。

等地位,在此期间,首先,我们要以正确的态度去认识文化的交流,既不排外又不崇洋;其次,不能片面地否定外来文化,不能搞民族本位主义;再次,博采众长,在交流的时候要有选择,不能全盘接受,要有所扬弃,不仅要充分地吸收外来优秀的文化,还要摒弃落后的文化;最后,要具有以我为主的创新精神。只有这样我们才能在世界民族之林不断地进步,为中华文明的复兴作出贡献。

古丝绸之路满载各国人民两千多年的交往历史。汉代张骞出使西域,陆上丝绸之路开始被世人熟知。随着唐宋时期对外交流越来越频繁,海上丝绸之路被开辟。海陆丝绸之路相得益彰,开辟出一条横贯东西、连接亚欧非的通道,将世界连为一体。中国通过丝绸之路带给沿线国家和地区的不仅是精致的丝绸制品和精湛的手工艺品,更多的是中华民族热爱和平、睦邻友善的大国气度与风范。伟大的古老文明都是相似的,伟大的古老文明都是相知的,伟大的古老文明更是相亲的。中华优秀文化的影响是潜移默化、深远持久的,正是因为不同民族、地区之间相互沟通交流,互通有无,灿烂辉煌的人类文明才得以延续,而"丝路精神"就起源于绵延千里的丝绸之路,历久弥新,随着时代发展不断被赋予新的内涵。

2013年9月,习近平在哈萨克斯坦纳扎尔巴耶夫大学演讲时,首次提出共建"丝绸之路经济带"倡议,指出两千多年的交往历史证明,只要坚持团结互信、平等互利、包容互鉴、合作共赢,不同种族、不同信仰、不同文化背景的国家完全可以共享和平,共同发展。这是最早关于丝路精神的表述。①2017年5月,习近平总书记在"一带一路"国际合作高峰论坛开幕式上再次强调,古丝绸之路绵亘万里,延续千年,积淀了以和平合作、开放包容、互学互鉴、互利共赢为核心的丝路精神。②2019年4月,习近平在第二届"一带一路"国际合作高峰论坛开幕式上发表主旨演讲,进一步指出:我们要秉持共商、共建、共享原则,倡导多边主义,大家的事大家商量着办,推动各方各施所长、各尽所能,通过双边合作、三方合作、多边合作等各种形式,把大家的优势和潜能充分发挥出来,聚沙成塔、积水成渊。2019年8月,习近平在敦煌研究院座谈时指出:共建"一带一路",加强文明对话,倡导"和平合作、开放包容、互学互鉴、互利共赢"的丝路精神,就是在新的历史条件下加强同世界各国的合作交流、促进各国文明对话和文化交流的重要举

① 王志民:《"一带一路"的地缘背景与总体思路》,北京:北京出版社,2018,第10页。
② 王志民、陈贞吉:《丝路精神:中国共产党人精神谱系中的天下情怀》,《唯实》,2022年第6期。

措。①习近平的这一系列论述赋予丝路精神以新时代内涵。

和平合作是新时代丝路精神的核心内涵。丝路精神强调各国应该共同努力，建立平等互商的合作伙伴关系，建立公平共享的世界格局，这是丝路精神最核心的民族特质。共建"一带一路"倡议就是弘扬古丝绸之路精神，促进国际合作，追求的是互利共赢，不是你输我赢。②丝路精神选择的是和平与合作的道路，延续了古丝绸之路互相尊重、互相平等的和平交流之路。历史的印记告诉我们，世界各国应该一律平等，自主选择社会制度和发展道路的权利应得到合理保护。继承发扬丝路精神，就是坚持和平合作，丝路精神是东西方合作与和平的桥梁和纽带，为世界和平发展提供了正能量，具有深远的全球影响力。

开放包容是新时代丝路精神的完美诠释。人类文明并无高低贵贱之分，开放包容的交流将不断推进人类文明的进程，从而开创兼收并蓄、和而不同的文化繁荣新时期。"一带一路"倡议的开放包容体现在不限国别、不改变他国政治制度、不封闭排外，本着自愿参与的原则，有意愿的国家和地区都可以参与进来，这是对丝路精神的完美诠释与继承。习近平在2020年政协经济界联组会上重点提到开放议题，提出，现在国际上保护主义思潮上升，但我们要站在历史正确的一边。中国将坚定不移推动经济全球化朝着开放、包容、普惠、平衡、共赢的方向发展，推动建设开放型世界经济。③丝绸之路沿线地区的互联互通不仅包括中国对外的文化输出，也是沿线地区的宗教文化、音乐舞蹈文化等对传统文化的丰富与补充过程，在秉承优秀传统文化的基础上，积极吸纳外国优秀文化。中华文化的博大，就在于它的开放与包容。

互学互鉴是新时代丝路精神的重要见证。人类社会发展史是一部多元文明共生并进的历史，不同国家、地区、民族，不同历史、宗教、习俗，彼此交相辉映、相因相生，共同擘画出这个精彩纷呈的世界。④丝绸之路见证了东西方互学互鉴，共同发展的进程。丝绸之路共建国家的生存方式和技术发展水平存在较大差异，但正是因为这些差异性，给各个国家和地区提供了互相学习与借鉴的可能性与动力。通过丝绸之路，中国的四大发明传入西方，推动了文艺复兴，为世界文明的变革做出了突出贡献；基督教、摩尼教、佛教、伊斯兰教等传入中国，对中国

① 习近平：《在敦煌研究院座谈时的讲话》，《求是》，2020年第3期。
② 《习近平会见希腊总理齐普拉斯》，《天津工人报》，2019.04.27。
③ 孙毅：《贯彻两会精神　推进经济高质量发展》，《包头日报》，2020.07.12。
④ 习近平出席亚洲文明对话大会开幕式并发表主旨演讲，《党史文苑》，2019年第6期。

文化产生了一定影响；西方油画技术与中国的传统画有机融合，创造出了独具特色的中国写意油画，创新了传统绘画领域。2019 年 5 月，习近平出席亚洲文明对话大会开幕式强调，中华文明是在同其他文明不断交流互鉴中形成的开放体系。未来之中国，必将以更加开放的姿态拥抱世界，以更有活力的文明成就贡献世界。①

互利共赢是新时代丝路精神的终极目标。中华文明以海纳百川、开放包容的广阔胸襟，不断吸收借鉴域外优秀文明成果，造就了独具特色的敦煌文化和丝路精神。②丝路精神不仅是中国的战略构想，也是沿线国家和地区发展的共同理念，各国秉持共商、共建、共享的精神，通过互补式发展，为互利互惠创造了新的平台与机遇，从而构建互利共赢的命运共同体。在和平合作、开放包容、互学互鉴基础上，沿线国家实现商品、资源、成果的互利与共享，加速技术、资金、劳动力的自由流动，不同文化发生碰撞与交流，人类社会得到质的飞跃与发展，丝绸之路同时实现了文化要素和生产要素的共赢。新时代的"丝路精神"在继承古丝绸之路的精神基础上，突破了时空限制，兼具"时代性""开拓性"和"先进性"，是经济全球化、世界多极化的必然逻辑。

结　语

总之，中华民族的文明走向世界的历程有着十分清楚的历史，丝绸之路在这一历程中又突出了其重要的历史意义。而丝绸之路的产生和发展对中华民族文明的自身发展也是有着伟大的意义。在中华民族历史上，我们勤劳智慧的先人为中华民族为世界开创了一条伟大的外交之路、和平之路、繁荣之路。我们要继续秉持这种勤劳、坚韧、互利共赢、开放包容的历史精神品质。当今，我们不仅要把中华文明的现代价值充分发挥在世界和平发展的道路上，而且要使中华文明在人类文明发展的未来中立于不败之境。这就需要我们继承先民的历史遗志，继续发扬丝绸之路的文化交流精神。

习近平总书记在党的二十大报告中强调，"中国坚持对外开放的基本国策，

---

① 《深化文明交流互鉴共建亚洲命运共同体——在亚洲文明对话大会开幕式上的主旨演讲》，《北京周报(英文版)》，2019 年第 22 期，第 1—6 页。
② 魏迎春：《丝绸之路与文明互鉴》，《光明日报》，2021.01.22。

坚定奉行互利共赢的开放战略""推进高水平对外开放"。①2022 年 12 月召开的中央经济工作会议进一步强调,"坚持推进高水平对外开放,稳步扩大规则、规制、管理、标准等制度型开放"。新时代新征程,推进高水平对外开放,对于实现第二个百年奋斗目标和中华民族伟大复兴的中国梦,具有重大而深远的意义。我们要坚持以习近平新时代中国特色社会主义思想为指导,全面贯彻党的二十大精神和中央经济工作会议精神,坚定不移扩大开放,奋力开创对外开放事业新局面。

作者简介:陈光军,四川民族学院马克思主义学院教授;周裕兰,四川民族学院美术学院副教授。

The Chinese nation's Multiculturalism from the Perspective of the Silk Road

Abstract: Re-mention of the Silk Road is a far-sighted and wise move. While economic exchanges and development, we must pay equal attention to the cultural exchange role of the Silk Road. Reviewing the history of the Silk Road, we can appreciate the important role of the Silk Road in the formation and development of Chinese national culture. In the fierce competition of various cultural forms in the world today, the ancient excellent traditional culture of the Chinese nation must continue in the exchange and integration with various civilizations in the world. The history of various countries at home and abroad shows that an excellent nation or country should treat the exchange with foreign cultures with a broad mind. In almost every period of the five thousand years of Chinese civilization, the communication with foreign civilizations has not been interrupted. Therefore, the traditional culture of the Chinese nation will form a cultural form with unique characteristics of the times in every period of communication with foreign cultures.

Keywords: Silk Road; Chinese nation; Western regions; Cultural exchange; Multiculturalism

---

① 习近平:《高举中国特色社会主义伟大旗帜　为全面建设社会主义现代化国家而团结奋斗——在中国共产党第二十次全国代表大会上的报告(2022 年 10 月 16 日)》,北京:人民出版社,2022,第 8—9 页。

国际中文教育研究生论坛

主持人语

叶　澜

　　国际中文教育是中国文化国际传播交流最重要的领域，也是最直接的承载，国际中文教育的内容、方法及其效果是文化交流的重要组成部分，而汉语课堂是最高效的教育领地之一，是实践文化交流思想、体现汉语教学理念、评估语言文化学习很好的窗口。

　　对专业汉硕生的培养，从课程设置到训练方式，人们已有普遍的共识，加强学生汉语专业学科知识教育的同时，对汉硕生教学实践能力进行训练，在这一背景下，汉硕生们也普遍重视对本体语言研究中已被关注的重点问题、结构难点的教学内容，同时也会在跨文化背景下去思考教学方法，在论文写作论题选择上，大多会选择教材的对比、学生国别文化需求的分析。这比只关注传统教学要素，只考虑教材教法，自然已是一种进步。近年来，随着相关学科的发展，教学认知的深化，越来越多师生关注教学过程的各方面因素，教材、教法、教师、学生以及跨文化教学相互关联的问题。

　　课堂观察是学习教学的基础阶段，是参与教学实践的准备阶段，也是汉硕生培养非常重要的手段。观察的视角直接反映了研究生的学习理念、专业知识水平、教学理论掌握情况和实际观察分析能力。本期收录的两篇论文，是同济大学国交学院汉硕生对课堂教学的观察分析，有对汉硕生教学过程的反思，有对中外教师课堂会话的分析，从不同角度，对课堂观察这一实践环节，作了很有理论深度的探究，突破了传统教学考察要素教材、教法、教师等概念化的评估，更加合理细致地关注教学全过程，也对国别细节差异作了对比分析。

　　王梦玲同学的《汉硕生语法教学能力研究——基于同济汉硕生的简单趋向补语教学》一文，从教学的每个环节，从导入、句法格式分析、语义功能的讲解、语用语境说明、练习环节，到教学活动的语言与肢体语言的配合，都作了细致的全过程分析，并且对课堂中情景设计的合理性、教学任务完成的有效性、练习安排的层次性也有评估与描述。

崔文杰同学的《基于会话分析理论的韩国 CPI 协作教学模式研究》聚焦几位老师课堂合作的会话方式，运用会话分析理论，从课堂会话入手，分析这种在双语教学环境里的教学模式，实录课堂教学，从导入、生词学习、语法讲解分析、课文学习、文化介绍等内容教学，还有课堂互动的各种形式观察，甚至不同教师说话的停顿、语音的延长，都有细致的分析。关注教学内容完成的同时，关注到课堂气氛的调动、课堂活跃程度这样的"情绪价值"氛围感，也是一个非常好的视角。

汉语基本知识的掌握，当然是课堂观察与分析重要的根基，而两篇论文的作者理论知识的扎实、视角的多样，反映了课堂观察者教学的理解认知上的进步与突破，他们的观察既注意有形的教学方法，也注意到无形的，甚至是"隐性"的教学手段，这在课堂观察中是很有意义的，这不仅是方法细节上的变化，更是理念的变化。希望更多的同学有这样的实践。

在最近召开的党的二十大三中全会上，中央明确提出了开放是中国式现代化的鲜明标识。必须坚持对外开放的基本国策，坚持以开放促改革，提出在扩大国际合作中提升开放能力。培养更好的国际中文教育人才势在必行，汉硕生也在这样的背景下，大有可为，任重道远。

汉硕生语法教学能力研究

——基于同济汉硕生的简单趋向补语教学

王梦玲

摘　要：为了准确描述汉语国际教育硕士生语法教学能力的发展，本文以同济大学汉语国际教育专业五位研究生为研究对象，录制他们教授简单趋向补语的教学视频进行剖析。研究发现，在导入环节，导入情境基本合理，但导入内容过多。在讲解环节，句法格式基本准确，但语义讲解不充分；语用、语境讲解基本准确，但不够全面。在语法点操练环节，缺少"交际性练习"；层次性不足。本文据此提出三点建议：汉硕生多进行课堂观摩、录像反思；强化汉硕生的语法理论知识和教学技能训练；给汉语国际教育硕士多提供教学实践机会，积累教学实践经验。

关键词：汉语国际教育硕士；语法教学能力；教学录像

一、　引言

教学能力是汉语国际教育硕士核心能力之一，细分为教学设计能力、教学实施能力和教学评价能力①。目前，对该领域的研究主要关注汉语教师应该具备哪些能力，如何培养这些能力以及现状等方面，大多从理论或经验角度进行探讨，缺乏对实践中教师能力特征和面貌的描述和分析。少数研究，如陆汉艳利用教学大赛视频对汉语国际教育硕士的教学能力进行描述②。本文通过汉语国际教育硕士的真实课堂教学视频，采用会话分析的转写方法，对汉语国际教育硕士的语法教学能力进行深入分析。本文将重点关注教学实施能力，即教师在语言课堂上完成教学任务的能力。作为初步研究，我们选择对教学能力的一个重要

---

① 王维臣：《现代教学——理论与实践》，上海教育出版社，2012。
② 陆汉艳：《中外汉语国际教育硕士语法点讲练能力对比研究》，中央民族大学硕士学位论文，2017。

侧面——语法教学能力进行剖析。

二、 研究方法

本文以同济大学汉语国际教育专业 2017 级和 2018 级的五位汉硕生为研究对象。这五位汉硕生都具有汉语国际教育的本科背景,教学对象均为初级阶段的留学生。

在正常的教学过程中,对五位汉硕生讲授同一个语法点(简单趋向补语)的教学进行录像。之后按照会话分析的转写方法对录像进行转写,并在具体分析中呈现。之后按照语法教学的三个主要环节(导入环节、讲解环节、操练环节),参照研究者对语法教学提出的原则和要求对五位专硕生的教学过程进行描写分析,找出其共同点和不同点。

本文的研究主要采用的转写规则为:

第一、按照师生对话的形式来转写文字,教师用"T"表示,学生用"S"表示,如"同学 1"为"S1","全体同学"则为"SS"。

第二、重叠话语的开始地方用左边的方括号"["表示。

第三、重叠话语的结束地方用右边的方括号"]"表示。

第四、上升语调用"?"表示。

第五、下降语调用"。"表示。

第六、继续的语调用","表示。

第七、表示强调、欢快的声音用"!"表示。

第八、教师提问时的留白部分用"——"表示。

第九、学生回答不完整以及有停顿时,用"……"表示。

第十、非语言的成分,如肢体动作、板书内容等,用"(( ))"标注并描述。

三、 汉硕生语法点教学能力考察研究

(一) 趋向补语导入环节考察

1. 导入方式

五位汉硕生主要使用了情境法、真实问答法、复习法等方式导入语法点,这些导入方式都基本合理,符合趋向补语的教学要求,但有些教师的导入语言不够简洁,并且有两位老师在教学语法点"V＋place＋来/去"和"V＋sth＋来/去、V＋来/去＋sth"时不够生动,直接说出要学习的语法点,没有进行导入。

表 3.1　五位汉硕生简单趋向补语的导入方式

语法点 导入方式	V＋来/去	V＋place＋来/去	V＋sth＋来/去 V＋来/去＋sth
H 老师	情境法(动作、课堂实境)	情境法、真实问答法	情境法
L 老师	情境法(动画)	真实问答法	情境法
Z 老师	以旧带新法、情境法(动画)	真实问答法	情境法
W 老师	以旧带新法	情境法	情境法
Y 老师	情境法	真实问答法	无

语法教学片段 1:H 老师

01　T　　来,听。

02　　　月亮,月亮,请你过来。月亮

03　　　月亮,请你过来。

04　　　((双手指向自己,招月亮过来))

05　　　((月亮走到侯老师身边。))

06　　　月亮干什么了?

07　　　((双手指向月亮。))

08　SS　来了。

09　T　　来了,月亮过来了,过来了,对不对?月亮过来了,啊。

10　　　来,月亮过来。是不是离侯老师,近,对不对?

11　　　((双手反复指向自己。))

12　T　　好,月亮?

13　　　((双手向外指,招呼月亮回去。))

14　SS　过去。

15　　　过去,过去,或者说回去,回去。

16　　　月亮过来,月亮回去。

17　　　((老师板书:过来、回去。))

教学分析:H 老师先带着学生通过手势动作来复习趋向动词"来"和"去",

然后通过让几位同学听"过来""过去""进来"等指令在教室里走动、演示来导入无宾式的简单趋向补语。在导入语法点"V+place+来/去"时,通过上课铃声响,直接用真实情境和问答法引入"大家进教室来。"这几种导入方式既有趣又生动,但是老师的语言不够简洁。

2. 导入内容、语境设置的合理性

根据设立的考察原则和考察内容,简单趋向补语的导入内容、语境应该合理设置,应该选取学生熟悉的事情或场景①。五位汉硕生在导入语法点时创设的情境大都来源于学生的日常生活,比较贴近生活实际,相对合理,但有个别老师在导入语法点"V+place+来/去和 V+sth+来/去、V+来/去+sth"时,并没有设置情境,而是直接呈现要学习的语法点,不够生动。

表3.2 五位汉硕生在简单趋向补语的导入环节设置的内容和语境

简单趋向补语 / 导入内容	V+来/去	V+place+来/去	V+sth+来/去 V+来/去+sth
H 老师	进出教室;在教室里走动	上课进教室来;放假了	拿来礼物;拿手机出来
L 老师	进出屋子;上下楼;回宿舍	走下楼来;走进教室去	从手提包里拿出护照来;从商店里买回来自行车
Z 老师	上去、下去、进来、进去等	上课进教室去	带来水杯;给朋友寄信去
W 老师	上下楼、进出房子	进出教室、回宿舍	带巧克力来;拿巧克力去
Y 老师	进出教室	回国去、回家去	无

语法教学片段 2:Y 老师

01	T	((PPT 上播放:(动词)V+人/物+来/去、(动词)V+来/去+人/物。))
02		好,第三个,已经给大家看到。
03		动词加"物"或者人加"来"和"去",对吧?
04		((老师边说边板书出:V+人/物+来/去、V+来/去+人/物。))
05		然后下面一个发现有什么问题吗? 有什么不一样的?
06		什么意思? 给大家解释一下,练习一下就知道了。

---

① 吴中伟:《怎样教语法——语法教学理论与实践》,华东师范大学出版社,2007。

教学分析:在导入无宾语的简单趋向补语时,Y 老师用了语境"进出教室"来导入语法点,贴近生活实际,也比较生动。在导入地点做宾语的简单趋向补语时,Y 老师用了"回国去、回家去"等作为导入内容,和学生的生活也很相近。在导入事物做宾语的简单趋向补语时,Y 老师没有导入,直接写出了句法格式。

3. 导入例句的典型性和通俗性

根据设立的考察原则和考察内容,简单趋向补语导入例句的设计应该具有典型性、实用性、通俗性、针对性和生成性等[①]。五位汉硕生在导入部分呈现的例句大部分都比较通俗易懂,贴近学生生活实际,能调动他们学习的兴趣。但是有个别老师在导入环节所使用的例句不够生活化,有点复杂,甚至涉及了复合趋向补语的内容,与本课要学习的简单趋向补语有些不符,加大了学生学习的难度,没有分清教学重点。

语法教学片段 3:L 老师

01	T	((播放一张 PPT))
02		这里有三个句子,我找三个同学来读一下。第一个,欧度。
03	S1	你正
04	T	你? 欧度
05	S1	他正,他正走下楼来。
06	T	他正走下楼来,他正走下楼来。
07		第二个,第二个,加玛?
08	S2	我看见老师走进教室去。
09		走进教室去
10	T	好,下一个,凯德瑞?
11	S3	我们走回家去。
12	T	我们走回家去。
13		但是你看红色的,楼、教室、家,是什么?
14	SS	地方。
15	T	是一个地方,但是它是在后面吗? 它是在后面吗?
16	SS	不是。
17	T	不在,它在下来,下来的中间,对吗?

---

① 朱文文等.国际汉语教学语法教学方法与技巧.北京语言大学出版社,2015.

18 ((PPT 上展示:V1＋V2＋place＋(来/去)))

教学分析:在导入环节,L 老师设置的例句大部分都比较通俗易懂,贴近生活,但是有些仍然不够生活化,有点复杂,在引入句法格式:"V1＋V2＋place＋来/去"时,用了三个例句"他正走下楼来;我看见老师走进教室去;他走回家去"。本身 L 老师在这里呈现的句法格式就有点问题。不应该在学习简单趋向补语时,就把复合趋向补语引出来,应该循序渐进地教学,这三个例句不够简洁,不够准确。

(二) 趋向补语讲解环节考察

1. 句法格式方面

根据设立的考察原则和考察内容,讲解环节要讲清楚简单趋向补语的句法特点,即句法格式和句法条件。五位老师在呈现简单趋向补语基本用法的三个句法格式方面,基本准确,但是仍然存在一些问题。Z 老师将"事物"做宾语的句法格式呈现为"动词(V)＋事物＋来/去",遗漏了一种"事物"放在"来/去"之后的情况。L 老师在讲解无宾语的趋向补语时,没有呈现句法格式"V＋来/去",而只是零散地讲解了"上、下、进、出、回、过、起"和"来、去"的搭配,不够系统。W 老师在讲解无宾式的简单趋向补语时,也没有分清楚简单趋向补语和复合趋向补语的句法格式。

表3.3 五位汉硕生在简单趋向补语讲解环节的句法格式

简单趋向补语 / 句法格式	无宾语	处所词做宾语	事物词做宾语
H 老师	V＋来/去	V＋place＋来/去	V＋sth＋来/去 V＋来/去＋sth
L 老师	无	V1＋V2＋place＋来/去	V1＋V2＋来/去＋n V1＋V2＋n＋来/去
Z 老师	动词(V)＋来/去	动词(V)＋处所词＋来/去	动词(V)＋事物＋来/去
W 老师	V＋来/去 V1＋V2＋来/去	V＋place＋来/去	V＋O(thing)＋来/去 V＋来/去＋O(thing)
Y 老师	V＋来/去	V＋地点＋来/去	V＋人/物＋来/去 V＋来/去＋人/物

语法教学片段 4:L 老师

01	T	所以呢,我们看一下啊。
02		((老师边说边播放 PPT 上的句法格式:V1+V2+place+来/去))
03		第一个动词"走",第二个动词"下",这个是"楼",然后是"来"或者"去"。
04		((老师边说边手指 PPT 上的句法格式:V1+V2+place+来/去))
05		明白吗? 所以啊,有一个地方,我们要放在第二个动词或者"来、去"的中间。
06		然后有一个什么? 东西,东西是什么?"东西"是名词,"东西"是一个名词。
07		那我们还可以怎么说? 把这个名词放在动词"来/去"的中间。
08		明白?
09	S1	老师,我可以说"跑进去"?
10	T	跑进去,可以呀。可以,但是我们说了,这个它是有一个地方,对吗?
11		如果有地方,有一个地方要在第二个动词和"来、去"的中间。

教学分析:L 老师在讲解简单趋向补语带表处所的宾语时将句法格式总结为:"V1+V2+place+来/去",这是复杂趋向补语带宾语的句法格式,而本课的教学重点是简单趋向补语,这违背了语法点由易到难的教学顺序。同样,L 老师在讲解趋向补语带表事物的宾语时,将句法格式概括为"V1+V2+来/去+n=V1+V2+n+来/去"。这里不应该先把复杂趋向补语呈现出来,应该由易到难,循序渐进地教学,否则会增加理解难度。

2. 语义、功能讲解方面

根据设立的考察原则和考察内容,讲解环节要讲清楚简单趋向补语的语义和功能。简单趋向补语的语义和功能主要是指"人或者事物运动位移的方向"。在语义讲解方面,有的老师对语义进行了明确说明,但语法术语和媒介语太多;有的老师用图示法,用最少的语言来解释,避免了语法术语;也有的老师把语义融入在设定的情境中,让学生通过感受去理解,但讲解不够清楚;个别老师没有强调说话人,导致学生搞不清楚不同情况下"来、去"的使用不同。

语法教学片段 5:L 老师

01	T	我们看一下啊。
02		((播放另一张 PPT:箭头由"去"指向四方。))

03		所以那 A 是说话人,对吗?
04		A 是说话的人,所以"去"呢,是离开,对,是远的,他走了。
05		所以呢,上去,过去,下去,都是远的,啊,都是远的。
06		明白吗?凯德?
07		明白了。
08	T	来,看这个,下一个。
09		((播放一张 PPT:"出去"的动画。))
10		他们现在在房子里面,房子里边。
11		派克,啊,派克,A 说什么?
12	S1	你出去。
13		漂亮啊,你出去,你出去。
14		啊,你出去,你出去,你出去,额,你出去。
15		所以"去"是什么?上去,过去,出去,进去,都是什么?
15		"远","远"啊,从近的地方去远的地方,啊。
17		我是说话人,我说了,他走了,他走了,啊,好。

教学分析:在语法点讲解过程中,L 老师没有解释清楚趋向补语的语义关系,学生理解得也不够清楚。这里 L 老师通过动画的方式表达了移动的语义,也强调了说话人,但语言表述有很大问题,而且重复太多。L 老师在讲解时说:"上去,过去,下去,都是远的,所以'去'是从近的地方去远的地方。"而"V+去"的语义关系应该是:通过动作使人或事物离说话人而去。或者也可以说是"动作的方向"。

3. 语用、语境方面

根据设立的考察原则和考察内容,讲解环节要讲清楚简单趋向补语的语用和语境。简单趋向补语的语用环境主要有进出建筑、上下楼之类的方向移动;谈具体动作的方向;到某地、回某地;拿东西,送东西等情况。几位老师在教学中虽没有对语用、语境进行特别说明,但都通过不同的方式把它们融入导入、讲解、练习的各个环节。没有过多的语法术语,符合初级语法点的教学方式。但几位老师在讲解时,都没有提醒学生"V+来/去"中的动词也可以是"走、跑、跳、送"等词汇,对语用、语境讲解得不够全面。

语法教学片段 6:L 老师

| 01 | T | 好,但是,我们看一下, |
| 02 | | (ppt 上展示表格"趋向动词"与来/去搭配) |

03		这是我们今天学的,啊。
04		有什么? 苏次?
05	SA	上,上来,下来,回来,过来,起来。
06	T	起来,啊。
07		来看这个,凯德瑞,
08	SB	上去,下去,进去,出去,回去,过去。
09	T	看看这个,没有:啊,没有起去,没有起去。
10		我们有飞机飞::起来了,但是没有起去,
11	SS	起来了
12		啊,没有起去,没有起去,没有起去。

教学分析:L 老师在讲解环节基本将简单趋向补语的语用、语境讲解得比较清楚,也用表格的形式概括了常常和"来/去"搭配的"上、下、进、出、回、过、起"等词,并对它们进行了一一讲解和练习,但并没有告诉学生"V+来/去"中的动词也可以是一些其他的词,例如"走,跑,送,"等,语用、语境表达得不够全面。

(三) 趋向补语操练环节考察

1. 练习方式的多样性

语法点操练环节常用的操练类型有:机械练习、有意义练习、交际练习。机械练习包括替换法、变换法、句子排序法等。有意义练习包括完句法、看图说话、情景提示法等。交际练习包括游戏法、任务活动法。

除了 H 老师以外,其他几位老师采用的练习方式都比较单调,大部分是一些简单的"机械练习"和部分"有意义练习",主要以替换法、问答法、看图说句子等方式为主,创设的情境较少,大都缺乏"交际性练习"。练习方式单调,练习内容不够丰富,针对性不强,没有做到"精讲多练"。不过,几位老师选择的练习方式都比较适宜,也会注意启发和引导学生。

表 3.4　五位汉硕生在简单趋向补语操练环节的操练方法

操练方法 简单 趋向补语	H 老师	L 老师	Z 老师	W 老师	Y 老师
V+来/去	机械练习、有意义练习、交际练习	机械练习	有意义练习	有意义练习	有意义练习、机械练习

操练方法 简单 趋向补语	H 老师	L 老师	Z 老师	W 老师	Y 老师
V＋place＋来/去	有意义练习	机械练习	有意义练习	替换法、有意义练习	有意义练习
V＋sth＋来/去 V＋来/去＋sth	有意义练习、交际练习	机械练习	机械练习	机械练习、有意义练习	有意义练习

语法教学片段 7:Z 老师

01　T　我们来看一下,下面一个练习,替换的,

02　　　这个,A 说什么?

03　　　他给你送什么来了?

04　　　B 说?

05　SS　他给我送字典来了。

06　　　对,非常棒,是的。那现在我请同学来回答一下。

07　　　科斯乐? 科斯乐? 请你用寄明信片来说 A 和 B。

教学分析:Z 老师在练习无宾语的简单趋向补语时,用了讲练结合的方式,让学生看图说句子,在练习带宾语的简单趋向补语时,Z 老师主要用了替换法、完成句子等机械性练习方式,缺乏交际性练习,比较单调。

2. 练习内容的有效性、层次性

根据设立的考察原则和考察内容,简单趋向补语的练习内容要有有效性和层次性。几位老师设计的练习内容都很有效,也可操作,但是都层次性不足,设计的内容比较单一,多以"机械练习"和"有意义练习"为主。只有 H 老师设计的练习由易到难,层层递进,但最后也颠倒了"领读练习"和"交际性练习"的顺序,L 老师的练习难度比较适合留学生,但是由于练习方式单一,更不要提难度的层次性了。

表 3.5　五位汉硕生在简单趋向补语操练环节的练习内容

简单趋向 补语 练习内容	V＋来/去	V＋place＋来/去	V＋sth＋来/去 V＋来/去＋sth
H 老师	描述图片和动画的动作方向;一人演示纸条动作,其他人猜。	问学生"放假了,回哪去?"	实物:礼物、手机

续表

练习内容 ＼ 简单趋向补语	V＋来/去	V＋place＋来/去	V＋sth＋来/去 V＋来/去＋sth
L 老师	描述图片和动画的动作方向	无	实物:老师的手提包
Z 老师	描述图片和动画的动作方向	无	无
W 老师	描述图片的动作方向:爸爸要出去了;	看图片说句子:下楼梯、宿舍、家	用实物进行动作演示:巧克力、手机、钱;
Y 老师	描述图片:等电梯	无	图片:新年晚会带饺子、送花。

语法教学片段 8:W 老师

01　T　　好,那我们看看还有什么动词可以用。

02　　　((老师打开一张"替换练习"的 PPT。))

03　　　来,这里,啊,这个。

04　　　我们,这位同学你来说,说第一个。

05　S1　我给你找来了一张北京地图。

06　T　　嗯,一张北京地图,非常啊,非常好。

07　　　后面,这位同学。

08　S2　我给你借来了一个照相机。

09　T　　嗯,我给你借来了一个照相机,对吧,很好。

10　　　嗯,这位同学。

11　S3　我给你买来了几张光盘。

12　T　　光盘,非常好。来,这个看手机的同学,嘿嘿,就你来。

13　S4　我给你送来了一些饺子。

14　T　　恩,送了一些饺子。

15　　　对,你来说。

教学分析:W 老师在练习有宾语的"简单趋向补语"这一环节,设计了两种练习方式,替换练习和看图说句子,这两种练习由易到难,有一定层次性,但是层次性还是不够。W 老师用动词"找、借、买、送、请、拿"和趋向动词结合来做替换练习属于"机械性练习",比较基础,难度不大。

3. 练习情境的合理性

根据设立的考察原则和考察内容,简单趋向补语的练习情境应该设置合理。所谓"练习情境",就是老师通过图画、实物、动作、实景等创设的练习环境。在简单趋向补语的练习环节,几位老师都设置了一些练习情境,只有一位老师设置的情境丰富多样;其他几位老师设置的情景则是单调简单,以图片为主;有位老师就直接没有设置练习情境。

表3.6 五位汉硕生在简单趋向补语操练环节的练习情境

简单趋向补语 \ 简单趋向补语	V+来/去	V+place+来/去	V+sth+来/去 V+来/去+sth
H 老师	描述图片和动画的动作方向。	问学生"放假了,回哪去?"	实物:礼物、手机
L 老师	描述图片和动画的动作方向	无	实物:老师的手提包
Z 老师	描述图片和动画的动作方向	无	无
W 老师	描述图片的动作方向:爸爸要出去了;	看图片说句子:下楼梯、宿舍、家	用实物进行动作演示:巧克力、手机、钱;
Y 老师	描述图片:等电梯	无	图片:新年晚会带饺子来、送花。

语法教学片段 9:L 老师

01 T   好,我们来看一下,我们来看一下,第一个,第一个。

02   ((PPT 展示句子:从手提包里( )出一本护照及词汇"拿、买、捡、取、寄"))。

03   第一个是什么?

04   从手提包里?

05   手提包,手提包,啊,我找一找啊。

06   ((老师在教室里四处寻找))。

07   手提包,手提包,啊,后面,

08   ((老师走到教室后面拿起李老师的手提包。))。

09   你看这个很好啊,这个是李老师的手提包。

10   啊,这个就是手提包,手提包。

11		好,从手提包里,什么?
12		((老师边说边作势从手提包里拿东西))。
13	SS	选、拿
14	T	应该是什么?
15	SA	拿

教学分析: L 老师在简单趋向补语的练习环节,并没有设置什么情境来辅助学生练习,大部分都是替换词语、用规定的词语填空等机械练习。导入无宾式的简单趋向补语之后,主要用了讲练结合的方式来练习,用了动画的方式来演示,设置的情境是描述动画的动作方向。这个情境设置得很合理,但练习环节设置的情境太少。

四、 汉硕生语法点讲练能力的特点

(一) 语法点导入环节的特点

1. 导入方式多样化,但导入语言不简洁

五位汉硕生主要使用了情境法、真实问答法、复习法等方式导入语法点,这些导入方式都基本合理,符合趋向补语的教学要求,也贴近学生的生活实际,只有个别老师直接说出了要学习的语法点,没有进行导入,不够生动。此外,几位汉硕生的导入语言都重复太多,不够简洁。

2. 导入情境基本合理,但导入内容过多

五位汉硕生在导入语法点时创设的情境大都来源于学生的日常生活,贴近生活实际,也比较符合"简单趋向补语"这个语法点的要求,几位老师设置的情境只有个别不够通俗、不够大众化。然而,大部分老师导入内容过多,仅一位老师就用了"进出教室、在教室里走动、进出屋子、上下楼、回宿舍"等来导入无宾式简单趋向补语,不简洁明了。

3. 导入例句典型且通俗,但例句太多

五位汉硕生在导入部分呈现的例句大部分都比较通俗易懂,贴近学生生活实际,能调动他们学习的兴趣,只有个别老师在导入环节所使用的例句不够生活化,有点复杂,甚至涉及了复合趋向补语的内容,加大了学生学习的难度,没有分清教学重点。此外,几位汉硕生在导入环节的例句太多,用时太长。

（二）语言点讲解环节的特点

1. 句法格式基本准确

五位老师在呈现简单趋向补语基本用法的三个句法格式方面，基本做到了准确，只有 L 老师在讲解无宾语的趋向补语时，没有呈现句法格式，不够系统，在讲解简单趋向补语带宾语时，混淆了"简单趋向补语"和"复合趋向补语"的句法格式，导致呈现的句法格式不准确。

2. 语义讲解不充分

在语义讲解方面，有的老师对语义进行了明确说明，但语法术语和媒介语太多；有的老师用图示法，避免了语法术语；也有的老师把语义融入在设定的情境中，让学生通过感受去理解，但讲解不够清楚。但大家普遍存在不足，或媒介语过多；或表述不准确；或语法术语太多，总之，都没能将语义讲解充分。

3. 语用、语境讲解基本准确，但不够全面

几位老师在教学中虽没有对语用、语境进行特别说明，但都通过不同的方式把它们融入导入、讲解、练习的各个环节。虽没有过多的语法术语，但符合初级语法点的教学方式。不过不足的是，几位老师在讲解时，都没有提醒学生"V＋来/去"中的动词也可以是"走、跑、跳、送"等词汇，普遍对语用、语境讲解得不够全面。

（三）语言点操练环节的特点

1. 缺少"交际性练习"

除了 H 老师以外，其他几位老师采用的练习方式都比较单调，大部分是一些简单的"机械练习"和部分"有意义练习"，主要以替换法、问答法、看图说句子等方式为主，创设的情境较少，大都缺乏"交际性练习"，练习方式单调，练习内容不够丰富，没有做到"精讲多练"。

2. 练习内容层次性不足

几位老师设计的练习内容都很有效，也可操作，但是都层次性不足，设计的内容比较单一，多以"机械练习"和"有意义练习"为主。只有 H 老师设计的练习由易到难，层层递进，但最后也颠倒了"领读练习"和"交际性练习"的顺序，L 老师的练习难度比较适合留学生，但是由于练习方式单一，更不要提难度的层次性了。

3. 练习情境设置合理,但偏少

在简单趋向补语的练习环节,几位老师都通过图画、实物、动作、实景等创设了一些练习环境,有的设置的情境丰富多样;但大部分老师设置的练习情境都是单调简单,以图片为主,大都是看图说话的方式;有的甚至就没有设置练习情境,都是替换、完成句子等机械性练习,这使得练习的趣味性大大降低。

五、 汉语国际教育硕士提高教学能力的建议

1. 强化汉硕生的语法理论知识和教学设计训练

汉硕生要多钻研一些专业的语法理论书籍,提高语法理论的知识储备。院校应该增加培养汉硕生教学技能的课程,让汉硕生学会如何去设计汉语语法课,设计内容包括语法点的导入环节、讲解环节、练习环节,汉硕生应学会如何在每个环节将语法点知识明确清晰地传授给学生。

2. 通过课堂观摩、教学录像进行教学反思

首先,汉硕生可以经常观摩一些有经验的汉语教师的课堂教学,学习他们的汉语教学方式,积累教学经验。其次,汉硕生可以通过对自己课堂教学进行录像,课后观摩反思,与自己最初的教学设计做对比,评估教学的完成度如何?思考没有百分百完成的原因是什么?从而总结出自己在语法教学各环节出现的问题并加以改善,以便更好地提高教学能力。

3. 通过教学实践,积累教学经验

首先,培养院校应给汉硕生多提供一些给留学生上课、参加汉语教学实习项目的机会。其次,院校合作组织汉语教学技能大赛,为汉硕生提供切磋教学技能、互相学习教学经验的途径。再者,鼓励汉硕生参加孔子学院的海外志愿者项目来增加教学实践机会,积累教学经验。

六、 结语

本文以同济大学汉语国际教育专业 2017 级和 2018 级本科五位汉硕生为研究对象,通过录像的方式在正常教学中对他们的"简单趋向补语"语法点教学进行记录和观察。通过会话分析的方式对汉硕生的教学环节进行转写,并根据考察原则探讨分析汉语国际教育硕士语法讲练能力的特点与不足。研究发现,汉

硕生在导入方式多样化但不够简洁,在例句过多和语义讲解不充分方面存在问题。教学建议包括课堂观摩、录像反思,强化汉硕生的语法理论知识和教学技能训练,并多提供教学实践机会。本文研究方法新颖,但仍存在局限性和片面性。其中,只研究一个语法点会有局限性,而个人能力和经验的限制会对研究带来主观性和片面性,影响学术准确性。

作者简介:王梦玲,上海外国语大学三亚附属中学国际部教师

An Investigation of the Grammar Teaching Ability of MTCSOL-Taking the Simple Complement of Direction of Tongji MTCSOL as an Example

Abstract: To accurately describe the development of the grammar teaching ability of Chinese international education master's students, this article analyzes the teaching videos of five graduate students in the Chinese international education program at Tongji University who taught simple directional complements. It was found that in the introduction stage, the introduction scenario was generally reasonable, but there was too much content. In the explanation stage, the syntactic format was basically accurate, but the semantic explanation was insufficient; the pragmatic and contextual explanations were basically accurate but not comprehensive enough. In the grammar practice stage, there was a lack of "communicative practice" and insufficient hierarchy.

Based on these findings, the article introduces three suggestions. Firstly, MTCSOL should conduct classroom observations and video reflections. Secondly, they should strengthen their teaching skills by increased grammar sessions. Lastly, the should provide more opportunities for teaching practice for MTCSOL to accumulate practical teaching experience and teaching knowledge.

Keywords: Masters of Teaching Chinese to Speakers of Other Language (MTCSOL); Grammar Teaching Ability; Teaching Video

基于会话分析理论的韩国 CPIK 协作教学模式研究

崔文杰① 陈毅立② 刘运同③

摘 要:CPIK(Chinese Program in Korea)教学模式特点是课堂教学由一位中国教师和一位韩国教师协作完成。迄今为止,不少学者已对协作教学模式做过研究,不过基于会话分析(Conversation Analysis)理论对韩国 CPIK 协作教学模式进行的研究却寥寥无几。本论文对 8 个 CPIK 课堂教学视频进行观察转写,运用话轮转换和会话策略重点研究中韩教师的分工与合作,得出新的发现:中国文化介绍大多由韩国教师完成,韩国教师也发挥了"文化使者"的作用;韩国教师翻译的时机和数量对提升教学效果至关重要。同时该教学模式存在:优势互补、化难为易、活跃课堂等优点。

关键词:会话分析;韩国 CPIK;协作教学;改善策略

一、 引言

会话分析(Conversation Analysis)的研究对象是人们的交际活动,包括日常的会话和机构性交谈。课堂教学是机构性交谈的一种④。会话分析能够在保障语料真实性与完整性的基础上实现对真实课堂情境下协作学习的深入研究⑤。

在 20 世纪 80 年代,会话分析被外语界学者引入我国,并受到了越来越多学者的关注。目前,国内语言学者对会话分析的研究已取得了一定的成果,其研究

---

① 崔文杰 同济大学国际文化交流学院汉硕生
② 陈毅立 同济大学留学生办公室主任
③ 刘运同 同济大学国际文化交流学院教授
④ 刘运同:《会话分析与汉语国际教育》,上海:同济大学出版社,2020。
⑤ 吴秀圆、郑旭东:《会话分析:社会学视角下课堂协作学习的多层次探索》,《课程与教学》,2017。

涵盖教育、法律、医疗和访谈等领域①。在课堂教学领域,多以英语教学和二语教学为主,研究内容主要包括教材分析、教师身份构建、口语测试、课堂互动、不同学习者等②。

在外汉语教学领域,运用会话分析理论研究师生互动和教师角色的研究处于起步阶段,研究韩国 CPIK 协作教学模式中韩教师如何分工与合作的文献更是寥寥无几。张博在《韩国中小学汉语协作教学模式调查研究》中提出了中国籍原语民教师与韩国籍中国语教师理想有效的教职分配模式:中国籍原语民教师充分发挥"语言模特"和"文化使者"的功能③,而韩国籍中国语教师则完成语言理论教学和文化融合中介的工作。实际教学中,中韩教师分工与合作是否如此完美?

本论文以韩国 CPIK 协作教学 8 个课堂视频,即 8 对中韩教师同台授课的教学实录为研究对象(其中 5 对是完整课堂,约 50 分钟,3 对是视频剪辑,约 15 分钟),对中韩教师的话轮转换及与能体现两位教师分工与合作的话轮进行观察和转写。同时基于会话分析研究理论(Roberts E. Sanders)④,剖析中韩教师合作教学模式优劣,进而提出改进措施,为形成"1+1＞2"的教学效果提供理论支撑。

二、 韩国 CPIK 协作教学模式与会话分析

(一) 研究说明

本研究使用了 CA(Conversation Analysis)转写方法,例如
(1) [X:15.12.18:C1K1]
K1:자 , 우리, 우리 고향 보성에 무엇이 제일 유명해요?
(译文:好,我们,我们故乡宝城什么最有名?)
Ss:보성차.

---

① 王子莹:《我国会话分析研究综述》,《现代交际》,2019。
② 王子莹:《我国会话分析研究综述》,《现代交际》,2019。
③ 张博:《韩国中小学汉语协作教学模式调查研究》,吉林大学硕士学位论文,2012。
④ 根据 Roberts E. Sanders,会话分析研究可分为两种类型(Strand):一种强调会话中那些比较固定的成分,如话轮转换机制;另一种则关心会话过程中出现的行为(Action)和具体做法(Practice),如会话中的发笑和恭维及恭维反馈等。

（译文：宝城茶）

该例句中，(1)表示该章节出现的第一个例子。［X：15.12.18：C1K1］是对语料来源的说明：X 是视频录制者的姓氏首字母，"15.12.18"表示视频录制的时间 2018 年 12 月 15 日，C1K1 是指视频中中国教师和韩国教师组合，C1 代指中国教师，K1 代指韩国教师，Ss 代指全体学生。（译文：）韩语大致对应的汉语意思。

本论文使用到的转写符号及意义主要有 5 种：（如表）

序号	符号	意　　义
1	(.)	表示极短的停顿，一般少于零点二秒
2	(0.0)	表示以秒为单位的停顿，例如(7.1)表示七点一秒的停顿
3	：	表示前面声音的延长，冒号越多表示延长得越厉害
4	（word）	表示转写者的猜测
5	（（））	表示非言语的成分，或者是转写者认为有关的信息

（源自 Hutchby and Wooffitt，1999：vi—vii）

本论文转写的 8 个教学视频详情如表：

视频序号	视频录制者（CPIK 汉语教师）	视频录制时间	视频编号	教学对象	教学主题
1	熊丽双	2018-12-15	［X：15.12.18：C1K1］	小学生	你喜欢喝什么？
2	付　蕾	2018-12-15	［F：15.12.18：C2K2］	小学生	交通工具
3	柏　苗	2018-12-15	［B：15.12.18：C3K3］	初中生	你要买什么？
4	张雅慧	2018-12-15	［Z：15.12.18：C4K4］	高中生	欢迎光临（点餐）
5	徐文娅	2018-12-15	［X：15.12.18：C5K5］	高中生	多少钱
6	陈慧晶	2018-12-15	［C：15.12.18：C6K6］	高中生	把字句1
7	张丹丹	2018-12-15	［Z：15.12.18：C7K7］	高中生	天气预报
8	Yoloo（英文名）	2022-9-24	［Y：24.09.22：C8K8］	高中生	你是哪国人？

（视频来源：YouTube 和小红书）

(二) 导入与复习环节

(2)［Z：15.12.18：C4K4］

K4：同学们好！

C4，Ss：老师好！

C4：嗯，好。今天我们学习：第八课（1.0）欢迎光临（2.0）欢迎光临

Ss：欢迎光临

C4：嗯，好（把 PPT 翻到了复习一页）

K4：먼저 이번 시간엔 지난 시간에 배운 내용을 복습해 볼게요 여러분들. 우리 （1.0）날짜와 생일 이야기하는 표현을 살펴보았었는데, "오늘은 며칠이에요?", 그리고 "당신의 생일은 몇 월 며칠이에요?"라고 하는 표현을 배웠어요. 잠깐 우리선생님이랑 복습해 봅시다.

（译文：首先，这个时间复习上次所学内容，大家。我们（1.0）学习了"今天几号?"和"你的生日是几月几号?"关于天气和生日的表达。和（中国）老师稍微复习一下。）

C4：好，这，这是几月?

韩国教师 K4 通过问候学生开启话轮，中国教师 C4 和学生进行应答，转换话轮。韩国教师运用了话轮转换中最基本模式的"邻近对子"，即一对彼此相互影响的话轮：问候—问候①，开始对话，这是课堂教学的常见话轮开启模式。

中国教师 C4 通过"嗯，好"接过话语权，开始上课。通过声音延长和停顿的会话策略，提醒学生关注新内容。中国教师说出"欢迎光临"停顿了几秒，看学生没有反应，又重复了一遍，运用重复的会话策略是提醒学生接过话轮。学生接过话轮重复了一遍题目"欢迎光临"，中国教师以"嗯，好"简单反馈语结束话轮，将 PPT 翻到韩语一页，提示韩国教师接过话轮。韩国教师简单介绍了上课所学内容，话轮结束时运用疑问句升调语气提醒中国教师接过话轮，开始复习，中国教师通过"好"的应答语接过话轮。

由此可见，C4K4 组合在导入和复习环节运用"邻近对子"问候—问候的基本模式开始上课，综合运用声音延长，语调抑扬顿挫，停顿和重复等会话策略以及非语言行为进行话轮转换。

总之，八组视频中，六组是韩国教师先开启话轮，可见 CPIK 协作教学模式中韩国教师占主导主动的居多。导入复习环节，韩国教师负责介绍上节课所学内容和环节提示，中国教师负责带领学生回顾练习。通过观察视频，配合最好的组合是 C2K2 和 C5K5。C2K2 配合表演了魔术，C5K5 配合为学生庆生，学生学

---

① 蔺越：《如何把握主持语言的话轮转换技巧》，《文化产业》，2016 年。

习兴趣浓厚,课堂效果好。

(三) 教学目标介绍环节

(3) [X:15.12.18:C1K1]

K1: 복습이 끝나고 우리 이 번 수업에 배울 내용을 알아볼 거예요. 여기보면은 물건이 많지요. 커피나 콜라나 차 물 같은것 이 런들이 이번 시간에 중국어로 어떻게 발음해야 하는지 배우고 , 그리고 나는 그 것을 좋아한다 , 싫어한다 하는 것도 배울 수도 있고 , 이 네 가지 중에서 어떤것을 좋아하나 중국어로 물어보고 대답할 수 있는 것을 배울 거예요 .

(译文:复习结束,我们看这节课要学的内容。看这儿,有许多东西:咖啡、可乐、茶、水等。我们要学习这些物品用汉语怎么发音,学习"我喜欢……""我不喜欢……"的句型,以及用汉语怎么询问和回答"这四种物品中,你喜欢喝什么?")

(4) [B:15.12.18:C3K3]

K3: 물건을 사는 표현을 중국어로 말할 수 있어야 될 것 같죠? 자 , (1.0) 그럼지금부터 학습 목표를 큰 소리로 읽어보도록 하겠습니다 .시작 .

(译文:"买东西"的句型用汉语会表达了吧? 好,(1.0)那么从现在开始大声朗读学习目标。开始)

(5) [X:15.12.18:C5K5]

K5 把目标写在了白板上:가격 묻고 답하기; 구매와 관련된 표현:太……了

(译文:询问价格和回答;与购买相关的表达:太……了)

上述转写可见,CPIK 教学模式中,韩国教师负责介绍教学目标,而且这是和中国教学不同的地方,韩国教师注重学生课前对教学目标的了解。八组教学视频中有三组让学生齐读教学目标。

(四) 生词讲练环节

(6) [F:15.12.18:C2K2]

K2:好,첫번째:::뭐예요?::

(译文:好,第一个:::是什么?::)

Ss:자전거!

(译文:自行车!)

K2:어:::

(译文:噢∷∷)

C2：自行车

Ss，K2：自行车

C2：自行车

Ss，K2：自行车

C2：自行车

Ss，K2：自行车

K2：자, 여기에∷ 중국어 빈공간에 "自行车" 한자를 써 보세요.((韩国教师举起纸张,让学生们把"自行车"的汉字写在田字格里。))

(译文:好,这儿∷汉字空格内写汉字"自行车"。)

C2：((在黑板上写上"自行车"三个字))

生词教学环节,韩国教师 K2 通过"好"一词提示学生进入生词环节,通过声音延长的会话策略提示学生做好准备,PPT 上第一个生词是什么,学生说出韩语后,韩国教师发出"噢∷∷"的语气词,声音延长表示"真厉害"。接着中国教师转换话轮给出中文,带着学生重复了三遍。韩国教师通过"자"一词转换话轮,通过声音延长提醒学生把字写在哪儿。中国教师在黑板上给出汉字示范。

分析可见,生词教学环节韩国教师负责导入和告诉学生做什么——教学环节的衔接,中国教师负责领读和书写。

(7) [B:15.12.18:C3K3]

K3：자, 그럼, 여러본, 선생님이 여러 가지 사진 과일 단어를 준비했어요. 자 그럼, 하나 하나 여러 가지 과일 알아 가보도록 할게요.

(译文:好,那么,大家,老师准备了各种水果图片。好,那么,一张一张看,认识各种水果。)

C3:好,猜一猜,这是什么水果?(指着 PPT 上的图片)

Ss:苹果

C3:真棒!

K3，Ss：((呵呵笑))

C3:跟我读,"苹果"

Ss:苹果

C3:苹果

Ss:苹果

K3：사과는 한국어로 떨어드리면 "핀굴굴" 골어서 "苹果". 시：작

(译文：韩语中，苹果掉在地上"品咕咕（拟声词）"滚动——"苹果"，开：始)

Ss：苹果

生词教学环节，韩国教师 K3 通过"자，그럼"开启话轮，告诉学生根据图片认识水果。中国教师 C3 通过"好"一词接过话轮带领学生看图猜词。教"苹果"一词时，中国教师领读"苹果"两遍之后，韩国教师通过"자"一词转换话轮，获得话语权，告诉学生苹果掉在地上"핀굴굴"滚动的声音很像"苹果"的发音，帮助学生通过谐音记住生词。可见，韩国教师不单是翻译者，更重要的是老师，需要发挥教学才智。

(8) [X：15.12.18：C1K1]

C1：咖啡

Ss：咖啡

C1：(示意一名男生读)

S1：Ka Pei

C1：嗯，好，不是 Ka pei，Lisa 的嘴，看看看 fei

S1：pei

C1：fei

……(中国教师给学生纠正了几遍 fei 的音，学生仍然发成 pei)

K1：선생님은 "咖啡"라고 했지요. "f"자는 우리 한국어로 표시할 수 없어요.

(译文：老师说的是"咖啡"。"f"这个发音在我们韩语中是没有的。)

Ss：네.

(译文：是的。)

K1：발음을 코모양이나 입술 모양이나 이건 고민해서 따라서 해야 되겠나요. 윗이가 아랫입술이 서로 붙여 떨어지죠. 그래서 "f" 같은 거예요. fei：：

(译文：发音时苦恼是鼻子发音还是嘴唇发音对吧，应该跟着这样做：上齿轻轻接触下嘴唇，发出"f"音。fei：：)

Ss：fei：：

上述话轮，中国教师 C1 给学生纠正 f 的发音时，一味带着学生重复，学生始终发不对。韩国教师 K1 通过汉韩发音难点对比，讲解发音部位，学生很容易掌握了发音要领。可见在此环节，韩国教师和中国教师进行了很好的配合，化解了学生的语音难点。给我们的启发是：中国教师最好学一些韩语，有助于了解学生母语音的难点,有针对性教学;同时可以用韩语给学生讲清楚发音规则。

(五) 语法讲练环节

(9) [F:15.12.18:C2K2]

C2:你要大杯(可乐)还是小杯?（中国教师拿着一个大纸杯,一个小纸杯）

K2:还是,还是,그러면"还是"는 무슨 뜻일까요?

（译文:还是,还是,那么"还是"是什么意思呢?）

Ss:or.

（英语中的"or"）

K2:응,영어로는"or",우리말로"또는,혹은,아니면"그래서"大杯还是小杯?"라고 하면 우리말로 뭘까? 뭘까요?

（译文:嗯,英语用"or",用我们的话是"또는,혹은,아니면"所以"大杯还是小杯?"用韩语是什么? 是什么呢?）

Ss:큰거 아니면 작은 거?

（译文:大的还是小的?）

K2:그래서. 큰거 아니면 작은 거?"杯"가"잔"이어서 큰 잔 아니면 작은 잔. 응

（译文:对的,大的还是小的?"杯"是"잔",大的잔还是小的잔? 嗯）

C2:好,宋老师,你要大杯还是小杯?

K2:我要小杯。

C2:给你小杯。

K2:谢谢。

C2:嗯,小杯,好。

语法讲练环节,中国教师 C2 拿着两个大小不同的杯子问学生要大杯还是小杯,主要想导入语法点"还是",韩国教师 K2 接过话轮,运用重复策略强调了两遍,让学生关注"还是",同时问学生"还是"的韩语意思,学生首先想到了英语的"or",韩国教师给出反馈"응"肯定了学生的答案。接着进行语法的讲解,讲解完之后,运用"응"的肯定语结束话轮,表示"我已经说完了,中国教师可以接着讲了"。中国教师通过"好"的应答语接过话轮,和韩国教师现场运用新句型练起对话来,给学生示范。整个语法导入和讲解话轮转换自然流畅,韩国教师循循善诱引导学生掌握语法,中韩教师角色扮演示范如何运用,配合密切。

简言之,语法讲练环节,韩国教师主要负责讲解语法理论知识,中国教师主要负责句型和语言点操练。

(六) 课文学习环节

(10) [X:15.12.18:C5K5]

C5:好,我们学习课文,课文。(指着 PPT 上的课文)

K5:본문 : 여러분 , 사십팔 페이지

(译文:课文:大家,48 页)

C5:跟:我:读,跟我读。((双手指向自己))

K5:읽어 떠라보세요.

(译文:跟着读)

(11) [X:15.12.18:C5K5]

C5:很好,大家读得很好。

Ss:((鼓掌))

C5:发音很好,发音很好。

Ss:(没有反应)

K5:발음이 매우 잘했어요.

(译文:发音非常好。)

C5:现在请老师给大家讲解课文。(向韩国教师做出"请"动作)

K5:선생님 , 네 , 본문 해설해 줄게요. 여러분 같치 해 볼게요.

(译文:老师,是的,给你们讲解课文。大家一起学习。)

中国教师 C5 通过"好"口语词开启话轮,通过重复和强调的会话策略,提醒学生是课文学习。韩国教师 K5 为了确保学生听懂给出了翻译,告诉学生在第几页。接着中国教师运用声音延长和放慢语速的会话策略让学生听懂,运用重复策略和手势示意学生跟着读,韩国教师此时也给出了翻译。不过最好看学生反应,学生听懂了中国教师指令的话,韩国教师是没有必要给翻译的,每句话都翻译的话,学生容易产生依赖心理。

学生们读完课文,中国教师反馈"很好,大家读得很好"。学生听懂了,通过鼓掌回应。中国教师继续表扬"发音很好",又重复了一遍,可是学生没有反应。此时,韩国教师给出"발음이 매우 잘했어요"的翻译是适时的。

上述话轮分析可知,课文讲练环节,中国教师主要负责朗读课文,韩国教师主要负责讲解课文。

(七) 文化介绍环节

(12)〔X:15.12.18:C1K1〕

K1:자, 우리, 우리 고향 보성에 무엇이 제일 유명해요?

(译文:好,我们,我们故乡宝城什么最有名?)

Ss:보성차.

(译文:宝城茶)

K1:네, 보성 녹차하면은 한국에 제일 유명해요. 네, 그리고 이제 한국에 보성 녹차가 있고 중국에도 녹차가 있어요. 중국에서 가장 유명한 녹차는 "용정차"예요. "서호용정"

(译文:是的,宝城绿茶在韩国最有名。是的,在韩国有宝城绿茶,在中国也有绿茶。中国最有名的绿茶是"龙井茶"。"西湖龙井")

上述话轮可见,文化介绍主要由韩国教师完成。韩国教师运用语言优势和中韩文化对比无形中在发挥"文化使者"的作用。

(13)〔Z:15.12.18:C4K4〕

C4:麻婆豆腐,麻婆,麻婆是一个人的名字。(伸出手指表示"一")

Ss:일인분 라는 뜻이에요?

(译文:是一人份的意思吗?)

K4:"麻婆"가 사람의 이름인데, 옛날에 이 麻婆豆腐가 생긴 유래가 있었어요. 뭐냐면, 옛날에 중국의 어느 농촌 마을에 할머니 한 분이 살고 계셨는데 그 마을에 어떤 왕이 평민 차림을 하고 순찰을 나오셨어요. ……)

(译文:"麻婆"是一个人的名字。以前,"麻婆豆腐"名字由来有个故事。是什么呢? 以前,中国的某个农村住着一位老奶奶。有位黄帝到那个村子微服私访。……)

中国教师 C4 运用重复会话策略解释"麻婆"是一个人的名字,还通过手势进行强调。可是学生却理解成了一人份,这时韩国教师接过话轮,进行了翻译,还给学生讲了"麻婆豆腐"的由来。可见,韩国教师的翻译是及时的,避免了学生误解,还讲清了"麻婆豆腐"背后的文化故事,很好地传播了中国文化①。

(八) 课堂活动环节

(14)〔X:15.12.18:C5K5〕

C5:我们(2.0)我们两分钟准备。((右手点击 PPT 出现"高敞北高小剧场",

---

① 陈毅立:《国际学生课堂教学案例集》,上海:同济大学出版社,2021。

左手用手势表示"两分钟")),两分钟准备,然后我们演((挥动左右手,做出"演"的动作)),表演。((做出"请"的手势))

Ss:好。

K5:여러분,지금,뭐라고 썼지요?((指着 PPT))

(译文:大家,现在,写的是什么?)

Ss:小剧场。

K5:소극장,이게지요? 小剧场,高敞北高的一个小剧场,嗯,자,우리 오늘 배운 내용들을 활용해서,여기 보면는 많은 물건이 나왔 있습니다.오늘

(译文:小剧场,这个是吧? 小剧场,高敞北高的一个小剧场。嗯,好,我们今天运用所学内容(表演)。看这儿,有许多物品。今天,)

Ss:(开心地讨论着,个别学生鼓起掌来)

K5:자,지금 시간 이분 드릴게요.이분 동안(做出两分钟的手势)준비 간단하게 분비해 주세요.알겠지요?

(译文:听,现在给你们2分钟时间。两分钟内,准备,请简单准备,知道了吧?)

Ss:네::

(译文:知道了::)

K5:화이팅!((握起双拳))

(译文:加油!)

C5:说::(右手做出"说"的动作)说话游戏,说多的::(双手举起做出"多"的动作)汉语。

C5K5:(两位教师把讲桌抬到旁边,把放道具和食物的小桌子抬到讲台中央)

上述话轮,中国教师 C5 运用会话停顿策略提示学生安静,进入话剧表演环节。为了让学生理解,C5 教师运用了这些会话策略:口语词和书面语词(演——表演)同时出现,互相解释强调,希望学生明白;手势语和肢体动作互相配合,让学生看懂。C5 教师还通过"请"的手势将话语权让渡给韩国教师,希望她翻译。韩国教师运用提问方式了解学生是否听懂,又通过翻译、重复和语气词进行多次确认,最后通过"자"一词转换话轮内容,告诉学生表演要求。期间,韩国教师话轮被学生掌声打断,她再次通过"자"一词继续话轮,让学生安静听。中国教师在韩国教师讲完规则后,运用声音延长会话策略和手势让学生多说,在语言表达上运用了英语思维"说多的汉语"(speak more Chinese),这是韩国学生的偏误,估计中国教师此时是希望用学生的思维方式让学生听懂,站在了听话者的立场。

总之，课堂活动环节，中国教师 C5 运用停顿、重复、近义词互译和声音延长等会话策略以及手势肢体动作努力向学生介绍规则；韩国教师运用提问设问、重复和语气词等会话策略以及手势等非语言行为进行确认。笔者建议：活动介绍环节最好简洁明了，可以由韩国教师翻译完成，节省时间。

三、 会话分析视角下韩国 CPIK 协作
教学模式的优劣与启示

通过对 8 组视频研究部分进行转写，运用会话分析理论发现韩国 CPIK 协作教学模式中韩教师分工与合作存在以下特征：（请见表格）

序号	教学环节	中韩教师分工与合作		备　注
		中国教师	韩国教师	
1	导入复习	负责回顾，带着学生练习	负责导入及环节介绍	有两组中韩搭档配合默契，共同引导学生练习，实现了"1＋1＞2"的教学效果。
2	教学目标		讲解教学目标，带领学生朗读	与中国上课不同之处
3	生词讲练	负责生词发音和书写	负责翻译和环节介绍 有位韩国教师主动根据中国教师纠音情况，适时讲解发音要领，化解学生语音难点。	
4	语法讲练	负责语法操练	负责语法理论知识讲解	有一组搭档给学生示范句型运用，现场对话表演，让学生直观感受语法运用。
5	课文讲练	负责课文朗读	负责课文翻译、语言点及文化点讲解	
6	文化介绍		负责文化介绍；常运用中韩文化对比方法；发挥"文化使者"作用	
7	课堂活动	引导学生灵活运用所学进行输出；多为任务型教学法	负责介绍活动规则，协助中国教师；维持课堂秩序；负责翻译	

续表

序号	其他方面	中国教师	韩国教师	备　注
1	话轮转换	喜欢运用"嗯"和"好"作为开启话轮和接过话轮的常用语	喜欢运用"자"作为开启话轮和接过话轮的常用语	
2	会话策略	中韩教师都擅长运用停顿、声音延长、重复、强调、语气词、提问设问等会话策略和手势、眼神、面部表情等非语言行为。		
3	教学方法	中韩教师协作时常用的教学方法有:语法翻译法、直接法、听说法、情景交际法和任务型教学法。		

通过会话分析,我们可归纳总结出韩国 CPIK 协作教学模式存在的 4 大优势与 2 大短板:

① 优势互补[①]。中国教师可以充分发挥语音优势和专业知识,给学生以示范,通过多样的教学方法带领学生操练所学生词、语言点和句型;韩国教师可以充分发挥语言优势和管理能力,维护好课堂秩序,促进教学环节的衔接,发挥翻译角色,让学生跟得上中国教师的节奏,理解中国教师的指令。

② 化难为易。韩国学生难发的音,中国教师通过一遍遍练习没有效果时,韩国教师适当地讲解发音部位和发音方法会使难点变容易。讲练生词时,韩国教师告诉学生如何识记,如何进行汉韩对比,会让难点变容易。操练句型时,中韩教师进行对话示范,可以直观告诉学生句型的语用情景,变抽象为具体。

③ 文化对比。中国教师因语言不通无法讲清某个文化点时,韩国教师进行帮助,从中韩文化对比角度,可以让学生更加容易理解中国文化。同时,语言教学也很好地兼顾到了文化教学。

④ 课堂活跃。中韩教师配合的课堂,学生感受到更多变化与不同,不容易产生枯燥感。原先由一位教师承担的教学任务,现在由两位教师配合完成,会使教学变得轻松愉快。

与此同时,韩国 CPIK 协作教学模式同样存在以下不足:(1)翻译的时机和数量把握不当。韩国教师容易对中国教师的每句话都翻译,不利于学生集中注意力,也容易使学生对教师的翻译产生依赖,影响其独立思考和观察能力。

---

① 黄慧君:《中韩汉语教师协同教学模式存在的问题及对策》,广西师范大学硕士论文,2013。

（2）韩国教师的话语量偏多，不利于学生目的语的输入。

为了充分发挥中韩教师协作教学的优点，克服教学中的不足，我们的建议如下：

（1）中国教师和韩国教师多沟通，商量好什么时候翻译，什么时候不翻译。除了教学环节和必要规则翻译外，其他视学生情况而定。

（2）中国教师尽量和学生形成一套配合默契、简单易懂的指令。教学活动设置上力求简单明了、易操作。

（3）中国教师适当掌握些韩语，可以在课堂中掌握主动，更好地进行汉韩难点对比教学和中韩文化对比教学，从而充分发挥母语者的"文化传播"作用。

（4）中国教师在语音教学环节，可以运用图示法、视频法、动图法、绕口令等多种教学方法，让学生直观感受语音变化，掌握发音特点。

（5）中韩教师分工明确，同时也要相互合作，配合完成课堂活动和对话示范等。根据课堂情况，积极发挥各自教学机智，捕捉每一个可以用来教学的场景，实现"1+1＞2"的教学效果。

四、 结语

本研究基于会话分析理论中的话轮转换和会话策略，运用视频转写和重点分析的研究方法，对韩国 CPIK 协作教学模式中韩教师七个教学环节的分工与合作进行了研究，得出了 9 项。其中新的发现有：韩国教师在教学生汉语发音时，适当进行发音部位和发音方法的讲解将有助于学生掌握好语音；授课过程中涉及的中国文化介绍大多由韩国教师完成，这说明韩国教师在汉语教学过程中也发挥着"文化使者"的作用；韩国教师在和中国教师配合时，适时、适当、适量地翻译很重要；话轮转换方面，韩国教师喜欢用"자"作为开启话轮和接过话轮的常用语，中国教师喜欢用"嗯"和"好"作为课堂承接语；会话策略方面，中韩教师常运用的会话策略有：停顿、声音延长、重复、强调、语气词、提问、设问和手势、眼神、面部表情等非言语行为。本研究通过对韩国 CPIK 协作教学模式优劣的分析，发现该模式优点大于缺点，两国教师的分工不是绝对和机械的，需要根据教学实际互相商量配合。同时对于那些不会韩语或者韩语不熟练的赴韩中文教师，此模式有助于他们更好地在韩国进行国际中文教学。笔者建议，中韩教师只要积极沟通，互相配合，共同努力，此模式就可以发挥出"1+1＞2"的教学效果。

作者简介：崔文杰，女，1989 年 2 月 16 日，山东青岛，同济大学国际文化交流学院国际中文教育专业 22 级硕士。

Research on Korean CPIK Collaborative Teaching Model Based on Conversation Analysis Theory

Abstract：The feature of CPIK(Chinese Program in Korea) teaching model is that one Chinese teacher and one Korean teacher cooperate to teach in the same class. Many scholars have conducted researches on team-teaching models so far. But few scholars have done researches on Korean CPIK teaching model basing on the Conversation Analysis(CA) theory. So this paper observed and transcribed 8 CPIK teaching videos by using CA approach. Then it studied the division of labor and cooperation between Chinese and Korean teachers by applying turn-taking system and conversational strategies. Many new discoveries were made. First of all, it is Korean teachers that are easy to introduce and spread Chinese culture in the class. Besides, when to translate and how much Korean teachers should translate have an important influence on teaching effects. This paper also discovered some advantages of the model, such as complementary advantages between Chinese and Korean teachers, transforming difficulties into easy ones and creating active classroom atmosphere and so on.

Keywords：Conversation Analysis；Korean CPIK；Cooperation teaching；Improvement strategies

征稿启事

一、出版信息

《中华文化国际传播》(The Communication of Chinese Culture)由同济大学国际文化交流学院主办,上海三联书店出版,从 2023 年起正式出版,每年一辑,面向国内外公开发行。

二、办刊宗旨

习近平总书记在党的二十大报告中指出:我们要**"增强中华文明传播力影响力,坚守中华文化立场,讲好中国故事、传播好中国声音,展现可信、可爱、可敬的中国形象,推动中华文化更好走向世界。"**本刊旨在汇聚国内外力量,分享国际中文教育与中华文化国际传播的研究成果与学术动态,推进国际中文教育学科建设和中华文化国际传播工作,激发文化创新创造活力,不断提升中文与中华文化国际影响力。

三、栏目设置

本刊设有"国际中文教育学科研究""国际中文教育话语体系研究""国际中文课堂教学研究""中华文化传承与国际传播研究""中外人文交流研究""'一带一路'文化经典化研究""国际中文教育研究生论坛"等专栏,还将不定期开设反映中华文明特征、影响与传播相关领域以及跨领域研究前沿的专栏,诚邀您惠赐佳作。

本刊采取专栏主持人制,诚邀您自荐和推荐专栏主持人。

诚邀您与我们同舟共济,合力打造"构架人类文明桥梁·坚守中华文化立场"的优秀学术辑刊。

四、投稿要求

1. 本刊采取电子投稿方式,稿件每篇字数以 8000—15000 字左右为宜,本刊常年征稿,请将稿件以附件 word 和 pdf 形式发送至本刊编辑部指定邮箱。

2. 稿件应为尚未公开发表的原创性学术文章,稿件不得出现抄袭、重复发表或其他学术不端行为。

3. 本刊审稿周期三至六个月，六个月后如未接到用稿通知，请自行处理。

4. 中英文摘要：字数为 300 字左右，简明扼要陈述研究目的和结论；关键词：3—5 个词条，用分号隔开；英文关键词词组首字母大写。

5. 来稿论文请注明作者信息，包括：姓名、出生年、性别、籍贯、单位、职称、学位、主要研究方向和成果、通信地址、联系电话、Email 地址。如有基金资助，另需注明：基金名称，课题名称（课题编号）。

6. 来稿一经录用，即赠送样书。

五、稿件格式

稿件相关内容及其序次为：标题、作者姓名、中文摘要、中文关键词、正文、注释和参考文献（页内排序）、附录（如需要）、英文标题、英文摘要、英文关键词、作者简介。正文、注释和参考文献格式如下：

1. 正文的各级标题均需独占一行，书写样式为：一级标题用"一、二、……"二级标题用"（一）（二）……"三级标题用"1. 2. ……"以此类推。

2. 字体字号要求为：题目宋体五号加粗；摘要和关键词楷体五号；正文宋体五号；正文一级标题居中，宋体小四加粗；正文二级标题空 2 格，宋体五号加粗；正文三级标题空 2 格，宋体五号加粗；正文四级标题宋体五号；脚注中文宋体小五，英文 Times New Roman 小五。

3. 文中例句为楷体五号字，例句编号采用"（1）（2）（3）……"的形式，全文所有例句连续编号。例句首行前空 2 字格，回行文字跟首行文字上下对齐。

4. 注释和参考文献均采用脚注，页内排序；在正文中用加圆圈的数字（如①②）按先后次序标注，放在当页的页脚。参考文献格式如下：

① 李宇明：《人生初年——一名中国女孩的语言日志》，北京：商务印书馆，2019。

② 孙宜学：《中国当代文学"一带一路"翻译传播：内容、途径与策略》，《当代作家评论》，2020 年第 1 期。

③ 崔希亮：《对外汉语教学的基础研究与应用研究》，赵金铭主编《对外汉语教学的全方位探索——对外汉语研究学术研讨会论文集》，北京：商务印书馆，2005。

④ ［美］欧文·白璧德：《卢梭与浪漫主义》，孙宜学译，北京：商务印书馆，2016。

⑤ 王祖嫘：《东南亚五国汉语传播与中国国家形象认知的相关性研究》，中央民族大学博士学位论文，2018。

⑥ Andrew Carnie, Syntax：A Generative Introduce. 2nd edn. Oxford：Blackwell，2007.

⑦ Manfred Krifka, Basic Notions of Information Structure. Acta Linguistica Hungarica，No. 3，2008，pp.243—276.

⑧ Huang C.-T. James, Logical relations in Chinese and the theory of grammar. Cambridge, MA：MIT dissertation，1982.

5. 其他格式请参阅样稿。

六、联系方式

编辑部投稿邮箱：ictj@tongji.edu.cn

《中华文化国际传播》(辑刊)编辑部

二〇二四年五月一日

图书在版编目(CIP)数据

中华文化国际传播. 第二辑 / 孙宜学主编. -- 上海 ：
上海三联书店，2025. 6. -- ISBN 978-7-5426-8952-8

Ⅰ. G125

中国国家版本馆 CIP 数据核字第 2025AK7222 号

中华文化国际传播(第二辑)

主　　编 / 孙宜学

责任编辑 / 宋寅悦　徐心童
装帧设计 / 徐　徐
监　　制 / 姚　军
责任校对 / 王凌霄

出版发行 / 上海三联书店

　　　　　(200041)中国上海市静安区威海路 755 号 30 楼

邮　　箱 / sdxsanlian@sina.com

联系电话 / 编辑部：021 - 22895517

　　　　　发行部：021 - 22895559

印　　刷 / 上海惠敦印务科技有限公司

版　　次 / 2025 年 6 月第 1 版

印　　次 / 2025 年 6 月第 1 次印刷

开　　本 / 710mm×1000mm　1/16

字　　数 / 380 千字

印　　张 / 22.5

书　　号 / ISBN 978 - 7 - 5426 - 8952 - 8/G · 1771

定　　价 / 98.00 元

敬启读者,如发现本书有印装质量问题,请与印刷厂联系 13917066329